MISSION :
TIREUR D'ÉLITE

WALI

ISBN 978-2-9812324-8-9

À tous ces guerriers volontaires qui n'ont pas eu l'honneur de prouver leur valeur. Ils étaient prêts!

À mes trois camarades du détachement 66 Bravo : Pascal, Sammy, Sylvain.

À ma compagne de vie, Caroline, qui n'a jamais quitté la ligne de front.

Préface

L'histoire de la guerre, c'est l'histoire du monde. Les frontières des pays sont taillées par l'épée du soldat. Et ce sont les guerriers qui écrivent l'histoire humaine. Oubliez les rois, les scientifiques ou les entrepreneurs. Celui qui a le dernier mot est toujours le soldat. Aucun scientifique ne peut faire son travail si une armée ennemie est aux portes de sa ville. Aucune entreprise, si géniale soit-elle, ne peut survivre aux bombardements ennemis. Aucun roi ne peut faire de lois sans soldats prêts à les défendre !

L'Afghanistan était un des pays les plus dangereux du monde. Kandahar était une des régions les plus dangereuses d'Afghanistan. Nous étions en Afghanistan, nous étions à Kandahar, nous, soldats canadiens-français, Québécois ! Ceci en réaction des nombreuses attaques des fanatiques islamiques envers le monde et l'Occident. Nous avons vaincu l'ennemi partout où nous l'avons rencontré. Chaque territoire qui nous a été ordonné de reprendre à l'ennemi, nous l'avons repris. Chaque village qu'on nous a ordonné de garder, nous l'avons gardé.

C'est par l'épée que la frontière de la liberté a été dessinée sur le sable de cette terre brûlante. C'est par la main du soldat qu'a été écrite l'histoire de cette région turbulente. Ce récit est une petite partie de cette histoire de soldats à laquelle mes frères d'armes et moi avons contribué !

Être à la guerre, c'est un peu comme être un joueur de *football*. Pendant la partie des gens courent devant nous, il y a des collisions, des adversaires. On ne voit qu'une partie du jeu, violente, localisée, confuse. Soudainement, le ballon apparaît dans les airs sous les projecteurs et à travers le bruit assourdissant de la foule. Pour un tel joueur, tout est chaotique. Souvent, ce n'est qu'une fois la partie terminée, au moment de regarder les vidéos, qu'il comprend le déroulement des choses.

Mais le soldat n'a presque jamais accès à de tels vidéos, et les historiens ne sont pas aux côtés des soldats sur le terrain. Le soldat, ou l'historien, doit alors reconstituer la réalité en discutant avec les autres joueurs. S'il est chanceux, la guerre sera terminée et la version de l'adversaire sera aussi disponible. Mais encore là, il n'y aura aucun tableau précis de chaque bataille, de chaque patrouille, de chaque mission. Mon récit, révisé par des camarades et amis, est reconstitué de mémoire[1]. Je suis ouvert à une collaboration avec un historien ou un chercheur afin de produire une édition annotée et documentée de mon récit, incluant les points de vue d'autres acteurs sur le terrain.

Mon récit est cru, direct, non censuré. Il n'a pas été filtré par une équipe de Relations publiques. Je ne cherche pas à dorer mon nom de politicien et n'étant plus militaire, je n'aspire à aucune promotion. Je crois que nous devons être fiers des accomplissements des soldats québécois face aux groupes islamiques armés et ne pas céder à l'autoculpabilisation si populaire chez certains cercles urbains. Les Britanniques sont fiers d'avoir résisté aux nazis. Nous aussi, le torse bombé, nous devons raconter avec fierté nos faits d'armes à travers l'Histoire, que ce soit face aux nazis, aux communistes ou aux islamistes. De génération en génération, nous avons participé à la défaite de ces trois catégories d'ennemis et nous devons en être fiers !

Pendant que j'écris ces lignes, les guerriers que je connais sont déprimés. Le message de ce livre est le suivant : soyons fiers de

---

1 Merci à Alexandre, Caroline et aux réviseurs anonymes.

nos guerriers québécois. Soyons fiers de nos soldats Tremblay, de nos lieutenants Gagnon et de nos sergents Côté !

Certains voient les soldats comme des bourreaux aux mains couvertes de sang. Je me vois comme un chirurgien qu'on appelle en dernier recours. Quant à ces critiques de mauvaise foi qui s'en prennent à la moindre action des soldats et qui sont opposés à toute forme de violence, même légitime, je leur dis ceci : allez-y, vous, au front ! Allez en zone de guerre et montrez-nous comment amener, sans armes, la paix dans le monde. Nous sommes impatients de connaître votre solution miracle ! Voici comment nous, soldats, nous faisions...

Wali, printemps 2019

Wali

On me connaît sous le nom de guerre «Wali», qui vient de mon prénom «Olivier», que les Afghans prononçaient «Wali», le W, O, U étant la même lettre pour les musulmans. Je suis d'origine québécoise et sud-américaine. J'ai été combattant volontaire contre l'État islamique, aux côtés du merveilleux peuple kurde. J'ai réalisé un documentaire sur mon aventure, intitulé *Parmi les héros*. Ma devise était «une arme dans une main, une caméra dans l'autre». Mon combat était double : je combattais comme soldat au front, mais aussi comme documentariste attirant l'attention sur les crimes humains des fanatiques islamiques. Mon combat été largement médiatisé. J'ai fondé une communauté appelée *La Torche et l'Épée*. Des liens se trouvent en annexe.

Avant d'être combattant volontaire, j'étais militaire dans l'Armée canadienne. C'est à cette époque que j'ai été déployé comme tireur d'élite dans la région de Kandahar, en Afghanistan, au cœur de la guerre contre les talibans.

Je suis loin d'être le meilleur soldat. Je suis un bon soldat, sans plus. En zone de guerre, j'étais entouré de guerriers, des vrais. J'ai vécu et combattu avec eux. Cette histoire est aussi la leur !

Jeunes têtes grises

Les murs de bois vibraient de par les coups de feu successifs. Je n'étais pas à la guerre, mais sur un champ de tir du Québec, de retour de ma mission de tireur d'élite à Kandahar. Quelle meilleure manière de se rappeler du bon temps passé au front que de trouer quelques cibles de papiers ?

Des hommes étaient réunis derrière un pas de tir. Ils parlaient de calibres et d'armes comme on parle de voitures et de hockey. Plusieurs de ces tireurs en savaient techniquement beaucoup plus que moi sur les armes. Comme soldat, je m'étais entraîné avec les armes et les calibres que l'Armée m'avait fournis. Je n'avais aucune idée des derniers modèles derniers-cri de Remington ou de Colt. Et à savoir ce qui était préférable entre une balle de 150 ou 180 grains de calibre 308, je n'en avais qu'une vague idée !

J'écoutais la conversation. Le sujet est peu à peu venu sur le tir longue portée :

— Les vrais tireurs d'élite calculent la rotation de la Terre et la densité de l'air pour tirer, a dit un homme d'apparence bonasse et qu'on entendait sur toute la ligne de tir. En Afghanistan, c'est comme ça que les *snipers* font !

Ce qu'il racontait était en partie vrai, mais inexact. Je me suis discrètement approché du groupe de tireurs sportifs :

— Sans être expert dans les armes, je connais quelques trucs sur l'Afghanistan et je suis soldat. En fait, comment ça marche pour vrai, c'est que les *snipers* n'ont pas le temps de calculer en détail chaque tir. Lors d'un engagement, la densité de l'air est

13

souvent une donnée secondaire. À moins de changer souvent d'altitude, il suffit de prendre un seul relevé pour la zone d'opérations, et de la mettre à jour au mois. Ça suffit pour la majorité des engagements. Même chose pour la rotation de la Terre : ce n'est important que passé une certaine distance. Le vent et la température de l'air (et de la charge de poudre des munitions) sont ce qui affecte le plus la précision. Une petite déviation dans ces paramètres, et les effets seront plus grands que la rotation de la Terre ou un changement moyen d'altitude.

Les tireurs, surpris, ont arrêté de parler. Tenant leurs cafés, ils regardaient d'un air étonné ce jeune homme ayant encore l'air d'un adolescent et qui trainait une petite carabine « 22 » ressemblant à un fusil à plombs. Je n'étais pour le moins pas celui qui faisait le plus de bruit, et j'étais loin d'être le plus grand du groupe ! J'étais habitué à ce genre de réaction, ayant souvent eu de la difficulté à être pris au sérieux.

— T'as vraiment été en Afghanistan ? m'a demandé un des tireurs. As-tu tué quelqu'un ?

— Je n'ai aucun tabou de parler de ça. Je comprends parfaitement la curiosité des gens. J'étais tireur d'élite. Oui, on a bombardé. Oui, on a tiré. Oui, j'ai tué. C'était comme dans les films : on était quatre *snipers*, cachés dans les montagnes, dans le désert. On s'infiltrait dans les villages, déguisés en Afghans. Des trucs comme ça !

— T'as l'air d'un flo ! Pourquoi t'as pas l'air traumatisé quand je t'écoute ?

C'était un bar de *redneck*, avec de jeunes militaires, de vieux vétérans nostalgiques et des serveuses dansant sur des airs *country*. Ma prochaine équipe de *snipers* était ici réunie.

«Vétéran». Ce mot me rappelait les combattants de Normandie ou de Dieppe. J'étais si loin de ça! «Vétéran». J'avais du mal à réaliser que nous allions bientôt entrer dans cette fraternité. Nous allions au combat, à la guerre!

À table, il y avait d'abord Sylvain, le patron du détachement. Sylvain était un gars de la campagne, un vrai. Il avait une terre, des chevaux et adorait chasser. Il aimait écrire des histoires d'horreur et allait plus tard publier des livres «mélangeant le tactique et fantastique» (*L'Assaut du Mal*). C'était aussi un nouveau papa.

La serveuse nous a apporté une tournée de bières. Elle semblait être tombée sous le charme de Sammy, le deuxième *sniper* de l'équipe. Quand il rasait sa barbe, Sammy ressemblait à un mannequin, ce qui nous faisait tous sentir, nous, fiers soldats, comme des merdes sans intérêt. «Inutile de vous vanter d'être *sniper* quand Sammy est là, les filles ne voudront rien savoir!» aimions-nous à dire à la blague. À l'entraînement, Sammy portait une barbe plus poivre que sel et était le plus âgé du détachement. Sammy avait toujours ce calme et cette façon «sage» d'expliquer les choses. C'était un athlète et après l'Afghanistan il allait intégrer les équipes de Recherche et Sauvetage. Mesdames, si un jour vous vous écrasez en avion dans une forêt ou une montagne, il se pourrait qu'un mannequin musclé vienne à votre rescousse depuis un hélicoptère. Il se pourrait que ce soit mon ami Sammy!

Venait ensuite Pascal, un vétéran d'Afghanistan et lui aussi père d'une petite princesse. Professionnel et efficace, Pascal avait été *sharpshooter* dans un peloton d'infanterie. Pascal nous a montré une photo :

— Ça, c'est quand on est entré dans le village. On voit le casque de tissu du gars que je venais de tirer. On voit le sang dessus.

J'avais attendu toute la nuit avec les *snipers* du 3ᵉ Bataillon. C'est moi qui a initié l'attaque en tuant la sentinelle ennemie !

Dans le bar se trouvaient justement des *snipers* du 3ᵉ Bataillon et d'autres vétérans fraîchement revenus d'Afghanistan. Plusieurs avaient été plus d'une fois en Afghanistan ou ailleurs dans le monde. En comparaison, la plupart d'entre nous n'avaient que quelques années d'expérience, sans aucune mission de combat.

— À un certain moment, racontait un *sniper* plutôt costaud après avoir avalé sa bière d'un trait, nous avons été encerclés par les talibans. On était loin derrière les lignes ennemies. On a dû commander un tir d'artillerie directement sur notre position. On a eu de la chance de tomber sur de bons artilleurs. Les canons se sont arrangés pour que chaque obus tombe autour de nous.

— Ça me rappelle l'autre fois, a ajouté un soldat qui comme moi, avait une « baby face ». Les talibans nous suivaient et voulaient nous pincer. On a placé une Claymore[1] dans un champ. On a attendu le bon moment et puis... boum ! Le pauvre... je savais même pas qu'on pouvait crier comme ça. Il a pas duré longtemps. On l'avait transformé en viande hachée.

Un militaire ivre, qui marchait de table en table, a doucement appuyé sa main sur mon épaule, comme le ferait un grand frère :

— Et toi, mon rayon de soleil ? de dire le militaire avec un sourire condescendant. J'imagine que tout ce que tu connais, c'est tirer vers des cibles d'entraînement ! Vous, les jeunes... que je vous vois jamais manquer de respect envers un vétéran !

---

1   Une Claymore est une mine ayant une forme rectangulaire. Déclenchée à distance, elle envoie vers l'avant des centaines de petits projectiles en forme de billes. Ce type de mine était souvent employé au Vietnam pour protéger les positions défensives.

Sylvain derrière un télescope d'observation.

Oli après un engagement avec les talibans.

Je rageais en dedans de moi! Je savais que j'allais faire un bon travail en Afghanistan, mais je ne pouvais rien dire! Pas pour l'instant. Je n'étais pas encore un «vrai».

— Ne t'en fais pas pour lui, de me dire un fantassin vétéran, alors que l'autre militaire, saoul, continuait sa tournée en titubant. Ce gars-là en fait presque pitié! En Afghanistan, il a rien fait! Il arrêtait pas de se plaindre et restait presque toujours sur le camp. Et là il reçoit une pension de l'Armée et fout rien de ses journées, à part partager des post Facebook de supposés frères d'armes. Il vient même de s'acheter un *pick-up* neuf et il est toujours en voyage à Cuba. Il sait qu'il peut pas bullshiter ceux qui étaient en mission avec lui... regarde... je sais qu'il vient de m'entendre!

Je me suis alors juré de ne jamais devenir un vétéran arrogant et de respecter les jeunes guerriers, même ceux n'ayant aucune expérience de combat!

Tout à coup, un bruit de sifflement a rempli la salle. Non loin de moi, un soldat a sursauté, les yeux «tendus» comme ceux d'une bête chassant dans la jungle. Le bruit avait été causé par le chansonnier, qui sans faire exprès avait soufflé dans le micro. Le soldat a secoué la tête, «revenant sur terre» et réalisant qu'il n'y avait pas de danger. Il s'est levé, quittant le bar sans avertir personne. Il n'avait même pas terminé sa bière!

— Ce gars-là, m'a discrètement dit un sergent... avant la mission, il avait pas de cheveux gris. C'est capoté de voir ça. Il doit avoir pris dix ans.

Sammy devant une affiche de Chuck Norris sur la base de Masum Ghar.

Pascal observant l'ennemi depuis les montagnes à l'aide de jumelles Vector.

Dans la cour des grands

À la cafétéria de la base militaire se trouvait une panoplie de guerriers barbus, souvent costauds. Certains étaient des vétérans ayant déjà pris part à de vraies opérations contre l'ennemi. Tous affichaient une certaine dose de virilité et de confiance en soi. Il y avait beaucoup de « mâles alpha » ici. Définitivement pas un endroit où se serait sentie à l'aise une jeune recrue !

Une autre journée d'entraînement venait de se terminer. Nous étions de retour dans nos baraques de la base militaire de Gagetown. Je tenais la longue carabine Timberwolf, de calibre 338. Sur la table d'à côté se trouvaient des chiffons et des bouteilles d'huile. Demain allait se terminer la compétition internationale de tireurs d'élite, à laquelle nous prenions part. Les différentes armées avaient envoyé la crème de la crème. L'Irlande avait même effectué une présélection. Des forces spéciales étaient présentes. Sylvain, mon commandant de détachement, est entré dans la chambre, où une multitude d'équipements crouteux de boue trainait :

— On doit bien nettoyer nos armes, Oli. Il reste un dernier match : le « stress shoot ». On a un gros désavantage : on a laissé les AR-10[1] aux autres équipes. On n'aurait peut-être pas dû se sacrifier comme ça ! Mais c'est pas grave, on est ici pour s'entraî-

---

1   Une équipe de snipers est composée, à la base, de deux snipers. Un sniper est « observateur », l'autre est « tireur ». Les deux peuvent alterner de rôle, selon la situation. L'observateur (appelé le « spotteur ») corrige les tirs à travers son télescope. C'est aussi lui qui fournit les paramètres de tir et les ajustements. Le tireur utilise les armes qui ont la plus grande portée (telle une arme de calibre « 50 » ou « 338 »). Le spotteur a une arme de précision moins puissante pouvant engager des cibles à des distances intermédiaires. Pour la compétition de tir, plusieurs équipes avaient des AR-10, pour l'observateur. Mais puisqu'il n'y avait pas assez de ce type d'arme pour toutes les équipes, nous avons dû modifier une arme de plus petit calibre, ce qui nous donnait un désavantage.

ner. C'est ça le plus important! Et ta réputation est en train de se faire! On commence à te trouver bon!

J'étais nouvellement formé comme *sniper*. Je faisais partie du détachement de *sniper* 66 Bravo. Le Bataillon comptait quatre détachements de tireurs d'élite, chacun composé de quatre soldats. Sylvain et les autres *snipers* d'expérience nous avaient bien entraînés. Cette compétition de tir était un test pour les nouveaux arrivés du peloton. Nous étions tous ici pour l'Afghanistan. Quand on voyait une cible de papier ou de métal, on s'imaginait un taliban. Nous savions que dans peu de temps, c'est effectivement ce que nous allions affronter! L'Afghanistan était notre guerre!

Le lendemain matin, nous sommes embarqués dans des camions. C'était le jour de l'épreuve finale, qui allait décider de l'équipe gagnante. Nous devions parcourir plusieurs kilomètres dans les forêts et les marécages et naviguer à la boussole.

Nous avancions si rapidement! Nous nous enfargions constamment, pour aussitôt nous relever. Les branches frappaient mon visage comme de la neige sur un pare-brise. Ma vision était embrouillée et voilée. Les feuilles avaient causé des micrografignures sur la pupille de mes yeux!

À destination, nous avons pris place dans un hélicoptère, en route vers l'épreuve finale. Une fois atterris, nous nous sommes rendus dans une tente militaire verte. Un instructeur au chandail noir a fait son apparition :

— La base est attaquée! Chaque cible que vous toucherez vaudra un point. L'équipe ayant le meilleur temps aura tous les points pour le temps. Les autres perdront un point chaque fois, jusqu'à zéro. Vous avez dix secondes pour vous préparer!

Je me suis tourné vers Sylvain :

— Ce qui compte ici, c'est pas la précision, mais la rapidité. Vaut mieux être rapide et manquer un peu de précision. Ça nous donnera beaucoup de points !

Un des murs de la tente s'est soudainement ouvert. Nous sommes partis à courir. Des explosions se faisaient entendre. Des fumigènes étaient lancés autour de nous. Des instructeurs criaient presque directement dans nos oreilles, achevant ce harcèlement psychologique qui nous entourait.

— Venez ici ! Entrez dans cette tente, nous a crié un instructeur au milieu de cette cacophonie...

— Vos pistolets sont enrayés, a crié l'instructeur parmi le bruit des explosions. Vous devez engager l'ennemi avec vos armes de *sniper* !

Un mur de la tente est tombé comme un rideau : des ennemis se trouvaient derrière. On ne voyait qu'une partie de leur tête. Mon arme, de calibre 338, n'était pas conçue pour tirer aussi proche. C'était une surprise ! J'ai eu un flash, je me suis rappelé mes cours de *sniper* : j'ai ajusté le zoom de mon optique au minimum. J'ai ajusté la tourelle à l'élévation 0, ce qui équivaut à aligner l'optique parallèlement avec le canon. Or, le centre de mon optique était 5,2 cm plus élevé que le canon. Il me fallait donc viser 5,2 cm plus haut que le centre de la petite cible. J'ai levé mon arme. J'ai appuyé sur la détente. La tête de l'ennemi a éclaté. Sylvain avait lui aussi rapidement neutralisé les cibles de son côté.

Nous avons été guidés parmi un tunnel souterrain donc le fond était boueux et en partie rempli d'eau. Des fumigènes étaient largués par une trappe. Le pire endroit pour quelqu'un de claustrophobe ! Une fois de l'autre côté du tunnel, essouf-flés et mouillés, nous avons été amenés dans une bâtisse. Des cibles ayant des formes et des couleurs de toutes sortes étaient disposées.

— Vous devez tirer au pistolet, nous a dit l'instructeur. Vous devez lire les indications. C'est parti!

L'instructeur a sorti un carton de sa poche. Le carton était en forme de losange rouge. «Blue circle» était écrit sur le carton. «Vous devez lire», me suis-je alors rappelé. Ça peut paraître simple, mais sous le stress, c'est le genre d'instruction qui est difficile à mettre en pratique. J'ai déjà vu des gens intelligents faillir à des tests semblables.

Après une série de couloirs et de simulations, nous avons couru dans un champ, à travers des fumigènes. Les choses allaient bien pour nous. Pour l'instant! Des explosions se faisaient entendre autour. Nous avons grimpé dans une tour entourée de filets de camouflage. Devant nous se trouvait un immense champ de tir.

— L'ennemi s'approche de la base. Engagez immédiatement!

Des cibles mécaniques étaient disposées dans les champs, derrière des buttes et des arbres.

— Pas le temps de spotter! dis-je à Sylvain. On doit tirer en même temps et gagner du temps! C'est une *job* de *sharpshooter*[2]!

— Tu as l'arme qui tire le plus loin, a répliqué Sylvain. Commence par les cibles les plus éloignées. Je commence avec celles les plus rapprochées. On se rejoint au milieu!

J'ai immédiatement commencé à engager les cibles. Dans mon angle de vision, je voyais les cibles de Sylvain tomber les unes

---

2   Traditionnellement, une équipe de tireurs d'élite fonctionne en pair. Un soldat tire, l'autre observe et donne les correctifs. Cette méthode, plus lente, est cependant plus précise. À l'opposé, un «sharpshooter» est un peu comme un sniper sans observateur. Il agit seul, appliquant ses propres corrections de tir.

après les autres. On entendait le métal des cibles réactives claquer! Ding... tombée! Ding... tombée! Tout allait si bien! En moins d'une minute, toutes les cibles étaient «neutralisées», ce qui aurait voulu dire «mort» ou «en train de se plier de douleur au sol» à la vraie guerre. Bref... «neutralisées».

— Suivez-moi, a dit un arbitre. Vous devez transporter ces boites de munitions et ce mannequin blessé!

— Arrrrrgggg! Pas le temps de niaiser! à crié Sylvain, qui s'est emparé, seul, de la lourde civière sur laquelle se trouvait le «blessé».

Sans perdre de temps, j'ai aussitôt mis mon arme en bandoulière, m'emparant des boites de munitions. Je suivais Sylvain de près. Je me sentais presque mal de ne pas autant forcer que lui!

Un instructeur nous a ensuite guidés vers une série de bunkers, où des cibles apparaissaient. Après cette autre étape, nous avons été amenés en face d'une reproduction de toit incliné. Le problème: les versants étaient presque à la verticale! Il nous fallait engager les cibles de cet endroit. Je n'ai pas eu le choix que de me placer dans une position où l'optique de mon arme allait me cogner le front à chaque tir, en raison du recul. C'est à cette étape que plusieurs *snipers* allaient se fendre le front, certains ayant même des coulisses de sang au visage. Cet inconfort passager avait payé: malgré cette position difficile, les cibles avaient été touchées. C'est là un exemple qui distingue les *snipers* militaires des tireurs purement sportifs. Ces derniers sont souvent excellents, mais tirent depuis des conditions contrôlées, sur des cibles fixes dont les distances sont connues, le tout sans effort physique ou stress intense.

Après ces derniers engagements, nous avons couru un dernier sprint vers la ligne d'arrivée. Un instructeur a arrêté le chronomètre ! Nous avions le meilleur temps et avions touché presque toutes les cibles ! Nous allions certainement nous trouver sur le podium !

Le soir venu, c'était la remise des prix. Dans le mess des officiers, on nous a servi des homards, du *steak* et de la bière : le parfait repas du guerrier. L'équipe gagnante de la compétition a été annoncée ! C'était mon équipe, Sylvain et moi ! Mon nom allait être gravé sur le prestigieux trophée de la Compétition de *sniper* !

Au cours de la soirée, des policiers des équipes tactiques sont venus me serrer la main :

— Tiens, une bière pour toi ! On voulait vous battre, mais vous avez bien fait ! Nous n'avons pas le choix de le dire !

Nous avions performé dans le match au pistolet, qui consistait à tirer sur des cibles dans un contexte tactique, avec des obstacles et des instructions. Les policiers avaient espéré faire beaucoup de points dans cette partie de la compétition. Malgré nos pistolets vétustes, Sylvain et moi avions eu de bons scores, au-dessus de plusieurs équipes tactiques de la police, qui avaient des armes dernier cri. Nous savourions notre victoire !

Une bière à la main, un *sniper* des forces spéciales s'est approché. Il n'avait pas l'air si content :

— On voulait faire la compétition avec vous, mais nos boss ont dit non ! a-t-il dit. Nos patrons ne voulaient pas entacher l'image des forces spéciales ! Gang de pas bons ! Il faut jamais refuser un *challenge* !

Le sergent Hamel écoutait. Vétéran d'Afghanistan, c'est lui qui allait commander le détachement Alpha à Kandahar. Il était reconnu pour son sang-froid, son efficacité et son intelligence, incarnant le *sniper* méthodique typique :

— Moi-même, sur mes temps libres, je fais des compétitions de tir, a ajouté le sergent. J'ai déjà compétitionné contre des cadets! Oui, des cadets! Des adolescents! Leurs armes sont quasiment plus grosses qu'eux! Et bien, il est arrivé que certains d'entre eux me foutent des volées dans le tir de précision. Il ne faut jamais sous-estimer son adversaire!

On ne devient pas guerrier une fois. On le redevient chaque jour. Chaque jour est un nouveau combat. Nous l'avions appris à nos dépens, lors d'une compétition «bonus» qui avait eu lieu la veille de la remise des prix. Pour ce match, seules les armes de calibre 50 allaient être permises. Ce type d'arme hollywoodienne tire des munitions de plusieurs fois la taille de balles ordinaires.

— Ça vous dérange qu'on emprunte une de vos armes? nous ont demandé deux policiers de l'équipe tactique de Montréal. On ne connaît pas très bien ces armes-là, mais on voudrait s'entraîner un peu. Pire des cas, on va manquer nos cibles et apprendre quelque chose!

Au fil de la compétition, ces deux policiers étaient devenus nos amis. Ils constituaient la plus «vieille» équipe de la compétition. Nous adorions leurs histoires de perquisition dans les repères des gangs de rue. Pascal, un *sniper* vétéran d'Afghanistan avec qui j'allais aller être déployé, leur a refilé des chartes de tir. Les armes étaient fournies par une équipe de deux *snipers* pour qui la compétition avait été une catastrophe quasi perpétuelle.

Le match a bien commencé. Toutes les équipes de notre bataillon avaient de bons scores. Déjà, nous nous tapions dans les mains à mesure qu'arrivaient les équipes. Les équipes ayant déjà terminé étaient étendues dans l'herbe. Il y avait des télescopes d'observation partout. Ça ressemblait à un attroupement de photographes attendant l'arrivée d'une diva. C'était justement le tour des deux divas de Montréal. Et elles tiraient merveilleusement bien! Trop bien, même! Les deux *snipers* touchaient leurs cibles les unes après les autres! Les deux fantassins ayant prêté leurs armes avaient une mine basse :

— Es-tu en train de me dire qu'ils sont en train de cartonner avec les mêmes armes que nous, alors qu'ils n'ont aucune expérience avec ces armes? a dit un des *snipers*.

Nous trouvions tous la situation des plus drôles. Nous n'avons pas ri longtemps! Est apparue la cible où toutes les équipes avaient eu des difficultés : un véhicule en mouvement sur rail. Les deux policiers ont rapidement neutralisé le «conducteur», arrêtant le camion sur place. Les autres cibles ont été neutralisées en quelques secondes. De notre position, nous étions bouche bée! C'était maintenant la finale du parcours : toucher un «missile» à une grande distance, afin de le neutraliser, ce que les *snipers* appellent une mission «d'interdiction». Quelques secondes plus tard, sans plus de formalité, le missile était hors d'état de nuire. C'était le coup de grâce! Nos espoirs de deuxième trophée s'envolaient comme neige dans le désert.

Ce que cette compétition m'avait enseigné est qu'à la guerre, on peut gagner une journée et perdre le lendemain. Et il ne suffit pas de «paraître bon». Les grandes gueules ne font pas long feu au champ de bataille. Que tu sois petit, gros, grand, taliban, Québécois ou Américain... tout ce qui compte, c'est si, oui ou non, tu touches l'ennemi. Un enfant-soldat motivé peut, s'il est rusé, tuer un commando d'élite au détour d'un chemin. Nous avions remporté la victoire. Nos amis policiers avaient pris leur revanche en nous battant avec nos propres armes!

Une autre compétition s'en venait : la vraie guerre! Et là-bas, les cibles allaient être réelles!

Macmillan de calibre 50.

Vue typique du tireur d'élite dans un village afghan : le réticule de l'optique de la carabine Timberwolf. Chaque trait large équivaut à 0,1 mrad (ou « mil »). Les escaliers se trouvent donc à approximativement 600 mètres de distance, tandis que le mur en avant-plan se trouve à moins de 200 mètres. Un relevé plus précis est obtenu grâce au télémètre laser Vector. La distorsion de l'image est causée par la caméra.

Voyage vers Mars

Des uniformes beiges étaient accrochés. Il y en avait pour toutes les tailles. Nos pantalons étaient encore verts. Un photographe nous prenait en photo à tour de rôle. Ça allait être « notre photo de deuil », celle qui allait être montrée aux bulletins de nouvelles, « si jamais ». Un soldat s'est assis sur un tabouret :

— J'espère que tu vas pas sauter sur une bombe, de dire un autre soldat depuis la file d'attente. T'as une face crissement laite.

Nous sommes partis à rire. Les rires cachaient une certaine nervosité.

— Heye le mêlé ! T'as oublié de mettre ton écusson de nom, de commenter un autre soldat, alors que son ami essayait d'afficher un peu de sérieux pour cette photo importante. Le sergent-major va pas être content.

— Ta gueule la tarte ! J'ai pas encore reçu mes *nametags*. De répliquer le soldat juste avant que le photographe soit fin prêt. C'est pas tout le monde qui est allé vingt mille fois en Afghanistan comme toi !

Clic. Aussi rapide que le « bang » d'une bombe ou d'une balle.

Mon tour est venu. Je me suis assis sur le petit tabouret. Devais-je être solennel et sérieux, ou « relaxe » et amical ? Une partie de moi s'imaginait déjà mort. Clic. Je n'avais pas eu le temps de philosopher plus longtemps. La photo était déjà prise. Ainsi allait être la mort pour certains d'entre nous : plus rapide que la peur.

Nous nous sommes rendus sur le terrain de parade. J'ai regardé autour de moi : le terrain était si grand, et nous si peu nombreux. Le Commandant, le lieutenant-colonel Paul, avait réuni la partie combattante de la Force opérationnelle. Ceci comprenait les fantassins, les artilleurs, les ingénieurs de combat et les troupes blindées. Nous n'étions que quelques centaines de soldats. C'est tout ce qu'avait à sa disposition le Commandant pour sécuriser la campagne de Kandahar. Le reste de la Force opérationnelle était composée de métiers en support et du personnel de l'aviation. Il y avait certes les forces spéciales, mais leur rôle n'était pas de sécuriser la région, au jour le jour, mais d'effectuer des « hits » ponctuels.

Cette petite force combattante allait être divisée en trois « compagnies ». Chaque compagnie allait occuper une Base opérationnelle avancée (appelée « *FOB* » pour « Forward Operational Base »). Chaque *FOB* allait être placée au milieu d'un secteur infesté de talibans. À certains de ces endroits, l'ennemi reprenait du terrain. À d'autres, l'ennemi n'avait pas encore été défié.

Chaque *FOB* (donc chaque compagnie) allait compter entre 150 et 200 patrouilleurs, divisés en quatre pelotons de fantassins. À cela allaient s'ajouter quelques détachements de support, tels des mécaniciens, des cuisiniers, des « médics » et ainsi de suite. Ces unités allaient être supportées par la puissance de feu des artilleurs. Plusieurs de ces pelotons allaient devoir être divisés afin de sécuriser de petits camps secondaires, réduisant du coup le nombre de soldats disponibles. Pour chacune des *FOB*, à tour de rôle, une partie des soldats allait être affectée à la protection du camp, d'autres allaient partir en congé. Chaque commandant de compagnie n'allait donc posséder, en tout temps, que deux pelotons complets pour sécuriser son secteur. Quelques éléments de l'armée et de la police afghane, de qualité variable, allaient s'ajouter à cette force plutôt réduite en comparaison du terrain à couvrir.

En répartissant les pertes entre toutes les troupes, elles paraissent acceptables. Mais les pertes allaient être concentrées dans les troupes de combat sur le terrain, aujourd'hui rassemblées. J'en faisais partie !

La guerre allait être difficile : avant même de partir, nous manquions de troupes !

J'ai embrassé ma mère. C'était rapide et peu familial. Froid, même. Les adieux sont comme la mort : ils font moins mal quand ils sont secs et rapides. Je me suis rendu au Bataillon. Ma famille n'y était pas. Je ne leur avais pas demandé d'être là. Des voitures arrivaient dans le stationnement. On voyait les silhouettes des familles côtoyer ces multiples militaires. Les membres des familles étaient plus nombreux que les uniformes. Les uniformes n'étaient plus verts, mais beiges. Nous n'allions pas en simple exercice de deux mois, mais en zone de combat !

La caserne était différente qu'à l'habitude. Ce n'était plus cette salle purement militaire. Des jeux gonflables avaient été installés pour les enfants. Contrairement aux enfants plus jeunes, qui s'amusaient sans trop comprendre, les plus vieux ne savaient que trop bien ce qui se passait.

Au mur, des vidéos de politiciens étaient projetées sur une toile blanche. On y voyait le premier ministre Charest. Personne ne portait attention à ce que ce qui était dit. Nous étions trop aspirés par le moment présent. L'intention de ces personnalités me semblait sincère. Comme soldats, il ne nous en fallait pas plus. Les combattants qui partent au front ne veulent pas être couverts de guirlandes et de médailles. Une simple poignée de main et des yeux sincères sont tout ce dont la plupart des guerriers ont besoin. Cette récompense me suffisait !

— Cinq minutes ! a crié quelqu'un dans la salle.

Des gens pleuraient. À l'entraînement, les militaires sont froids et mécaniques. Mais ici, ce n'étaient pas des robots qui embrassaient et caressaient leurs proches, certains pour la dernière fois ! Certains craquaient et pleuraient sans retenue. Surtout ceux ayant des enfants. « On se revoit bientôt », disaient certains. Ils n'étaient pas encore transformés en soldats ! Ils n'avaient pas encore accepté !

— Deux minutes ! a crié un responsable.

— Papa ! Papa ! Ne t'en va pas ! pouvait-on entendre.

Les papas voulaient rester. Les soldats sans famille attendaient, certains froids comme des statues. Les adieux, le jour du départ, ne sont pas « chaleureux » pour tous. À ce moment-là, le fils ou le père en uniforme, aussi fort qu'il puisse être, a déjà pleuré la moitié des larmes de son corps. Le jour du départ, ce n'est plus un fils ou un père, mais un soldat qui dit « à la prochaine fois », tout en sachant, au fond de lui, qu'il n'y aura peut-être jamais de prochaines fois.

La famille d'un des *snipers* nous regardait. Dans leurs yeux, c'est comme si je lisais : « Mais qu'est-ce que vous allez faire à notre gars ! »

Il n'était pas content de le voir partir avec nous ! C'était trop tard. Il s'en venait de « l'autre côté » !

Nous nous sommes dirigés vers une autre salle. Près de la porte de sortie se trouvait une haie de hauts gradés et autres personnalités. On serrait les mains mécaniquement, une par une.

Afghanes saluant les troupes québécoises.

Des enfants marchant en bordure d'un camp et d'un cimetière.

Des généraux, des colonels, des politiciens. Je sentais que les poignées de main étaient sincères. C'est dans les moments les plus inhumains qu'on voit parfois poindre l'humain.

Les poignées de main terminées, nous sommes entrés dans un autre hangar. Déjà, le son et l'ambiance avaient changé. Les familles étaient à des années-lumière de nous. Les uniformes beiges, jusque-là en minorité, étaient de nouveau majoritaires. Les «douanes» militaires ont inspecté nos bagages, ce qui était davantage une formalité. En sortant du hangar, dans la cour arrière du Bataillon, des soldats fumaient nerveusement. Parmi la flotte de véhicules blindés utilisés pour l'entraînement se trouvaient des autobus voyageurs. Soudainement, la grille du *compound* s'est ouverte. C'était un jeune officier. Il était en retard. Les adieux à sa mère n'ont duré que quelques secondes. Chanceux.

Nous nous sommes mis en route. Le luxe intérieur des autobus contrastait avec nos uniformes destinés à la guerre. Nos uniformes étaient encore propres et neufs. L'humeur était sobre et silencieuse. Quelques discussions discrètes côtoyaient le souffle de l'aération. Nous nous sentions déjà partis que sur le bord de la route, ici et là, nous apercevions des familles nous saluant une dernière fois. En raison des fenêtres, les militaires ne pouvaient même plus leur «parler». Déjà, nous étions loin.

À la sortie de la base, la route était bloquée par des véhicules de la police. Ils étaient au garde-à-vous et nous saluaient sans bouger. Honorable! Quelques automobilistes étaient sortis, s'étant découvert la tête. Certains restaient dans leurs voitures, probablement agacés, indifférents ou ne comprenant pas.

«Aéroport de Québec». Ces mots nous apparaissaient à la fois terribles et réconfortants. Les grilles de l'entrée du tarmac étaient déjà ouvertes. Nous sommes débarqués. On entendait des réacteurs tourner au ralenti. À la sortie des autobus, les fumeurs se sont agglutinés, pompant collectivement comme des petites usines à fumée. Nous avons été conduits dans un hangar où se trouvaient des avions-citernes servant à éteindre les incendies. La ministre Josée Verner voulait nous souhaiter bonne chance. Je ne me souviens pas des mots, mais l'intention était sincère. Ça nous suffisait. Je regardais les grandes hélices de ces beaux avions. Nous aussi, nous allions éteindre des feux. Nous allions bientôt nous jeter dans le brasier!

Nous nous sommes enfin dirigés vers l'avion, qui n'était même pas de type militaire. Depuis les fenêtres de l'aéroport, des gens nous regardaient d'un air curieux, à la manière de touristes regardant des animaux de zoo. Certains partaient surement en vacances. Quelques mains nous saluaient chaleureusement, comme on fait à des passagers sur un paquebot. Juste avant d'entrer dans l'avion, je n'ai pas pu m'en empêcher : j'ai embrassé le sol du tarmac avec ma main, qui, en ce début d'avril, était légèrement réchauffé par le soleil. C'était peut-être la dernière fois que j'allais fouler le sol de mon Québec que j'aimais tant. J'ai regardé mon dernier «pas». Mes bottes encore neuves ont commencé à gravir l'escalier conduisant à la porte de l'appareil. On entendait les bottes des soldats claquer sur les marches d'aluminium. Le son des bottes... ce n'est là qu'un détail secondaire. Pourtant, chaque détail nous apparaissait plus grand. Nous étions immergés dans une expérience surréelle. Une fois dans l'appareil, à travers les hublots, on voyait les forêts, encore dénudées de feuilles. Ces forêts me manquaient déjà.

Les soldats ont cet adage : tant que tu n'es pas dans l'avion, tout peut arriver. Ceci fait référence à ces missions annulées à la dernière minute, entraînant déception ou soulagement.

L'appareil s'est dirigé vers la piste pour le décollage. Le pilote a mis les gaz. Cette fois-ci, nous partions ! À bord, pas un mot n'était dit.

Il faisait nuit. Nous étions presque tous à moitié endormis. Nous venions de traverser l'Atlantique. Nous avons atterri dans un endroit secret que nous-mêmes ne connaissions pas. Selon les quelques lumières que je voyais à travers les gouttelettes d'eau du hublot, j'ai pensé que ça pouvait être Toulouse, au sud de la France. Ou peut-être était-ce l'Allemagne, l'Italie ou l'Espagne ? Nous, les soldats, sommes constamment immergés sans l'inconnue, la confusion et les informations partielles, pour les grandes et les petites choses, comme ici, avec un simple ravitaillement, dont nous ignorions jusqu'au pays !

Quelques heures plus tard, nous atterrissions sur une base militaire de Dubaï. C'était le matin, là-bas. Nous devions avoir volé quinze heures, déjà. Notre sommeil précaire et artificiellement causé par les somnifères nous avait déjà un peu plus amenés vers une autre « dimension ». Le Québec nous semblait déjà loin.

Les portes de l'appareil se sont ouvertes. La chaleur, déjà étouffante, nous a enveloppés ! La lumière était rose et orange. La lumière du désert ! Au loin, teintés des couleurs du matin, nous apercevions les gratte-ciels de Dubaï.

Nous sommes débarqués sur la piste de la base militaire. Vision réconfortante dans ce décor déjà étrange : des militaires canadiens nous attendaient pour nous diriger. Nous nous sentions tranquillement glisser vers un autre univers.

Nous avons entendu de la musique disco en bordure de la piste. Il s'y trouvait une petite terrasse couverte de tables et de chaises de plastique, ainsi qu'un cinéma extérieur! Il y avait même des palmiers! Un soldat a ouvert un frigidaire et a lancé des bouteilles d'eau froides aux autres militaires. Mis à part l'absence d'alcool et les uniformes beiges, on se sentait presque dans un hôtel de Cancún.

Les fumeurs se dépêchaient d'aspirer des réserves de nicotine. D'autres militaires se sont dirigés vers une salle où ils pouvaient «chatter» avec leur famille, sur des ordinateurs. Les pauvres, ils avaient déjà le mal du pays! Près de la cafétéria se trouvait un panneau sur lequel était dessiné un gros thermomètre : les records de température du camp. Nous étions encore loin du maximum!

À l'ombre de quelques palmiers, non loin du cinéma extérieur, se trouvait un monument aux morts d'Afghanistan. Autour de nous, certains soldats marchaient et détournaient le regard. Ils n'acceptaient pas la mort. Pas encore. Le monument comportait des visages de soldats. Ceux-là nous regardaient droit dans les yeux. Certains portaient des écussons comme la mienne, celle du Royal 22ᵉ Régiment. Dire que ces soldats étaient passés ici, eux aussi. Avaient-ils détourné le regard, pensant ainsi exorciser leur mauvaise fortune?

Le monument venait d'être agrandi. Les espaces vides du marbre étaient déjà prêts à accueillir de nouveaux et jeunes visages. Certains d'entre nous allions nous retrouver sur ce marbre, d'ici quelques mois. Nous le savions.

Nous avons été amenés dans un hangar. Les «procédures» et autres étapes n'en finissaient plus. Des documents nous ont été montrés. C'étaient nos dernières volontés. Il fallait s'assurer que tout était en ordre avant d'effectuer le vol final vers l'Afghanistan. Rassurant! Déjà, la mort planait autour de nous, comme un arrière-gout constamment présent. Cette impression allait nous suivre, en fond, tout le long de la mission, comme si nos vies ne tenaient jamais plus qu'à un fil.

Certains disent que si un soldat tient à trop bien remplir ses «papiers de mort», c'est que quelque chose va lui arriver. C'est pourquoi certains soldats, plus ou moins inconsciemment, révisaient leurs papiers à la hâte, comme pour se «donner de la chance». La psychologie change, quand le vrai danger de mort approche!

De retour sur le tarmac, un autre avion nous attendait, militaire cette fois-ci. Les moteurs tournaient déjà au ralenti. La transition logistique et psychologique vers la zone de guerre continuait. Nos bagages étaient déjà empilés sur des palettes couvertes de courroies. Les cubes ainsi formés étaient un à un avalés par le monstre gris qui allait nous amener en Afghanistan.

Enfin, nous avons reçu nos armes, fraîchement peinturées de beige. Étape par étape, les stimulus changeaient : la couleur de nos uniformes, la peinture recouvrant nos armes, l'avion qu'on prenait, les odeurs, la température, l'ambiance. Même l'heure changeait! C'est alors que je me suis rendu compte que j'avais oublié de transférer un de mes bagages au personnel logistique! Idiot! J'ai couru pour aller régler la situation. En me voyant, le sergent-major a souri :

— Ça porte chance, les *fuck up*, au début! a-t-il dit. Aller! Prends tes bagages et essaie de ne pas les oublier en patrouille!

L'intérieur de l'avion CC-177 était futuriste. D'ailleurs, des films de science-fiction sont parfois filmés dans ce type d'appareil. On voyait toutes sortes de lumières, de fils électriques, de tubes et autres conduits entremêlés. Nous étions armés et nous portions nos casques, dans l'éventualité d'un écrasement en territoire ennemi, par exemple en étant abattus par des armes antiaériennes. Ce sentiment d'impuissance, d'être une proie, était frustrant. J'avais hâte d'en découdre ! Au fond de moi, je souhaitais qu'on s'écrase et qu'on vive un échange de feu épique. « J'espère qu'il y aura des combats tout le temps ». Ainsi parlent bien des soldats, longtemps avant la date du déploiement. Une fois en théâtre d'opérations, le discours est souvent bien différent. « Bah ! Ça ne me dérange pas si c'est tranquille », qu'on entend. Nous nous apprêtions à entrer dans la cour des grands, là où se trace la ligne entre les parleurs et les faiseurs. Je comptais faire partie de cette deuxième catégorie.

Dans les guerres passées, plusieurs soldats sont morts avant même d'avoir tiré ou vu l'ennemi. Certains soldats de la Seconde Guerre mondiale, en voyageant vers l'Europe occupée par les nazis, ont vu leur navire coulé par des U-Boot allemands. Ils étaient tués, blessés ou s'étaient noyés avant même d'avoir vu la lointaine forme d'un casque allemand ou le périscope du sous-marin qui les avait coulés. Nous nous sentions aussi comme enfermés dans un sous-marin. Il n'y avait pas de hublots. Certains soldats étaient drogués par les somnifères. D'autres fermaient les yeux. Dormaient-ils ?

Je me souviens avoir pris cette photo : on y voit le capitaine Maranda, un soldat efficace et respecté. Il avait été instructeur sur mon cours de fantassin. Quelques mois plus tard, suite à une explosion ennemie, il allait être projeté sur plusieurs mètres. Son visage allait être fendu en deux et ses genoux littéralement broyés. Cliniquement mort et plongé dans le coma, on allait lui transmettre plus de sang que ce que son corps contenait! Contrairement à deux autres soldats présents qui avaient été tués sur le coup, le capitaine Maranda allait survivre à ses blessures. Dans les années à venir, il allait tranquillement remonter la pente, s'entraînant et remportant des compétitions de kayak de mer. Ce qu'il n'allait plus pouvoir faire avec ses jambes dans le désert, il allait l'accomplir avec ses bras... sur la mer!

Mais tout ceci, nous ne le savions pas encore. Tout comme bien d'autres histoires semblables.

Nous étions au-dessus de l'océan Indien. C'était la nuit, déjà. Les jours étaient cours, chaque vol se faisant en sens contraire de la rotation de la Terre. Je savais que nous avions quelques heures à faire vers l'est, à distance de l'Iran. Nous avons par après effectué un virage vers le nord. J'ai compris que c'était notre dernier «checkpoint» vers l'Afghanistan. Il nous restait à traverser l'ouest du Pakistan, un endroit couvert de tribus et de groupes armés hostiles. Si nous devions être abattus par un missile antiaérien, ça allait être là! L'équipage de soutien s'est alors solidement attaché, l'éclairage changeant pour le rouge. C'était comme dans un film de sous-marin. Sensation intéressante.

Nous avons piqué du nez, pour ensuite effectuer plusieurs virages serrés. On entendait les moteurs forcer et faire des bruits étranges. On se sentait tourner en tous sens, sans pouvoir y voir quoi que ce soit. Pendant ce temps, la plupart des soldats «dormaient». Les têtes casquées bougeaient en tous sens, selon les mouvements de l'avion. Les membres du personnel de l'avion étaient toujours attachés. Ils étaient neutres comme des robots.

Brusquement, l'avion a effectué un nouveau piqué. Allions-nous enfin atterrir? Nouveaux virages. À gauche, à droite. On prenait

Sylvain observant depuis un cimetière afghan.

Afghans construisant un mur de terre. Ce type de mur, courant en Afghanistan, cachait parfois des bombes.

de l'altitude. On en perdait. Je me sentais dans un vaisseau spatial en route vers une colonie planétaire. Je m'imaginais le décor lunaire extérieur. Peut-être étions-nous en train de voler entre des montagnes, afin de déjouer les radars du Pakistan ou de l'Iran qui, hypothèse de ma part, avaient équipés et informés des groupes armés ennemis ?

D'autres virages. D'autres manœuvres. Impact ! On semblait avoir atterri ! Les réacteurs se sont inversés, nous faisant presque aussitôt arrêter. Ça y était ! Nous étions en Afghanistan ! On ne voyait encore rien de l'Afghanistan, mais nous y étions ! Vite ! Ouvrez-moi ces portes que je vois enfin ce pays ! Montrez-moi cette guerre pour laquelle je m'entraîne depuis des années !

Les soldats, ramollis par le transport, sont sortis telle une cohorte de zombis. Dehors, il faisait nuit. C'était le désert, mais il pleuvait !

Le capitaine Maranda, à gauche, est pensif alors que l'avion militaire approche de l'Afghanistan.

Mémorial aux morts sur la base de transition de Dubaï. On remarque les nouveaux emplacements libres.

Cercueil de glace

Des militaires américains, en habit de camouflage, mais portant des dossards réfléchissants, nous ont dirigés vers des autobus semblant sortir d'un film post-frappe nucléaire. Mon autobus avait des fenêtres poussiéreuses et craquées. Les portes mobiles du côté avaient été enlevées. À l'intérieur, de la mousse jaune et défraîchie sortait des bancs troués. Le conducteur était un civil américain plutôt gras qui semblait avoir fait le trajet mille fois.

Les routes étaient boueuses et trouées. Par moments, les phares dévoilaient des tours de garde et des fortifications en béton. C'étaient de « vrais » murs et tours, et non des décors factices pour l'entraînement. De temps en temps apparaissaient des arbres ressemblant à des saules pleureurs. Encore aucune trace du « désert ». D'autres routes boueuses. D'autres tournants. Des soldats couverts d'amples ponchos protégeaient l'entrée d'un *checkpoint* en avant de nous. Leurs imperméables avaient un camouflage désertique, ce qui était pour le moins paradoxal ! Nous sommes débarqués. La pluie tombait à flots en avant des vieux phares de l'autobus. Nous avons reconnu d'autres *snipers*. Ils avaient voyagé une semaine avant nous. Ils nous apparaissaient déjà comme des « vétérans » accueillants des « nouveaux ».

— Suivez-nous ! a dit l'un des *snipers*, en s'emparant d'un de mes sacs à dos.

L'endroit ressemblait à un labyrinthe de flaques d'eau et de hauts murs de béton. C'était *KAF*, *Kandahar airfield,* une base militaire logistique comportant des milliers de soldats. Une base tranquille ressemblant à un gros blob de militaires non combattants

Nous sommes arrivés dans nos quartiers temporaires, qui étaient des conteneurs maritimes convertis en petites habitations. La chambre de mon détachement avait des murs laids faits de faux bois. Ah! l'art militaire!

J'étais fatigué, mais trop curieux et excité pour m'endormir. Étendu dans mon lit, j'étais plongé dans un état second, écoutant la pluie qui tombait sur la minuscule fenêtre.

Il arrivait, au fil des mois, que la base soit attaquée. Quelques jours après mon arrivée, alors que je dormais, j'ai entendu deux petites explosions.

— Ce sont des roquettes! m'exclamai-je aussitôt, à travers la noirceur de notre chambre à coucher.

— Enfin! Il arrive quelque chose à *KAF*! a dit un militaire dans le couloir, où nous avons été rassemblés.

— Arrêtez de capoter pour rien! d'ajouter un autre soldat, l'air blasé. Vous avez plus de chances de vous faire frapper par la foudre!

Une sirène s'est fait entendre. Le bruit était terrifiant, comme s'il avait été choisi spécifiquement pour faire peur : « Rocket Attack! Rocket Attack! ». La voix ressemblait à une femme-robot dans un film futuriste. Il fallait que j'aille aider, au mieux de mes connaissances. C'était plus fort que moi. L'Armée m'avait bien « drillé ». J'ai remarqué un attroupement près du bâtiment des « médics ». Des gens prenaient quelque chose en photo.

— Regardez ça! disait un soldat, qui comme moi ressemblait plus à un touriste curieux qu'à un militaire entraîné. Un morceau de bombe a atterri juste ici! J'étais dans la toilette quand l'éclat d'obus a percé le mur et est tombé!

Le bâtiment de tôle était percé d'une fente d'environ un pied de longueur.

— Tu es OK ? a demandé un autre militaire.

— Ouais, ouais ! Le morceau d'obus n'avait même plus de force. Il est juste tombé, comme ça, à côté de moi !

J'ai continué mon « exploration ». L'air était rempli d'une odeur de soufre. J'ai croisé un soldat anglophone portant des lunettes. Il déambulait de manière confuse :

— Hey, toi ! lui ai-je alors lancé, alors qu'il marchait en sens contraire de moi. C'est tombé où ?

— Pas loin, par là-bas ! m'a répondu le soldat, qui était agité.

— Ah mais c'est génial tout ça ! Hahahaha !

— Je retourne chez moi dans deux jours. Tous mes amis sont à *KAF* depuis des mois et rien leur arrive. Je viens juste d'arriver et une roquette tombe à côté ! Je vais finir par être malchanceux, si ça continue. *Shitty country* !

À l'aide de ma lampe de poche, à travers la fumée encore présente, j'ai continué mes recherches, m'approchant toujours plus du site de l'explosion. Je regardais sous les véhicules stationnés et dans les racoins. Toujours rien. À ma grande déception, il n'y avait aucun blessé. Rien à se mettre « sous la dent », comme on dit. « Oli ! Tu n'as pas le droit de penser comme ça ! », que je me disais. J'avais simplement hâte de voir de l'action ! Un chirurgien ne souhaite d'accident à personne, mais serait bien déçu de vivre dans un monde sans histoires !

J'ai finalement trouvé l'impact de l'obus : ce n'était rien de plus qu'un simple trou d'environ trois pieds de large, et d'un pied de profondeur. C'était loin d'être épatant comme « trouvaille », pensai-je. La raison en est que la plupart des obus sont conçus pour exploser instantanément à l'impact, et non dans le sol[1].

Il me restait encore quelque chose à faire : il pleuvait et l'air sentait encore le souffre. C'était l'occasion rêvée d'allumer mon premier « cigare de la victoire » ! La guerre allait être amusante ! Je le sentais !

Ça ne ressemblait en rien à une cafétéria de zone de guerre. Il y avait de belles chaises, de belles tables. Les employés, venus d'Inde et du Pakistan, et recevant des salaires merdiques selon les standards occidentaux, nous préparaient des mets dignes de petits restaurants. Il y avait même un comptoir à salades et des cafetières à Espresso !

Hier soir, la guerre m'avait semblé si proche. Je la sentais déjà lointaine. En fait, je ne me sentais pas en Afghanistan. Dire que c'était le quotidien de plusieurs militaires. Au mur se trouvaient des écrans plats montrant de courts vidéos d'instructions en cas d'attaques à la roquette. « Se protéger sous la table ».

Un soldat blessé est entré dans la cafétéria. Sa tête était enveloppée d'un bandage en partie ensanglanté. Le soldat était si jeune. Il devait pourtant se mouvoir avec une béquille à la manière d'un vieillard. Dans la salle, les militaires regardaient avec curiosité ce soldat semblant venir d'une autre planète. Un militaire haut-gradé s'est avancé pour lui serrer la main énergiquement, lui offrant de l'aider avec son plateau. Honorable ! Le soldat a poliment refusé.

---

1   Un trop gros cratère peut être un signe de mauvaise qualité ou d'un défaut de l'obu, sauf pour les obus anti-tranchées déclenchés en mode « delay ».

Des soldats anglophones nous ont amenés chercher le reste de notre équipement dans un entrepôt. Un détail a frappé mon attention : le conducteur du *pick-up* était assis à droite, nous rappelant que l'Inde et l'Asie étaient proches. Sur le chemin, nous avons croisé des Hummer et d'autres véhicules blindés. Certains véhicules portaient les marques de combats récents. On voyait du métal tordu, des vitres blindées craquées, des marques de ricochets.

— Regardez à votre gauche ! a dit notre guide. Ces véhicules-là qui sont empilés dans le *compound*, plusieurs sont morts là-dedans.

On comptait plusieurs dizaines de véhicules. Certains étaient complètement détruits, exposant leurs entrailles mécaniques. L'intérieur de certains véhicules était fondu, ce qui ressemblait à de la cire de chandelle fondue de couleur métallique. On ne pouvait s'empêcher de penser à la violence des explosions, à quel point les petits corps humains qui s'y trouvaient avaient dû être déchiquetés. Quand on met la main sur un véhicule blindé, on a l'impression de toucher une locomotive, tellement c'est solide et massif. Mais ces mastodontes, maintenant humiliés, ressemblaient à des canettes de liqueur écrasées dans un dépotoir !

— Le meilleur véhicule est le *TLAV*[2], a continué notre guide en anglais. Durant une mission, un *TLAV* a été projeté comme une roche par une méga grosse bombe. Le véhicule a fait des tonneaux sur plus de cent mètres. Le *TLAV* a résisté. Ceux qui étaient sur place m'ont dit qu'à l'intérieur il n'y avait aucun sang. L'équipage semblait comme dormir. Ils avaient été tués sous le choc.

---

2   Un TLAV (« Tracked Light Armoured Vehicle ») est un véhicule blindé de taille moyenne ressemblant à un M113 et possédant un blindage supplémentaire. De côté, ce véhicule a la forme d'un trapèze.

51

Le ton du soldat était arrogant, comme s'il voulait nous dire : «vous n'avez aucun vécu, car vous venez d'arriver ici. Laissez-moi vous montrer comme ça marche.» C'était une attitude typique de certains «vétérans», en particulier ceux ayant le moins d'expérience de combat.

— Les talibans ont de nouveaux dispositifs pour faire éclater nos véhicules. Ça vient d'Iran. C'est un laser qui détecte le passage du véhicule. Une charge creuse est envoyée sur le côté. Ça ne laisse aucune chance. Pour les *snipers*... faites attention ! Ils ont mis des bombes sur toutes les montagnes.

Arrogant ou pas, il avait raison de nous mettre en garde de ce dernier danger !

J'étais dans le «Lounge des *snipers*», qui comportait un frigidaire rempli de bière (à 0 % d'alcool) un sofa noir en faux cuir et une grande télé plasma. Entre les missions, les *snipers* adoraient regarder des vidéos de chasse tout en mastiquant du tabac. Déjà, on s'imaginait faire des raids depuis *KAF*, pour ensuite se la couler douce dans notre luxueux repère.

J'aimais regarder les cartes, les imageries satellites et les rapports de situation qui nous parvenaient. « Bientôt, je vais être au milieu de cette carte ! » Je suivais les messages tactiques en direct, sur ce qui ressemblait à un «chat room» de rencontre en ligne. On voyait défiler, en temps réel, les événements rapportés par différentes unités dans la zone d'opération. On lisait des rapports de patrouille, des rapports météorologiques, des descriptions de prisonniers, ainsi de suite. Alors que dehors une tempête de sable commençait, des lignes rouges sont apparues sur l'écran :

>> 99C > COORD QR 688 272 : 1 X IED ICDT[3]

Ce qui signifiait qu'une patrouille venait d'être frappée par un *IED* à la coordonnée QR 688 272. L'unité qui envoyait le rapport était 99 Charlie, composée de véhicules blindés de reconnaissance. Je connaissais quelques-uns de leurs équipages. Quelques jours plus tôt, nous les avions croisés à la *FOB* Frontenac, lors d'un entraînement final avant les missions de combat.

>> 99 C > NO LN CSLTY

« NO LN CSLTY »... il n'y avait pas de pertes afghanes (« no local national casualty »). Les petites lignes continuaient d'apparaître sur l'écran :

>> 99C > CAN CSLTY 1 X NVS 3 X WIA

« CAN CSLTY »... cette ligne-là avait un tout autre sens ! Il y avait des pertes canadiennes !

« 3 X WIA »... trois blessés (« wounded in action »).

« 1 X NVS »... « *No vital signs* », ce qui signifiait, en résumé... un mort canadien ! Les soldats sur le terrain ne peuvent pas déclarer comme étant mort (KIA) un soldat. Seul l'hôpital militaire peut le faire, généralement.

Dehors, le ciel devenait orange. La tempête de sable prenait de l'ampleur. Dans le « chat room », on voyait les rapports météorologiques défiler. Il était impossible d'envoyer un hélicoptère chercher les blessés ou essayer de réanimer le soldat mort, dont il était impossible de connaître l'identité, pour le moment. Le

---

3   Les détails techniques des messages sont écrits de mémoire. Ils diffèrent des données d'origine, même si leur signification est semblable. Les coordonnées sont approximatives. Il en est de même de certains indicatifs d'appel de ce livre. Il se peut que ces indicatifs ne soient pas exactement fidèles aux événements. Par exemple, si je mentionne que le « peloton 1 » a dit quelque chose sur les ondes radio, il se peut que ce soit le « peloton 2 ».

lendemain soir, nous avons appris le nom du premier canadien mort pendant notre mission : c'était la soldate Karine Blais. La loterie de la mort commençait !

Je me suis porté volontaire pour aider à la cérémonie de la rampe. Mon travail : placer des supports de métal en dessous du cercueil, au moment de le sortir d'un véhicule blindé de circonstance. Le lendemain soir de l'explosion de l'*IED*, l'équipage de Karine était à *KAF*, en vue de la cérémonie qui allait avoir lieu le lendemain.

— Qu'est-ce qui s'est passé ? demandai-je à un soldat, visiblement ébranlé.

— Tout était correct, au début de la patrouille ! m'a répliqué le soldat, qui affichait un air découragé. On faisait une patrouille de routine dans un secteur ben relaxe. Il y avait un goulot d'étranglement sur la route. On a fait nos drills de sécurité. On a fait passer un véhicule, puis un autre, et un autre. C'était le tour au véhicule de Karine. Il y avait une «pressure plate» et une charge creuse[4]. On lui a dit d'avancer... et puis boom ! Le véhicule blindé a été soulevé et est tombé à l'envers. Le chef de char, qui avait eu le temps d'entrer sa tête dans l'écoutille, a demandé si tout le monde était OK. Karine ne répondait pas. L'explosion l'avait soufflé et pulvérisé. On a cherché autour du site. On a retrouvé un bout de crâne, quelques cheveux, et une botte à moitié brûlée. C'est tout. Elle n'a pas souffert. Un flash de caméra !

---

4   Une «pressure plate» est un dispositif de déclenchement par pression, généralement par contact électrique. Une charge creuse est une technique consistant à «mouler» un explosif en forme concave afin que l'explosion soit focalisée de manière à pouvoir percer un blindage épais.

Dire que ce secteur était censé être tranquille! Ainsi est la guerre : pernicieuse! La guerre adore jouer avec nous, nous rassurer, nous ennuyer. Ensuite, elle frappe! Elle prend!

Un soldat, qui portait un gros bandage à la main, est passé près de nous :

— Ça fait un mois que je suis arrivé, m'a-t-il dit. Ça fait deux fois que je saute! J'en ai plein mon tabarnaque de cul de cette connerie de pays. Je décalisse d'icitte!

Voilà comment les guerres sont perdues : par manque de conviction! Humainement, je compatissais. Comme soldat, je désapprouvais!

C'était le temps de pratiquer la cérémonie de la rampe. Un camion est arrivé. Il transportait un cercueil de pratique recouvert d'un drapeau. En voyant cela, un des soldats a craqué, éclatant en sanglots. On sentait «qu'ici, la mort était réelle». Ce n'était plus l'entraînement. Les morts et blessés arrivaient pour vrai. Le sergent-major Chiasson était responsable des répétitions. Il était militaire et efficace, dégageant malgré tout quelque chose d'humain. Les soldats ont pratiqué la sortie du cercueil du véhicule et la lente procession vers l'avion. De mon côté, mon travail était simple : placer des supports en métal afin d'aider les porteurs à sortir de manière «ordonnée» le cercueil du véhicule. Drôle de travail, pour un nouveau *sniper* en zone de guerre!

Le soir venu, le vrai cercueil était exposé dans une petite chapelle appelée «Fraise Chapelle». Le petit édifice était fait de bois contre-plaqué non teint et sans fini, ce qui était charmant. À l'intérieur, l'odeur était celle du pin, ce qui rappelait nos belles forêts. Au centre de la chapelle, la première chose qu'on voyait était le rouge et le blanc du drapeau recouvrant le cercueil. C'était le vrai cercueil ! La rumeur disait qu'il contenait presque uniquement de la glace, tellement il n'y avait rien d'autre à mettre.

Le lendemain soir, avec l'équipage de Karine, nous avons embarqué dans la caisse arrière d'un *pick-up*. Direction : le tarmac, où allait avoir lieu la cérémonie. Sur le chemin, on voyait des milliers de militaires se diriger au même endroit. Il y avait des Américains, des Français, des Allemands. On aurait dit que tous ces gens allaient à une fête ou un spectacle de feux d'artifice. J'ai alors pensé : « ce serait le moment idéal pour lancer une attaque coordonnée contre le camp ! » Un bon moment pour tuer les parrains de la mafia est lors d'enterrements, semble-t-il.

Sur place, on voyait déjà l'avion-cargo qui attendait. La porte arrière de l'appareil était ouverte telle une grande bouche. Une dizaine de minutes plus tard, l'attroupement chaotique que composaient les différents contingents internationaux se plaçait comme des pions sur un damier. On entendait les sergents-majors des différentes nations compter la cadence. Une fois les militaires en place, les cris des instructions militaires ont fait place à un silence qui aurait été total, si ce n'était le sifflement aigu des réacteurs de l'appareil, qui se trouvait au centre de deux longues et majestueuses rangées humaines, chacune ayant une quinzaine de personnes de profondeur. « Deux cohortes romaines ! », pensai-je.

Le véhicule portant le cercueil est arrivé. J'ai placé les supports en métal. Une soldate du cortège, surprise par le poids du cercueil d'aluminium, a eu de la misère à le soulever. Son ami, de l'autre côté du cercueil, lui a agrippé le bras afin de l'aider. C'était beau de voir une telle entraide dans un moment aussi triste. Au son des cornemuses, les porteurs ont commencé leur lente marche vers l'avion. C'était le dernier voyage de la soldate en Afghanistan. En arrière des cornemuses qui jouaient *Amazing Grace*, un soldat portait un coussin sur lequel était déposé un béret. Le béret de celle qui était tombée.

C'est un spectacle à jamais gravé dans ma mémoire. De telles cérémonies, il y en avait plusieurs par mois. Je ne le savais pas encore, mais j'allais revoir plus d'une fois ces longues rangées humaines de part et d'autre de l'avion-cargo. En pareil moment, tous ceux appelés à aller au combat se demandent la même chose : suis-je le prochain ? Est-ce que c'est moi qu'on traînera bientôt dans un cercueil, au son des cornemuses ?

— Qu'est-ce qui se passe avec toi, mon ami ? Ça ne file pas ? a demandé Sammy à Marc, un *sniper* de l'équipe Charlie.

— J'ai beaucoup réfléchi, a tranquillement dit Marc. Je dois quitter l'Afghanistan. Je vais vous le dire franchement, les gars… j'ai trop peur ! J'ai trop la crisse de chienne ! Je peux même pas sortir du camp. C'est trop pour moi !

Nous étions sous le choc. Marc avait remporté le titre de Meilleur soldat du cours de Reconnaissance, un cours des plus exigeants. Il avait aussi terminé premier dans le cours de *sniper*. C'était un soldat respecté. Un guerrier qui n'était pas sans rappeler un Viking. Plusieurs soldats avaient déjà abandonné en cours de route. Je me souviens de ce soldat qui m'avait avoué avoir fumé de la drogue afin d'être exclu du déploiement de Kandahar. Mais Marc ne pouvait pas abandonner de la sorte !

Le lendemain matin, Marc a fait part de sa décision à ses supérieurs. C'était « irréversible », disait-il. On lui a suggéré de simplement prendre du repos ou de joindre une unité moins combattante :

— Non! de répliquer énergiquement le militaire. Ma décision est prise et je n'irai jamais en patrouille. Je préfère m'enchaîner à un poteau et aller en prison que d'aller au front. Je le sens, j'en ai l'intuition, c'est très clair : si je reste, je vais mourir. J'en suis certain !

Des surprises comme celle de notre ami Marc, il y en a constamment à la guerre. Il ne faut pas juger selon les apparences[5].

De retour au pays, Marc allait montrer du courage d'un genre différent. Marc avait depuis longtemps ridiculisé un autre soldat à l'entraînement. « Tu n'es pas un vrai guerrier, tu es pas à ta place », lui avait-il dit à répétition. Ce même soldat allait servir plusieurs fois en Afghanistan. Marc a eu la grandeur d'âme de s'excuser à ce soldat.

Il aurait fait un bon guerrier !

---

5   Des officiers ont finalement décidé de discrètement renvoyer Marc au Canada. Il a ensuite été expulsé des forces armées avec une mention « déshonorable », en plus de devoir payer une amende de quelques milliers de dollars. Il s'en était bien sorti ! Dans l'histoire humaine, les armées ne sont pas souvent gentilles avec les déserteurs. Durant la Première Guerre, les soldats, en plus d'être forcés d'aller au front, étaient souvent fusillés s'ils refusaient de combattre. Durant la Seconde Guerre mondiale, les Russes positionnaient des équipes de mitrailleurs dont la mission était de faucher les soldats s'enfuyant des Allemands !

*Cérémonie de la rampe de Karine Blais, sur le tarmac de KAF.Photo :
Cplc Jonathan Johansen, DND.*

*Les militaires attendent que passe le cercueil, lors d'une cérémonie de la
rampe. Photo : Cpl Marc-André Lesage-Tremblay, DND.*

Premier vol en solo

Nous avons empilé notre équipement dans la boite arrière des *pick-up*, pour ensuite nous entasser de manière pêle-mêle à la manière de réfugiés. Nous ressemblions à des gitans accoutrés d'équipements tactiques. Sur le chemin, nous sommes arrêtés au *Boardwalk*, là où se trouvaient les restaurants et le luxe des «kafards», surnom que nous donnions à ces soldats vivant dans le monde parallèle et mou de *KAF*, que nous regardions déjà avec dédain, un peu injustement, ces soldats faisant malgré tout un travail utile. Nous sommes allés chercher quelques lattés glacés, question d'être nous aussi «mous» une dernière fois avant notre mission. En payant mon café, j'ai remarqué une affiche particulière :

«Cours de salsa, tous les samedis, au coin sud-est du *Boardwalk*.»

— Oubliez ça, les gars, a dit Sylvain en regardant lui aussi cette curieuse affiche. Et oubliez les cocottes. Les seules cocottes que vous verrez seront les burkas.

J'avais pitié des guerriers qui étaient forcés de rester dans cet environnement bien peu spartiate! Nous sommes rembarqués dans nos véhicules. Sur le chemin, nous ne tenions pas nos armes, mais des gobelets colorés desquels sortaient des pailles d'enfants! Décidément pas ce qu'on s'attend d'une bande de *snipers* en route vers une mission de combat. Sur le côté de la route, un Américain s'est exclamé :

— Mais vous êtes fous de sortir du camp comme ça! Vous allez vous faire tuer!

Nous approchions du tarmac, où un Chinook allait nous infiltrer derrière les lignes ennemies. Le jour d'avant, un gars de la CIA nous avait dit : « Si jamais vous allez en petites équipes passé le Easting 30[1] ou dans les environs de Nakhonay, chapeau ! C'est très dangereux ! » C'est ce que nous faisions et c'était notre première mission !

La veille, nous avions étudié les images aériennes récentes du secteur. Nous allions devoir traverser une série de villages et de groupes de nomades sans être détectés. Une fois dans les montagnes, nous allions établir un poste d'observation. Notre mission : surveiller une partie de Panjwai[2] en prévision d'une opération d'envergure qui allait se dérouler d'ici quelques jours, l'opération Munkeridal.

Nous étions sur un chemin en bordure de la piste d'atterrissage. Nous pouvions déjà voir quelques lointains villages afghans, au-delà de champs abandonnés couverts d'arbustes. J'ai mis mes protège-oreilles électroniques sur la tête, afin de les tester. Ces protège-oreilles bloquaient les détonations comme les coups de feu tout en laissant passer le son ambiant. J'ai soudainement entendu un bruit de sifflement, comme si une abeille était passée rapidement près de mes oreilles. Je me suis aussitôt braqué. Le même bruit s'est de nouveau manifesté. Puis une autre fois. Étions-nous déjà attaqués par un tireur distant ? J'ai finalement compris que le bruit était causé par l'interférence électro magnétique d'un radar. Nous avons effectivement roulé près une installation de contre-batterie britannique. Ces soldats avaient comme mandat de bombarder les points d'origines des roquettes tirées vers *KAF*. Les radars détectaient la trajectoire

---

1   Un « easting » est la partie « est-ouest » d'une coordonnée. C'est une façon de désigner une ligne imaginaire entre deux secteurs.

2   Panjwai est un district de la province de Kandahar.

des obus et calculaient leur origine, qui était ensuite bombardée par les équipes de contre-batterie.

Une fois arrivés à l'aéroport tactique, nous sommes entrés dans une tente où se trouvait un écran plat. On y voyait les dernières photographies aériennes de notre secteur d'opération.

— Les nomades ont changé de position ! On va devoir adapter notre route, a dit Sylvain avant de sortir sa carte de papier, son calepin et son *GPS*. Selon nos informations, ils ne sont pas de notre côté, ces tribus de nomade. Ils font du trafic d'armes pour les talibans, à travers le désert.

L'attente était longue sur le tarmac, où nous étions allongés contre nos sacs et équipements. L'anticipation est une des pires choses pour le soldat. Elle provoque la réflexion, la crainte, la nostalgie d'un monde laissé derrière. C'était comme si la mort planait dans l'air. Elle nous surveillait. J'ai pris quelques photos des visages de mes camarades, alors que le soleil commençait à baisser dans le ciel. Les regards étaient songeurs, inquiets. Quelques soldats fumaient en groupe. Un des *snipers* bégayait à voix basse en fumant compulsivement une cigarette après l'autre.

— Relaxe ! Relaxe ! lui a dit le sergent Hamel, qui semblait aussi détendu qu'à l'entraînement.

Notre «taxi» volant est finalement arrivé. Nos sombres réflexions étaient derrière nous. Une vingtaine de soldats sont sortis du Chinook qui venait d'atterrir. C'étaient des soldats anglophones en fin de déploiement. Les dos étaient courbés, les visages étaient fatigués. «Peut-être aurai-je l'air de ça d'ici quelques mois», me suis-je dit. Un soldat avait la moitié du visage défiguré et comme fondu par le feu. Une oreille ressemblait à un morceau de pâte à modeler flétri. Curieusement, le soldat n'avait l'air en rien affecté par ses blessures et montrait une bonne humeur exemplaire. « Je veux être comme ce soldat ! Fort et fier, peu importe les circonstances ! »

Le sergent Hamel nous a fait signe de monter à bord. Avec le poids de notre équipement, se lever était difficile. Sylvain a tendu son bras vers mois, ainsi qu'aux autres membres du détachement, nous levant un par un, pour ensuite nous donner une tape sur l'épaule. Le bruit des moteurs était assourdissant, au point de ne pas pouvoir se parler. On se comprenait du regard ! Nous sommes entrés par l'arrière de l'appareil dans un ordre prédéterminé.

Avant d'entrer dans le Chinook, nos visages étaient soufflés par l'échappement bouillant des moteurs. Ça ressemblait au souffle d'un fourneau. C'était presque douloureux. Une fois à l'intérieur, nous avons mécaniquement exécuté la suite des procédures, plaçant nos sacs dans l'allée centrale. En raison de l'encombrement de l'équipement, j'avais de la difficulté à simplement me tourner. Je me suis imaginé le chaos d'un écrasement, avec des blessés, de la fumée, du feu, l'équipement éparpillé et un ennemi qui s'approche de tous les côtés !

Une minute plus tard, nous nous sommes élevés, enfin ! J'avais l'impression d'être dans un ascenseur en suspension dans l'air. L'appareil a pivoté vers l'ouest. Nous nous sommes lentement mis en mouvement. En dessous de nous défilaient les barrières successives du camp, ainsi que les tours de garde des derniers périmètres de sécurité. Et puis les barbelés ont fait place à des champs, et finalement aux premiers villages afghans. Ça y était, pour vrai ! J'imaginais ce qu'avaient ressenti les parachutistes alliés quittant les rives de l'Angleterre, en route vers l'Europe occupée par les nazis !

Préparation des armes en vue de notre première patrouille de combat. On remarque la mitrailleuse légère C9, avec le canon court. C'est cette arme qui allait nous fournir une puissance de feu en cas de contact rapproché avec l'ennemi.

Sylvain est pensif alors que nous allons bientôt être insérés en territoire ennemi. La guerre ne faisait que commencer!

Les pilotes de Chinook préparent le décollage vers les territoires ennemis.

Nous volions à basse altitude, tournant à gauche, à droite. C'était comme dans un manège, un manège bien dangereux que l'ennemi essayait de faire tomber. Nous passions des maisons, des villages, des chemins. Les hélices, qui claquaient de manière infernale, produisaient de gros tourbillons dans les champs, où se trouvaient quelques villageois ressemblant plus à des figurines qu'à des personnes. Je les voyais enfin, ces Afghans, et pas seulement à la télévision !

— C'est tellement vert pour un désert ! a alors crié Sylvain à travers le bruit assourdissant, en se tournant vers moi.

Son regard était inquiet. Comme moi, il voyait ces villages aux rues complexes et ces champs de vignes ressemblant à des réseaux de tranchées. Chaque recoin pouvait cacher un taliban ! Nous allions combattre au cœur d'un labyrinthe !

En arrière de l'appareil, la grande porte était ouverte. Un mitrailleur était assis. Il portait un casque futuriste ressemblant à la tête d'une mouche. Il « scannait » le paysage et observait les menaces potentielles. Tout à coup, le mitrailleur s'est mis à tirer des coups de feu. Certains Afghans, pour nous faire peur, épaulaient leur pelle, ce qui ressemblait à quelqu'un tirant un RPG[3] vers nous. Dans ce type de situation, les mitrailleurs avaient comme consigne de tirer quelques coups d'avertissement dans les champs. D'autres coups de feu ont été tirés. Des flashs sont apparus à travers les hublots ronds. De la fumée a envahi l'habitacle, remplissant l'air d'une odeur de soufre brûlé. Avions-nous été touchés ? L'ennemi avait tiré un RPG. Soulagement : j'ai réalisé que ces flashs n'étaient que des contre-mesures dans le cas où des missiles guidés auraient été tirés contre nous.

---

3   Un RPG, «Rocket Propelled Grenade», est une roquette tirée par un combattant à pied. Il sert contre les troupes ou les véhicules blindés légers.

J'ai regardé sous mes pieds : dire qu'un pied plus bas se trouvait le vide, et que des personnes voulant me tuer s'y trouvaient. Je me suis alors souvenu que certains Chinooks avaient été renforcés par une plaque de métal blindée au plancher. Rassurant ! Nos vies dépendaient de la bonne planification d'une longue chaîne de personnes. Être fantassin est semblable à faire de l'escalade au bout d'une corde tenue par quelqu'un d'autre, ou sauter en parachute tout en sachant que le parachute a été plié par quelqu'un qui n'aura jamais à monter à bord d'un avion.

Nous nous sommes soudainement élevés, ce qui nous a écrasés dans nos bancs. Le type de menace du secteur avait probablement changé. En dessous de nous défilait Kandahar, mot provenant de « Iskander », issu de « Alexandre ». Kandahar aurait été fondée par Alexandre le Grand ! Autour, la vue semblait tirée d'un film de science-fiction. Des cheminées au charbon étaient visibles un peu partout. Il devait y en avoir des centaines. Une épaisse fumée noire s'en échappait, teintant de noir les ouvertures. Mon premier réflexe a été de penser : « ce n'est pas très santé, tout ça ! »

De gigantesques montagnes défilaient à notre droite. Nous nous sentions tout petits face à ces monstres. Ces montagnes aux contours déchiquetés incarnaient la rudesse du pays, un pays de guerres et de tribus.

Nous avons perdu beaucoup d'altitude, nous approchant de notre prochaine destination, la base avancée de Masum Ghar, qui se trouvait à côté de la petite ville de Bazari-Panjwai, « le marché de Panjwai ». Je cherchais la base du regard, sans la trouver, essayant de me souvenir des cartes et briefings. Nous étions juste au-dessus du village. On voyait les gens et les voitures marcher dans la rue. Tous semblaient indifférents à notre passage, même

La campagne de Kandahar l'été. La photo a été prise depuis la FOB Sperwan Ghar, en direction de la FOB Masum Ghar.

Village au nord-ouest de la FOB Sperwan Ghar.

si l'air soufflé par les hélices arrachait certaines toiles recouvrant les commerces. Mais où était donc la base?

Tout à coup, la *FOB* est apparue. Elle était toute petite, coincée entre les montagnes et la ville! J'ai reconnu la forme réconfortante des tours de garde. Au centre de ce petit hérisson se trouvait un petit drapeau rouge et blanc. Ce n'était pas du tout comme je m'étais imaginé! C'était comme atterrir sur une base lunaire. Les tours se sont élevées de part et d'autre, nous protégeant comme les contours d'un berceau de bébé. Nous nous sommes posés sur un lit de cailloux gris. Les équipes Charlie et Delta se sont levées, enfilant leurs sacs. Quelques secondes plus tard, les deux équipes avaient quitté l'appareil, nous saluant à travers le son des moteurs par quelques «thumbs up». Je me suis déplacé près de la porte arrière, qui était ouverte, afin d'être mieux placé pour notre propre «débarquement». Je n'étais même pas encore attaché que l'appareil s'est élevé.

Le nez de l'appareil s'est orienté vers le sud, vers notre zone d'opération. Des montagnes et des villages défilaient, teintés par la lumière rouge du coucher de soleil. Nous ne le savions pas encore, mais nous allions marcher dans la majorité de ces villages. Nous allions même connaître par cœur certains de ces endroits!

L'appareil survolait maintenant le désert. Les dunes de sable orange, qui ressemblaient à des vagues immobiles, se perdaient à perte de vue. On voyait quelques buissons ici et là. Par moments se dessinaient des pistes laissées par les nomades. Le plan était de voler au-dessus du désert jusqu'au crépuscule et de nous insérer dans la quasi-obscurité. J'ai commencé à avoir la nausée. «Maudit mal des transports!» J'ai regardé Sylvain et les autres *snipers*: tous semblaient en parfait contrôle. J'ai par la suite appris qu'ils avaient tous la même sensation!

Nous n'étions plus que deux détachements de *sniper* dans le Chinook : Alpha et Bravo. Le sergent Hamel s'est levé et a pris position à côté du mitrailleur du côté droit de l'appareil, enfilant un casque d'écoute afin de communiquer avec les pilotes. Le sergent allait coordonner la partie finale de l'insertion. Le bruit était assourdissant. On ne pouvait plus retourner en arrière. J'ai alors pensé : « J'ai choisi d'être ici ! Tous les soldats présents ont choisi d'être ici ! » Premièrement, nous avions rejoint les forces armées comme volontaires. Et puis nous avions choisi l'infanterie. Après notre entraînement de fantassin, nous avions progressé jusqu'à devenir patrouilleur de reconnaissance et finalement *snipers*. Nous savions que les déploiements en Afghanistan s'en venaient. Nous savions que c'était dangereux. À tout moment pendant l'entraînement, nous aurions pu abandonner et nous faire remplacer. Pourtant, aucun des soldats présents dans l'hélicoptère n'avait reculé ! C'était un honneur d'être parmi eux !

Le sergent Hamel se tenait debout, immobile et casqué. Malgré l'angle prononcé des virages, il restait parfaitement droit, en raison de la force centrifuge. C'était impressionnant de voir un vétéran agir aussi efficacement. L'appareil perdait rapidement de l'altitude. Nous approchions du sol. Sans même nous poser, nous sommes aussitôt remontés : comme convenu dans le plan, le pilote effectuait de faux atterrissages afin que les éclaireurs ennemis ne puissent pas deviner, par le bruit de l'appareil, le lieu de notre insertion.

— Cinq minutes ! a crié le sergent à travers le vacarme, tout en faisant un signe de la main.

L'hélicoptère a fait un grand virage vers le nord, vers notre vrai point d'insertion.

— Deux minutes !

Le sergent a enlevé son casque, le fixant à un crochet. J'ai regardé mon arme : elle contenait de vraies munitions ! Mécaniquement, nous nous sommes détachés, nous assoyant dans l'allée centrale, qui était couverte de sacs, et d'où dépassaient des armes, des antennes et une panoplie d'équipements. Nous étions à la merci du pilote.

L'insertion approchait ! Je regardais défiler le paysage où j'allais peut-être mourir d'ici quelques mois ou minutes. Je me suis alors dit : « Oh que je ne suis pas chèrement payé pour ce que je fais ! »

La porte arrière était fermée pour l'atterrissage. Sans voir à l'extérieur, je sentais que nous perdions de l'altitude rapidement ! Même le bruit était différent. Je retenais mon souffle. Et puis le son a coupé et le temps a comme ralenti. Nous avions violemment heurté quelque chose ! Nous étions-nous écrasés ? Malgré mon lourd équipement, j'étais en état d'apesanteur ! Sébastien, de l'équipe Alpha, semblait voler devant moi. Et puis le temps a repris son « cours » et nous nous sommes tous chaotiquement écrasés sur le plancher, les uns par-dessus les autres. Peu importe les circonstances, il nous fallait sortir au plus vite ! Le mitrailleur arrière, responsable de nous ouvrir la porte, était étendu, sonné et inactif. Sylvain l'a empoigné par le collet :

— Ouvre ta crisse de porte !

La passerelle s'est ouverte. Dehors, c'était le vide du désert. Nous sommes rapidement sortis, les uns à la suite des autres, sans nous soucier de l'ordre. J'avais beau transporter une « tonne » d'équipement sur le dos, je me sentais léger. L'adrénaline !

Un peu plus d'un an plus tard, des équipes de tireurs d'élite allaient s'écraser non loin de ce secteur, dans des circonstances semblables. Tout comme nous, au moment de l'atterris-

De nombreuses cheminées de charbon (servant à cuire des briques et des tuiles) parsèment la banlieue de Kandahar.

À bord d'un hélicoptère Chinook avant une insertion près du désert afghan.

sage, beaucoup de poussière allait être soulevée, aveuglant la pilote. J'ai vu une photo de l'écrasement : on y voit la carcasse du Chinook de côté, telle une baleine échouée dans le désert, les hélices arrachées. La pilote, qui n'avait pas été blessée, avait été parmi les premiers évacués, laissant les autres soldats sur place, faillissant ainsi à son rôle de « capitaine de navire ». De notre côté, les *snipers* de 66 Bravo et 66 Alpha avaient été plus chanceux !

Selon le plan d'insertion, l'hélicoptère était censé avoir atterri contre le vent, donc en direction nord-est. Nous savions que nous avions à courir quelques centaines de mètres vers le sud-ouest (dans la direction de la rampe de sortie) pour rejoindre un wadi asséché. Un wadi est une rivière du désert. Selon nos analyses des images aériennes, ce wadi allait nous permettre de nous défendre dans les premières minutes suivant l'atterrissage. C'est dans de tels moments qu'il est crucial d'avoir un bon pilote. On peut comprendre pourquoi l'entraînement militaire met autant l'accent sur le travail d'équipe. Si le pilote avait changé son plan sans nous le dire, nous n'aurions pas retrouvé le wadi devant nous. Nous nous serions retrouvés en plein milieu du désert, vulnérables et sans protection naturelle ! Après une trentaine de secondes à courir dans le désert, le son assourdissant de l'appareil s'est atténué. Encore assommés par ce quasi-écrasement, nous nous sommes rassemblés dans le wadi.

Moins d'une minute après s'être « posé », l'hélicoptère s'est envolé, nous laissant seuls sur les lieux. Nous avons effectué une halte-écoute, qui consiste à ne pas bouger pendant plusieurs minutes, afin de détecter une possible réaction de l'ennemi. Mes premières impressions d'être en territoire ennemi : le silence ! J'entendais le bruit de fond des radios et le froissement des vêtements des autres soldats. C'était comme sortir d'une discothèque et d'avoir encore les oreilles et le corps habitués à un bruit intense.

La nuit s'installait. J'étais serein et déjà à l'aise dans ce nouvel environnement. Au loin, à quelques kilomètres, on voyait un petit village d'une quinzaine de bâtiments, en bordure des dunes du désert, qui par leur forme étaient plus hautes que les arbres et les bâtiments. « Ça ferait une belle carte postale ! » On entendait deux chiens aboyer. Une petite lumière s'est allumée au loin. Elle scintillait légèrement.

— Il y a une voiture qui s'en vient ! a crié Bluteau, un jeune *sniper* de l'équipe Alpha.

— C'est normal, a répondu le sergent Hamel sur la fréquence radio interne. Il y a du vrai monde qui vit ici. Ce n'est plus l'entraînement. Faut pas capoter sur tout.

Les soldats sont parfois tellement habitués d'être testés dans différents scénarios d'entraînement, qu'une fois en vraie zone de guerre, ils ont tendance à croire que « tout est suspect » et que rien n'arrive sans raison.

La voiture « suspecte » est partie du village, prenant un chemin chaotique entre des montagnes. Peut-être était-ce un taliban qui se doutait que quelque chose se passait et qui avait décidé de simplement quitter les lieux, par précaution ? Comme soldat, on est porté à croire que l'ennemi est courageux et que ses manœuvres sont toujours destinées à nous attaquer. Parfois, l'ennemi a peur de nous bien plus que nous avons peur de lui.

Il faisait complètement nuit, ce qui nous forçait à utiliser notre équipement de vision nocturne. Nous nous sommes mis en marche vers la chaîne de montagnes située au nord. L'équipe Alpha était en tête, pour un total de huit soldats pour l'ensemble de la patrouille. Mon sac était tellement pesant ! Nous

nous étions pesés avant la patrouille. Total de l'équipement, mis à part les bottes et l'uniforme : 150 livres pour chaque tireur d'élite ! Nous transportions des batteries, des équipements d'observation, des armes de *snipers*, des armes individuelles, des munitions, un casque et ainsi de suite. Nous avions aussi beaucoup de réserves d'eau, car il nous fallait passer plusieurs jours dans le désert brûlant, isolés de tout soutien logistique[4].

Nous marchions dans des champs de blé abandonnés. C'était plat, avec ici et là quelques petites lignes de terre surélevées, dont le rôle était de retenir l'eau de pluie. Par l'analyse des images aériennes, nous savions que le quadrillage de ces champs était orienté presque parfaitement selon les points cardinaux, ce qui nous aidait à garder le cap. La géographie avait un autre avantage : puisque le secteur était aride, les champs n'étaient plus exploités, ce qui faisait qu'on pouvait observer très loin. Le jour, cela aurait été un désavantage, car nous aurions ainsi pu être détectés. Mais l'ennemi n'avait pas d'équipement d'observation nocturne[5].

Le Centre des opérations tactiques, le « *COT*[6] » nous contactait de *KAF* :

— Ici 0 : un drone a détecté des soldats ennemis dans votre secteur.

---

4   Pendant une longue marche, avec 150 livres sur les épaules, ça fait mal dès le début, contrairement à une marche avec, disons, un sac de 60 livres, qui est pesant, mais qui n'est vraiment désagréable qu'après une heure ou deux. Avec autant de poids, il n'y a rien d'autre à faire que de «prendre son mal en patience» et de supporter en silence les heures de souffrance que dure le déplacement. Avec l'adrénaline d'être en vraie zone de guerre, à ma surprise, mon sac semblait la moitié de son poids.

5   En ce qui concerne les tireurs d'élite et les équipes de reconnaissance, si le terrain est complexe (par exemple dans une forêt), il faut privilégier une insertion de jour. Si le terrain est à découvert (par exemple une plaine ou un désert) et que l'ennemi n'a pas d'équipement adapté aux opérations nocturnes, il faut privilégier une insertion de nuit.

6   Le Centre des opérations tactiques est le «centre nerveux» où sont planifiées et commandées les opérations du secteur de responsabilité canadien.

Nous nous sommes aussitôt placés selon un ordre établi[7]. Les minutes passaient. Toujours aucun ennemi. Quelques grosses roches étaient visibles, sans plus. Nous attendions les instructions[8]. Patrouiller est dur sur les nerfs : le soldat est constamment dans l'attente d'un danger. Une patrouille est semblable à regarder un film d'horreur et s'attendre à tout moment à ce qu'un fantôme fasse son apparition.

— Ici 0, a-t-on soudainement entendu à la radio. L'ennemi est à quatre kilomètres au nord-nord-ouest de votre emplacement.

Fausse alerte! Les films d'horreur aiment jouer avec nos nerfs! Le personnel en devoir au *COT* voulait bien faire, mais manquait décidément d'expérience.

Peu à peu, les montagnes s'agrandissaient devant nous. Leurs silhouettes sombres effaçaient les étoiles qui brillaient autour de nous. Tout était si paisible et silencieux. J'avais l'impression d'être un astronaute avançant en territoire inconnu. Après quelque temps, nous nous sommes séparés de l'équipe Alpha, qui allait se rendre à l'ouest de la chaîne de montagnes, encore plus profondément en territoire taliban.

---

7   Les soldats ayant des positions impaires dans l'ordre de marche, par exemple le troisième soldat de la file, pointaient vers la droite. Les nombres pairs pointaient vers la gauche. Le dernier soldat, armé d'une mitrailleuse, pointait vers l'arrière. C'est lui qui devait protéger nos arrières, qui est un point faible de toute patrouille.

8   C'est à ce moment que nous avons obtenu la coordonnée de l'ennemi potentiel. J'ai alors eu l'idée de demander la coordonnée polaire au COT (le Centre des opération tactiques), qui était plus à même d'obtenir cette donnée. Une coordonnée polaire est constituée d'un point d'origine (ici la patrouille), d'un azimut et d'une distance. Une coordonnée polaire est pratique quand la situation rend la lecture d'une carte difficile. N'obtenant pas cette coordonnée du COT, nous avons décidé de la déduire nous-mêmes. Pour ce faire, nous avons utilisé un vieux truc de fantassin : un des snipers a sorti un poncho de son sac. Normalement, un poncho sert à se protéger de la pluie. Mais ici, dans le désert, on s'en servait pour se faire un petit abri et ainsi cacher la lumière de notre lampe de poche, pendant que nous consultions la carte. C'est à ce moment que le COT nous a fourni la coordonnée.

Nous étions maintenant tout près des villages à la base des montagnes, ainsi que des groupes de nomades, que nous ne voyions pas, même avec notre équipement de vision nocturne. À la manière d'un avion avançant dans le brouillard entre les falaises, il nous fallait nous fier à notre plan et à nos instruments de navigation. Avant de traverser les zones habitées, nous avons fait une dernière halte-écoute, nous assurant que notre présence n'ait pas alerté l'ennemi ou la population. C'est alors que j'ai senti quelque chose toucher ma jambe.

— Shit! Les gars... je crois qu'un scorpion est sur moi!

— Tu es pas sérieux! a répliqué Sylvain. On ne peut pas avoir d'évacuation médicale ici!

— C'est rendu sur ma cuisse!

Quelle situation ridicule! Je ne pouvais pas croire que j'allais être piqué par un insecte venimeux avant même d'avoir vu un seul taliban!

— J'ai pas le choix! dis-je. Dans 3-2-1...

J'ai tapé énergiquement ma cuisse. Ça semblait avoir marché. J'avais mon premier « kill »... un insecte inconnu!

Nous nous sommes remis en marche. Pascal, qui était vétéran d'Afghanistan, nous a avertis :

— Les gars, ici c'est important de ne faire aucun bruit. Le moindre faux pas va réveiller les chiens. Et si les chiens se réveillent, c'est tout le village qui va se réveiller. Et si le village se réveille, les talibans aussi se réveilleront!

On voyait les tentes des nomades autour de nous, qui ressemblaient à des formes sombres et pointues. La lune commençait à se lever, ce qui permettait à notre équipement de vision nocturne de mieux distinguer les reliefs et obstacles nous entourant. Nous avons passé un petit ponceau de bois. Comme c'est la procédure dans l'infanterie, chaque soldat doit pointer l'obstacle au soldat derrière lui, pour le «guider». J'ai désigné le ponceau à Pascal, qui m'a fait un «thumbs up». Alors que je me retournais pour continuer à marcher, Pascal s'est brusquement enfargé, produisant un fracas énorme! Une dizaine de chiens se sont mis à aboyer! Décidément, nous collectionnions les gaffes et les malchances!

— Merde! a dit Sylvain sur la fréquence de l'équipe. Ce serait pire de s'en retourner dans le désert. On n'a pas le choix, on continue dans le village!

On distinguait des tentes et des bâtiments de terre autour de nous. Les habitants devaient se douter que quelque chose se passait. Peut-être pensaient-ils qu'il s'agissait d'une patrouille de talibans? Quoi qu'il en soit, il n'y avait personne en vue. C'était comme traverser un cimetière rempli de morts : on sentait une certaine présence, sans rien voir ou entendre.

— Sammy! dis-je sur la fréquence d'équipe. À une heure de toi, à environ trente mètres, il y a un puits. L'autre est à dix heures, à environ cinquante mètres.

Nous avions ainsi l'habitude de désigner les choses selon les aiguilles d'une horloge, à la manière des pilotes. «Midi» voulait dire en avant, «une heure» signifiait en avant, mais légèrement à droite.

Les puits nous apparaissaient comme de grosses ombres allongées. Ces trous aux parois lisses avaient plusieurs mètres de diamètre, et une profondeur de plusieurs dizaines de mètres. Avec l'équipement, un soldat chutant dans un de ces puits serait certain d'y mourir noyé. D'ailleurs, un soldat canadien était déjà mort dans des circonstances semblables[9].

Nous étions à la base de la chaîne de montagnes. Déjà, sous nos pieds, le sol décrivait une pente généreuse. Nous avions planifié notre route à l'aide des modèles cartographiques de la « Géomatique », à *KAF*.

— C'est beaucoup plus escarpé que prévu ! a dit Sylvain. On peut pas passer par ici ! Oli et moi allons trouver une meilleure route ! Ce sera plus sécuritaire d'avancer deux par deux[10].

Dans les montagnes, l'ambiance a immédiatement changé. Le son était comme plus étouffé et plus sourd. Au-dessus de nous se dessinaient les parois sombres des montagnes, entre lesquelles on voyait la Voie lactée, aussi paisible que si on la voyait d'une forêt du Québec. Nous avons regardé autour de nous : des dizaines de cavernes recouvraient les parois rocailleuses. C'était l'endroit parfait pour une embuscade. À l'aide de faisceaux infrarouges invisibles à l'œil nu, mais visibles par nos équipements de vision nocturne, nous avons rapidement inspecté et sécurisé les grottes nous entourant.

Nous nous sommes enfoncés dans le massif rocheux. De grosses roches nous entouraient. Elles s'étaient détachées de la montagne au fil des millénaires. Nous progressions lentement, le terrain étant accidenté. Il n'y avait aucun vent. Nous entendions le moindre caillou sous nos pieds. Dans les tournants, les

---

9   Mon rôle, en plus de la sécurité, était de m'assurer qu'on ne tombe pas dans un de ces gigantesques puits se trouvant le long de la base des montagnes. Mes camarades me faisaient confiance. Si je m'étais trompé d'un seul chiffre dans les coordonnées des puits, cela pouvait signifier la mort ! À la guerre, le danger ne vient pas seulement de l'ennemi.

10   C'est une tactique d'infanterie que de séparer un groupe de soldats afin de ne pas les exposer en même temps, par exemple quand on veut faire traverser un terrain à découvert à une grosse unité. Ainsi, si l'ennemi est présent, il n'a pas le choix de s'en prendre à un seul petit groupe à la fois, dévoilant sa position.

montagnes nous empêchaient de communiquer par radio. Nous dessinions alors des signaux lumineux sur les parois, à l'aide des lasers infrarouges installés sur nos armes[11]. C'était le signal «de rechange» pour que nos deux amis *snipers* nous rejoignent pour le prochain «bond». «Toujours avoir un plan B», qu'on disait dans l'infanterie. Peu à peu, nous progressions entre les montagnes.

Quelqu'un a parlé sur nos petites radios d'équipe :

— Hehe, les gars! On vous entend parler depuis tantôt!

C'était le *Master sniper*[12] Noiseux. Il accompagnait les détachements Charlie et Delta, établis à plusieurs kilomètres, près de Masum Ghar. Puisque nous étions tous dans les montagnes, nous avions une ligne visuelle directe, quoique lointaine, entre nous. Ceci nous permettait de communiquer avec nos petites radios! Le *Master sniper* était dans son élément. À entendre le ton de sa voix, il semblait aussi content qu'un cochon dans une marre de boue.

— C'est incroyable que le signal se rende jusqu'ici! répondis-je, étonné. Ça va bien de votre côté?

— On est déjà relaxe ici. On se raconte des peurs et on admire la vue.

---

11   L'infanterie moderne est généralement équipée de pointeurs laser installés sur les fusils d'assaut. Ces lasers sont zérotés, ce qui permet de viser une cible sans avoir à épauler l'arme. Souvent, ces pointeurs sont aussi équipés d'un dispositif produisant un faisceau de lumière infrarouge. Ce faisceau peut être «focussé» afin d'éclairer des endroits précis.

12   Le « Master sniper » est le commandant des quatre détachements de snipers de l'unité. Il est responsable de l'entraînement des tireurs d'élite. En opération, il est souvent employé comme conseiller tactique auprès du Commandant, pour ce qui touche l'emploi des tireurs d'élite de même que l'activité des tireurs d'élite ennemis. Dans ce denier cas, il conseille sur les bonnes tactiques de « counter sniping » à employer. Quand plusieurs détachements sont déployés lors d'opérations, le « Master sniper » est souvent appelé à les commander, les coordonner et les conseiller. Après l'Afghanistan, Sylvain allait devenir Master sniper et former de nombreux tireurs d'élite.

« Relaxe », que le *sniper* disait. Le lendemain matin, un des soldats du détachement allait se rendre compte qu'il avait dormi toute la nuit sur une mine antipersonnelle russe cachée entre deux roches ! Elle n'avait pas explosé ! Les dieux de la Guerre aiment ainsi jouer avec les mortels depuis le Valhalla.

Nous marchions avec précaution, à flanc de montagne. Nous étions fatigués. Cela faisait déjà des heures que nous marchions, tout en scrutant sans relâche notre environnement, à l'affut d'une apparition de l'ennemi ou d'un autre danger. Mes pieds étaient enflés et engourdis de douleur. Mes épaules, je ne les sentais plus. Nous étions habitués à cette souffrance. L'entraînement portait fruit. Un soldat n'est pas seulement en bonne forme physique, il est simplement habitué d'encaisser la douleur. L'entraînement est autant physique, que technique et psychologique. Je me souviens de ces entraînements d'infanterie, où de jeunes soldats athlétiques souffraient le martyre. Pendant ce temps, un vieux sergent menait la patrouille dans la forêt, trainant son lourd sac pendant des heures, comme si de rien n'était.

Déjà, nous avions épuisé une partie de nos réserves d'eau. Nous allions devoir rationner au cours des prochains jours ! Nous approchions de notre objectif :

— Oli et moi, on va reconnaître le poste d'observation, a dit Sylvain, alors que Pascal et Sammy venaient de nous rejoindre. On va laisser nos sacs ici, avec vous. En cas d'échange de feu, Pascal, tu tires partout dans les montagnes avec la mitrailleuse, sauf vers le nord-est-est. C'est de là qu'on va essayer de revenir vers vous. Si vous n'avez plus de nouvelles de nous après dix minutes, continuez avec la mission.

Chaque étape d'une patrouille comportait ce qu'on appelait « le plan de contingences », décrivant les scénarios possibles, et les instructions à suivre pour les soldats de l'équipe.

Le détachement Alpha la veille de la première mission de l'équipe, conjointement avec 66 Bravo. De gauche à droite : le soldat Bluteau, le sergent Hamel, le caporal Lelièvre, le caporal-chef Dubé.

Sébastien, un sniper du détachement Alpha.

Sylvain et moi avons escaladé quelques parois abruptes. Nous sommes arrivés près du sommet d'une petite montagne. À l'aide de notre équipement de vision nocturne, nous pouvions déjà voir une lumière diffuse apparaître au-dessus de l'horizon. C'était le matin qui s'annonçait discrètement. Ça me rappelait les patrouilles au nord de l'Alberta, où durant les froides nuits à marcher, les aurores boréales dansaient au-dessus de nous.

— On va s'essayer ici, a dit Sylvain, en regardant les alentours à travers ses NVG.

Vingt minutes plus tard, Sammy et Pascal nous avaient rejoint avec le reste de l'équipement. Nous étions en mode «camping», comme on aimait appeler un poste d'observation de *sniper*. Mais ce n'était pas le temps d'allumer un feu et de sortir de la bière d'une glacière. Plutôt, nous avons sorti nos armes de *sniper* de nos sacs, déployant l'équipement d'observation. Sammy et Pascal allaient être les premiers à observer. Toutes les deux heures, nous allions alterner, et ce pour les jours à venir, sans interruption, afin qu'il y ait toujours des «yeux» sur le secteur[13]. Les fantassins s'étaient transformés en *snipers*. Nous n'étions plus ces proies évitant le contact avec l'ennemi. Nous étions de nouveau des prédateurs.

Le soleil se levait, dévoilant le paysage autour de nous. L'air était déjà tiède. Elle allait bientôt être brûlante. On entendait le léger bruit des communications radio. Déjà, nous envoyions des rapports sur l'activité de la population. L'équipement était dissimulé sous des toiles de camouflage ayant la texture de la pierre. C'était impossible que quelqu'un nous détecte de l'avant,

---

13   Contrairement aux films, un détachement de tireurs d'élite ne comprend pas deux mais quatre membres, ceci afin qu'un binôme (deux soldats) soit constamment prêt à engager l'ennemi et que l'observation se fasse 24 heures sur 24. Quand la mission est de longue durée, il arrive qu'un des snipers du binôme qui observe dorme «d'une oreille», à côté de l'arme longue portée. Au moindre signal de l'observateur, le tireur reprend ses sens et se place derrière son arme.

où se trouvaient les villages afghans. J'ai regardé vers l'arrière, vers le paysage lunaire que nous avions traversé : nous n'étions pas bien camouflés de ce côté. Mais c'était impossible que quelqu'un vienne s'aventurer dans ces montagnes. De cet angle, la géographie allait nous protéger. L'isolement de notre emplacement allait être notre camouflage !

Je me suis endormi la tête contre une roche rugueuse, collé à ma carabine C8 comme un enfant avec son toutou. Sylvain m'a discrètement secoué :

— Merde ! Regarde par là !

Je n'en croyais pas mes yeux ! Un berger et une centaine de bêtes s'approchaient de nous, empruntant notre trajet dans les montagnes ! On entendait les clochettes des moutons. Le berger paraissait avoir cent ans. Il était si maigre et petit ! Il portait de longs vêtements blancs et s'appuyait sur une canne tordue ressemblant à la baguette magique d'un sorcier. La clarté de ses vêtements le faisait ressembler à un fantôme sorti de nulle part. Le troupeau entier s'est mis à escalader une montagne, à la manière de l'ombre d'un nuage indifférent au relief accidenté. Les moutons escaladaient les parois les plus à pique, à la recherche des moindres touffes de végétation.

Certaines bêtes étaient maintenant à quelques de mètres de nous. Des bruits de clochettes nous entouraient. Un mouton me regardait tout en mastiquant de l'herbe. Nous ne bougions pas d'un poil, convaincus que le camouflage de nos équipements allait combler notre négligence. Le berger suivait son troupeau d'un pas lent, mais gracieux, faisant d'étranges bruits avec sa bouche, comme s'il parlait un langage inconnu des humains. Par son langage corporel, il ne semblait pas nous avoir aperçus.

Nous avions tous à l'esprit l'histoire de ces équipes de *snipers* qui s'étaient fait ainsi découvrir par la population locale, pour ensuite se retrouver, quelques heures plus tard, encerclées par l'ennemi ! Certaines de nos armes avaient des silencieux, mais il était hors de question de tuer ou prendre prisonnier le berger. Nous avions une décision à prendre : soit nous abandonnions notre position pendant la journée, au risque d'être vu, soit nous prenions le risque de rester et de nous déplacer la nuit venue. Ou encore, nous pouvions rester sur place.

Nous étions à un bon endroit pour observer les routes de la région, incluant celles passant entre les montagnes. Nous déplacer risquait de nous exposer encore plus. Et le berger semblait réellement ne pas nous avoir vus. De plus, si l'ennemi était nombreux et nous encerclait, notre position, sans être parfaite, était plutôt facile à défendre.

— Nous allons rester une nuit et voir ce qu'il en est, a tranché Sylvain.

Ainsi soit-il ! Le troupeau a continué son chemin.

— Il y a plein de moutons dans le champ de mines russe ! dis-je à Sylvain, en consultant ma carte.

Les champs de mines provenaient des guerres passées, plus particulièrement de l'occupation soviétique. Le berger semblait avoir fait ce trajet plusieurs fois déjà. Des pistes révélaient le passage répété des bêtes. Par radio, nous avons averti les échelons supérieurs que les champs de mines à la base des montagnes n'étaient probablement plus dangereux. Le rôle du *sniper* n'est pas seulement de tirer des ennemis, il doit aussi, surtout, informer.

Non loin des montagnes, les bâtiments ressemblaient à autant de petites maquettes. Les villages se remplissaient de gens. La vie reprenait son cours. C'était comme si des fourmis étaient apparues d'un tas de sable vide. Des enfants jouaient dans les cours. Des personnes marchaient aux puits. D'autres fauchaient le blé à l'aide de faux traditionnelles. Par ici, un homme priait près de sa maison. Par-là, une femme transportait un seau d'eau. Un peu plus loin, une femme aux habits colorés étendait du linge sur une corde. Dix mètres plus loin, de l'autre côté d'un mur, une adolescente lavait une vieille marmite noircie. Il y avait quelque chose de spirituel dans ce paysage !

Curieusement, malgré la distance, on entendait bien les sons provenant des villages rapprochés. Les maisons, faites de terre, rappelaient l'époque de Jésus. J'avais l'impression d'avoir fait un voyage dans le temps ! Quelques nuages de poussière se sont élevés à l'horizon, suivi du bruit d'explosions. La guerre ! Les armes étaient ici la seule chose moderne !

Vers neuf heures du matin, toute la région est redevenue l'équivalent d'une ville fantôme. Dans cette partie du globe, l'été, il fait tellement chaud que les gens s'activent tôt le matin. Ils s'enferment de nouveau, quand le soleil frappe.

Un hélicoptère de combat est soudainement apparu. L'appareil volait en rase-motte, à quelques mètres de la surface rocheuse. Le gros objet noir est passé au-dessus de nous tel un scarabée excité, pour aussitôt disparaître, le silence reprenant la place qu'il a depuis la nuit des temps. Telle est, en résumé, l'histoire humaine jusqu'à maintenant : une petite agitation ne durant qu'un instant.

Un homme est passé en moto dans la vallée, à 400 mètres de notre emplacement. Il s'est soudainement arrêté, regardant discrètement aux alentours. C'était l'endroit idéal pour poser une bombe : le chemin passait entre des défilés rocheux, et les montagnes offraient des centaines de cachettes pour un observateur.

— Oli, prépare-toi! m'a alors dit Sylvain.

Ça y était! Déjà! De sa cachette, Sammy est sorti de sa sieste, tournant sa tête vers nous en souriant :

— Manquez-le pas!

Sammy et Pascal surveillaient nos arrières. Je me suis placé derrière l'arme de calibre 338, orientant mon optique sur la cible humaine.

— 413 mètres! m'a dit Sylvain, qui prenait le relevé du vent, avec un petit instrument ressemblant à une mini station météorologique. Élévation : 42. Vents : gauche 1. Tiens-toi prêt!

L'homme regardait méticuleusement aux alentours. Il avait quelque chose à cacher, c'était évident! Son regard scrutait les montagnes devant lui. À un certain moment, il nous a regardés directement, arrêtant son regard pendant quelques secondes, pour ensuite continuer le balayage visuel des montagnes. L'homme s'est penché, sortant quelque chose de ses vêtements. Nous sommes partis à rire! Notre «cible» faisait tout simplement ses besoins!

La chaleur était accablante. À tour de rôle, nous alternions aux parcelles d'ombre que le désert voulait bien nous offrir. «C'est le soleil qui a permis la vie, c'est aussi lui qui peut nous tuer.» Nous faisions nos besoins à côté de nos camarades sans la moindre gêne, entreposant notre «besogne» dans des sacs. Notre urine avait une odeur «chimique». L'odeur de la déshydratation. Nos réserves d'eau étaient chaudes comme l'eau d'un bain. La soif nous coupait la faim, embrouillant nos pensées. Mais il fallait continuer d'observer. Nos camarades de l'infanterie allaient bientôt commencer l'opération. Nous ne devions rien laisser passer.

Il n'y avait pas une âme en vue à des kilomètres à la ronde. Sans relâche, nous scrutions chaque village, chaque chemin, chaque maison, à la recherche d'activité louche. Un homme portant un sac est sorti d'un regroupement de bâtiments. Sa trajectoire ne semblait pas mener vers un autre village. Déjà, nous commencions à connaître les habitudes des habitants que nous observions.

À l'aide de mon télescope d'observation, j'ai aperçu un autre homme, cette fois-ci muni d'une pelle. Il devait être à un kilomètre au nord du premier individu. Les deux hommes ne se voyaient manifestement pas, le terrain étant légèrement ondulé et parsemé de buissons. J'ai estimé l'endroit approximatif où les deux hommes allaient se croiser : c'était une route de terre où allaient circuler nos troupes d'ici quelques jours !

Soudainement, un troisième homme s'est manifesté, sortant d'un village différent. Il se dirigeait vers le lieu de rassemblement suspecté des deux autres hommes. Ça ressemblait de plus en plus à une action coordonnée ! S'ils avaient su que depuis ces montagnes qui les surplombaient, des *snipers* étaient en train de surveiller le moindre de leurs mouvements.

Les trois hommes se sont rencontrés sur le chemin, à l'emplacement que nous avions anticipé. Des champs remplis d'eau desquels dépassaient des gerbes de végétation entouraient le chemin. Aussitôt arrivés, les trois hommes se sont mis au travail. Pendant qu'un homme creusait frénétiquement dans les champs, un autre cachait un fil électrique. Le troisième, que nous voyions mal en raison de la végétation, a déposé son sac en bordure de la route. Sylvain mesurait la distance et la coordonnée précise des talibans, que nous avons communiquée sans tarder au *COT*. J'ai pris une série de photos, grâce à notre télescope, qui permettait l'ajout d'une caméra. Clic, clic, clic! Les clichés se succédaient. Les talibans étaient en train de poser une bombe sous nos yeux!

— 66 Bravo, ici 0, nous a répondu le *COT*. Nous envoyons maintenant des drones armés de Hellfire[14] au-dessus des positions ennemies. Ils seront là dans dix minutes. Continuez à surveiller!

Dix minutes! C'était trop long!

— C'est trop loin pour nos armes de *sniper*! dis-je.

Si on manquait notre cible, on allait dévoiler notre position approximative. L'ennemi du secteur allait alors nous attaquer ou du moins s'adapter, rendant inutile notre présence.

— On ne tire pas! ajouta Sylvain, qui lui aussi observait, caché sous une toile de camouflage.

La base canadienne de Sperwan Ghar, qui au loin était visible, nous a contactés :

— Notre artillerie est prête à tirer! On attend votre signal!

Notre crainte était que les premiers tirs de l'artillerie ne soient pas assez précis, ce qui aurait averti les ennemis, sans les tuer. Le simple fait d'avoir détecté un groupe de talibans en train de poser un *IED* était en soit une victoire. L'ennemi avait déjà perdu. Tout ce qu'il faisait, dans le meilleur des cas, était une perte de temps.

---

14   Les AGM-114 Hellfire sont des petits missiles «air-sol» à tête chercheuse et pesant un peu plus de 100 livres. Ils sont tirés depuis les airs vers des cibles au sol. Ce sont des missiles dits «intelligents» pouvant toucher des cibles précisément, ce qui augmente l'efficacité de la frappe aérienne tout en réduisant les dommages collatéraux.

Quelques minutes après leur arrivée, les trois hommes sont repartis. Deux insurgés ont marché vers un petit village, prenant soin de rester à l'écart l'un de l'autre. Les drones armés de missile étaient maintenant dans le secteur ! Un des talibans est entré dans une maison où habitait une famille. Clic, clic, clic ! D'autres photos. Un taliban s'est introduit dans un bâtiment. Une antenne se trouvait au-dessus de la porte d'entrée. Clic, clic ! L'antenne pointait vers le Pakistan, un repère de l'insurrection dans la région. Bingo ! Désormais, le Renseignement militaire allait pouvoir envoyer des drones au-dessus de ces bâtiments. Les communications ennemies allaient pouvoir être écoutées, ce qui allait conduire, possiblement, à la détection de bases ennemies au Pakistan, où se trouvaient des chefs ennemis importants, dont Ben Laden. Peut-être que l'écoute de ces autres postes relais allait conduire à d'autres trouvailles, d'autres missions de drones, et ainsi de suite. C'est ainsi que collectivement, le travail de chaque soldat conduit à la victoire[15].

C'était le crépuscule. Depuis les villages, les uns après les autres, résonnaient les chants islamiques. C'était surréel et tellement différent du Québec ! « Quand je suis au Canada, je ne peux même pas m'imaginer qu'un pays comme l'Afghanistan puisse exister. Quand je suis en Afghanistan, je ne peux même pas m'imaginer qu'un pays comme le Canada puisse exister. »

Un peu après la « tournée » des appels à la prière, des cris étranges ont percé le calme et le silence des montagnes. L'écho des cris résonnait sur les parois rocheuses autour de nous.

---

15   D'autres incidents semblables, mais plus éloignés ont eu lieu. Suite à nos observations, les drones étaient en mesure de confirmer si quelque chose avait récemment été enterré. La chaleur de la terre fraîchement revirée produisait une couleur différente pour les optiques thermales.

«Ouuuuuaaaaaouuuuuu....Ouuuuaaaouuuuuu».

— Des coyotes, surement! commentai-je.

Les cris sont devenus plus insistants, plus nombreux, au point que les échos nous enveloppaient complètement.

— Ils commencent à être vraiment bizarres, ces cris de supposés coyotes! a dit Sylvain.

— On dirait tellement des humains! Je vois aucun coyote avec mes optiques, dis-je, alors que je scrutais les moindres crevasses et rochers nous entourant.

— Peut-être que les talibans savent que nous sommes quelque part dans les montagnes et qu'ils veulent nous faire peur, a dit Sylvain à voix basse.

— C'est peut-être le berger qui nous a vu et qui a averti les talibans!

Étions-nous en train de nous imaginer un danger qui n'existait pas?

— On va pas prendre de chance! continua Sylvain. Sammy et Pascal vont surveiller vers l'avant. Toi, surveille à gauche, et moi à droite!

Les talibans aimaient attaquer au lever et au coucher du soleil. Nous étions prêts à nous défendre. Nous avions une mitrailleuse légère, des fusils d'assaut, des grenades, des armes de *sniper*, un lance-grenades et surtout... une radio pour appeler des frappes aériennes!

Un sommet nous surplombait. Si les talibans réussissaient à positionner ne serait-ce que quelques soldats à cet endroit, la défense allait être presque impossible[16]. Il n'était pas question de nous faire prendre prisonnier. Surtout pas par les talibans ! Avant d'atterrir en Afghanistan, nous avions fait un « pacte de suicide ». Ce pacte tenait à quelque chose de simple : nous conservions chacun une dernière balle. C'était spécial que de contempler cette cartouche et de penser qu'elle était, peut-être, destinée à nous fendre la tête !

Le terrain nous entourant était rocailleux et rempli d'endroits où l'ennemi pouvait se cacher, advenant un échange de feu. J'ai mentalement pris une photo de chaque roche, de chaque petit sommet, de chaque dénivelé d'importance, prenant soin de noter ce qui ressemblait à des têtes ou des formes humaines, ceci afin de pouvoir comparer, de minute en minute, ce que je voyais. C'est là une vieille astuce de tireur d'élite. Les cris continuaient de résonner autour de nous. J'ai sorti ma caméra, prenant une photo de Sylvain : le regard tendu, il tenait son arme fermement. Nous avions encore plusieurs nuits à passer ici !

Nous avions un autre allié : nos barbes ! Contrairement aux unités régulières, qui se rasaient le visage au point d'avoir une peau lisse comme des fillettes, les *snipers* avaient reçu l'ordre de conserver leurs barbes durant les opérations. La raison ? Les barbes faisaient peur à l'ennemi ! Par le passé, des communications des talibans semblables à celle-ci avaient été interceptées : « Nous avons repéré une petite équipe. Ils ont des barbes et de l'équipement bizarre. Ce sont des troupes d'élite et ça ne vaut pas la peine de s'en prendre à eux, même s'ils sont peu nombreux. »

Quelques jours après notre arrivée, l'opération Munkeridal a commencé dans le secteur. Un convoi est passé près des montagnes, contournant une route que nous avions désignée

---

16   Au combat, la « position parfaite » est tellement parfaite, que tous s'attendent à ce quelqu'un l'occupe. Les emplacements parfaits sont donc souvent minés, piégés ou surveillés par les différents belligérants. Une bonne cachette est un « entre-deux ».

comme potentiellement remplie d'*IED*. Les troupes connaissaient notre emplacement. Mais il était possible que dans la confusion des opérations, notre présence ait été « oubliée » :

— Ici 66 Bravo. Nous avons vos véhicules en visuel, dis-je sur les ondes radio. Nous sommes dans les montagnes à 500 mètres à l'ouest de votre véhicule de tête. Azimut depuis votre emplacement : 4660. Ne tirez pas ! Ne tirez pas !

La tourelle d'un char d'assaut, et son canon, se sont tournés en notre direction. On voyait le canon nous « chercher », bougeant et pointant les montagnes où nous étions. Nous avons alors exposé, à bout de bras, un de nos fusils d'assaut. La forme d'une C8, qui ressemble à une M-16, est facile à reconnaître. Le métal n'allait pas manquer de ressortir dans les écrans thermaux des canonniers. Le canon s'est arrêté, pointant directement vers nous. On voyait le trou noir et menaçant du tube de métal.

— J'espère que le canonnier est pas trop pressé d'avoir son premier « *kill* » ! a commenté Sammy.

Je me souviens de mes cours de recrues comme fantassin. Lors des inspections, un seul petit détail pouvait déclencher une avalanche de cris et de punitions :

— Ma bande de civils mous ! a crié un sergent, un bon matin, tout en se promenant entre les petits soldats traumatisés que nous étions. Je vais vous casser un par un ! Je vous avais dit de plier vos draps de lit avec un angle de 45 degrés ! Ce que je vois ici, c'est que personne n'est pareil ! 30 degrés, 60 degrés ! Des détails sans importance, vous croyez ? Au combat, il suffit qu'un seul d'entre vous se trompe pour faire tuer le peloton ! Vous allez payer pour ça ! Tout le monde en position *push-up* !

C'est ce jour-là que j'ai appris qu'un matelas pouvait voler.

Je me souviens encore de ces raclées : à force de faire des *push-ups*, je voyais des gouttes de sueur tomber de mon visage. Nos mains, mouillées, glissaient sur le plancher, rendant l'exercice encore plus difficile. Ça, c'était quand on ne faisait pas nos *push-ups* dans la neige, les mains nues !

— Si ça fait encore mal, c'est que vous êtes encore en vie ! de dire le sergent tout en nous regardant souffrir et geler.

Des années plus tard, en Afghanistan, aucun canon n'a tiré vers nous par erreur.

Des centaines de troupes mécanisées faisaient leur entrée dans ce paysage jusqu'alors exclusivement afghan, à la recherche de caches d'armes et d'explosifs. Comme *sniper*, nous étions souvent appelés à être déployés avant le début des opérations, afin d'observer avant le jour J. Nous nous sentions alors isolés et vulnérables. Une fois l'opération commencée, c'était tout le contraire ! Il y avait des troupes partout !

Les formations de véhicules ne s'aventuraient pas profondément dans les villages ennemis. Mon impression était que le Commandant voulait que les troupes se «réchauffent». L'objectif secondaire de l'opération était le démantèlement d'une base avancée situé à Mushan. Cette *FOB* était dangereusement exposée et risquait chaque jour l'encerclement et l'isolement complet. Un petit nombre de soldats afghans et canadiens s'y trouvaient encore, bravant l'ennemi comme un navire au milieu d'une tempête qui grandissait. La situation opérationnelle et stratégique n'était pas «mûre» pour garder un camp aussi profondément en territoire ennemi. Il fallait le démanteler et temporairement retirer nos troupes.

Il ne nous restait plus que quelques bouteilles d'eau, que nous conservions précieusement sous une roche, qui par sa masse thermique gardait la fraîcheur de la nuit, agissant comme un frigidaire improvisé. Le jour, j'y entreposais les bouteilles. Le soir venu, je sortais les bouteilles à l'air libre. Près des bouteilles, sous une grosse roche, un crâne d'animal poli par le temps trainait, rappelant la dureté parfois mortelle de l'endroit.

Les roches ressemblaient à du charbon, ce qui les rendait aussi brûlantes que de l'asphalte en pleine canicule. Les roches avaient cette particularité d'être coupantes, n'ayant pas été «polies» par des millénaires de pluie. Il arrivait qu'en bougeant ou se frottant contre la paroi rocheuse, on déchire un pan de notre uniforme. Ces montagnes résumaient à merveille la région : une région où tout est rude, où tout doit survivre. Les rares traces de vie des montagnes se résumaient à quelques touffes de végétation épineuses. Même les plantes voulaient nous faire mal!

Il n'y avait plus de manœuvres militaires dans notre secteur. Nous n'apercevions que quelques panaches de fumée au loin. Alors que nos réserves d'eau baissaient dangereusement, des véhicules suspects passaient entre les montagnes, certains remplis d'hommes à l'allure sombre. À travers les vitres sales des voitures, on distinguait des silhouettes de burkas. Certains de ces véhicules semblaient sur le point de tomber en morceaux. Les véhicules avançaient lentement afin de ne pas en abimer les moteurs et la mécanique. Les pièces manquaient dans cette région reculée. Peut-être étaient-ce des familles de talibans essayant de s'enfuir? De notre position dominante dans les montagnes, il nous était impossible d'intervenir. Nous ne pouvions qu'informer et nous tenir prêts[17].

---

17   Nous étions trop peu nombreux pour effectuer un «checkpoint» et contrôler les allées et venues. Nous étions réduits à tirer des ennemis identifiés, commander de l'appuie-feu ou rapporter de l'information. N'étant que quatre soldats, nous ne pouvions nous permettre d'effectuer des actions plus musclées. C'est là quelque chose que les

— 0 ici 66 Bravo : nous n'avons presque plus d'eau. Il faudrait venir nous chercher, comme convenu dans les ordres de mission.

— Ici 0 : nous allons vous revenir avec un plan. Attendez, terminé.

Quelques heures plus tard...

— 0, ici 66 Bravo : avons-nous des nouvelles pour le plan d'extraction ?

— Ici 0 : il y a beaucoup d'opérations en cours. Nous vous revenons aussitôt que possible.

Pendant ces échanges stériles, nos réserves de nourriture et d'eau baissaient. Nous faisions ce que j'appelle de la « déshydratation contrôlée ». Nous avions mal à la tête, tellement nos corps manquaient de liquide. Le lendemain, nous avons relancé le *COT* :

— 0, ici 66 Bravo : il ne nous reste qu'une seule bouteille d'eau par soldat. Nous avons absolument besoin de connaître le plan d'extraction...

— Ici 0 : nous vous répondrons aussitôt que possible !

Alors que le soleil plombait sur nous, j'ai bu la dernière goutte d'eau chaude de ma dernière bouteille ! Il nous fallait partir ! C'était une question de vie ou de mort :

— Ici 66 Bravo : quel est le plan d'extraction ?

planificateurs ont tendance à oublier : ce n'est pas parce qu'on envoie un groupe de fantassins comme « cut off » sur les flancs d'une opération que ce groupe sera en mesure de bloquer l'ennemi. Pour ce faire, il faut déployer une unité régulière. Dans ce cas-ci, une bonne solution aurait été de déployer des fantassins dans les défilés des montagnes, au début des manœuvres. Nous aurions alors pu les guider et les aider dans leur tâche. Pour l'instant, nous ressemblions davantage à un senseur passif qu'à une valve contrôlant vraiment les déplacements.

— L'aviation ne peut pas venir vous chercher. Vous êtes entourés de champs de mines.

La situation était aussi ridicule que dangereuse. Nous nous sentions comme des astronautes abandonnés! À l'entraînement, l'accent est mis sur la sécurité. En cas de blessure ou d'urgence médicale, il suffit «d'arrêter la guerre» (l'entraînement) et d'évacuer le personnel. Mais ici, en bordure des dunes du désert afghan, il n'y avait pas de mot-code pour arrêter la simulation.

— Pourriez-vous au moins nous ravitailler en eau? Il y a un espace en bas des montagnes où les bergers vont. Comme rapporté précédemment, il ne semble pas y avoir de mines. On pourrait s'y rendre de nuit et déminer avec une baïonnette, par précaution supplémentaire.

— Ici 0. Nous n'avons pas de plan pour vous. Vous êtes les as du terrain. Vous devrez vous débrouiller!

Sylvain a lâché le micro de la radio, passant près de le lancer par frustration. Ainsi sont les guerriers : utiles au début, on les oublie quand on n'a plus besoin d'eux! Cette histoire était à l'image de ce qui allait nous attendre, de retour au pays.

Je me sentais cuire à petit feu. Des vautours volaient non loin de nous, se perchant sur un rocher. «Et moi qui pensais qu'on voyait ça dans les films seulement!» J'ai regardé autour : des montagnes grises et arides. Les seuls puits étaient ceux près des villages. Sylvain a ordonné d'arrêter l'observation, afin que nous nous protégions du soleil à l'ombre d'une grosse roche, celle abritant le crâne d'animal. Nous avons contacté l'équipe Alpha, toujours dans les montagnes, à quelques kilomètres de notre position. Ils n'avaient plus d'eau, non plus. Nous comptions agir de concert avec eux. Nous sommes entrés en contact avec la base de Sperwan Ghar, qui se trouvait à quelques kilomètres au

Premier poste d'observation de 66 Bravo dans les montagnes.

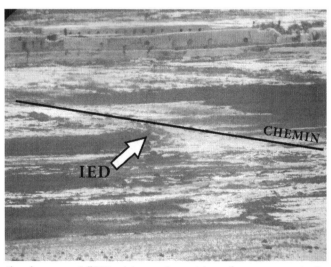

L'emplacement où l'IED a été enterré par trois combattants ennemis. On distingue le tracé de la route de terre.

nord de notre cache. Un officier, ingénieur de combat, qui avait suivi nos échanges radio et constaté notre situation critique, a pris notre « dossier » en main. Après une série d'échanges radio, nous avions un plan !

L'officier nous a mis en contact avec un convoi de ravitaillement qui allait bientôt passer dans le secteur. Les responsables du convoi n'ont pas hésité un instant pour nous aider, malgré que plusieurs d'entre eux n'étaient pas des combattants aguerris, mais des responsables de la logistique. L'esprit guerrier n'est pas une qualification, mais un état d'esprit !

Nous avons planifié une route sécuritaire pour notre extraction à pieds, selon les endroits suspects que nous avions observés, les jours d'avant. Puisque nous étions en plein jour, nous étions vulnérables à la détection.

— On pourrait se déplacer en après-midi ! a suggéré Sammy. À cette heure-là, il fait tellement chaud que tout le monde est caché dans sa maison.

Il y avait un wadi, loin des villages, à quelques distances des montagnes. Le convoi allait pouvoir s'y rendre sans risquer d'être attaqué ou de s'embourber.

— On va leur donner rendez-vous là ! a dit Sylvain.

J'ai localisé un creux dans le wadi. Il nous fallait avoir la coordonnée précise de l'endroit : une fois en bas des montagnes, notre champ de vision allait être réduit, nous empêchant d'avoir une vue générale du terrain. À l'aide du télémètre laser des jumelles Vector, j'ai pu obtenir la coordonnée du point de rencontre.

L'heure H de notre extraction approchait :

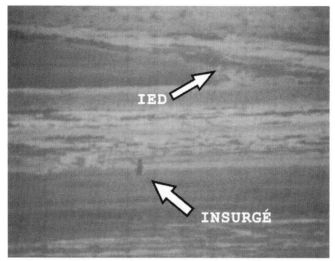

À l'aide de nos optiques, nous avons suivi un insurgé qui venait de placer une bombe. La distorsion est causée par le mirage de la chaleur et la lentille de l'appareil photo.

Un insurgé est entré dans ce bâtiment. On remarque l'antenne au-dessus de la deuxième porte.

— 66 Bravo, ici la CLIP[18], avons-nous entendu sur les ondes radio : nous allons passer vous voir d'ici trois heures. Nous vous tiendrons informés.

Déjà, nous avions rangé notre équipement, n'ayant gardé que le strict minimum afin de faire face à une soudaine apparition ennemie. Et puis le signal de départ est arrivé. Le convoi n'était qu'à une heure de transport de notre point de rencontre.

Nous étions sévèrement déshydratés. Étrangement, mis à part un mal de tête assez intense, je ne me sentais pas particulièrement affaibli. J'avais peur que mon corps flanche d'un seul coup, sans avertissement. Je me souvenais de mes cours d'infanterie. L'instructeur nous entraînait pendant des heures sous la chaleur de la canicule, avec l'interdiction de boire la moindre gorgée d'eau. Notre bouche en était complètement asséchée et pâteuse. À quelques mètres de nous se trouvaient des abreuvoirs remplis d'eau fraîche ! Certains trouvaient cela stupide. Des années plus tard, cela payait !

Nous descendions la montagne rocailleuse, marchant entre de grosses roches pointues. « On dirait un parc national ! » Le soleil cognait tel un ennemi ne nous quittant pas des yeux. Comme prévu, il n'y avait pas une âme en vue. Toutes les localités des environs ressemblaient à des villages fantômes. Un groupe d'Afghans est apparu à quelques centaines de mètres de nous, se rendant à la base des montagnes, pour ensuite s'en retourner chez eux. « Osez attaquer et vous verrez ! »

Alors que nous descendions de la montagne, les *snipers* du détachement Delta nous ont contacté :

---

18   Une « CLIP » est un convoi de ravitaillement.

— On vous voit d'ici, les gars! On surveille les alentours pour vous!

À la base des montagnes, nous avons traversé une route. C'est alors qu'une fourgonnette est apparue de nulle part, fonçant sur nous! Malgré que j'étais en plein milieu de la route et que je faisais signe d'arrêter au véhicule, celui-ci continuait sa route. Était-ce une voiture piégée et remplie d'explosifs? Au dernier instant, sortant de sa léthargie, le conducteur a mis les freins. Il devait être encore plus surpris que nous! De retour chez lui, l'Afghan allait sans doute raconter: «C'est à ce moment que d'étranges soldats sont apparus de nulle part!»

Nous avons continué notre marche au milieu d'un terrain plat rempli de pierres et de buissons. Les légers dénivelés du terrain nous empêchaient d'être vu des villages. Notre plan fonctionnait! Une heure de marche plus tard, nous atteignons le wadi qui, à ma surprise, avait des parois droites de près de trois mètres de hauteur. L'eau avait peu à peu creusé le lit du ruisseau, le transformant en un petit canyon. À ce temps de l'année, il n'y avait aucune eau, que des pierres rondes et blanchies.

Nous nous sommes engouffrés dans le wadi, qui était un long et sinueux couloir naturel. Nous avons sorti une antenne radio du wadi, afin de contacter le convoi en approche. Si quelqu'un regardait vers nous, il n'allait voir qu'une simple antenne ressemblant à une vulgaire branche! Parlant avec le responsable du convoi, nous avons convenu d'un point de rencontre légèrement à l'écart. Il ne fallait pas qu'un des véhicules tombe dans le wadi!

Peu de temps après, une voix rassurante s'est fait entendre sur les ondes radio:

— Ici la CLIP. Nous approchons du point de rencontre. On ne vous voit pas. Où êtes-vous?

— Nous allons sortir, dites à vos troupes de ne pas tirer.

Nous nous sommes extraits du profond wadi, marchant vers le point de rencontre. Nous voyions déjà les véhicules. Ces derniers nous ont alors détectés, se mettant en route vers nous. Nous nous sommes placés en position de défense, afin d'être prêts à une attaque de dernière minute.

Le silence des montagnes a fait place au bruit des moteurs à turbine des véhicules blindés en approche. On voyait les gros canons des chars d'assaut qui balayaient le paysage autour. « Que c'est beau ! » Les montagnes étaient notre repère, mais ici était le terrain de jeu des machines !

Les chars d'assaut nous ont encerclés, tournoyant comme des requins autour de nageurs serrés autour d'une bouée. Les véhicules se sont arrêtés. La rampe arrière d'un des véhicules blindés légers s'est abaissée. J'avais l'impression qu'on nous ramenait d'une autre planète et que des vaisseaux spatiaux venaient d'atterrir. En entrant dans un des véhicules, mon visage a été frappé par la fraîcheur de l'air conditionné. Un soldat a sorti des bouteilles d'eau d'une glacière. De la condensation s'est formé sur les bouteilles froides. J'ai bu. C'était magique, le paradis !

Deux soldats étaient à moitié sortis du véhicule, afin de monter la garde sur les côtés, à travers les écoutilles. Ils se sont soudainement mis à tirer.

— Nous n'avons pas encore eu la chance de zéroter nos armes ! m'a dit un soldat. Alors on essaye de faire ce qu'on peut en visant quelques roches !

J'éprouvais du dégoût et de la colère envers le responsable qui avait laissé ces soldats partir en mission avec des armes qui n'étaient même pas ajustées !

Sylvain est sur ses gardes alors que des cris étranges nous entourent dans les montagnes.

Plus d'un an après notre insertion, d'autres tireurs d'élite allaient s'écraser dans le désert dans des circonstances semblables. Crédit photo : J. Garneau.

Le convoi s'est dirigé vers le détachement Alpha, qui était encore plus enfoncé que nous en territoire taliban. C'est alors qu'un des véhicules s'est pris dans un terrain rendu boueux en raison de l'irrigation. Sylvain est sorti. En bon «gars de la campagne», les pieds couverts de boue, il a attaché un câble de remorquage au véhicule embourbé, ce qui nous a permis de sortir de cette impasse.

Moins d'une heure plus tard, les véhicules nous ont débarqués à la *FOB* de Sperwan Ghar. Une « *FOB* » est une base opérationnelle avancée de grandeur moyenne[19]. Nous étions dangereusement déshydratés. L'équipe médicale a injecté de l'eau dans nos veines par intraveineuse. Étendus dans des civières, des tubes sortaient de nos bras. On voyait « nos » montagnes au loin, notre maison des derniers jours.

Le commandant du camp, le major Jourdain, nous a fait demander. Le long convoi de l'opération Munkeridal s'en revenait. Les troupes avaient rencontré une résistance plus forte que prévu sur le chemin du retour.

— Assurez-vous qu'aucun *IED* ne soit placé ou déclenché au dernier moment! nous a dit l'officier.

Nous nous sommes placés au-dessus du bunker le plus haut du camp, parmi un ramassis de sacs de sable et d'antennes de communication. Nous pouvions voir, au loin, quelques véhicules blindés qui approchaient. Soudainement, une grosse bombe a explosé parmi le convoi. Un champignon de fumée s'est élevé lentement vers le ciel. Un char lourd Léopard II, pesant environ 60 tonnes, avait déclenché un *IED*[20]. Le lourd véhicule avait été

---

19   FOB : Forward operating base.

20   Le char Léopard II est d'origine allemande et équipe certaines unités de char de l'Armée canadienne.

Je surveillais dans cette direction, à l'affût d'une apparition ennemie.

Je gardais un œil attentionné vers ce sommet nous dominant. On remarque l'entrée d'une grotte au milieu de la montagne.

soulevé dans les airs, pour ensuite retomber au fond du cratère formé par l'explosion. L'eau de la nappe phréatique avait envahi la fosse ainsi créée. Personne n'avait été tué. L'épais blindage du véhicule avait sauvé l'équipage.

La plupart des villageois restaient cachés, craignant d'éventuels combats. De temps en temps, on entendait des coups de feu résonner au loin. Malgré notre supériorité militaire, tout ceci ressemblait à une retraite face à un ennemi moralement galvanisé. Mais nous n'avions pas le choix d'abandonner ce secteur : nous n'avions tout simplement pas assez de troupes pour occuper l'ensemble de la zone de responsabilité canadienne. Il fallait choisir. Certains villages allaient temporairement être abandonnés aux talibans !

Alors que les véhicules approchaient du camp, à quelques centaines de mètres de nous, trois adolescents sont montés sur le toit d'un bâtiment, discutant et pointant les manœuvres militaires en cours. Selon le langage corporel des jeunes Afghans, j'ai deviné qu'ils ne se sentaient pas observés. Les arbres les entourant leur donnaient un faux sentiment de sécurité.

Un des adolescents a sorti un téléphone portable de sa poche, pointant en direction des véhicules en approche. Nous savions que les talibans utilisaient des téléphones portables pour planifier des attaques ou déclencher des bombes à distance. Pour ce faire, ils fixaient un vieux téléphone sur le détonateur de l'*IED*. Pour déclencher la bombe, il suffisait d'appeler le bon numéro de téléphone.

Le jeune homme était peut-être en train d'avertir sa famille de ne pas passer par telle ou telle route, en raison du danger. Peut-être était-ce une simple bande de gamins curieux, comme le sont bien des garçons. Peut-être étaient-ce des observateurs ennemis reconnaissant l'endroit sans déclencher eux-mêmes la bombe, ceci afin que le « vrai » taliban ne s'expose qu'au moment critique. Peut-être, peut-être, peut-être.

Quelques instants plus tard, deux des trois adolescents sont partis se cacher. Un seul est resté sur le toit. On voyait les têtes des deux autres Afghans à travers une sombre ouverture dans le toit. C'est comme s'ils attendaient de voir le « mauvais coup » de leur ami. Nous n'avions pas le choix, il nous fallait faire quelque chose, et vite. Certains véhicules du convoi étaient faiblement blindés. Un *IED* de taille moyenne risquait de tuer ou blesser gravement nos soldats.

— Pascal! a alors dit Sylvain. Prends la Macmillan et prépare-toi! Oli, tu seras l'observateur!

Notre carabine de calibre 50 était notre plus grosse arme. J'étais le plus petit *sniper* de l'équipe, mais c'est moi qui transportais cette arme sur mon dos! Son suppresseur ressemblait au silencieux d'une voiture. Pour la transporter, il fallait la démonter en morceaux. Une cartouche de calibre 50 est plus haute qu'une cannette de liqueur. Son projectile a 750 grains de pesanteur. Une balle de chasse standard pèse souvent moins de 200 grains. Une balle de chasse peut tuer une bête de la taille d'un humain!

— Tu vois la petite fente à environ un pied en dessous du gars? a dit Sylvain à Pascal. Vous allez tirer là!

J'ai communiqué au tireur les paramètres de tir. Le coup est parti. La balle a touché exactement la fissure visée. À notre grande surprise, l'adolescent sur le toit n'avait rien entendu! Nous venions pourtant de tirer une balle de gros calibre juste à côté de lui. Par son comportement, je comprenais que ce n'était pas une bravade de sa part.

— Tire environ deux pieds à sa gauche, sur le plancher du toit, près de ses pieds, dis-je. S'il ne s'en va pas, nous n'aurons pas le choix de passer à l'autre étape.

La balle suivante a ricoché juste à côté du jeune-homme, qui a sursauté comme un cheval piqué par une abeille, rejoignant rapidement ses amis. Nous avons observé les alentours avec nos jumelles : il n'y avait plus d'observateur potentiel. Le long convoi a continué son chemin vers *KAF*.

Nous étions excités comme des gamins par les quelques tirs que nous venions de faire. Si nous avions connu la suite !

C'était l'été, au Québec. Je devais avoir seize ans. Plusieurs autres adolescents étaient en vacances. Pas nous ! Nous faisions notre cour de pilote de planeur. Nous étions des Cadets de l'Air !

Mon premier vol en solo s'en venait. J'ai effectué une inspection de mon aéronef, portant attention aux moindres fissures. Tout semblait en ordre. J'ai sauté à bord de l'appareil. Aujourd'hui encore, je me souviens de la procédure de décollage par cœur, tellement on me l'a martelée et incrustée dans la tête.

« Ballast, controls, instruments, spoilers, trim, release, strap, canopy. »

Mon appareil était prêt. J'étais prêt. Dans quelques instants, j'allais faire mon premier vol en solo ! J'ai entendu le bruit métallique du câble se tendant et s'agrippant sur le crochet de remorquage. L'avion-remorqueur mettait les gaz. Décollage !

Alors que nous prenions de l'altitude, le remorqueur s'est « secoué » en avant de moi. Une turbulence. Une seconde plus tard, c'était à moi de toucher la bulle d'air ascendante. Loin de se

Mon « lit » pendant la patrouille. En arrière-plan, on remarque une route passant entre les montagnes. Selon nos cartes, cette route était entourée d'anciens champs de mines russes.

Ce crâne d'animal nous rappelait la rudesse du désert.

calmer, les turbulences ont augmenté dangereusement. J'avais de plus en plus de difficulté à garder le contrôle. Le pilote en avant de moi semblait lui aussi en difficulté, bougeant de manière inquiétante. Ceci causait une tension dans le câble et amplifiait la difficulté. J'essayais de compenser du mieux que je pouvais, mon joystick se faisant aller en tous sens. Il fallait tenir bon. Nous étions à moins de 1000 pieds d'altitude. Si je devais larguer le câble maintenant, il allait être difficile d'atterrir. J'avais à l'œil un terrain de golf à ma gauche, à environ deux kilomètres de distance. « Atterrir sur un vert ! » L'idée était tentante ! J'imagine la face des joueurs de golf, apercevant un planeur se poser au milieu d'eux, pour ensuite voir sortir le pilote : un adolescent n'ayant même pas de permis de conduire !

Profitant d'une accalmie, à l'altitude convenue j'ai tiré la manette du crochet de remorquage. Le remorqueur a effectué une semi-acrobatie en avant de moi, tournant comme un chasseur-bombardier de la Seconde Guerre mondiale. C'est alors que j'ai aperçu un avion approcher en avant. Nous nous dirigions vers un face à face ! Le bimoteur est passé en grondant, faisant vibrer mon habitacle. Une façon un peu chevaleresque de se saluer entre pilotes !

Je n'entendais plus que le bruit de l'air qui glissait sur mon appareil. J'étais seul, entre ciel et terre ! Depuis des semaines, nous les cadets, anticipions et craignions le jour de notre premier vol en solo. Curieusement, je me sentais complètement détendu. J'étais aux commandes.

De retour au sol, j'ai attendu qu'atterrissent les autres cadets. L'un d'eux s'est écrasé non loin de la piste d'atterrissage : il n'avait pas bien estimé son approche finale. L'aile avait frappé un sapin ! Nous avons ensuite pris part à un vieux rituel que tous les pilotes font après leur premier vol en solo. Un bain de porce-

Sylvain pendant l'extraction dans les montagnes. On remarque les antennes radio dépasser du sac de patrouille, ainsi que la poignée du trépied servant à l'observation.

Char d'assaut Léopard II en patrouille.

laine a été amené sur le tarmac. Le bain était rempli d'eau et de glace. Chaque nouveau pilote devait s'y faire immerger, tenu par les autres cadets.

Des années plus tard, en Afghanistan, j'avais effectué mon « premier vol solo » en zone de guerre. Tout était tellement mieux qu'à l'entraînement ! C'était vrai. L'ennemi était vrai, le danger était vrai. J'étais aux commandes ! À ce moment, j'aurais bien aimé un bain d'eau glacée !

Poste d'observation au sommet de la tour de garde principale de Sperwan Ghar. Pendant ce temps, les troupes ayant participé à l'opération Munkeridal revenaient par la route Hyena.

Des Afghans se reposent dans un village.

Nakhonay — Sparte existe encore

Alors que nous attendions le signal de départ, la mascotte de la *FOB* Masum Ghar, un chien appelé « Target », est venue nous rendre visite. Des années plus tard, alors que les troupes canadiennes se retiraient de la région, un soldat allait faire des démarches pour ramener la belle bête au Canada ! Un chien-réfugié ! Mais tout ceci était encore loin.

Nous nous apprêtions à une longue mission dans un secteur infesté de talibans, aux côtés du peloton de Reconnaissance. La méthode d'insertion était simple : un convoi en route vers *KAF* a fait un « faux arrêt » sur le bord du chemin. L'arrêt a duré une trentaine de secondes, non loin de montagnes austères et dénuées d'habitants. Quelques minutes après être débarqué, la quarantaine de soldats formant la patrouille marchait à travers les champs de pavot. Notre objectif : établir un poste d'observation dans une chaîne de montagnes dominant des territoires ennemis encore incontestés. Le peloton de Recce avait comme mission d'établir une série de postes d'observation dans le secteur. Un autre détachement de *snipers*, l'équipe Charlie, s'était joint à nous. Un de ses soldats ne pouvait pas venir, s'étant blessé à la jambe lors d'une patrouille de combat.

La patrouille n'avançait pas rapidement. Nous arrêtions constamment, sans en connaître la raison. À chaque pause, je m'assoyais et contemplais la silhouette des bulbes de pavot, qui se détachaient des faibles et lointaines lueurs de Kandahar. De nombreux soldats du Recce dégustaient des suçons ! C'était particulier de voir des friandises dépasser de la bouche de ces

Vikings barbus, armés de mitrailleuses, de grenades et de fusils d'assaut.

Après deux heures de marche, on a appris qu'un soldat du Recce était malade. Il avait une gastro-entérite sévère et ne pouvait tout simplement plus avancer, malgré sa volonté. Le commandant de patrouille n'avait d'autres choix que d'ordonner une évacuation médicale par hélicoptère. Quelques soldats ont sécurisé une *Landing zone* pour l'évacuation. Pendant ce temps, j'étais assis le dos contre une rangée de branches de pavots cordées. La substance servant à la production de l'opium avait déjà été extraite des fleurs. Les branches séchées devaient donc servir à allumer des feux de cuisson. Ennuyé par l'attente, j'ai eu l'idée de faire un test bien étrange. J'ai pris un bulbe de pavot et je l'ai cassé entre mes mains. J'ai avalé une petite quantité de poudre blanche provenant de la plante séchée. Je n'ai aucune idée pourquoi j'ai fait ça, mais je l'ai fait ! Les soldats font d'étranges choses !

Dans le ciel, un étrange cerceau de lumière s'est approché. On aurait dit l'approche d'un OVNI. Le cercle orange était causé par l'électricité statique provenant de la rotation de l'hélice du Black Hawk. Un soldat du Recce a désigné la zone d'atterrissage à l'aide d'un « light stick » infrarouge qu'il faisait tourner au bout d'une corde, indiquant aux pilotes la direction du vent, tout en confirmant que l'endroit était libre d'obstacles et d'ennemis. Une demi-heure après avoir sécurisé la *Landing zone*, le soldat malade a été évacué.

En raison du bruit de l'appareil qui venait de décoller, tous les villageois du secteur savaient qu'une opération était en cours. Des lanternes et des mouvements étaient visibles dans les champs environnants. Probablement des éclaireurs ennemis. Les talibans savaient que nous n'étions pas loin, sans connaître notre emplacement précis. Le commandant du Recce a alors demandé au *COT* d'annuler la mission, ou du moins de la modifier afin de nous insérer à un nouvel endroit. Dans tous les cas, il fallait être extrait par Chinook, étant trop nombreux pour être évacués par de petits appareils. Après une demi-heure d'échanges radio tendus, nous avons reçu l'ordre de « continuer avec la mission ». Notre présence dans le secteur était trop importante.

Au moment de me remettre en marche, j'ai perdu pied et j'ai glissé sur le rebord boueux d'un profond wadi. Je suis tombé assis, glissant de reculons. Avec le poids de mon équipement, je risquais de me noyer ! Je reculais au ralenti, sans rien pouvoir y faire, comme si j'étais aspiré par du sable mouvant. C'est alors que Sylvain s'est rendu compte de ma mauvaise posture. Malgré la noirceur, nous nous sommes instantanément compris. J'ai tendu mon fusil d'assaut vers Sylvain. L'arme était chargée et armée. Sylvain a saisi le canon, me ramenant vers lui.

Pendant des heures, nous enfourchions les murets et autres obstacles du terrain. Chaque kilomètre était un calvaire. Tous les soldats étaient mouillés et couverts de croutes de terre. Selon les rapports d'écoute des communications ennemies interceptées, les talibans étaient à notre recherche, sans pouvoir nous trouver. C'était le jeu du chat et de la souris. Il fallait nous enfoncer en territoire ennemi, sans que les talibans devinent nos intentions trop précisément.

Il y avait une intersection où nous devions passer. Non loin de là, dans une ruelle, des hommes étaient regroupés autour d'un feu. Étaient-ce des talibans ? Sachant que la lumière allait les aveugler, nous sommes passés, un à un, en face d'eux !

Notre destination, une série de sombres montagnes, s'agrandissait peu à peu. Les villages près des montagnes avaient cet aspect de ville fantôme typique des villages afghans durant la nuit. Les fenêtres étaient noires et lugubres. Des bouts de tissus en lambeaux couvraient certaines ouvertures, à la manière des fenêtres de maisons hantées. C'est à ce moment qu'un chien s'est approché des soldats du Recce, grognant sourdement. C'était un chien de garde! Je voyais la forme noire du loup-garou dans l'entrée du *compound*. C'était un gros animal, probablement entraîné à sauter à la gorge des intrus. Le chien s'est approché de la patrouille. Un soldat du Recce, dont l'arme était équipée d'un silencieux, n'a eu d'autre choix que d'abattre la pauvre bête.

À la lumière des communications interceptées, les talibans se doutaient que nous nous dirigeons vers les montagnes. Une paranoïa s'est alors emparée de la patrouille, plusieurs soldats s'imaginant que l'ennemi était partout dans les hauteurs, nous observant à l'aide d'optiques thermales, prêt à nous embusquer depuis des grottes! À la guerre, les soldats sont émotifs. Ils sont souvent trop optimistes, ou trop pessimistes. Ils surestiment le danger, ou le sous-estiment. J'espérais que nous le surestimions!

Les montagnes nous apparaissaient maintenant comme de gigantesques monstres noirs. Le moment était venu pour les *snipers* de nous séparer du reste de la patrouille. Un ingénieur de combat nous accompagnait, ainsi que deux *FOO-FAC*[1]. En tout, nous étions onze soldats. Nous nous sommes mis à escalader les parois rocailleuses de la montagne. Nous n'avions pas le luxe d'équipements d'escalade, trop lourds et encombrants. Nous avons monté notre équipement par étapes, en faisant des allers et retours. Nous nous passions nos sacs, nos optiques et les carabines de *sniper* de main en main. Après une heure de va-et-vient dans la montagne, j'ai commencé à me sentir faible :

---

1   Les FOO-FAC (pour Forward Observation Officer, Forward Air Controller) sont des observateurs de l'artillerie qui sont aussi formés pour commander des frappes aériennes.

— Je dois prendre une pause, dis-je à Pascal, qui se tenait sur la pointe d'une roche, à quelques mètres de moi. Ce n'est pas moi qui ne veux pas. C'est mon corps. Si je mange pas quelque chose, je sens que mon corps va me lâcher !

Après une petite collation de fruits en sachets, je me sentais neuf comme une recrue. Le jour commençait à poindre. Le temps pressait, la lumière bleue de l'aube commençant à tranquillement nous envelopper. D'ici une heure, nous risquions d'être détectés par les habitants des villages vivant autour des montagnes. Il nous fallait trouver un poste d'observation le plus rapidement possible !

Nous avons rassemblé l'équipement dans une crevasse rocheuse, non loin du sommet. Des rapports indiquaient que les talibans avaient miné et piégé les montagnes depuis des années. L'ingénieur de combat est passé entre nous, marchant vers le sommet. Il a sorti sa baïonnette et s'est mis à quatre pattes, sondant la terre et la roche en avant de nous. Le soldat avançait pouce par pouce.

— Il est gelé ben raide ! s'est exclamé Pascal, en voyant l'ingénieur. On va quand même pas tout déminer de cette façon !

— Attention ! a interrompu l'ingénieur. Mettez-vous à l'abri, je vais retourner une roche suspecte !

Si une mine devait exploser, le visage du soldat allait être pulvérisé ! J'avais l'impression de voir un soldat d'une guerre du passé. Nous étions pourtant au XXIe siècle ! Parfois, les méthodes les plus archaïques sont les meilleures. Dire qu'à l'entraînement, quand on nous demandait de déminer à la baïonnette, nous prenions nos instructeurs pour des fous !

Une demi-heure plus tard, l'ingénieur avait terminé son travail. Nous pouvions commencer le nôtre ! Nous avons rassemblé l'équipement près du sommet de la montagne. L'endroit était un ancien poste d'observation russe. Des sacs de sable décomposés étaient encore visibles et formaient quelques protections contre l'extérieur. Nous avons placé des filets de camouflage un peu partout, ce qui allait nous dissimuler et nous protéger du soleil. Les roches étaient tellement rugueuses et pointues qu'il suffisait d'y appuyer un bout du filet pour le faire tenir! Des «roches velcro»!

La chaîne ne montagne que nous occupions était telle une longue dague pointée vers le cœur du dispositif ennemi. Nous occupions la pointe de cette dague rocailleuse. C'était arrogant de notre part. L'emplacement nous permettait de nous défendre contre n'importe quel assaut terrestre. Notre champ de vision était parfait. Nous avions un œil sur tous les villages des environs, tous sous occupation talibane. J'avais l'impression d'être un chevalier dans une tour perchée sur un rocher entouré de démons.

Mon rôle, ainsi que celui que Sylvain, était d'observer vers le sud, tandis que le reste de l'équipe allait observer vers l'ouest. À l'horizon, le soleil s'est levé, la fraîcheur relative de la nuit faisant place à une chaleur omniprésente. On apercevait les villages et la campagne, qui formaient un paysage paisible et champêtre. Au sud, on voyait les majestueuses dunes du désert Rouge. Les dunes se perdaient à perte de vue. Entre les villages, on voyait des tornades de chaleur qui commençaient à se former. Il devait y en avoir une vingtaine! Elles avançaient et tournaient un peu partout, parmi ce pays rude et mortel.

C'est alors que nous avons entendu des tirs à quelques distances. Rien de trop menaçant. Et puis d'autres rafales se sont fait entendre! En raison de l'écho créé par les montagnes, il était difficile de connaître la provenance des tirs.

La mascotte de la FOB Masum Ghar.

Entraînement physique en vue de la prochaine patrouille près de Nakhonay.

— Ça ne peut pas être un mariage ou une fête, c'est encore l'avant-midi ! dis-je pendant que les tirs se faisaient entendre à intervalle régulier.

— Ça semble venir des villages, là-bas, à l'ouest, a dit un des *snipers*, qui observait derrière son optique.

— C'est peut-être les talibans qui s'en prennent à la population ! a suggéré Sammy.

Pendant ce temps, Pascal s'est déplacé un peu plus haut vers le sommet, afin de mieux observer. Tout autour, dans la campagne environnante, on voyait des mouvements de population. Il y avait des groupes de femmes en burka, des vieillards, des enfants. Ils s'enfuyaient d'une série de villages situés à environ 1,5 kilomètre à l'ouest de notre emplacement, dans le secteur de Zalakhan et Belanday. Dans les villages à la base de la montagne, des femmes étaient montées sur les toits et regardaient vers l'ouest. Aucune troupe canadienne n'était présente dans ce secteur. Quelque chose se préparait.

C'est alors que nous avons entendu une explosion ! C'était un obus de mortier ! Mais quel bordel était en train de nous tomber sur la tête ? Il nous était impossible de voir l'impact de l'obus, en raison du terrain montagneux. Mais nous savions qu'il avait atterri non loin de nous. À ce moment, j'ai entendu des sifflements ressemblant à des lasers passer au-dessus de moi. C'était comme si les lasers passaient au ralenti dans le ciel. Fffffff! Fffff! Fff! Ffffffff-fff-fff! On n'entendait aucun claquement de l'air. C'était plus fort que moi : un immense sourire est apparu sur mon visage ! Enfin ! J'avais mes premiers tirs ennemis ! Tant de travail, d'attentes, de déceptions, de frustrations... pour enfin avoir la chance d'entendre des balles ennemies, de vraies balles qui m'étaient destinées !

Le fait que les balles passaient sans claquer était un indicateur de la distance de la mitrailleuse. Nous savions que pour ce genre de calibre, les balles deviennent subsoniques à environ 1600 mètres de distance. Elles sont subsoniques, mais contiennent malgré tout plusieurs fois l'énergie d'une balle de révolver de haut calibre!

D'autres tirs! D'autres sifflements. D'autres explosions d'obus de mortier. C'était le branle-bas de combat! Un duel allait commencer! D'un côté, notre bastion perché dans les montagnes. De l'autre : des talibans retranchés dans des villages.

— Baisse-toi, Oli! s'est exclamé Sylvain pendant qu'on entendait les tirs groupés glisser dans l'air autour de nous.

— On ne voit même pas le village de ma position. Les roches bloquent. Ils ne pourront même pas m'atteindre!

Braver les tirs ennemis m'apparaissait déjà comme un sport extrême des plus amusants!

— Arrrrhhhh! Ça vient de toucher juste en face de moi! a lancé un autre soldat, qui s'est recroquevillé en boule derrière quelques roches.

Les tirs étaient maintenant précis et meurtriers. On entendait les pierres claquer autour de nous, sans qu'aucune balle ne nous touche. D'autres explosions de mortier se sont fait entendre. Celles-ci étaient plus rapprochées. Les détonations résonnaient. Le peloton de reconnaissance était toujours caché dans les montagnes, en bas, près des villages.

— Je les vois! Je les vois! a crié Pascal depuis sa position perchée, entre les rochers. Je vous transmets leur coordonnée!

— Ben oui! regarde dont ça! a ajouté Alain, qui faisait partie du détachement Charlie. Ils sont drette-là!

Les *FOO-FAC* se sont activés sur les radios. De toutes parts, les *snipers* leur fournissaient les coordonnées de l'ennemi, qui étaient disséminés dans le village.

— J'en vois deux! a dit le Pic, derrière un telescope d'observation. Référence : l'immeuble blanc au nord du village... deux doigts en bas de la montagne en forme de pyramide, au loin. On voit un bâtiment avec une fenêtre croche... Il y a trois hommes habillés de noir qui viennent d'entrer là.

— Parfait! de répondre un autre *sniper*. Je vais prendre la coordonnée! Oh, il y en a un autre qui vient de se placer derrière un muret, cinquante mètres à gauche de l'immeuble, légèrement en avant!

— Nous avons deux Kiowa[2] qui s'en viennent! a interrompu un des observateurs de l'artillerie. Préparez vos kodaks. La cavalerie va nous donner un esti de bon show!

— Yes sir! a lancé Le Pic. Alain! Tire un peu autour du mur, pour empêcher les crottés de s'enfuir. Tire aussi quelques balles près de la porte de l'immeuble. On va s'assurer que ceux dans l'immeuble restent là où ils sont. Les Kiowa vont faire sauter tout ça.

D'autres tirs de mitrailleuse se faisaient entendre, ainsi que des tirs de mortiers, sans que nous puissions connaître l'emplacement des armes. Le mortier était probablement dissimulé derrière un mur ou un bâtiment, étant dirigé par un observateur

---

2   Le Bell OH-58 Kiowa est un hélicoptère de combat et de reconnaissance américain.

POSTE D'OBSERVATION

Poste d'observation des snipers tel que le voyait l'ennemi, qui se trouvait quelque part dans les villages qu'on voit sur la photo.

Petit wadi typique d'un village afghan. À la crue des eaux, tout le wadi est rempli d'eau. À droite : un soldat de l'Armée nationale afghane (ANA). Les wadis servaient parfois à cacher des armes, enrobées dans des sacs de plastique. L'arbre pourrait abriter une bombe directionnelle. Photo : Combat Camera.

bien dissimulé. C'était un véritable duel où la ruse et la puissance de feu se confrontaient !

— Je viens de « laser » le mur, a dit Sammy. La distance : 1810.

Deux tireurs ont armé les carabines de calibre 50. Les coups sont partis.

— Vous avez touché le mur ! a dit Le Pic. Le gars s'est caché ! Maintenant... toutes les fenêtres de l'immeuble en arrière ! N'attendez pas mon signal !

C'est une tactique classique des soldats et des *snipers* : à défaut de bien voir l'ennemi, on tire les endroits suspects, afin de tuer un éventuel ennemi ou du moins l'empêcher de mener une résistance efficace.

— Le gars vient de se remontrer la tête en haut du mur ! a dit Sammy.

— Ah le petit baveux ! d'ajouter Alain juste avant de tirer une balle dans la direction de l'homme.

— Il est pas mal moins baveux maintenant ! Il vient de se rebaisser ! de terminer Pascal.

Pendant ce temps, Sylvain et moi surveillions le côté sud-est de la montagne, le côté nord étant couvert par les soldats du peloton de Reconnaissance, toujours en bas de la montagne. Nous ne détections aucun ennemi de notre côté, pour l'instant. Des soldats moins expérimentés auraient été « aspirés » par l'action « principale », négligeant la sécurité des autres directions. Il ne fallait pas céder à cette tentation. Il fallait être professionnel et protéger les arrières de l'équipe, qui d'ailleurs faisait un travail diaboliquement efficace !

C'est alors que les deux *FOO-FAC* ont commandé des tirs d'artillerie sur les combattants ennemis, qui étaient maintenant pris au piège dans leurs cachettes.

Boum! Boum! Boum! Boum! Les obus tombaient chirurgicalement sur les positions ennemies. C'était précis, c'était mortel. Pendant ce temps, l'équipe de *snipers* surveillait les sorties des édifices, dans le cas où des talibans veuillent s'enfuir. Quelques minutes plus tard, une fois la poussière dissipée, les murs de plusieurs bâtiments manquaient! Boum boum boum! D'autres obus! Le *party* commençait!

C'est à ce moment que nous avons entendu les hélicoptères approcher à toute vitesse. C'était comme dans un film de guerre épique. Les appareils sont passés à dix ou vingt mètres au-dessus de nous en faisant vibrer l'air, comme pour nous saluer. Ils ont continué leur chemin vers l'ennemi à pleine vitesse. Ils ont ensuite viré en tombant de côté. C'était comme regarder des aigles fondre sur leurs proies.

Déjà, les ordinateurs des pilotes étaient remplis des coordonnées préenregistrées que leur avaient envoyées les observateurs de l'artillerie. Ces petits chiffres numérisés allaient bientôt se transformer en algorithmes balistiques meurtriers. Des lignes de fumées sont apparues sous les hélicoptères. En raison de la distance, on entendait le son en retard. Les lignes de fumée, toujours silencieuses, se sont dirigées vers les cibles. Les roquettes, tirées en salves, ont percuté un premier immeuble où se trouvait un groupe de talibans. Le bâtiment a volé en éclats comme un assemblage de morceaux de Lego. Quelques secondes plus tard, on entendait le sifflement des missiles et le son des explosions. Ça claquait, ça cassait!

Le premier Kiowa a effectué un virage au-dessus du champignon de l'explosion. Le deuxième hélicoptère, qui suivait derrière, a tiré d'autres roquettes dans les décombres, achevant ceux qui pouvaient encore s'y trouver. L'hélicoptère est directement passé dans la fumée, disparaissant pendant une fraction de seconde. C'était surréel comme scène. On aurait dit un montage de jeu vidéo. C'était pourtant bien réel !

Les appareils, qui ressemblaient à des bourdons s'amusant avec des fourmis impuissantes, ont effectué un grand virage en périphérie du village. D'autres roquettes ont été tirées, cette fois-ci à l'emplacement du taliban caché derrière le mur. Le mur a disparu dans un nuage de poussière. Une fois la fumée dissipée, il ne restait plus rien de la petite construction.

— *Next* ! a lancé Le Pic, tout en déplaçant ses optiques, à la recherche d'autres cibles.

D'autres balles ennemies sont passées autour de nous. L'ennemi résistait ! Je me suis placé debout, sur une roche, à la vue de tous. Au fond de moi, je souhaitais attirer le feu ennemi ! Sylvain, qui filmait avec une main, a tourné la petite caméra vers moi. Dans les images, on me voit faire un petit « coucou » à la caméra, pour ensuite me gratter la tête et prendre une gorgée d'eau. La caméra se déplace ensuite vers le village ennemi. Dans le coin de l'image, bien discrètement, on voit des jambes allongées sous un filet de camouflage. C'était un de nos gars : il était paralysé par la peur. Mais tout ceci, nous ne l'avions pas encore remarqué.

— Les gars ! a crié Pascal depuis sa cachette... trois hommes en noir sont en train de courir avec des gros tapis sous le bras ! Ils viennent d'entrer dans un bâtiment !

Les artilleurs ont aussitôt pris la coordonnée de la cachette ennemie, transmettant dans le plus grand calme les données par radio. Moins d'une minute plus tard, les scarabées volants sont montés dans les airs, presque à la verticale, pour ensuite retomber comme des pierres en direction de leur nouvelle cible. D'autres roquettes. D'autres lignes de fumées. D'autres explosions. D'autres bâtiments qui volaient en éclats! Décidément, nous avions déclenché l'apocalypse sur l'ennemi! Il n'y avait plus d'obus ou de balles tirées par les talibans.

— J'en vois un sur un toit! a lancé Alain, qui observait derrière l'optique d'une Macmillan de calibre 50, sans tirer.

— C'est comme si c'était fait, a ajouté un des *FOO-FAC*.

Les roquettes, immanquablement, ont touché leur nouvelle cible. Le village était en partie en feu, obscurci par la fumée noire et polluée des incendies.

— J'en reviens pas! s'est écrié Alain. J'ai littéralement vu le gars se faire souffler par l'explosion. Il s'est envolé et tournait sur lui-même, avec du feu en arrière de lui! Je ne peux pas croire qu'il restait là, debout sur le toit!

Ironie de la situation : c'était un peu ce que je faisais moi-même pendant ce temps! À l'entraînement, nous sommes conditionnés à combattre un ennemi intelligent agissant toujours de manière réfléchie. À la guerre, des choses bizarres se produisent, comme ici, avec cet ennemi qui était resté immobile sur le toit, comme s'il défiait la mort. Des situations semblables, nous allions en rencontrer souvent, dans les mois à venir.

Les hélicoptères ont détecté d'autres cibles, dans des angles que nous ne pouvions pas voir, tirant d'autres roquettes parmi les décombres :

— Est-ce que les Kiowa ont détruit le bâtiment où se cachaient les quatre talibans? a demandé un des *FOO-FAC*.

— Ils sont encore là, a dit Pascal.

131

— Parfait! On va leur préparer une petite bombe de 500 livres dans ce cas.

On a alors entendu un avion de chasse passer dans le ciel. Le son des réacteurs nous englobait, sans que nous puissions voir l'appareil. Je pouvais m'imaginer la terreur que cela inspirait chez l'ennemi. Sans que nous voyions la bombe tomber, l'air a été violemment secoué par l'explosion du projectile aérien, qui a éclaté en produisant un «flash de caméra». Un nuage s'est élevé au-dessus du village, ce qui rappelait une petite explosion nucléaire. Dans les villages environnants, la population se tenait sur les toits et regardait le spectacle. Personne ne semblait attristé ou révolté de voir le village ainsi réduit en ruines. Les femmes semblaient même apprécier ce qu'elles voyaient. Le champignon de fumée était visible depuis tous les villages du secteur, où des insurgés devaient assister, impuissant, à la mort de leurs camarades. C'était un message, une promesse de ce qui allait bientôt leur arriver! «On s'en vient, ça ne fait que commencer!»

— Héhé! C'est vrai ce que disaient les gars du 3ᵉ bataillon! a commenté Sylvain. L'Afghanistan c'est comme une *game* de hockey en *powerplay*!

Les soldats sont parfois accusés d'être des lâches utilisant la technologie pour tuer à distance. Les meilleurs guerriers utilisent sans hésiter cette technologie, sans en avoir absolument besoin pour combattre. Les pilotes de Kiowa étaient de véritables *cowboys*. Une légende circulait sur l'un d'eux. Lors d'un engagement contre l'ennemi, un pilote avait aperçu un taliban dans un arbre. Mais l'appareil n'avait plus de munitions. Aucun problème! Le pilote s'est positionné en vol stationnaire, tout près de l'arbre. Il a alors saisi son fusil d'assaut et a ouvert la porte sur le côté, abattant sans tarder le pauvre taliban!

Le Pic lors d'une opération près de Nakhonay.

Photo prise par Pascal peu après l'échange de feu avec l'ennemi.

Mais aujourd'hui, aucun pilote n'avait eu à utiliser son arme personnelle. La puissance de feu moderne avait amplement suffi. Environ une heure après les premiers échanges de feu, nous avons reçu un rapport radio du *COT*. Des communications ennemies avaient été interceptées. Près de quinze talibans avaient été tués. D'autres étaient gravement blessés. Les insurgés avaient décidé de retourner d'où ils étaient venus, au Pakistan! La saison chaude des combats était pour eux terminée.

Des années plus tard, le Musée du Royal 22e Régiment était inauguré à Québec. Dans ce musée se trouvait un mortier capturé aux talibans. L'arme avait été trouvée par une patrouille de fantassins, quelques jours après notre duel avec l'ennemi. En discutant avec les responsables du Musée et quelques soldats, j'ai appris que c'était très probablement le même mortier qui nous avait tirés dessus ce jour-là, dans la montagne! Encore aujourd'hui, il est à portée de tir de soldats québécois, cette fois-ci au cœur de la Citadelle de Québec. Un trophée de guerre que les visiteurs peuvent admirer paisiblement, après avoir marché dans le Vieux-Québec.

Les talibans que nous avions confrontés étaient aguerris. Ils avaient précisément ajusté une mitrailleuse lourde vers nous, ainsi que des obus de mortier. Le délai entre les premières rafales était probablement dû à ces ajustements. Initialement, quand se faisaient entendre les tirs distants, c'est probablement que les balles touchaient la paroi de la montagne plus bas, que l'ennemi pouvait observer à l'aide de jumelles. Les talibans ont alors monté le tir de l'arme montée sur trépied. Un instant plus tard, quand nous entendions les balles passer au-dessus de nous, c'est que les tirs étaient trop hauts. Ne voyant plus les impacts, les talibans ont compris (selon mon analyse) qu'ils devaient baisser le tir. C'est à ce moment que les rafales ont commencé à toucher les roches autour de nous.

Pendant ce temps, les obus de mortier étaient ajustés par d'autres combattants ennemis. Les premiers obus ont touché le devant de la montagne, permettant aux talibans de bien observer les impacts. Un ou deux obus sont tombés de l'autre côté du pic rocheux. Les talibans ont dû remarquer l'absence d'impact, ce qui leur a permis de s'ajuster. Heureusement, les soldats du Recce s'étaient dissimulés dans de petites grottes, ce qui les protégeait des éclats d'obus.

Après l'échange de feu avec l'ennemi, un des *snipers* de l'équipe Charlie était pâle comme un drap. Il semblait malade, ne bougeant presque plus. Il s'est lentement levé et est passé devant moi tel un vieillard affaibli. Un autre *sniper* l'a suivi, transportant son équipement de fantassin. Sammy, qui était à mes côtés, étendu sur la roche, s'est tourné vers moi :

— Il ne va vraiment pas bien, m'a-t-il dit en faisant un signe de « non » avec sa tête.

— Un autre de malade ?

— Disons qu'il n'a pas tripé quand les balles ont touché les roches à côté de lui.

Le *sniper* est descendu de la montagne sans même regarder derrière. Notre ami était secoué, atteint du choc post-traumatique. Un autre ! Il n'allait pas être le dernier. J'étais surpris : c'était un guerrier coriace. Je l'avais si souvent vu à l'entraînement, indifférent à la fatigue et aux intempéries. J'étais désolé pour lui. « Bonne chance pour la suite, camarade ! » pensai-je. Notre ami n'allait jamais plus pouvoir retourner en zone de combat.

Après les combats, le peloton de Recce est sorti des grottes afin de patrouiller les villages environnants. L'objectif était de chercher des blessés ennemis ou des informateurs venus du village bombardé. Pendant que nos amis du Recce interrogeaient les habitants, nous nous tenions prêts, visant et repérant les menaces potentielles qui rôdaient près de la patrouille. Dans les *compounds*, les femmes s'agglutinaient autour des portes et fenêtres, afin de voir ces mystérieux soldats étrangers. Je promenais la croix du réticule de la Macmillan sur les villageois. Un soldat du Recce effectuait des tests de détection d'explosifs sur les mains d'un individu, qui a par la suite été menotté. L'Afghan n'a pas le moindrement résisté. C'est alors que nous avons remarqué la présence d'un adolescent suspect. Nous l'avions vu marcher depuis ce qui semblait une route conduisant à Belanday, que nous avions bombardé.

— Le suspect est à 150 mètres de vous, de l'autre côté d'un mur, à l'ouest, dis-je sur les ondes radio.

Aussitôt, les soldats du Recce se sont engagés dans le village.

— Vous êtes tout près du suspect, continuai-je. Il est de l'autre côté du mur et semble en train d'envoyer un message avec son téléphone.

Les soldats du Recce sont rapidement sautés par-dessus le mur, tout près de l'adolescent, qui était paralysé par cette soudaine apparition. Pendant ce temps, j'avais mon arme pointée sur la poitrine du jeune homme. Sylvain surveillait les alentours à l'aide de ses jumelles. Un soldat du Recce a alors sorti un boitier de plastique, question de tester si l'individu avait récemment manipulé des explosifs.

— Nous l'emmenons avec nous! a dit un sergent du Recce sur les radios, tout en accrochant des menottes de plastique jaune aux poignets du suspect.

Les dernières lumières bleues du crépuscule disparaissaient. Le même crépuscule et le même paysage depuis des millénaires, dans ce pays qui semblait figé dans le temps.

— 0[3], ici 66 Bravo, a dit Sylvain sur les radios. Suite aux derniers événements, nous sommes compromis et vulnérables. L'ennemi connaît nos positions. Il suffirait d'un seul mortier pour nous mettre hors combat. Par conséquent, nous demandons d'être extraits afin de changer de position.

— Ici 0, nous prenons note de vos inquiétudes, mais nous sommes prêts à prendre ce risque.

Sylvain était en colère! Nos supérieurs, bien confortablement assis dans leur Poste de commandement sécurisé et climatisé, loin du front, étaient prêts à prendre « le risque » de nous perdre! Sur le coup, cette décision m'a choquée. Mais avec le temps, mon opinion a changé : les troupes sur le terrain voient les choses de manière claire, certes, mais de leur perspective seulement. Les soldats au front sont aussi plus émotivement impliqués, tout en étant fatigués et stressés. Tout ceci embrouille leur jugement. C'est le rôle des planificateurs que d'imposer une certaine «volonté tactique de combattre» aux différents éléments du champ de bataille, et d'ordonner aux unités de s'accrocher à leurs positions. Les guerres sont gagnées par les armées qui disent «non! ça suffit, vous n'avancerez plus!» Cette capacité à combattre est un mélange de volonté du commandement et de

---

3   «0» (ou «zéro»), est l'indicatif d'appel du COT.

courage de la part des troupes sur le terrain. Les deux, ensemble, accomplissent des miracles.

Nous entendions les hélices d'un Chinook raisonner sur les parois rocheuses. L'appareil est apparu, pivotant sur lui-même pour ensuite se poser telle une soucoupe volante entre des montagnes. Le peloton, jusque-là dissimulé dans les crevasses de la montagne, est sorti à la manière de crabes sur une plage. Parmi eux était l'ingénieur de combat ayant déminé notre poste d'observation, ainsi que notre ami *sniper*, encore secoué. La guerre était pour lui terminée. Il ne pouvait en prendre davantage. Ça aurait pu arriver à n'importe lequel d'entre nous!

Nous avons amélioré notre camouflage. Les talibans devaient penser que nous étions montés à bord, nous aussi. Nous le souhaitions. Le Chinook nous avait laissé quelques réapprovisionnements. Sous les douces lueurs de la lune, quelques soldats du détachement sont allés chercher des caisses d'eau et de nourriture larguées par l'hélicoptère. Les palettes de ravitaillement comportaient aussi des batteries. Il n'était pas question de laisser cet équipement à l'ennemi, qui aurait pu s'en servir pour déclencher des bombes[4]. Il fallait tout monter vers le sommet! Pendant que mes amis faisaient des allers-retours, je protégeais mes camarades depuis le flanc de la montagne, assis sur une roche. J'avais presque pitié de mes amis, qui peinaient à escalader la montagne avec le ravitaillement, exposés et vulnérables à une éventuelle attaque ennemie.

— J'en reviens pas comme c'est broche à foin, tout ça! de dire Sylvain, essoufflé et en sueur, alors qu'il venait d'arriver

---

4   Même les batteries dites «épuisées» et jetées à la poubelle étaient utilisées par les talibans, qui les mettaient en série, assez pour déclencher un détonateur militaire électrique. Une directive avait donc été émise afin que les soldats ne jettent pas négligemment leurs batteries.

Comme ici, il n'y a souvent qu'après les combats que les soldats ont le temps de poser pour des «photos souvenirs».

Alain, du détachement Charlie, prend du repos près du poste d'observation.

Le soldat Ross, du peloton de Reconnaissance, prend un peu de soleil alors que les talibans viennent de tirer des obus de mortiers dans la montagne.

Les soldats peuvent dormir n'importe où. L'arme n'est jamais loin !

au sommet, une caisse sur l'épaule. Et moi qui pensais qu'à la guerre, tout allait être mieux qu'à l'entraînement !

De temps en temps, on pouvait entendre de lointains bombardements. D'où nous étions, dans les montagnes, l'écho des lointains canons d'artillerie ressemblait à de longs cris de dragons. C'était d'une beauté terrifiante. Un hélicoptère de combat s'est approché de nous, survolant une agglomération à la base des montagnes, village que nous avions déjà traversé à pied. L'appareil s'est mis à tirer des milliers de projectiles dans un groupe de bâtiments. La mitrailleuse de style Gatling[5] tirait tellement rapidement que je ne voyais pas les balles individuellement. On aurait dit un laser déformé avançant au ralenti, une ligne de magma rouge oscillant dans le ciel. L'hélicoptère passé, de la fumée s'échappait d'entre les bâtiments. Aucun rapport sur les ondes radio pour nous avertir de quoi que ce soit. Ce n'était qu'une autre petite et banale intervention. J'ai alors pensé : c'est vraiment le *Far West* ici !

On nous a annoncé qu'une bombe de 2000 livres allait bientôt tomber sur une cible, à quelques distances. Nous nous sommes assis sur des roches comme des gamins dans un cinéparc. Des hommes ne le savaient pas encore, mais ils allaient mourir dans quelques secondes, pulvérisés ! Et puis tout le paysage s'est subitement éclairé, créant des ombres allongées. Le ciel était temporairement bleu et lumineux près de l'épicentre, révélant quelques discrets nuages autrement cachés par la nuit.

— Ohhhhh ! avons-nous dit en chœur, à la manière d'une foule regardant un feu d'artifice.

---

5   Une mitrailleuse de style Gatling comporte plusieurs canons disposés en cylindres. Un moteur fait fonctionner le mécanisme et fait tourner les canons. La cadence de tir d'un tel dispositif est de 2000 à 6000 cartouches par minute.

Une boule de feu jaune est apparue, éclairant le champignon de fumée qui s'élevait lentement dans le ciel. Pendant ce temps, le son ambiant était toujours aussi paisible, en raison du temps que prend le son à parcourir une telle distance. On entendait même quelques criquets et oiseaux de nuit. Autour de l'explosion se trouvaient des habitations. Si quelqu'un s'y trouvait, il allait devenir sourd, assurément.

L'air a été percé par le son de l'explosion, qui pendant quelques secondes a résonné sur les parois rocheuses, renvoyant des fréquences étranges vers nous. Malgré la distance, on pouvait s'imaginer le calvaire d'être ainsi bombardé. « Les moins chanceux sont ceux qui sont juste assez loin pour ne pas être tués sur le coup, mais assez proches pour mourir de leurs blessures », pensai-je. Le feu du champignon est devenu rouge foncé, disparaissant petit à peu. L'obscurité a repris sa place, et la lumière bleue a été chassée du ciel. Nous entendions de nouveau les criquets et les oiseaux de nuit.

Nous avions grand besoin de repos. Nous dormions à même le sol, appuyant nos têtes sur des roches. Un soldat peut dormir n'importe où, n'importe quand. De temps en temps, nous entendions les terrifiants bombardements, entrecoupés des jappements de chiens dans la campagne. Au-dessus de nous, le ciel étoilé dans toute sa splendeur ! « Je suis payé pour faire du camping ! » C'est dans ces moments précis, après une glorieuse journée, qu'un soldat se sent libre ! Je n'enviais aucunement la vie pressée et inhumaine de mes concitoyens civils.

Pendant ce temps, nous nous alternions afin d'observer les villages du secteur, en grande partie occupés par des soldats talibans. Ils étaient là, nous le savions. Savaient-ils que nous étions encore dans la montagne ? Préparaient-ils un coup, une attaque de nuit ? Emmenaient-ils des renforts, des mortiers et des obus ? Escaladaient-ils les parois rocheuses afin de nous encercler ? C'est en songeant à ces possibilités que je me suis endormi, en partie sur mes gardes. « La mort guette tous les humains, tous les jours. La différence est que nous les soldats, nous le savons ! »

Le lendemain matin, des villageois étaient regroupés autour des restants des palettes d'approvisionnement laissées à la base des montagnes et qui n'étaient plus remplies que de choses inoffensives, comme de la nourriture et de l'eau. « Joyeux Noël ! » Un Afghan a saisi une bouteille d'eau. Alors qu'il était sur le point de la boire, un autre villageois lui a arraché des mains, versant son contenu au sol. L'eau des « infidèles » devait être jetée ! « Voilà pourquoi ils ne progressent pas ! » méditai-je.

Comme c'est si souvent le cas après un engagement important, tout était tranquille. Mais à la guerre, la tranquillité signifie que des deux côtés, on se repose, on se prépare, on se renforce. Les plus grandes batailles sont précédées de longues et paisibles périodes de préparation.

À plusieurs kilomètres de notre emplacement, dans des *FOB* canadiennes, nos camarades préparaient une attaque.

Le bruit frénétique des communications radio sortait des micros des radios. L'attaque mécanisée des troupes québécoises commençait ! Déjà, on pouvait suivre la progression de l'opération par les nuages de fumée qui s'élevaient dans le paysage, au loin. Hier, nous avions fait saigner un village. Aujourd'hui, d'autres allaient subir le même sort ! J'imaginais ces talibans blessés, encore la veille bombardés et qui sentaient maintenant le sol vibrer de par l'approche de chars d'assaut ! La puissance de feu conquiert, l'infanterie occupe. Hier, le feu avait tué. Aujourd'hui, la botte et la chenille s'en venaient écraser et achever !

Les troupes progressaient non loin de la ville de Nakhonay, sans l'attaquer directement. Jamais encore les talibans n'avaient été ainsi attaqués au cœur de ce dispositif, de ce secteur. Ces villages voyaient des troupes occidentales pour la première fois depuis des siècles, sinon des millénaires ! L'opération était trop loin pour que nous puissions intervenir avec nos armes longues. L'opération progressait perpendiculairement à nous. De temps en temps, nous apercevions des soldats apparaître entre les bâtiments. Des explosions de poussière avaient eu lieu, causées par notre artillerie. C'est alors que nous avons détecté un groupe de soldats ennemis courir, probablement suite à un échange de feu avec les troupes canadiennes.

— Ils viennent de s'arrêter et de s'asseoir le long d'un mur, dis-je, l'œil placé derrière un télescope d'observation.

De notre emplacement nous étions en mesure d'observer les angles morts des troupes québécoises qui avançaient. Les combattants ennemis étaient cachés par rapport aux troupes mécanisées. Mais pas par rapport à nous !

— Sperwan Ghar est à portée de tir d'artillerie, a dit un *FOO-FAC*, après qu'un *sniper* ait enregistré la position du groupe ennemi.

Les troupes effectuant le ratissage avaient déjà commandé de l'artillerie, ce qui faisait que les canons, encore chauds, étaient calibrés pour ce secteur.

— Ici 66 Bravo, mission de tir batterie... coordonnée polaire QQ 4452 8901... un groupe de fantassins ennemis, rayon 25 mètres, trois coups, tir d'efficacité.

Et ça recommençait !

La première salve d'obus est partie, explosant quelques dizaines de secondes plus tard. Les talibans, qui ressemblaient à de lointaines figurines, sont disparus dans le nuage de fumée. Nous les avions touchés du premier coup ! Pendant ce temps, une autre salve était tirée. Autre nuage de poussière. Une dernière salve a fini de couvrir de fumée l'endroit occupé il y a quelques minutes par ces pauvres talibans. C'était comme à l'entraînement, à la différence qu'on savait ce que cachait la poussière : des cibles humaines ! De notre emplacement, il n'y avait pas de sang, pas de cadavres, pas de cris. Il n'y avait rien d'autre à regarder qu'un banal nuage de poussière. La mort était scientifiquement commandée à distance par une série de paramètres techniques. Les obus étaient tirés par des artilleurs qui venaient de déguster une crème glacée et qui n'attendaient que la fin de la mission de tir pour retourner jouer au poker. Voilà comment se déroulent les guerres modernes.

Deux autres talibans, qui se trouvaient non loin du premier groupe et qui avaient assisté à cette terrible scène, se sont enfuis, tentant de se réfugier. À n'en pas douter, ils devaient croire que les tirs étaient commandés par les troupes québécoises qui attaquaient le village. À bout de souffle, ils se sont assis le long d'un muret, se croyant à l'abri. « S'ils savaient ! »

— Droite 200, diminuez 50, dis-je, interprétant les angles du réticule des jumelles Vector.

Les artilleurs ont saisi leur radio :

— Droite 200, diminuez 50. Deux coups, tir d'efficacité.

Une longue chaîne de données techniques et informatiques circulait à travers un mélange d'humains, de radios et de machines, pour conduire à une série de chiffres telles la charge des obus, l'élévation des canons et leur orientation. La correction envoyée, les obus ont mécaniquement atterri sur l'ennemi, qui est disparu dans un nuage de fumée, sans plus d'histoires. Je commençais à apprécier notre équipe mixte d'artilleurs et de *snipers*! C'était une combinaison extrêmement meurtrière!

La résistance ennemie semblait brisée. Les talibans devaient regretter d'avoir hébergé les terroristes d'Al-Qaeda depuis des années, et d'avoir ainsi contribué à ces attentats islamiques, de plus en plus grands, commis à travers le monde. Jusqu'à récemment, ces talibans étaient les maîtres de ces villages. Ils s'enfuyaient maintenant comme des bêtes traquées.

La seule chose qui arrêtait la progression de nos troupes était les bombes improvisées, disséminées un peu partout. Sur les radios, nous entendions constamment des annonces de «BIP» («blown in place», «détruit sur place»). Les ingénieurs de combat faisaient exploser de manière contrôlée les pièges trouvés. Une explosion n'attendait pas l'autre, si bien qu'on pouvait suivre l'évolution des opérations en par l'emplacement des nuages de fumée. Rien ne pouvait arrêter ce rouleau compresseur d'acier et de soldats.

Pendant ce temps, au Québec, un citoyen ordinaire lisant les articles de journaux pouvait croire, à tort, que les talibans nous infligeaient de lourdes pertes et que nous perdions la guerre. La vérité était que dans la majorité des cas, c'est nous qui causions des pertes à l'ennemi. Quant aux bombes, nos troupes les découvraient plus souvent qu'elles n'étaient mises à l'usage par l'ennemi. Et quand elles étaient déclenchées, elles ne causaient souvent ni morts ni blessés. Mais certains journalistes, à recherche de titres sensationnels, aimaient nous faire passer pour des victimes.

Pendant l'opération, sur les ondes radio, le commandant du peloton de Reconnaissance, un capitaine ayant une excellente réputation et qui venait des PPCLI[6], s'est mis en colère contre le *COT*. Il détestait l'idée que des *snipers* (nous) puissent être oubliés dans une position aussi vulnérable, loin de tout support. Après de longues négociations entre le *COT* et le capitaine, nous avons reçu l'ordre de rejoindre le peloton de Reconnaissance, qui se trouvait à quelques kilomètres de distance, en périphérie d'une série de villages ennemis que les troupes québécoises allaient bientôt attaquer.

Au crépuscule, nous avons plié bagage. Alors que nous commencions à descendre la montagne, Pascal a perdu pied. Au dernier moment, Sylvain l'a attrapé au collet, le sauvant d'une chute possiblement mortelle. Une situation semblable était arrivée à un *sniper* de l'équipe Charlie, dans une mission précédente. Au moment de la chute, la courroie d'un sac s'était par chance accrochée à une roche pointue.

Nous avons descendu l'équipement jusqu'en bas de la montagne, sac par sac, arme par arme. À l'abri de quelques rochers, nous avons attendu que la nuit tombe. En pleine noirceur, nous nous sommes remis en marche, nous enfonçant en territoire ennemi. Un kilomètre plus loin, nous devions traverser un wadi. Le Pic s'est jeté dans l'eau. Le fond était vaseux, et l'eau profonde, si bien que notre intrépide soldat s'est retrouvé coincé, n'arrivant pas à sortir du cours d'eau. Le Pic a alors essayé de s'agripper à des touffes d'herbes en bordure du wadi, ce qui rappelait un chat en panique s'accrochant à une moustiquaire.

— Il y a un ponceau un peu plus loin, par ici ! a interrompu Sammy.

---

6   Le PPCLI (Princess Patricia's Canadian Light Infantry) est un régiment d'infanterie basé dans l'ouest du Canada.

— Ça a bien l'air que nous allons rester sec! de dire en riant Pascal au Pic, qui de peines et de misères avait réussi à s'extraire du wadi, dégoûtant et couvert d'algues visqueuses.

Nous marchions à travers des champs situés non loin du village que nous avions bombardé et engagé. Nous suivions les indications de navigation aveuglément, n'ayant pas eu le temps de faire une analyse détaillée de la carte. Parmi cette masse noire de villages au loin, nos camarades nous attendaient!

Le point de rencontre était une école abandonnée, non loin d'un village en partie abandonné. À une distance d'environ 300 mètres du bâtiment, il n'y avait aucune trace de nos amis. Tout était noir et vide.

— Ici 66 Bravo, avons-nous dit par radio au peloton de Reconnaissance. Pouvez-vous vous identifier par un signal lumineux?

Aussitôt, trois clignotements, visibles seulement avec notre équipement de vision nocturne, sont apparus au milieu de ce néant hostile. Le chiffre secret était neuf, ce qui voulait dire que nous devions répondre par six clignotements. C'était une manière simple de s'authentifier visuellement. Les sentinelles étaient dissimulées derrière des arbres encadrant le toit d'une l'école.

Sur place, comme « chambre à coucher », j'ai choisi une ancienne salle de cours. La guerre et l'occupation des talibans avaient détruit ce qui restait du système d'éducation. Je me suis étendu entre quelques pupitres. « Ça me rappelle les nuits blanches organisées à l'école », pensai-je. Je me suis endormi en contemplant le tableau noir, qui comprenait encore quelques dessins de craie en pachto. Le temps s'était ici arrêté.

Le béton du bâtiment avait conservé la chaleur du jour, rendant tiède l'air de la pièce, si bien que ma courte nuit a été agréable.

Le matin, un convoi de véhicules blindés est venu nous chercher. Encore étourdi par mes trop peu nombreuses heures de sommeil, j'ai entendu un cri. C'était le caporal Bolduc, un bouffon que tout le monde appréciait. Il avait découvert une salle remplie de marijuana. La salle était pleine à craquer! S'en est suivi une série de rires, à mesure que le reste du peloton prenait connaissance du «phénomène».

Après une demi-heure de déplacement en terrain accidenté, notre petit convoi blindé a rejoint le gros des troupes mécanisées, celles que nous avions observées à distance, le jour d'avant. Je me sentais un peu moins vulnérable. Notre prochaine cible, Nakhonay, n'était pas loin.

La nuit venue, plutôt que de dormir dans les tranchées de protection, j'ai décidé de m'allonger à la belle étoile. Au milieu de la nuit, j'ai entendu des canons d'artillerie tirer au loin, suivi de l'éclatement d'obus à quelques centaines de mètres de nous. «Probablement notre artillerie qui tire sur l'ennemi qui s'approche de nos positions!» pensai-je, endormi. Nous étions si nombreux, contrairement à nos missions de *snipers*! Je voulais prendre un «break» d'être constamment sur le qui-vive! «Moi, je dors! Ils me réveilleront s'ils ont besoin de moi!» J'ai tout de même pris la peine de tâter mon arme à mes côtés. «On sait jamais!»

Alors que je dormais profondément, de grosses lumières sont apparues dans le ciel, produisant des bruits étranges. On aurait dit la visite d'extra-terrestres. Au diable les lumières, j'étais trop fatigué! Je me suis aussitôt rendormi, croyant avoir rêvé à une étrange apparition. Le lendemain matin, la moitié du peloton de Reconnaissance était rassemblé près d'un véhicule blindé, riant manifestement du caporal Bolduc. Apparemment, durant la nuit, le soldat, voyant des lumières apparaître au-dessus de la

position, s'était mis à crier : « On est attaqués ! On est attaqués ! »
Les tirs d'artillerie et les obus éclairants avaient transformé le
caporal Bolduc en somnambule fou !

Un soldat du Recce m'a offert un café turc infusé par une petite
cafetière de métal. « Le luxe de la vie de tranchée. » Après avoir
mangé des rations du fond d'un trou, nous nous sommes
préparés pour la longue journée qui commençait. L'endroit
ressemblait à une fourmilière. Nous allions attaquer ! C'était la
« finale » de l'opération. Nakhonay était un repère taliban. Le
commandant de la Force opérationnelle, le colonel Paul, ainsi
que son sergent-major, l'adjudant-chef Moreau, deux guerriers
que nous aimions tous, étaient présents pour nous saluer. Tout
ceci n'augurait rien de bon !

Mon détachement allait suivre la compagnie A. Son commandant avait l'air content de nous compter dans son unité. Il me
laissait l'impression d'un vétéran endurci et compétent, tout
comme les soldats qui l'entouraient, dont plusieurs s'étaient fait
pousser de longues moustaches ! Ces guerriers ne semblaient en
rien nerveux. « Un autre jour au bureau », m'a dit l'un d'eux en
me serrant la main.

Nous nous sommes mis en marche, entourés de champs de blé
bercés par le vent et recouverts de la lumière dorée du matin.
En avant de moi, un soldat afghan tenait son arme de manière
désinvolte, appuyant son doigt sur la détente. En marchant, il lui
arrivait même de pointer son canon vers moi.

— C'est comme ça que tu dois tenir ton arme ! dis-je à l'Afghan
en souriant.

Personne ne les respectait, ces soldats afghans ! J'ai donné une
tape d'encouragement sur l'épaule du soldat, qui a continué son

Au crépuscule, le soir après le premier duel avec l'ennemi.

Sylvain et moi observons alors que les soldats du peloton de Reconnaissance patrouillent à la base des montagnes.

chemin. «Même un bon voilier a besoin d'un peu de vent pour avancer.»

Les talibans ne semblaient pas vouloir s'opposer à notre approche. Ils s'étaient surement enfermés à l'intérieur du village, préparant leurs positions défensives. La compagnie de fantassins a contourné le village par le sud, question de déjouer les plans ennemis. De notre emplacement, le village, qui se trouvait à environ 500 mètres, semblait déserté. Tout à coup, nous avons aperçu un homme à côté d'un bâtiment. Il se tenait debout et nous regardait, immobile comme une statue. Tous les habitants de la région connaissaient les règles du jeu : quand des manœuvres militaires ont lieu dans un secteur chaud, on rentre chez soi !

— *Snipers*! a alors dit le commandant adjoint de la compagnie, qui se trouvait un peu en avant de nous. Le gars là-bas... c'est un observateur ennemi. Tuez-le !

Et voilà, c'était aussi simple que cela !

Sammy s'est mis en position, armé d'une carabine AR-10, conçue pour les distances intermédiaires. J'étais observateur, ayant les jumelles Vector autour du cou. En raison de la hauteur du blé dans les champs, nous n'allions pas pouvoir tirer de la position couchée.

— Sammy ! Distance : 522 mètres. Élévation 54. Vents : gauche 2.

La balle est passée à un pied de la tête de l'observateur, soulevant un petit nuage de poussière sur le mur d'un bâtiment. Curieusement, l'homme ne se pressait pas pour s'en aller rapidement. Il est malgré tout disparu derrière un bâtiment. J'étais surpris que Sammy ait manqué l'homme. Nous étions habitués de tirer des cibles plus difficiles.

— Désolé les gars, j'étais nerveux ! a dit Sammy.

Nous n'étions pas encore totalement « dégênés ». Ça allait venir !

Nous nous approchions des premiers bâtiments de Nakhonay. La compagnie d'infanterie s'est déployée en formation d'attaque, prête à prendre d'assaut frontalement les positions ennemies. Les mitrailleurs attendaient de répondre aux tirs ennemis. La tension montait. Nos mitrailleuses se sont mises à tirer les bâtiments pouvant présenter des menaces. Nous nous sommes alors mis à courir dans les champs, à la manière d'une charge des guerres passées. En fait, c'était exactement ça ! Nous chargions vers l'ennemi !

À notre surprise, l'ennemi ne semblait pas vouloir tirer ou se manifester ! Nous sommes entrés dans les premières rues sans la moindre résistance. Dans le feu de l'action, Sylvain et moi nous sommes retrouvés parmi les soldats de tête. Comme tireurs d'élite, ceci n'était pas notre mission. Mais nous étions aussi des fantassins, après tout !

Les soldats étaient nerveux. C'était dangereux. Des tirs pouvaient être déclenchés de n'importe quelle fenêtre, à n'importe quel moment, et une bombe pouvait exploser d'un instant à l'autre. Une moto est soudainement apparue devant nous, au détour d'une ruelle. Nous avons pointé nos armes vers cette menace potentielle. Le conducteur a freiné tout en zigzaguant, perdant presque le contrôle de son véhicule. Des soldats lui ont fait signe de se coucher au sol. C'était peut-être un kamikaze sur le point de faire exploser sa motocyclette ! Ou peut-être qu'un observateur regardait à distance, prêt à déclencher la charge explosive ?

Le suspect a été amené plus loin, plaçant ses mains contre un mur. Un soldat a donné un coup de botte afin d'écarter les jambes de l'homme, ce qui allait faciliter la fouille. Tout le corps de l'homme tremblait frénétiquement et de manière incontrôlée. L'Afghan a tourné le visage vers moi : ses yeux étaient remplis de terreur. J'ai remarqué que les pantalons de l'Afghan étaient mouillés : il pissait de peur ! L'Afghan fouillé, un soldat a commencé la fouille de la motocyclette !

— Je viens de trouver quelque chose ! a crié l'ingénieur de combat.

Nous n'avions pas le temps d'attendre la suite. D'autres soldats allaient s'occuper du prisonnier. Il nous fallait continuer l'attaque !

Malgré le poids de mon équipement, je ne ressentais pas la fatigue. Nous nous sommes engouffrés dans le village comme l'eau d'un déluge inondant les lieux. Nous prenions le terrain ! Nous venions chercher l'ennemi. Nous étions ici pour tuer ! J'ai regardé en avant : il n'y avait plus personne ! Que moi, Sylvain et une poignée de soldats ! Il nous fallait sécuriser un édifice et y établir un poste d'observation. Sylvain et moi nous sommes placés sur le côté de la porte, comme à l'entraînement. Il y avait un risque élevé d'*IED*. La porte allait-elle exploser en s'ouvrant ?

— Vérifie la porte et ouvre-la ! a dit Sylvain à un jeune ingénieur de combat.

Les yeux du soldat étaient comme vides.

— Mais qu'est-ce que tu fais, ciboire ? a crié Sylvain. Fais les vérifications et ouvre-nous cette crisse de porte !

Le soldat a lentement fait un signe de « non » avec sa tête, tout en regardant au sol. Il était paralysé.

— Tant pis ! On y va ! a crié Sylvain.

MONTAGNE DE SALAVAT

Vue vers l'ouest depuis le poste d'observation, qui surplombe les champs de vignes, dont les sillons ressemblent à des tranchées. On remarque le suppresseur de la carabine Timberwolf. Au loin, on voit deux montagnes. La plus petite constitue les monts Salavat, non loin du bastion ennemi de Nakhonay.

Chien de garde typique de la région de Kandahar.

J'ai alors compris qu'il était trop tard pour réfléchir et faire les choses plus méthodiquement. Il me fallait soutenir mon ami dans sa décision. J'étais galvanisé. J'étais comme un boxeur prêt à entrer sur le *ring*.

— Sylvain! Laisse-moi entrer en premier, dis-je. Je n'ai pas d'enfants!

Sans même m'écouter, Sylvain a pris son élan. «Arrrghhhh», a crié Sylvain, qui s'est jeté sur la porte, l'enfonçant à l'aide d'un puissant coup de pied. Sylvain a immédiatement disparu dans l'ouverture. Je l'ai suivi comme son ombre, effectuant mécaniquement les drills d'entrées dynamiques que nous avions si souvent pratiquées. «Comme dans les films de SWAT, mais pour vrai!»

Aucun ennemi. Des débris de la porte trainaient au sol. Nous avons rapidement sécurisé les autres salles de l'enceinte. Je suis monté par une échelle conduisant au toit. J'étais déterminé à en découdre avec l'ennemi. En m'exposant de la sorte, sans protection, mon but était de provoquer l'ennemi, de l'amener à «s'essayer». Je couvrais presque tous les autres toits du village, qui avaient tous plus ou moins la même hauteur. Aucun taliban n'allait pouvoir s'exposer de ces endroits!

— Oli! Descends! m'a crié Sylvain. J'ai besoin de toi. On prend le village avec le reste des gars!

Ce n'est pas tous les jours qu'on se fait proposer de prendre un village par les armes! Invitation acceptée! Je suis rapidement redescendu vers le groupe de fantassins, qui se trouvaient de part et d'autre du chemin, prêt à partir de nouveau à l'assaut.

«Les *snipers* sont des lâches qui restent loin du front.» J'ai parfois entendu ce genre de critique. S'ils savaient! Voilà que 66

Bravo était encore une fois aux côtés de l'infanterie de ligne. Ça n'allait pas être la dernière fois!

Le signal de continuer l'attaque a été donné. Nous avions perdu de vue Pascal et Sammy, qui avaient été détachés pour assurer la sécurité du flanc de la compagnie. Nous ne connaissions aucun des soldats nous accompagnant[7]. On ne savait même plus qui faisait partie de quel peloton ou section. Durant l'attaque, tout était tellement agressif et brutal. Aux côtés des fantassins, nous prenions chaque rue, chaque chemin. Derrière nous, les portes étaient enfoncées. D'autres étaient pulvérisées aux explosifs. On entendait des ordres être criés de toutes parts. Les fantassins, aux visages bronzés par le soleil, attaquaient avec une énergie sans borne! Nous prenions, de force, un village à l'ennemi! Dans le passé, le Royal 22e Régiment avait capturé des villes aux nazis. Nous capturions maintenant les villes aux fanatiques islamiques!

Les soldats plus expérimentés, qui avaient à leur actif une mission de combat en Afghanistan, étaient particulièrement efficaces. Ils sécurisaient les bâtiments comme des robots sans émotion, à la recherche de proies. C'est comme si le Commandant avait rassemblé les soldats les plus enragés et leur avait dit : «Prenez ce village, les gars!»

Le village, nous le prenions! Nakhonay était arrachée, par la force militaire, des mains des talibans, ces alliés des terroristes. Ils étaient venus foutre le bordel chez nous. C'était maintenant

---

7   Les commandants sont trop souvent entraînés à commander des troupes qu'ils connaissent, dans des environnements contrôlés et prévisibles. L'entrainement devrait habituer les leaders à «gérer le chaos», par exemple en les faisant commander des troupes qu'ils ne connaissent pas. Les Forces canadiennes, par leur héritage britannique, et parce qu'elles font souvent partie d'une armée de coalition puissante (où la victoire ne dépend pas des seules Forces canadiennes), ont tendance à avoir une mentalité rigide. Rien ne dérange plus un officier que de voir des «trous» dans la liste Excel de «ses» troupes. Cette manie de «micromanagement» peut conduire à des catastrophes devant un ennemi habitué à fonctionner dans le chaos du champ de bataille.

l'inverse qui se produisait. Ils avaient traversé le monde pour nous attaquer. Nous avions traversé le monde pour nous venger. Sylvain était en feu. Rien ne l'arrêtait! Il sautait chaque mur, chaque obstacle comme si de rien n'était. Dans ce type d'opération-choc, la première étape pour sécuriser un village est d'en prendre le contrôle général. Ce n'est qu'une fois les principaux bâtiments et chemins en notre possession, que les fantassins des autres vagues d'assaut nettoient les bâtiments plus minutieusement. C'est aussi pendant cette dernière étape que les ingénieurs de combat sécurisent le village, à la recherche de caches d'armes et d'explosifs. «Comment des soldats si coriaces peuvent-ils venir d'un peuple aussi mou?» devaient penser nos ennemis. Cette journée, j'ai compris que Sparte existait encore! Dans le cœur de ces guerriers québécois que j'accompagnais!

Aucun ennemi n'avait osé s'opposer à notre avance! Les quelques hommes qui restaient étaient debout au milieu des rues, tenant leurs mains dans les airs. Ils étaient rapidement détenus par des fantassins. Il n'y avait aucune femme, aucun enfant, aucun vieillard. Mais où étaient donc ces farouches talibans? C'était pourtant Nakhonay, réputé comme un repère ennemi!

Nous sommes arrivés à la périphérie du village, que mon groupe avait traversé barre en barre tel un long couteau. «Déjà?», pensai-je. Nous apercevions les lointains véhicules blindés disposés en «cut off», qui surveillaient les routes et accès conduisant au village. L'ennemi ne pouvait plus s'approcher! Tout ce qui se trouvait dans le village était prisonnier de nos griffes. Il n'y avait plus nulle part où se cacher.

D'autres troupes ont fait leur apparition. Nous avons pris une pause, nous assoyant le long d'un mur de terre, aux côtés de soldats afghans, accompagnés de leurs mentors canadiens. Des rumeurs ont commencé à circuler, par le biais des communications radio, qu'un groupe de talibans s'était réfugié dans la mosquée principale de la ville. C'était une belle mosquée blanche, agrémentée de sculptures de plâtre.

— Ils pensent surement que nous n'avons pas le droit de tirer sur les mosquées, a dit un soldat qui, le casque détaché, était allongé comme s'il était à la plage.

— Montrons-leur qu'ils se trompent! a ajouté en riant un *FOO-FAC*. Envoyons-leurs quelques missions de tir, et pourquoi pas... une bombe de 500 livres?

— Quant à moi, aussi bien crisser à terre la mosquée avec une bombe de 2000 livres! d'ajouter un autre soldat. Tant pis pour eux s'ils veulent utiliser leurs mosquées pour combattre!

On pourrait juger et dire que bombarder une mosquée est toujours inacceptable. Pourtant, les musulmans, quand ils se combattent dans une guerre, détruisent souvent eux-mêmes ces temples. L'État islamique, quelques années plus tard, allait jusqu'à réduire en ruines de magnifiques bâtiments religieux, sous le prétexte que c'étaient des lieux de culte d'une «mauvaise version» de l'Islam. Et pendant les combats, les groupes islamiques n'hésitent pas à utiliser les bâtiments religieux et à détruire ceux occupés par l'ennemi.

Le village était presque entièrement occupé par nos troupes. Les éléments à l'est du village continuaient leur progression. Nous dominions, malgré que ce n'était pas encore un site touristique des plus recommandables.

— Tu ne devineras pas ce que j'ai vu! m'a dit un soldat qui était assis contre un arbre, alors qu'autour de lui, des soldats afghans se reposaient à l'ombre des feuilles. Hier, j'ai personnellement vu des policiers afghans qui se piquaient à l'héroïne! Imagine... quand c'est rendu que les supposées «forces de l'ordre» ne se gênent même plus pour prendre des drogues dures en plein pendant leur service !

— D'après moi ils sont de la chair à canon, ces gars-là, de répondre un autre. Ce sont pas les couteaux les plus aiguisés de la boîte !

— Disons que s'il y a un champ de mine à nettoyer, de dire le premier militaire, j'aimerais mieux sacrifier ces déchets-là qu'un de mes gars. Sans hésiter !

Boum ! Une violente explosion est survenue à un peu plus de cent mètres de notre position. Un nuage beige s'est élevé dans les airs, au-dessus des arbres et bâtiments. Ce n'était surement pas une explosion contrôlée, personne n'ayant été prévenu sur les radios. Sur les ondes radio, les choses s'activaient. Quelqu'un avait marché sur un *IED*, un engin explosif improvisé[8] ! En peu de temps, une *Landing zone* a été organisée afin d'extraire les blessés. Nous nous croisions tous les doigts qu'il n'y ait pas de morts. Selon les rumeurs qui circulaient déjà, un soldat avait été gravement blessé. Au moins, il était entre bonnes mains.

Nous nous sommes installés sur le toit d'une maison abandonnée, observant à tour de rôle vers le nord-ouest. Nos armes de tireurs d'élite étaient déployées et prêtes à tirer. C'est alors que nous avons entendu une série de tirs, à un peu plus d'un kilomètre de distance. Avec mes jumelles, je voyais quelques VBL[9] tirer vers l'ennemi. Bang bang bang ! Bang bang bang ! C'était les canons de 25 mm. Des obus d'artillerie ont été commandés, soulevant des gerbes de sable en périphérie du village. Ça devenait du sérieux ! Ironie du sort : c'était maintenant nous qui défendions

---

8   IED : improvised explosive device, ou «bombe artisanale».

9   Un VBL est un «véhicule blindé léger» ayant huits roues. Ce type de véhicules blindé sert à transporter des troupes. Il est armé d'un canon tirant en rafales de petits obus de 25 mm.

Alain et le Pic, du détachement Charlie, depuis leur poste d'observation en périphérie de Nakhonay.

Le caporal Bolduc, du peloton de Reconnaissance, faisant un selfie non loin de Nakhonay.

Nakhonay, que les talibans essayaient de reprendre depuis les campagnes environnantes! L'ennemi avait quelque chose à perdre. Quelque chose de gros! Il ne faisait pas tous ces efforts simplement pour reprendre un ramassis de maisons de terre. Nous avons rapidement compris ce dont il s'agissait...

Les ingénieurs de combat travaillaient sans relâche, fouillant chaque maison, chaque recoin, chaque arbre, chaque meuble, soulevant chaque tapis, cherchant les trappes secrètes dans le sol. Les chiens-pisteurs (appelés «K9») trouvaient tellement d'armes et d'équipement ennemi, qu'ils en étaient exténués. Les communications radio étaient fébriles, ininterrompues :

«BIP dans cinq minutes... BIP dans deux minutes... BIP dans 5, 4, 3, 2, 1», et ainsi de suite.

Boum! Chaque fois, le sol tremblait. Pendant ce temps, les fantassins présents avec nous se racontaient des blagues :

— Je vais vous en raconter une bonne, a dit le sergent Melançon…

Boom! Les murs ont tremblé par la force d'une explosion.

— Hey, le gars sur la radio! de crier le sergent. Ce serait apprécié que tu nous avertisses pour les prochains BIP, question que je ne meure pas d'une crise de cœur!

— Oui, sergent! de répondre avec enthousiasme le jeune soldat depuis le toit, heureux comme tout.

Nous étions en train de pulvériser l'entrepôt taliban de la région. Il y avait des armes et explosifs sous les tapis, entre les murs, dans des souterrains, dans des sacs enterrés dans les champs, dans des voitures abandonnées, et ainsi de suite. Il y en avait même dans les mosquées, pourtant théoriquement considérées comme des «lieux de paix»! La majorité des explosifs trouvés n'étaient pas des pièges prêts à être déclenchés. Le village de Nakhonay n'était pas un point de résistance ennemi, mais un dépôt destiné à «faire le trouble» dans la région.

Pendant ce temps, les fantassins à l'extérieur du village repoussaient les attaques de l'ennemi. Dire que ces mêmes fantassins étaient ceux qui nous avaient souhaité bonne chance, le matin, croyant que les combats allaient avoir lieu dans le village, et qu'à l'extérieur les choses allaient être tranquilles! Les dieux de la Guerre devaient bien s'amuser de nous voir si confus!

Nous avons alors été appelés afin de faire le cordon de sécurité autour d'une pile de mines antichars qui avait été trouvée par des soldats. En peu de temps, nous étions en place.

— Vous nous direz quand vous serez prêts pour le compte à rebours, dis-je sur les radios...

Boom! Mes genoux ont instinctivement plié! Des débris et des déchets se sont envolés dans les airs. Les comptes à rebours ne semblaient pas une procédure standard de ce groupe de soldats!

De retour au poste d'observation, un groupe d'ingénieurs de combat est passé nous voir. Un chien avait trouvé un sac rempli d'armes. Une des armes était un vieux pistolet allemand C-96 de la Première Guerre mondiale, qui faisait penser à un pistolet laser de Star Wars! Je ne pouvais que m'imaginer le nombre de guerres que cet objet fascinant avait traversé! Sur l'arme, on voyait les imperfections d'usine typiques des armes de guerre produites en série. Lors d'un long conflit, la qualité est sacrifiée au profit de la quantité. Voyant mes yeux lumineux, l'ingénieur m'a offert l'arme en cadeau. L'idée de ramener cette relique et d'en faire un trophée m'a traversé la tête. Je me voyais déjà effectuer des patrouilles de combat avec cette belle antiquité.

Les fouilles ont continué toute la journée, agrémentées des explosions contrôlées qui survenaient à répétition. À mesure que les ingénieurs progressaient, des soldats peinturaient des numéros d'identification sur les édifices fouillés. Pendant mes pauses, j'aimais discuter avec des policiers afghans.

— Tu es Afghan, c'est certain ! a dit un policier alors que nous nous reposions dans une salle qui aurait pu avoir existé du temps de Jésus. Tu es musulman ?

— Je ne suis pas musulman, mais j'ai un Coran et une Bible, dis-je avec un mélange d'anglais et de pachto. La Vérité est partout. Au fond, tous les prophètes disent ceci : sois une bonne personne. Les religions humaines, voilà le problème ! Voilà pourquoi l'Afghanistan a des problèmes. Jésus était l'ennemi des religions. Mohammed aussi.

— Tu crois en Allah ?

— Allah Khuday num day, Allah est un nom du Seigneur, continuai-je. Les chrétiens croient dans Allah aussi. Les bons chrétiens sont de bons musulmans et les bons musulmans sont de bons chrétiens. Chrétiens et musulmans... amis, pas ennemis !

Les Afghans hochaient la tête d'approbation.

— Au Canada, vous êtes musulmans ou chrétiens ? demanda un soldat.

— Quelques-uns chrétiens, quelques-uns non chrétiens. Les lois... comme dans livres sacrés... comme Bible... comme Coran... exemple : ne pas voler, ne pas tuer.

— Quel est ton nom ? m'a demandé un Afghan.

— Olivier.

164

— Oli... quoi?

« Olivier » était trop difficile à prononcer pour les Afghans.

— Oli! Seulement Oli! dis-je.

— Ah! Wali! de répondre l'Afghan avec enthousiasme.

À partir de ce jour-là, c'est ainsi que je j'allais me présenter aux musulmans!

— Tu es certain que tu n'es pas musulman? de demander un Afghan, qui semblait m'apprécier.

Mes nouveaux amis se sont amicalement assis autour de moi, comme pour observer un étrange spécimen. Ils m'ont offert de l'eau et du pain, que j'ai accepté. C'étaient donc eux, les « déchets » afghans, la racaille de Kandahar? Ils m'apparaissaient comme des êtres sensibles. Au moins, ils étaient ici, à combattre! Certains d'entre eux avaient sans doute commis des crimes ou torturé des prisonniers. Ils étaient quand même humains. Je le voyais, je le sentais! Peut-être prenaient-ils des drogues? Peut-on tant leur en vouloir? Il est facile de rester une bonne personne quand nous ne sommes entourés que de bonnes choses. Une princesse vivant dans un palais conservera son innocence et sa supériorité morale. Les pauvres de ce monde n'ont rien : pas même l'innocence! Le paradis est un monopole de riche. Jésus a été le premier à le dire.

Le lendemain, après une nuit à voir des obus éclairants tomber autour du village, nous sommes retournés au *leager*, à l'extérieur du village. Un *leager* est une formation de véhicules arrêtés (souvent en forme de « rond ») et prêts à se défendre. On entendait les moteurs des véhicules blindés qui ronronnaient à travers la chaleur étouffante. Les soldats des différentes unités se réorganisaient près des rampes d'accès des véhicules. Les soldats étaient poussiéreux et fatigués. 66 Bravo et les autres guerriers du Royal 22ᵉ Régiment avaient frappé le centre du repère ennemi. Désormais, l'ennemi savait qu'aucun village, même en campagne reculée, n'était hors de portée des attaques des soldats québécois.

Nous nous préparions à quitter les lieux. Nous avons retrouvé l'autre équipe de *snipers*, Charlie, qui avait été avec nous dans les montagnes, quelques jours auparavant. Pendant l'opération dans le village, ils étaient restés en périphérie du village.

— Et puis ? Comment ont été les choses de votre côté ? a demandé Pascal au Pic.

— Ça a brassé ! de répondre le *sniper*, tout excité. Imagine-toi donc qu'il y avait un vieillard qui nous observait dans un arbre. Il croyait qu'on ne l'avait pas vu, le pauvre. On a décidé de tirer autour de lui, encore et encore, question de jouer un peu avec lui. C'était amusant de le voir figer et faire semblant d'être mort. Il a fini par descendre de l'arbre, les mains dans les airs. Il marchait vers nous, surement pour se rendre. Pas question. On l'a bien achevé ! Il a dû manger une vingtaine de balles.

Pascal et moi ne parlions plus, étant trop surpris parce qu'on venait d'entendre ! À la guerre, il y a des zones « grises », mais ce qu'avaient fait nos amis était un crime de guerre !

Les deux tireurs d'élite nous ont regardé quelques instants, pour ensuite éclater de rire :

— Hahaha ! Bennnn non ! C'est même pas vrai ! a dit le Pic. Vous auriez dû voir vos faces ! Mais il y avait vraiment un observateur dans l'arbre, qui regardait le *leager* avec ses jumelles.

— Avez-vous appris ce qui est arrivé au blessé ? demandai-je.

Sammy lors d'une opération à Salavat. On remarque l'écusson TCCC, désignant les soldats ayant une formation de soins de combats plus approfondie.

Un soldat aux cils couverts de poussière et qui avait entendu la conversation s'est adressé à nous :

— On prenait le village et puis un de nos gars a pilé sur une mine cachée sur le côté du chemin. Péloquin était un grand gars costaud. Sur le coup, il a été projeté contre un mur. Son corps a creusé un trou dans la brique et la terre !

Le pauvre soldat, saignant à profusion, était tombé sans connaissance à bord de l'hélicoptère. Il n'allait jamais se réveiller ! Son sacrifice avait permis de capturer une profusion d'armes et d'équipement à l'ennemi. Qui sait combien de villages, de familles ou de soldats allaient avoir la vie sauve, grâce à cette opération !

Le soldat Péloquin est mort au combat. Son sacrifice a permis de capturer un grand nombre d'armes à l'ennemi.

Baïonnette aux dents

Nous sommes entrés dans une petite boutique improvisée se trouvant sur le *Boardwalk*, à *KAF*. À l'intérieur, les murs étaient couverts d'écussons de serpents, de scorpions, de têtes de morts et d'autres symboles guerriers. Nous sommes retournés dans nos baraques, où le sergent Hamel voulait nous parler.

— Enlevez-moi ces badges de *looser* ! s'est exclamé le sergent. Mettez vos énergies à combattre, plutôt.

Les autres détachements de *snipers* sont venus nous rejoindre dans le corridor commun à nos quartiers.

— Profitez de vos lattés, continua le sergent, entouré de soldats. Vous n'en aurez plus souvent. Chaque détachement va être déployé sur une *FOB* pour le restant du déploiement. Pas question de rester à *KAF*. Ceux qui ont les pertes, à la guerre, ce sont ceux qui essayent d'éviter la guerre. Ceux qui foncent vers l'ennemi, la baïonnette entre les dents, sont ceux qui gagnent !

Plusieurs *snipers* n'étaient pas contents d'entendre ainsi parler le sergent. Ils s'étaient naïvement imaginé un déploiement confortable à *KAF*, à faire quelques missions « sexy », pour ensuite manger de la pizza sur le *Boardwalk*. C'était sans compter que les Forces spéciales nous avaient invités à leur prochain « BBQ d'homards », sur leur camp en banlieue de Kandahar. Mais rien de cela n'allait arriver. Fini, les cours de Salsa. Fini, la pizza. Fini, les homards. Nous allions être des soldats à temps plein !

— Ben là! On va quand même pas se promener avec l'infan-terie tout le temps! s'est exclamé un *sniper*. On était supposés seulement faire des «hits» en hélicoptères!

— C'est certain qu'un de nous va sauter et mourir d'ici un mois, a ajouté un autre soldat. Le Recce, ils ont déjà sauté sur un *IED*.

— S'ils n'avaient pas eu leur gros *TLAV*, ils seraient morts, ajouta un autre *sniper*. Il paraît que l'explosion a complètement enveloppé leur véhicule. Deux des gars ont le dos fini.

Le sergent Hamel écoutait sans réagir, tenant son calepin de notes. Il a ensuite continué de réciter les instructions. Pour d'autres *snipers*, incluant moi, ces nouvelles étaient de la musique à nos oreilles. L'infanterie est le nerf de la contre-in-surrection. Sans infanterie régulière, on peut militairement dominer une région, en la bombardant ou en faisant quelques opérations chirurgicales. Mais pour contrôler le terrain au jour le jour, il faut des unités sur le terrain. Nous allions faire partie de ces unités, tout en étant à la disposition du *COT* pour les opérations de haut niveau. Nous allions être au cœur de la con-tre-insurrection!

Mon détachement, 66 Bravo, était assigné à la base de Sperwan Ghar. Nous avions passé brièvement par cette base, auparavant, et nous avions aimé l'ambiance. Avant de partir, je me suis rendu dans un point de service logistique afin de faire réparer mon pistolet. L'endroit ressemblait à une petite usine remplie d'outils modernes de toutes sortes. Au comptoir de l'Accueil, le militaire de service semblait agacé. Il m'apparaissait comme ce type de militaire qui porte l'uniforme pour le salaire et la paye, tout en ayant l'intention d'en faire le moins possible. Pour des raisons administratives «complexes», le militaire ne «pouvait pas» réparer mon arme, malgré que derrière lui, dans l'entrepôt, se trouvaient des millions de dollars d'équipement.

— Mais, je m'en vais sur une *FOB*! Si on sort en patrouille, je ne pourrai pas amener mon pistolet. C'est notre arme de dernier recours si on est encerclés!

C'était peine perdue! Je suis reparti, le pistolet encore hors service, sous le regard indifférent du militaire.

Pour se rendre à la *FOB*, notre nouveau moyen de transport ressemblait à un cercueil mobile : c'était un conteneur maritime presque hermétiquement fermé. Nous allions être transportés comme de la simple marchandise, sans blindage! Notre destination : le fin fond de la zone d'opération canadienne. Avec les bombes et pièges potentiels qui se trouvaient sur notre route, ce conteneur symbolisait le pire cauchemar d'un claustrophobe.

L'intérieur du conteneur, d'allure moderne, était tout le contraire de son extérieur. Des bancs «high-tech» étaient accrochés. Des barrures descendant sur nos corps rappelaient un manège dans un parc d'attractions. J'ai rapidement compris que ce conteneur maritime était le meilleur moyen de transport qu'on puisse avoir. C'était «bombproof».

Notre petit convoi s'est arrêté près de la sortie de *KAF*, afin d'y prendre quelques interprètes afghans. Ces derniers vivaient dans un étrange bâtiment dont les fortifications étaient couvertes de gazon bosselé. Des lumières de Noël pendaient ici et là, non loin d'une cage d'oiseau. À notre arrivée, des Afghans prenaient le thé sur un tapis placé sur un morceau de gazon d'un vert parfait. Un homme s'est levé afin d'accueillir le responsable du convoi. Un singe se tenait assis sur son épaule!

Non loin de la sortie de la base, les barbelés étaient enrobés de sacs de plastique et de déchets. On apercevait des édifices à logement abritant des Afghans. Les bâtiments étaient en partie détruits. Je pouvais même voir une femme dans sa cuisine, un

mur étant disparu en raison des combats passés ! Vie de misère !
Une multitude de déchets trainaient autour de ces édifices,
qui faisaient ressembler l'endroit à un dépotoir. « Même un
pauvre peut ramasser les déchets autour de chez lui », pensai-je.
J'imagine que pour ces gens, les déchets sont un peu comme
de la neige pour un nordique : quelque chose d'inévitable qu'on
laisse trainer.

Tout le long de la route, je suivais nos déplacements sur les
multiples petits écrans, qui renvoyaient les images captées
par des caméras extérieures. Les habitants de Kandahar ne se
doutaient pas que le conteneur qu'ils voyaient passer n'était pas
rempli de simples approvisionnements, mais de troupes ! Bravo
au soldat qui avait pensé à cette ruse simple, mais efficace !

Au contraire de la belle campagne, Kandahar était une ville sale
et affreuse. Durant mes multiples passages dans cette ville, j'ai
essayé de trouver quelque chose de beau. Je n'y suis pas arrivé. Des
dépotoirs trainaient partout, se mélangeant aux zones habitées.
Des enfants jouaient parmi ces déchets, non loin de cours d'eau
pollués et couverts de saletés. Dans les rues, des coulées de sang
s'échappaient des abattoirs d'animaux. Le sang était léché par des
chiens errants et pris d'assaut par des mouches. Aux intersec-
tions, les voitures polluaient et renvoyaient une épaisse fumée
noire, qui se mélangeait à la chaleur déjà suffocante. Des burkas
déprimantes marchaient à même les rues couvertes d'une croute
de saleté. Ici, tout ce qui était beau ne venait que de la nature.
Tout ce que l'humain faisait était laid. « Si l'apocalypse arrive sur
Terre, l'Afghanistan n'y verra aucune différence ! »

Nous sommes arrivés à Sperwan Ghar, au milieu de la campagne.
« Ici c'est beau ! » Ma seule pensée était de faire réparer mon
pistolet. J'ai été voir le technicien en armement du camp, Olivier.
Le soldat portait un chandail Airborne. Déjà rassurant ! L'espace

de travail du spécialiste ressemblait au petit établi d'un vieux menuisier. Il y avait ici bien moins de gadgets que dans le gros entrepôt de *KAF* que j'avais visité. Malgré cela, après quelques manipulations d'outils, mon pistolet était réparé et opérationnel. En bonus, j'avais même eu droit à un sourire :

— Tiens, tu veux un Pepsi ? a alors dit le soldat, tout en ouvrant un petit frigidaire remis en service.

On comprend facilement comment, à travers l'histoire des guerres, de petites armées composées de bons soldats ont vaincu de grandes armées mieux équipées. La meilleure technologie militaire est un soldat motivé et bien entraîné.

Juges et bourreaux

C'était après mon retour d'Afghanistan. Un ami en visite m'a demandé quel était ce curieux ossement dans une de mes étagères, non loin de quelques vieilles douilles et autres artéfacts de guerre.

— D'après moi c'est un morceau de colonne vertébrale, répondis-je. Ça vient de la base de Sperwan Ghar, en Afghanistan! C'est rien, ça! Je connais des gars qui ont dû creuser des tranchées sur un ancien charnier. Il paraît que les soldats voyaient des cheveux apparaître à mesure qu'ils creusaient!

Au centre de ce qui avait été ma maison afghane, Sperwan Ghar, se trouvait une colline d'une hauteur d'environ quarante mètres rappelant la tour de Babel. Cette butte servait à l'observation et avait été érigée par les troupes russes, il y a des décennies. Après les attaques du 11 septembre 2001, les Américains avaient repris le camp aux talibans. Paraît-il qu'il avait fallu le bombarder à répétition, l'ennemi montrant une résistance farouche. Des ossements trainaient encore, ici et là, partiellement enfouis sous la terre.

Le moral de Sperwan Ghar était bon, même si les pertes étaient déjà non négligeables. On comptait plusieurs morts québécois, depuis l'arrivée de 66 Bravo en Afghanistan. C'était sans compter les blessés. Nous sommes montés sur les remparts de la *FOB*. Un fantassin nous a fait un briefing sur la situation :

— Dès que les patrouilles sortent, ils se font accrocher et tirer dessus, a dit le soldat. Vous voyez ce coin de maison là-bas? La semaine dernière un de nos VBL a touché un *IED* à cet endroit. Heureusement, il n'y a pas eu de morts, mais ça a cogné fort.

Le soldat a déplacé sa main vers le nord :

— La route là-bas, c'est Brown. C'est par là que les convois de ravitaillement passent. C'est bourré d'*IED*.

Notre guide a pointé un endroit non loin de la base :

— Il y a deux semaines, une patrouille revenait à pied par ce chemin. Tout allait bien. Juste avant de rentrer dans la *FOB*, une bombe a explosé à quelques pieds d'un de nos gars ! Tout le monde pensait qu'il était mort. Il s'est relevé. Il n'avait rien et trouvait même ça drôle ! C'est un miracle qu'il n'ait rien eu !

— Mais c'est à cent mètres du camp, ajoutai-je ! C'est sous notre nez !

— Quand je vous dis qu'il y a des osti d'*IED* partout ! On va finir par avoir des morts ! On a déjà plusieurs blessés, qui ont dû être remplacés. Il n'y a pas longtemps, un de nos gars a demandé à crisser son camp chez lui. Il restait dans sa chambre et criait qu'il allait se suicider ! Les insurgés essaient de nous encercler et de nous étouffer. Ça n'arrête pas. On a du travail à faire !

Les fantassins étaient loin d'être de simples victimes attendant que l'ennemi les attaque. Les pelotons compétitionnaient de courage et d'astuces. On racontait l'histoire du peloton du lieutenant Lussier qui avait récemment effectué une embuscade au cœur d'un secteur ennemi. Une section d'infanterie avait été placée comme « appâts », s'assurant d'être visible. Entre-temps, les autres sections s'étaient cachées en périphérie, surveillant les voies d'approche anticipées de l'ennemi. L'appât était en place. Le poisson a mordu. Ce jour-là, de nombreux talibans ont été décimés. De quoi galvaniser les autres soldats, eux aussi pressés d'accomplir des faits d'armes semblables !

Mon détachement a été appelé d'urgence. Nous devions nous rendre au sommet de la *FOB*. Des soldats avaient repéré des activités suspectes et le commandant de la *FOB* voulait notre avis. Une fois en position, nous avons déployé nos optiques et équipements. Pascal s'est placé derrière l'arme de *sniper*.

— Ils sont deux ! Ils se sont mis à genou ! a lancé Pascal, qui observait derrière l'optique de l'arme. Je les vois clairement en train d'installer la bombe. C'est fou !

— Ici 66 Bravo, a dit Sylvain à la radio, communiquant directement au *COT*, qui se trouvait à *KAF*. Nous avons en visuel deux personnes qui rampent près de la route Brown, à 720 mètres de distance. Ils sont en train de placer une bombe. Nous demandons la permission d'engager.

À ce stade du déploiement en Afghanistan, il nous fallait sans cesse demander des permissions pour engager l'ennemi, les décisions étant centralisées à *KAF*. Après plusieurs minutes, nous attendions toujours. Quelqu'un, quelque part, dans un poste de commandement, « évaluait » la situation... qu'il ne voyait pas !

Sylvain, de plus en plus impatient, a repris la radio en main :

— Ici 66 Bravo ! L'ennemi est à portée de tir efficace. Nous redemandons la permission d'engager ! Il faut se dépêcher !

La permission n'arrivait toujours pas. En y repensant, ce que nous aurions dû faire est simplement d'engager l'ennemi, de demander la permission, et de faire un rapport par la suite.

Discussion entre Sylvain et un fantassin depuis le périmètre défensif de la FOB Sperwan Ghar.

Sébastien, du détachement Alpha, pendant un entraînement de snipers, près de la FOB Frontenac. On remarque le suppresseur au bout de la carabine C8. Chaque suppresseur équivalait au poids d'une bouteille d'eau, une denrée rare dans le désert. Pour cette raison, un seul sniper du détachement Bravo possédait un suppresseur sur le fusil d'assaut. Ce soldat avait comme tâche de neutraliser discrètement les menaces lors des déplacements.

Nous savions que l'ennemi plaçait une bombe. Ce n'était même pas ambigu. C'était là, devant nous !

— Un tracteur approche de la route ! dis-je en observant à travers mes jumelles Vector.

Les ennemis se sont aussitôt enfuis dans les champs, croyant à tort que le tracteur afghan était un véhicule de la Coalition.

— Merde ! Nous les avons manqués ! C'est con en calisse ! a lancé Pascal.

Je m'imaginais la scène au *COT*, à l'autre bout du théâtre d'opérations : le commandant de la Force opérationnelle dormait. En son absence, le responsable en poste n'osait pas prendre de décision importante. Quelqu'un a donc été envoyé afin de réveiller le Commandant. C'était sans compter que le Commandant devait consulter des « spécialistes » et écouter des « avis juridiques » avant chaque décision. Sur le terrain, la réalité suivait son cours, indifférente à la lenteur de nos procédures.

Après le départ des poseurs de bombes, le *COT* nous a recontacté :

— Ici 0. À la recommandation du *Master sniper*, le Commandant vous octroie les règles d'engagement 422 et 423. Terminé[1].

---

1   Une « règle d'engagement » est une directive encadrant légalement l'usage de la force par les troupes. Selon le contexte et le niveau de menace du théâtre d'opérations, des règles d'engagement sont « données » ou « enlevées ». En tout temps, chaque soldat se voit octroyer une collection de règles, selon son rôle dans les opérations en cours. Dans tous les cas, il existe une règle d'engagement donnant droit à « l'autodéfense ». Cette règle permet à un militaire de répliquer au feu ennemi, sans obtenir l'autorisation d'engager l'ennemi, si sa vie ou celle d'un allié est directement menacée. Il existait trois règles d'engagement spéciales qui donnaient « carte blanche » pour tuer sans autorisation. De mémoire, ces règles étaient identifiées « 422 » et « 423 ». Ces règles d'engagement permettaient l'usage de la force mortelle même si l'ennemi ne mettait pas en danger immédiat les troupes alliées, par exemple si l'ennemi posait une bombe. Il existait une troisième règle d'engagement, la « 425 ». Selon mes souvenirs, cette règle permettait de tuer (on dit « utiliser la force mortelle ») quiconque s'approchait d'une position défensive, peu importe que cette personne soit un combattant ou non. Cette règle était octroyée pour

Et voilà ! Le Commandant nous faisait confiance. Nous venions de recevoir, en résumé, le droit légal et quasi illimité de tuer. Nous étions juges et bourreaux.

Nous avons par la suite appris qu'une « petite guerre » avait lieu à *KAF* sur les « bonnes procédures » d'engagement. Le Commandant et son sergent-major avaient dû, poliment, peu à peu tasser les nombreux « experts » qui s'étaient interféré dans les décisions opérationnelles, ce qui avait poussé le Commandant à octroyer des règles d'engagement souples aux tireurs d'élite. Parfois, pour qu'une armée gagne, il suffit de lui laisser le champ libre, politiquement et administrativement. Des erreurs peuvent survenir. Mais la seule façon de ne pas faire d'erreurs est de ne rien faire ! Les guerriers de *KAF* avaient fait leur travail.

Le soleil s'est couché, la nuit nous enveloppant peu à peu. Nous restions derrière nos optiques, à l'affut d'une réapparition de l'ennemi.

— Je les vois ! Ils reviennent vers l'autre calvette ! s'est exclamé un soldat qui observait à travers l'optique antichar du camp, depuis le bunker principal.

— On les engage, les gars ! a dit Sylvain. C'est parti ! Pascal, tu prends la Macmillan ! Sammy, tu observes !

Nous avions un problème : les cibles étaient maintenant beaucoup plus éloignées, étant hors de portée des optiques de nuit de nos armes longue portée. L'optique antichar du camp, quoique plus puissante, ne comportait pas de systèmes de désignation ou de pointage adaptés aux armes de *sniper*. On voyait les cibles, sans pouvoir les pointer à un tireur ! Et le tireur ne disposait pas d'optique assez puissante pour voir la cible à cette

---

la défense de points critiques.

distance. Nous avons donc improvisé une solution. Nous avons convenu d'un point de référence que le tireur voyait aussi avec son viseur nocturne. L'ennemi ne devait pas nous croire capables de l'engager à une telle distance ! Nous allions lui prouver le contraire !

— La cible est trois mils[2] à gauche du bloc de béton du ponceau, et cinq mils en haut, a dit Sammy, qui observait maintenant depuis l'optique antichar. Tire une première balle et nous nous ajusterons.

Une balle s'est envolée vers un des deux hommes, qui étaient accroupis au milieu d'un champ de terre labourée.

— Manqué ! a lancé Sammy. Gauche 5, monter 4.

L'ennemi, qui n'avait pas trop bougé, ne semblait pas avoir compris qu'il se faisait tirer dessus. Une autre balle s'est envolée. La chaleur de la balle était visible depuis mon optique thermale. Le projectile a dessiné une courbe, redescendant et disparaissant vers la cible humaine.

— Manqué ! a dit Sammy. C'était juste en haut de sa tête ! Gauche 1, baisser 1. Il vient de se coucher au sol ! D'après moi il pense qu'on ne le voit plus. Il se met à courir ! Il se recouche. Deux mils à droite. Tire maintenant !

Autre coup de feu ! En raison du suppresseur, le bruit sortant de la longue carabine ressemblait au bruit aigu et perçant d'un laser dans Star Wars.

---

2   Un mil est une unité angulaire plus précise qu'un degré. Un mil équivaut à environ un mètre d'angle à un kilomètre de distance. L'unité « mil » est pratique, car elle permet de communiquer des relevés précisément, sans s'encombrer de décimales ou de conversions en minutes d'angle (dites « MOA »).

— C'est manqué! a dit Sammy en voyant l'impact de la balle. On l'a perdu. Ils se sont enfuis!

Le lendemain matin, sur le camp, la nouvelle circulait que nous avions manqué nos cibles. Plusieurs soldats commençaient à douter de nos compétences, ne comprenant pas la situation tactique et les aspects techniques en jeu. Les *snipers* n'engagent pas seulement quand ils sont certains de toucher. Il arrivait que nous nous « essayions » et que nous échouions. Parce que nous tirions d'un camp connu des habitants locaux, nous « essayer » n'entrainait pas le risque de « brûler » notre position et de nous faire détecter.

Sylvain m'a mandaté, ainsi que Pascal, à trouver une solution technique nous permettant d'utiliser les équipements déjà en place et de les rendre compatibles avec nos systèmes de tir. En fouillant dans un tas de pièces d'armes, nous avons trouvé une vieille monture de type Picattiny. Cette monture allait nous permettre d'accrocher un pointeur laser infrarouge sur l'optique antichar que nous avions utilisée la veille. Puisque l'optique en question ne comportait pas d'endroit où installer la monture, nous avons dévissé une plaque protégeant l'ordinateur interne, prenant soin d'y placer un chiffon, afin de protéger l'électronique de la poussière, le temps des modifications.

Nous sommes allés faire un tour à l'atelier des mécaniciens. Nous avons soudé la monture sur le couvercle. Nous sommes retournés au bunker et avons vissé la plaque sur le viseur. Le soir venu, nous avons placé un pointeur laser sur la monture et l'avons zéroté. Et voilà! nous pouvions maintenant pointer des cibles très éloignées à des avions, des équipes sur le terrain, et entre nous, les *snipers*.

Les commandants aimaient les *snipers*. Ce qu'ils aimaient n'étant pas tant nos armes, mais notre mentalité et notre capacité à émettre un jugement face à une situation complexe. Souvent, dans un groupe de soldats, la qualité des soldats varie. Celui qui est de garde dans un bunker peut être un chef expérimenté, ou un soldat jeune et sans trop de confiance en lui. Quand les rapports étaient confus, les responsables aimaient «envoyer les *snipers*» afin d'avoir un deuxième avis. Je me souviens d'un officier qui était venu me demander mon avis sur un aspect de la défense du camp. Sans hésiter, je lui ai recommandé d'employer un véhicule blindé et non des *snipers*.

— C'est rare qu'on entende ce genre de choses, s'est étonné l'officier. Normalement, les gars défendent leur spécialité.

Nous étions des tireurs d'élite. Nous étions de bons soldats, mais nos armes avaient leurs limites. Un véhicule blindé qui tire des obus explosifs de 25 mm a une portée beaucoup plus grande que le meilleur des *snipers*. Cependant, ce même véhicule ne peut pas s'infiltrer dans un terrain accidenté, sans être détecté, pour ensuite observer et engager sur de grandes distances. Ça, nous le pouvions. Mais dans ce cas-ci, il était préférable d'employer un char.

Un tireur d'élite est d'abord un soldat. La mission ultime du soldat, peu importe sa spécialité, est que son armée gagne la guerre! Sa gloire personnelle n'est qu'accessoire!

Alors que depuis un bunker mon détachement observait un angle particulièrement exposé du camp, nous avons vu un attroupement de villageois s'approcher et se réunir à l'entrée de la *FOB*. Les chefs de village demandaient à parler au commandant du camp. Ils disaient que les Canadiens ne devaient pas hésiter à tirer sur quiconque creusait en bordure des routes ou s'y approchait la nuit. Les villageois avaient été avertis de ne pas trainer à

La route Brown était constamment piégée par les talibans.

Le couloir de l'école, où, tels des pompiers, les soldats entreposaient leur équipement.

ces endroits, et ceux qui le faisaient étaient des talibans. « Soyez sans pitié », aurait même dit un des chefs du village.

Au crépuscule, nous avons repéré un homme à quelques mètres du ponceau 1, là où les insurgés avaient souvent placé des *IED* par le passé. L'homme semblait se laver dans l'eau du wadi tout en regardant vers le camp de temps en temps. L'ennemi s'adaptait, n'osant plus s'approcher de la route de manière purement « tactique ».

Les talibans prenaient maintenant leur temps, planifiant des embuscades et plaçant les *IED* une étape à la fois, ce qui pouvait prendre plusieurs jours ou semaines. Typiquement, les talibans commençaient par envoyer quelqu'un d'apparence normale, sans arme, à l'endroit où la bombe allait être placée. S'il n'y avait aucune réaction de la part de la Coalition, quelques jours plus tard un autre taliban se présentait, cette fois-ci avec une partie de la bombe. Parfois, c'était la bombe au complet. Au bout de quelques jours, quelqu'un était envoyé avec un détonateur, qui pouvait être un simple fil électrique et un interrupteur à distance, ou un dispositif plus complexe. Parfois, c'était un système hybride comportant à la fois un fils et un dispositif radiocommandé. Nos véhicules étaient équipés de brouilleurs empêchant les talibans de déclencher les *IED* par signaux radio. Ceci forçait les talibans à utiliser des fils. Un fil est plus difficile à dissimuler et installer, ce qui facilitait notre travail.

Une fois les éléments de la bombe en place, un spécialiste était envoyé sur les lieux, qui assemblait les différents composants de la bombe. Ce spécialiste était plus difficile à former et remplacer, contrairement à ceux qui ne faisaient qu'amener les obus et les explosifs. Une fois le dispositif assemblé, un autre taliban recevait la tâche de déclencher la bombe au moment propice, au passage d'une patrouille à pied ou d'un convoi blindé, selon l'emplacement et la force de la bombe.

L'homme dans le wadi semblait tester nos réactions. Devions-nous le tuer? Et s'il s'agissait d'un simple paysan naïf? Ou de quelqu'un visitant le village, et qui n'avait pas été mis au courant de la situation?

— Va derrière l'arme! m'a dit Sylvain tout en lisant la charte balistique accrochée au trépied de l'observateur. Élévation 54. Vents 3.

J'ai chambré une cartouche dans l'arme de calibre 50, alignant le réticule sur ma cible.

— Tu en penses quoi? m'a dit Sylvain.

— Hum... On aurait le droit de le tuer, mais... je ne le sens juste pas. Je crois qu'on pourrait lui laisser une chance, pour aujourd'hui.

Je continuais d'observer et viser l'homme suspect. Le coup est parti. La balle a touché exactement à l'endroit visé : une roche à quelques pieds de l'homme, qui est promptement parti.

— Je crois qu'à un certain point, il faudra accepter de tuer un innocent stupide qui n'a pas d'affaires là, dis-je d'un air songeur. C'est certain qu'il y aura des situations floues. Même les villageois nous ont dit de ne pas nous gêner. On ne peut pas constamment attendre la situation parfaite.

Le lendemain, Sébastien, un ami artilleur, était de garde au sommet du camp. Alors qu'il observait à l'aide de l'optique antichar, il a rapporté quelque chose d'intéressant : un homme venait de se faire encercler par un groupe d'Afghans, non loin de la route que nous avions observée. L'homme s'est alors fait frapper d'un coup de pelle sur la tête. Il est instantanément tombé au sol, inconscient. Les Afghans l'ont laissé sur place. Peut-être s'agissait-il du même homme qu'on avait refusé de tirer? Les Afghans avaient peut-être décidé de se faire eux-mêmes justice?

Je me souviendrai toujours de cette discussion avec un interprète afghan :

— Mes amis afghans m'ont parlé de toi, m'a-t-il dit un jour, après m'avoir servi le thé. Raconte-moi comment c'était tuer les talibans.

— Tu es certain de vouloir le savoir? Tu es Afghan, comme eux, après tout!

— Non! Ce sont presque tous des étrangers du Pakistan. On les déteste. Le plus que tu en auras tué, le mieux ce sera.

Le commandant Jourdain en avait marre de ces bombes qui étaient placées presque quotidiennement autour du camp. L'ordre a donc été donné de raser au bulldozer, ni plus ni moins, tous les champs, maisons et autres obstacles à moins de quarante mètres de la route Brown, qui était l'artère principale assurant notre ravitaillement. Pendant ce temps, le détachement de *snipers* surveillait les alentours, s'assurant qu'aucun tireur ou poseur de bombe ne s'approche des véhicules vulnérables. Ainsi est souvent le travail de tireur d'élite : ennuyant et routinier, mais utile! Les soldats sans expérience veulent souvent «jouer à Rambo», se décourageant quand les tâches deviennent «ordinaires». La vérité est que les guerres sont plus souvent gagnées à s'emmerder à remplir des sacs de sable pendant des heures, qu'à aiguiser un long couteau. Être soldat ressemble souvent plus au travail de bucheron qu'à celui de chasseur.

Entre les patrouilles et les opérations, la tâche des *snipers* était de chasser les poseurs d'*IED* autour du camp. Nous avons alors lancé une «campagne de coups d'avertissement». Pendant plusieurs semaines, nous tirions près des villageois au comportement suspect. Le but était de fournir un «délai de dernière chance», une «amnistie», afin que tous les habitants connaissent bien les règles du jeu.

Ne pouvant plus piéger facilement les routes à proximité du camp, l'ennemi utilisait de plus en plus des bombes dites «directionnelles». Ce type de dispositif ressemblait à un baril de métal rempli d'explosifs et de morceaux de métal de toutes sortes : des visses, des fragments d'obus, etc. Ces bombes étaient souvent placées dans la végétation, ou accrochées aux arbres, ciblant les patrouilles à pied, qui chaque jour sécurisaient les villages environnants. L'ennemi pouvait seulement placer ces bombes aux endroits camouflés par la brousse et la végétation. Nous avons concentré notre attention vers ces quelques endroits critiques.

La pression des talibans ne diminuait pas. Les insurgés s'approchaient régulièrement du camp, tirant en direction des soldats, ce qui se traduisait par des fusillades durant quelques minutes. Régulièrement, nous apercevions des éclaireurs ennemis dans nos optiques. Ils apparaissaient près d'un mur ou derrière un arbuste, le temps de quelques secondes, ne nous laissant pas le temps de les engager efficacement. L'ennemi n'avait pas l'intention de lâcher le morceau. Un tireur d'élite est un chasseur. Et un chasseur est d'abord patient. Il attend sa proie, essayant de la comprendre, de deviner ses pensées, d'anticiper ses prochains mouvements.

Sur la «montagne de Sperwan Ghar», nous avions converti un bunker abandonné en poste d'observation de tireur d'élite. De cet endroit nous espérions surprendre les insurgés ennemis. Un téléphone de tranchée (fonctionnant à fil) a été installé à même ce bunker fait de tiges de fer, de sacs de sable et de tôles.

J'aimais ces longues heures d'observation derrière les optiques, fumant une pipe sculptée dans le bois, celle de mon père. Je promenais alors mes optiques sans arrêt, analysant le comportement des villageois, au point de connaître les habitudes de plusieurs d'entre eux. Je me sentais comme un commandant de sous-marin derrière son périscope, observant discrètement un port ennemi, dans l'attente d'une proie à torpiller.

Le soir, nous dormions à côté du bunker, dehors sous les étoiles. Nous alternions entre le sommeil et les heures d'observation. Quand c'était mon tour d'observer, je me réveillais et je prenais place derrière l'assortiment d'optiques. J'entendais alors le léger bourdonnement du viseur thermal. Autour, ce n'était qu'un grand néant silencieux. Le silence était parfois interrompu par un chien qui aboyait dans un village voisin. À un autre moment, c'était un avion militaire qui passait dans le ciel. Parfois, quelques explosions survenaient. Et puis le silence et la noirceur revenaient. Au milieu de ce calme, les armes de tireur d'élite attendaient, chargées, discrètes et mortelles.

Gravés sur les planches de bois se trouvaient des messages de soldats passés ici avant nous :

« Prier ne sert à rien ! Tu mourras si tu as à mourir ! »

Tout près de ce message se trouvait une croix chrétienne particulièrement bien dessinée et rappelant un tatouage.

« Afghanistan sucks ! » (j'emmerde l'Afghanistan).

« B-O-R-E-D » (je m'ennuie), pouvait-on lire en grosses lettres gravées dans le bois.

191

Moi qui fume la pipe alors que j'observe depuis un bunker de la FOB.

RIVIÈRE ARGHANDAB

DISTRICT DE
ZHARI

Vue typique du tireur d'élite à travers le télescope d'observation. On remarque les multiples séchoirs à raisins, toujours orientés d'est en ouest afin de profiter d'une exposition maximale au soleil. Au loin se trouve la rivière Arghandab, partiellement asséchée en été.

Non loin d'un scorpion caché derrière un sac de sable se trouvait un dessin de pénis! Un autre soldat avait poussé «l'art» un peu plus loin et avait transformé la tête du pénis en clown.

«Fuck you Quebec frog!», pouvait-on lire, écrit en marqueur noir. Ce genre de message de haine des Canadiens anglais envers les Québécois me surprenait. D'ailleurs, au moment de notre arrivée en Afghanistan certains soldats anglophones avaient mis des excréments dans les lits, sachant que des soldats québécois allaient bientôt y prendre place. Heureusement, cette haine bien étrange ne semblait pas venir de la majorité des troupes canadiennes, qui la plupart du temps se montraient amicales et efficaces. Même chose avec les Américains, avec qui j'allais travailler en Afghanistan, à quelques reprises, et qui appréciaient notre présence.

Un certain soir, alors qu'il n'y avait pas de lune, je discutais avec Sylvain dans le bunker, tout en cherchant l'ennemi. L'air était d'une tiédeur confortable, nous permettant de rester en t-shirt. Nous détections quelques coyotes, qui apparaissaient comme des pixels blancs sur les écrans de nos viseurs thermaux. Nous avons aperçu un homme à l'entrée d'un village. L'homme a commencé à marcher, seul, tout en s'éclairant avec une lanterne à l'huile. Les villageois étaient au courant : s'ils se déplaçaient de nuit, ils le faisaient accompagnés d'une source de lumière permettant de les détecter et de les identifier rapidement.

L'homme a traversé la route Brown, qui se trouvait devant la *FOB*. Il s'est rendu dans un autre champ, à un endroit qui avait déjà été piégé par l'ennemi. Nous avons soudainement perdu l'homme de vue, en raison de la végétation. Grâce à nos équipements de vision nocturne, on voyait tout de même la lueur de la lanterne, qui suivait le tracée des profonds sillons des champs de vigne. L'homme est réapparu un peu plus loin.

— Il est allé chercher quelque chose ! dis-je.

L'intensité de la lampe avait diminué. L'individu s'est lentement approché de la route, s'arrêtant à la limite de la zone rasée par les bulldozers :

— Il fait des va-et-vient dans un rayon d'environ dix mètres, dis-je à Sylvain, qui le téléphone de campagne en main, transmettait les informations au Poste de commandement. On dirait qu'il cherche quelque chose dans les champs. Il a pas l'air de l'avoir trouvé.

La lanterne s'est éteinte. Nous avons activé la vision thermale afin d'observer l'homme, malgré la noirceur presque totale. L'homme continuait à faire des allers-retours, sans se soucier du fait que sa lanterne était éteinte.

— On va lui laisser encore un peu de temps, dis-je à voix basse.

Une minute est passée. Une longue minute. Dans ma tête, c'est comme si j'essayais de parler à l'homme à distance : « Aller, aller ! Rallume ta lanterne ! C'est encore le temps. Si tu ne t'en vas pas, nous devrons te tirer. Aller ! Va-t'en ! »

Tuer un homme est un geste irréversible. Avant de devenir tireurs d'élite, l'Armée nous avait fait passer une batterie de tests psychologiques. Un des tests psychométriques comportait plus de 500 questions ! Les questions paraissaient anodines. « Sur une échelle de 1 à 5, un coucher de soleil éveille des sentiments en vous ? » Ou encore : « Le travail de garde forestier m'apparaît comme intéressant. » Et ainsi de suite. Tout ceci en vue de cerner nos inclinaisons, notre personnalité. S'en suivaient des entrevues avec des psychologues. Ce que l'Armée voulait : des *snipers* sensibles, mais pas hypersensibles. Des personnes aimant travailler de manière autonome, mais pas au point d'être antisocial. Des soldats capables de tuer, mais qui ne tueront pas à la moindre occasion. Bref, l'Armée voulait des tireurs d'élite psychologiquement équilibrés.

L'Afghan ne partait pas et ne faisait rien pour rallumer sa lanterne ! Au contraire, il continuait de s'activer au milieu des champs. C'était frustrant ! Sylvain a repris en main le téléphone de campagne. Selon les règles d'engagement, nous avions le droit de décider d'abattre l'homme de notre propre chef. Cependant, quand la situation et le temps le permettaient, nous aimions avoir un « second avis », pour des raisons éthiques et psychologiques. J'entendais Sylvain décrire la scène au téléphone. Il parlait d'un ton monotone et presque banal, malgré les circonstances. Il était quand même en train de discuter de la mort d'un homme !

— Oui, d'accord, oui ! C'est aussi notre avis... on vous tient informés ! a calmement dit Sylvain avant de raccrocher.

Sylvain s'est tourné vers moi :

— C'est bon, on le descend !

C'était tellement simple et dénué d'émotions. Nous savions malgré tout que c'était la bonne chose à faire. Nous étions tels des robots dont les algorithmes de décisions avaient renvoyé une valeur de « 1 », pour « exécution » ! Le reste de l'algorithme s'est exécuté. Sylvain s'est placé derrière l'arme de calibre 338. Nous avions pratiqué ce genre d'engagement de nuit à plusieurs reprises.

À l'aide du laser du viseur thermal, j'ai pointé l'homme, qui ne se doutait de rien. Le laser était invisible pour un humain, mais visible pour nos équipements. À ce moment, une partie de moi souhaitait que l'homme rallume sa lanterne et parte. Une autre partie de moi souhaitait exactement le contraire.

Nous attendions le moment propice pour abattre l'homme. La distance était moyenne et le vent faible. Nous étions presque assurés de toucher la cible. L'homme s'est arrêté au milieu du champ. Il était debout et regardait au sol. Il semblait vérifier quelque chose.

— Il est arrêté ! Vas-y ! dis-je à Sylvain, qui une seconde plus tard a appuyé sur la détente, déclenchant un bruit de laser futuriste au milieu de la nuit.

À travers le viseur thermal, la scène ressemblait à un jeu vidéo. En fait, ce que je voyais était effectivement un vidéo ! Mais ce n'était pas un jeu ! Je regardais les pixels d'une vraie balle ! Le projectile s'est élevé comme une balle de golf, pour retomber vers la cible humaine. Les quelques pixels chauds de la balle ont alors rejoint le groupe de pixels de l'homme. L'insurgé est instantanément tombé, mais... de manière assise ! C'était grotesque ! On l'avait touché sur le côté droit, près des reins. Il restait assis, ne bougeant plus, sans s'effondrer. J'ai pointé le laser de manière à corriger le tir légèrement, afin d'achever et de mettre hors-combat notre cible. Sylvain a rechargé, tirant de nouveau. La balle s'est élevée, encore une fois, en route vers cet homme qu'on allait définitivement expédier dans l'autre monde. La balle a frôlé la tête de la cible. Le projectile devait avoir passé à un pouce des oreilles de l'homme, qui s'est levé d'un coup, en panique ! Il semblait animé d'une soudaine dose d'adrénaline.

L'homme est parti à courir de manière chaotique dans les champs, culbutant et trébuchant, pour ensuite disparaitre peu à peu derrière la végétation. J'ai pointé l'homme à travers les feuilles, à l'aide du viseur thermique. Sylvain tirait ce que je pointais. Sylvain a tiré et rechargé. Je continuais de viser.

— Je crois qu'on l'a ! m'exclamai-je, presque euphorique. Je vois quelque chose bouger entre les feuilles. Il recommence à courir !

Autre tir, rechargement. Autre tir, rechargement. Je voyais des morceaux «chauds» et des parties de murs de terre tournoyer dans les airs, touchés par les balles. Le cœur de ces morceaux de terre était encore chaud, ayant emmagasiné la chaleur du jour, ce qui dans mon viseur produisait des couleurs claires, en raison des différences de température. L'homme avait disparu dans le champ de vigne!

— Mes doigts tremblent! dis-je à Sylvain.

— Merde! Moi aussi! a répliqué Sylvain, un chasseur expérimenté. Je crois que c'est pour ça que j'ai manqué la deuxième balle! Je suis désolé!

— Ça a passé juste à côté de sa tête!

Nous étions des tireurs d'élite, mais pas encore des tueurs aguerris. La partie de chasse n'était pas terminée! Nous connaissions les lieux. Nous savions que l'homme avait peu de chances de sortir des champs vivant. Seuls quelques sorties et passages étaient présents, la plupart étant sous notre observation. Si l'insurgé blessé avait le malheur de passer par un de ces endroits, nous allions le détecter et le tirer sans attendre. Deux amis à moi, des artilleurs nommés Ed et Sébastien, se sont approchés de notre bunker. Je leur avais précédemment donné rendez-vous pour fumer un cigare. Le «plan cigare» étant tombé à l'eau, Sébastien a suggéré d'envoyer des obus éclairant au-dessus de la cible. Quelques instants plus tard, des boules de feu éclairaient les champs devant nous. Le lieutenant Lussier a alors pris la tête d'une patrouille de véhicules remplis de fantassins. Comme à la chasse, il fallait pousser le gibier vers une sortie surveillée par les chasseurs cachés. Les fantassins étaient l'étau. Nous étions le marteau prêt à frapper! Décidément, je n'aurais pas voulu être le taliban blessé!

Les fantassins sont arrivés sur les lieux. Nous les avons guidés à distance alors qu'ils ratissaient les champs. Pendant ce temps, d'autres obus éclairants produisaient des bruits de «pop» dans le ciel. L'un d'eux semblait défectueux et ne s'éteignait pas à l'altitude prévue. L'obus éclairant, dont la chute était ralentie par un petit parachute, est tombé sur le toit d'un bâtiment, qui a pris feu. Les flammes se sont rapidement élevées, au point que toute la campagne environnante était illuminée.

— Tu voulais bien voir, et bien tu vois, maintenant! de dire à la blague Ed.

Décidément, la nuit, autrement tranquille, prenait une allure particulière.

— Rendu là, aussi bien s'allumer un cigare, comme on avait prévu! dis-je. Un cigare de la victoire!

Un cigare à la bouche, je scrutais les champs, à la recherche de notre gibier, que les fantassins n'avaient toujours pas retrouvée. J'imaginais le taliban en train de ramper, blessé, dans la boue, à travers les fosses et les trous. Tout ceci en voyant les obus éclairants apparaître dans le ciel et en voyant les véhicules blindés et les soldats approcher. C'est alors qu'une fusée éclairante a été tirée du milieu d'une petite agglomération se trouvant à 700 mètres au nord-est de notre emplacement non loin des champs que nous surveillions. C'était le signal pour l'évacuation d'un taliban blessé! L'ennemi nous avait échappé! Les fantassins n'avaient pas le temps de se rendre au bâtiment à temps, le terrain étant trop accidenté.

Le feu du bâtiment s'est éteint, n'ayant plus rien à brûler. Les chiens continuaient d'aboyer. C'était au tour de Sammy et Pascal d'observer. Nous sommes redescendus vers l'école, afin de prendre un peu de repos. Les fantassins de la patrouille rentraient, eux aussi. Ils avaient les pieds couverts de boue.

— On voyait les traces de sang un peu partout, m'a raconté un sergent. Il n'y en avait pas tant ! C'est comme à la chasse : parfois, l'adrénaline fait moins saigner la bête.

— On l'a touché dans les reins et les intestins, répliquai-je. Il aura une infection majeure d'ici quelques jours. S'il est chanceux, il est déjà mort au bout de son sang. J'ai déjà été hospitalisé pour une infection grave. C'était pénible !

— Merci de nous avoir donné l'occasion de nous dégourdir les pieds ! Tiens ! On a ramené la pelle !

Moi et Sylvain sommes entrés dans notre chambre à coucher, nous étendant sur nos lits. Sylvain a ouvert son ordinateur portable. Il comptait s'endormir sur l'épisode d'une série télé. Je me suis étendu sur mon lit et j'ai allumé une chandelle.

— Je viens de faire un gros don de charité à *Opération Enfant Soleil* ! m'a alors dit Sylvain quelques minutes plus tard, manifestement pensif[3].

Pendant quelques nuits, j'ai rêvé en boucle à cet homme que nous avions tiré et fort probablement tué. C'est comme si j'avais ressenti à distance sa douleur. Ça avait l'air à faire terriblement

---

3   Opération Enfant Soleil est un organisme à but non lucratif qui amasse des fonds pour soutenir le développement d'une pédiatrie de qualité pour tous les enfants du Québec.
Plusieurs militaires, de retour de mission, sentent le besoin de «redonner» pacifiquement. Certains font du bénévolat, d'autres font des dons en charité. Pour ma part, en plus des quelques dons que je faisais par mois, à mon retour d'Afghanistan j'avais demandé un congé sans solde de plusieurs mois, afin d'aider une communauté en Amérique latine. Malheureusement, ma demande a conduit à une réprimande de la chaîne de commandement militaire. Quelques semaines plus tard, j'étais renvoyé de l'unité des snipers et refusé pour un cours conduisant à une promotion. Ceci m'a conduit à me porter volontaire pour une autre mission en Afghanistan.

mal ! Je n'étais pas traumatisé, et encore à ce jour, je ne le suis pas. Mais cette image sera à jamais gravée dans ma mémoire.

Je me souviens de ces entraînements de *sniper*, au Québec : nous nous placions dans un champ, à distance. Nos camarades *snipers* tiraient ensuite dans notre direction, visant à quelques pieds de nous. Le but était de comprendre ce qu'entendaient les cibles que nous allions abattre. Quand on se fait tirer par un tireur d'élite, on n'entend pas de coup de feu, car la balle voyage plus vite que le son. Sans avertissement, on se fait comme pousser par quelque chose déchirant notre corps. Parfois, on ne réalise même pas ce qui nous arrive. L'étonnement fait alors place à une douleur grandissante. Nos pensées se brouillent. On réalise que notre corps ne « réagit » pas comme il devrait. Nos muscles ne répondent plus efficacement. Notre jambe, touchée, refuse de s'articuler normalement. Quelques secondes plus tard, si on est encore en vie, on entend le son du coup de feu.

Lors du deuxième coup de feu, la balle était passée tout près de la tête de l'homme. Une balle supersonique produit un claquement dans l'air. Ce claquement est étonnement fort et ressemble à celui d'un pétard. Dans ce cas-ci, ce « pétard » avait éclaté juste à côté de l'oreille. C'est à ce moment que l'insurgé a repris ses pensées, réalisant que s'il ne trouvait pas la force de se relever et de courir, il allait y passer.

« Parfois, pour des raisons psychologiques, c'est préférable de ne pas achever l'ennemi », aimait à dire le sergent Hamel dans nos discussions de champs de tir. J'imaginais cette recrue des talibans. Il voit son vieux cousin revenir d'un coup manqué contre les soldats ennemis. Couvert de boue, de sang et de sueur, le taliban vient de traverser un champ où l'ennemi le pourchassait. Durant les jours qui suivent, ce cousin, mourant, n'en peut plus de souffrir. À ce moment, la recrue décide qu'à

Mitrailleuse de calibre 50 au sommet de la FOB Sperwan Ghar.

Pascal et Sylvain à la recherche d'insurgés. Sylvain utilise les jumelles Vector, qui permettent d'avoir un relevé de la distance.

bien y penser, cultiver le champ de son oncle n'est pas une tâche si désagréable !

La campagne de Kandahar ressemble à un labyrinthe où une embuscade peut attendre à chaque détour. On voit ici un séchoir à raisins.

La colline de Sperwan Ghar, accessible en véhicule par un chemin montant en colimaçon. On remarque les baraques des soldats afghans.

Le dangereux jeu d'une fillette

Encore une explosion! Depuis une butte dans un champ, à travers le télescope d'observation, je voyais un nuage beige et gris englober les soldats. Quelques secondes plus tard, le son se faisait entendre, s'étant rendu jusqu'à notre bunker. Je ne pouvais que m'imaginer la force de la détonation.

Ces explosions étaient monnaie courante pour les soldats afghans du *PSS* Brown[1], qui se trouvait à environ deux kilomètres au nord de Sperwan Ghar. Quelque temps auparavant, des soldats afghans de ce *PSS* avaient été tués par une bombe. Ils avaient été évacués par *pick-up* jusqu'à notre camp. Leurs corps avaient été mutilés par les éclats d'obus. L'œil d'un des soldats était même littéralement sorti de son socle! Les malheurs subis par ces soldats ne les avaient manifestement pas incités à changer de tactique. Ils continuaient d'effectuer les mêmes patrouilles, aux mêmes heures, avec le même nombre de soldats. On pouvait même distinguer les sentiers qui s'étaient dessinés dans l'herbe des champs, au fil du temps.

Cette fois-ci, une fois le nuage de l'explosion dissipé, aucun soldat ne semblait avoir été blessé! Ce genre de «miracle» arrivait souvent. Les explosions sont puissantes, mais il suffit parfois d'un petit dénivelé de terrain pour canaliser le souffle et les éclats dans une direction, sans blesser qui que ce soit. Au contraire, il arrive que de petites explosions «bien placées» causent la mort ou de graves blessures.

---

1   PSS : «Police Sub-Station». Il s'agit d'un petit camp abritant quelques dizaines de soldats ou policiers, souvent afghans. Des équipes de mentorat rendaient régulièrement visite à ces camps, y vivant parfois de manière plus ou moins permanente.

Les camps afghans du secteur ne coordonnaient pas toujours leurs actions avec celles de la Coalition. En début de mission, le détachement Charlie s'était trouvé sur la *FOB*. Un jour, sans en avertir les Québécois, des policiers se sont aventurés près de Sperwan Ghar. Ils ne portaient pas d'uniformes et tenaient des AK-47! Définitivement pas des récipiendaires du prix Nobel! Sans surprise, les *snipers* de l'équipe Charlie les ont engagés, touchant un des policiers dans les reins. Malgré qu'il avait été touché par une balle de calibre 50, le policier n'est pas mort sur le coup. Après avoir titubé à travers les champs, il est allé s'asseoir au milieu d'un chemin. Un véhicule militaire est allé le chercher.

Les wadis coulant sous les routes nous causaient bien des maux de tête. Ces ruisseaux étaient profonds, nous empêchant de détecter quiconque s'y faufilait en rampant. Chaque calvette pouvait abriter plusieurs tonnes d'explosif. Dans le passé, de puissants *IED* placés dans des endroits similaires avaient explosé, fendant des véhicules blindés, arrachant même leur tourelle! On peut s'imaginer ce qui pouvait rester des équipages.

Après avoir fumé une chicha[2] avec mes amis artilleurs, non loin des canons de 155 mm, j'ai croisé le sergent-major du camp, dans le corridor de l'école :

— J'ai une idée pour notre problème de calvettes! dis-je. J'ai l'air d'un Afghan. Je pourrais me déguiser en habitant local et faire des tournées à bicyclette. Si je vois un gars en train de poser une bombe, je sors mon pistolet et je le descends!

---

2   Une chicha, aussi appelée narguilé, est une grosse pipe semblable à une lampe, et dont la base est remplie d'eau. Le tabac d'une chicha est souvent parfumé d'arômes de fruits.

Le sergent-major Lapierre a ri. Voyant mon insistance, il a compris que j'étais sérieux. Il est parti en secouant la tête. « Je vais devoir améliorer mes méthodes de lobbying », pensai-je[3].

« Peut-être qu'on pourrait acheter des caméras de chasse sur internet », proposai-je au Commandant Jourdain, qui semblaient aimer l'idée.

Nous n'étions pas les seuls à improviser et innover[4]. Les pelotons effectuaient parfois des patrouilles à l'aide d'ânes ! Ces animaux transportaient des approvisionnements, ce qui permettait de pa-

---

3   Une autre idée était de nous rendre, de nuit, sur le toit d'un bâtiment et d'y placer des mannequins ressemblant à des snipers mal dissimulés. Nous allions accrocher des ballons de fêtes à des trépieds, qui allaient ainsi simuler des têtes bougeant légèrement, selon le vent. Les faux snipers allaient être dissimulés sous des toiles de camouflage. L'ennemi n'allait pas manquer de repérer ces snipers aventurés en territoire ennemi. Éventuellement, un groupe d'insurgés allait tenter une attaque. Pendant ce temps, nous allions guetter l'emplacement depuis notre vraie cache. Le problème était qu'en plein milieu de la campagne de Kandahar, nous n'avions pas de tels ballons ! Et nous ne voulions pas sacrifier nos précieux trépieds sur un seul coup de dés.

4   Au début de ma formation de tireur d'élite, je pensais que « tout avait été inventé » et qu'il me suffisait d'apprendre mon métier. Je me suis rapidement aperçu que des pans de la « science » du tir longue portée militaire étaient restés inexplorés. Plusieurs livres comportaient souvent même des erreurs ou des inexactitudes. Inspiré par le sergent Hamel, j'ai donc innové, cherchant en particulier à produire des chartes balistiques efficaces en situation de stress. J'ai aussi programmé une application informatique afin de pratiquer le tir sur des cibles mobiles. Une chose que j'ai remarquée était l'incompréhension mutuelle entre les Centres de recherche militaires et les opérateurs sur le terrain. Dans le cas du tir longue portée, plusieurs chercheurs et scientifiques étaient trop attachés à produire des outils servant à calculer précisément les paramètres de tir. En plus d'être fragiles, le problème est que ces outils étaient trop lents à opérer en zone de combat, en particulier sous le stress. Ils procuraient une précision inutilement grande, et nécessitant un grand nombre de mesures et de paramètres. Au combat, les opportunités de tir se présentent et disparaissent rapidement, sans laisser le temps à des calculs trop élaborés. Il arrivait que les calculs balistiques mettent l'accent sur des données secondaires tout en négligeant les données importantes. Par exemple, il est inutile de calculer la rotation de la Terre ou la densité précise de l'air, tout en laissant exposer au soleil les munitions, dont la température augmentera rapidement. Selon des tests que nous avions effectués, la température de la poudre affecte énormément plus le tir que les changements moyens de conditions atmosphériques. Le tireur d'élite doit donc, le plus possible, protéger les munitions du soleil, afin que leur température soit celle de l'air ambiant, plus prévisible et facile à mesurer. Les chargeurs doivent aussi être entreposés dans les poches extérieures du sac de patrouille, et non à l'intérieur, où la température risque d'être différente, en particulier le matin, après la fraîcheur de la nuit. Ce sont ces chartes balistiques que moi et Sylvain avons utilisées lors de la compétition internationale de tireur d'élite. Voyant le succès de ces chartes, plusieurs tireurs d'élite m'ont alors confié la tâche de produire leurs propres chartes. Ce sont là deux exemples d'innovation concrète. Un soldat doit toujours chercher à améliorer ses outils de travail et partager ses connaissances avec ses paires.

trouiller plus profondément et longtemps en territoire ennemi. Le problème était que ces ânes étaient têtus et manquaient d'entraînement. Lors d'une patrouille, en traversant un wadi, un âne s'est agité et a été emporté par le courant. Le « plan ânes » a temporairement été mis de côté.

Les mécaniciens du camp, aidés par les fantassins, travaillaient depuis quelques jours sur un projet mystérieux. Des précautions avaient été prises afin qu'aucun soldat afghan du camp, ou des interprètes, ne voient ce dont il s'agissait. On voyait souvent jaillir des éclairs de soudures des hangars. Pascal, qui avait quelques compétences comme soudeur, s'était porté volontaire pour le projet :

— Nous sommes en train de construire des cages de métal pour les calvettes, m'a raconté Pascal, de retour d'une « journée de travail ». On a trouvé des barres de métal qui trainaient et on les soude ensemble.

Les structures de métal étaient impressionnantes, faisant plus de cinq mètres de hauteur. Elles allaient complètement bloquer l'entrée des calvettes de la route Brown. Une patrouille a été organisée afin de placer ces « œuvres d'art d'artissses », comme disaient les fantassins à la blague. La patrouille s'est coordonnée avec le passage d'un convoi de ravitaillement. Le nombre important de véhicules militaires allait dissuader l'ennemi de toute attaque. À travers nos optiques, je voyais l'étonnement dans le visage des Afghans, dont certains devaient être des éclaireurs ennemis. Les insurgés allaient devoir trouver d'autres façons de nous faire la guerre !

L'approvisionnement du camp assuré, nous allions pouvoir lancer plus de patrouilles, de plus en plus loin. À mesure que l'armée afghane se constituait, nous allions pouvoir bâtir de nouveaux camps dans le secteur, « noyant » l'ennemi par une présence militaire permanente. «Les amateurs parlent de tactiques, les professionnels parlent de logistique!», comme on dit!

Les fantassins venaient de partir en patrouille à bord de véhicules blindés légers. Sur leur chemin, les soldats sont débarqués. Ils allaient inspecter un lieu suspect caché de l'observation du camp, s'assurant qu'il ne s'y trouve pas de bombe. Nous suivions les mouvements de nos camarades, aux aguets d'éventuelles manœuvres ennemies. Boum! Une forte explosion est survenue, projetant des débris vers les soldats et les véhicules. C'était une bombe directionnelle!

Les fantassins se sont empressés de tirer dans la direction générale de l'explosion, afin de paralyser le ou les observateurs talibans, possiblement cachés dans la végétation. Des soldats ont alors pris d'assaut la zone tenue par l'ennemi. On entendait les armes claquer. Les fantassins étaient agressifs, répondant à la violence par la violence! Nos soldats se sont rapidement rendus maîtres du terrain.

— Ici 66 Bravo, avons-nous lancé sur les ondes radio. Référence votre homme le plus à l'est, celui qui est debout sur un muret, en train d'observer vers l'est : dites-lui qu'il lève son bras afin de confirmer son identité.

En quelques secondes, la demande était transmise au soldat.

— Dites à ce soldat qu'à cent mètres en avant de lui, il y a deux hommes habillés en beige. Il ne les voit surement pas de sa position.

Les deux suspects avaient l'air confus, ayant été empêchés de bouger en raison du déluge de feu qui s'était déversé autour d'eux. Il était impossible de savoir s'ils étaient des talibans ou de simples villageois se trouvant au « mauvais endroit ». Quelques soldats se sont élancés vers l'emplacement général des deux hommes. Une trentaine de secondes plus tard, les deux individus étaient arrêtés et ramenés aux véhicules. Un de nos soldats, un ingénieur de combat, s'est avancé vers eux. Il tenait un petit coffre de plastique. À travers mon optique, c'est comme si je pouvais lire les pensées des deux suspects : « Ah ben maudit ! Ils ont des détecteurs d'explosifs ! »

Le test était positif ! Gotcha !

La bombe n'avait blessé personne. Deux véhicules avaient des crevaisons, sans plus. Le moral n'avait lui non plus pas été affecté. Le soir même, les soldats du peloton jouaient au poker sur une des terrasses, comme si de rien n'était. Le caporal Lalonde, après avoir sorti sa guitare, s'est mis à jouer des airs québécois ! J'avais l'impression d'être dans un camp de vacances en forêt ! Non loin de cette musique venant d'un autre monde, les deux insurgés étaient en détention dans un petit bâtiment, en périphérie des quartiers afghans. Un soldat du Renseignement était déjà en train de les « cuisiner ». Ces insurgés allaient être envoyés à la prison militaire de *KAF* d'ici quelques jours.

Le lendemain matin, un adolescent s'est présenté à l'entrée du camp. Il venait réclamer le téléphone portable de « son frère » ! Les gardes ont demandé au jeune homme de placer ses yeux devant un dispositif électronique. Il s'est avéré que l'Afghan était lui aussi recherché, ses informations se trouvant dans une base de données biométrique. Et hop ! Il venait lui aussi de gagner un billet gratuit pour le prochain vol en direction de *KAF* !

L'ennemi n'avait pas dit son dernier mot! Nous avons repéré une fillette d'environ cinq ans qui s'approchait de la route :

— C'est quoi qu'elle a dans ses mains? demanda Pascal, placé derrière la Macmillan.

— J'en reviens pas! répondis-je. Elle transporte un détonateur et un dispositif télécommandé!

Cette jeune afghane jouait à un jeu bien dangereux! J'imaginais son grand frère ou cousin lui souriant et lui disant de se rendre dans le wadi, près de la calvette, afin d'y déposer un «jouet». Les talibans savaient que ces Québécois «au cœur tendre» n'allaient pas oser tirer vers des enfants.

Ça faisait plusieurs fois que nous voyions les talibans utiliser les enfants comme observateurs, et des rapports nous parvenaient comme quoi ils étaient aussi utilisés pour transporter de l'armement ou de l'équipement ennemi. Une situation avait même été rapportée où un enfant avait été utilisé comme kamikaze portant une ceinture d'explosifs! Malgré ces informations, nous nous étions juré de ne jamais tuer un enfant, sauf en cas de danger immédiat extrême.

J'observais à travers mes optiques. La fillette était maintenant dans le wadi, près d'une calvette. Après un instant d'hésitation, la jeune Afghane est réapparue, l'air incrédule. Elle semblait ne pas savoir quoi faire avec le « bidule » qu'elle tenait. La fillette est sortie du wadi, le dispositif électrique toujours en main. Nous avons suivi ses déplacements dans les méandres du village. Quelque part dans ce secteur se trouvait une fabrique d'*IED* ou la maison d'un poseur de bombes. J'ai remarqué un fil électrique qui pendait entre deux bâtiments. Le fil était si mince, seul l'angle du soleil m'avait permis de le détecter! Était-ce un fil servant à communique ou à déclencher une bombe? Quelques jours du plus tard, une patrouille s'est rendue dans ce regroupement de bâtiments. Un atelier de fabrication de bombe a été trouvé ! Sans le savoir, la jeune Afghane nous avait aidés !

Quelques jours après cet incident, je lisais les commentaires internet de certains de mes «concitoyens» urbains du Québec qui, du confort de leur sofa, supportaient les talibans contre «l'impérialisme». Apparemment, l'impérialisme du fanatisme islamique n'était pas un problème. Selon eux, il fallait abandonner des gens comme cette jeune Afghane ! Je me souviens de ces commentaires sur les forums de discussions en ligne :

«Je comprends les talibans de vous attaquer ! Vous entrez dans leurs villages. Ils ne veulent pas attaquer personne. On doit les laisser tranquilles.» Jean, Montréal. Jean ne semblait pas s'opposer à ce que des talibans fanatiques entrent dans des villages désarmés et en soumettent les populations. Ce citoyen ne semblait pas se souvenir que les talibans avaient auparavant soumis par la force armée de nombreux territoires, dont Kaboul, la capitale, ceci contre la volonté des populations. Quelques groupes armés sans moyens leur avaient résisté, abandonnés du monde.

«C'est normal qu'ils vous tirent dessus, vous vous en prenez à leurs libertés», a écrit Martine. Martine ne semblait pourtant pas pressée de partir profiter des «libertés» d'un régime islamique radical.

Ces commentaires étaient stupides, simplistes et déconnectés de la réalité. Certains de ces citoyens semblaient sympathisants de l'ennemi ! Rien de moins !

De semaine en semaine, les villages en périphérie du camp devenaient de plus en plus sécuritaires. Les fantassins y patrouillaient quotidiennement, sans trop de problèmes. Les sourires

Vue typique depuis le télescope d'observation. On voit ici une calvette de la route Brown. Des enfants jouent sur la route, non loin de jeunes Afghans transportant du foin.

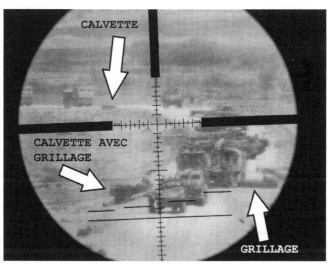

Vue à travers l'optique de la carabine Timberwolf. Les cages de métal sont installées autour des calvettes. Pendant ce temps, un convoi de ravitaillement passe.

commençaient à apparaître sur les visages des locaux. Les bouches se déliaient. Les villageois osaient nous saluer, à la vue de tous. C'était un gros pas vers l'avant ! Nous gagnions, car nous gagnions le cœur des Afghans !

Les héros n'étaient pas seulement des soldats. Une femme est un jour venue au camp, seule et à la vue de tous. Elle était écœurée que son mari place des bombes et qu'il terrorise les villageois. « Venez le chercher. Voici où j'habite. Venez quand vous voulez. » Elle a ensuite fourni une masse d'informations utiles. La dame est retournée chez elle, en plein jour. Dire que je me sentais courageux de patrouiller dans les montagnes !

C'est pour cette Afghane que je combattais !

Sammy affiche avec fierté le dessin de sa nièce.

Dans un OP de Salavat. Sans le savoir, nous étions entourés de bombes enterrées.

Salavat — De beaux souliers

C'était l'aube. Un soldat entraînait son chien pisteur parmi quelques véhicules. Le chien avait trouvé la fausse « bombe ». Le soldat lui a donné une récompense. *Dream team*!

Les moteurs des véhicules ronronnaient sur le camp. La majorité des soldats étaient déjà à bord de leurs véhicules respectifs. Sauf nous, les *snipers*, ainsi que les observateurs de l'artillerie.

— Hey, les gars! nous a crié le conducteur d'un véhicule, en voyant que nous n'avions toujours pas de place. Personne ne veut de notre beau Bison[1]. Vous êtes la bienvenue dans notre cercueil roulant!

— Bonne idée, répliquai-je! Si on explose, au moins on sentira rien!

À l'intérieur, les soldats se sont empilés les uns sur les autres.

— Moi, je reste près de la porte, de dire un fantassin qui s'était joint à nous. Si ça saute, je veux pas rester pris au fond! Allez-y, vous! J'ai déjà fait ma part!

Ainsi sont la plupart des humains quand le danger est réel : ils pensent d'abord à sauver leur peau!

Le convoi s'est mis en route vers Salavat. Cette petite ville tombait peu à peu sous le contrôle des talibans. La mission de la compagnie Cobra, que mon détachement aidait, était de reprendre le contrôle de la ville et de faire des opérations de

---

1   Le Bison est un véhicule blindé léger faiblement blindé.

fouilles et de ratissage, ceci dans le but de trouver des armes ou de l'équipement pouvant servir aux talibans. C'est un aspect du travail de contre-insurrection : on ne s'en prend pas tant aux combattants ennemis, mais à leur capacité logistique à continuer la guerre. La mission de mon détachement était d'établir un poste d'observation, de couvrir les déplacements des différentes unités et d'aider à la coordination des opérations sur le terrain.

Durant le trajet, on ne voyait rien de l'extérieur, n'ayant pas de fenêtre par où regarder. L'appréhension initiale a vite fait place à l'ennui. Après environ trois heures de route à travers des chemins accidentés, mon véhicule s'est soudainement arrêté, basculant vers l'avant comme une chaloupe dans l'eau. Un véhicule du convoi venait d'exploser sur un *IED*. Curieusement, je n'avais rien entendu de l'explosion. Des volontaires étaient demandés pour sécuriser le site. « Je commençais justement à avoir le mal des transports. C'est le moment idéal pour prendre un peu d'air frais ! »

La rampe arrière s'est abaissée. J'ai marché le long du convoi, remontant vers le site de l'explosion. Quelques véhicules plus loin, j'ai remarqué qu'un VBL était penché vers l'avant de manière grotesque, étant presque renversé. Des bouteilles d'eau étaient éparpillées un peu partout. Le côté du véhicule était endommagé. Un des pneus était arraché, ayant été projeté à une centaine de mètres. Il gisait dans un champ, noir et déformé. Priorité : la sécurité ! Je me suis placé en périphérie du site, surveillant un trou donnant sur un champ et quelques bâtiments. À quelques pieds de moi, des oiseaux revenaient déjà vers un arbre qui, ironiquement, produisait des pommes grenade.

Des soldats blessés, aidés par d'autres soldats, sont sortis par la porte arrière du véhicule touché. L'un d'eux avait le nez et le visage en sang. Il semblait confus comme un ermite sortant d'une caverne. Au moins un des blessés n'a jamais pu retourner en opération, son dos ayant subi des blessures importantes. Sa contribution comme soldat s'était arrêtée là, sans plus d'histoires. Merci à toi, soldat !

Pendant que je faisais la surveillance autour du véhicule, les *snipers* des équipes Charlie et Delta étaient dans les montagnes surplombant Salavat. Le *Master sniper* était parmi eux. Il avait surement besoin de se changer les idées du *COT*, où il était attaché comme conseiller tactique ! Les tireurs d'élite avaient commandé plusieurs tirs d'artillerie contre l'ennemi, couvrant notre arrivée. L'ennemi tentait-il de s'enfermer dans les villages ?

Un véhicule de remorquage blindé a remorqué le VBL endommagé. Un soldat, non blessé mais manifestement ébranlé, ne voulait plus monter à bord d'un autre véhicule, par peur d'être tué par une bombe. Son patron l'a alors secoué afin de le « ramener sur terre ». Le convoi a continué sa route. Sur le chemin, un vieillard est venu à la rencontre des véhicules. Il disait que sa maison avait été endommagée par des tirs d'artillerie. Il voulait être dédommagé. Dans ce genre de situation, il est difficile de connaître la vérité. Souvent, les Afghans exagéraient afin de nous soutirer de l'argent. Il était même arrivé, dans le passé, que des talibans osent réclamer de l'argent à la Coalition, achetant ensuite des armes ou des ingrédients chimiques destinés à fabriquer des explosifs. À une autre occasion, des talibans avaient saisi l'engrais chimique que la Coalition avait donné à des fermiers afin d'améliorer leurs conditions. Des engrais d'un autre genre ont dû être distribués. La guerre n'est jamais simple.

Des heures après notre départ de la *FOB*, nous étions enfin en bordure du village de Salavat. Je suis sorti de mon véhicule, le dos et les jambes engourdies par le transport. Alors que des bulldozers creusaient des tranchées de protection, nous avons entendu quelques tirs isolés. « L'ennemi tire si mal ! », pensai-je. Je me suis dépêché d'aller voir de quoi il s'agissait. Afin de provoquer l'ennemi, je me suis placé debout en avant droit d'un char d'assaut, scrutant les bâtiments avec mes jumelles. C'est alors qu'une boule de feu est passée telle une foudre devant moi. C'était le char d'assaut qui venait de tirer un obus explosif. En avant de nous, l'enceinte de béton d'une école venait de disparaître dans un épais nuage gris. « Knock, knock ! » L'infanterie se taillait sa propre porte ! Nous comptions ainsi déjouer les plans de l'ennemi, qui avait probablement miné les accès et les chemins réguliers. Des soldats se sont aussitôt engouffrés dans la brèche. Les *snipers* étaient parmi les premiers à entrer[2].

Sur place, le mur était complètement pulvérisé et réduit à une poudre de béton, dont le gris faisait contraste avec le beige de la poussière du désert. L'école était vide. Les salles étaient couvertes de graffitis et de ce qui ressemblait à des marques de tortures. C'était macabre. Près de la périphérie de l'école, j'ai trouvé bon de grimper sur un petit bâtiment.

— Mais qu'est-ce que tu fais là ? m'a crié le caporal Lalonde, un ami de la compagnie Cobra. Osti de malade ! Aweye, descends de là !

Comme à Nakhonay, ma tactique était pour le moins simple : je me disais que les premiers tirs ennemis n'allaient surement pas être précis. Chaque fois que j'allais sur un bâtiment de la sorte, je portais mon attention sur les endroits suspects rapprochés, là où l'ennemi n'avait pas besoin de tirer précisément pour me toucher. Si ces endroits ne comportaient pas d'ennemi, c'était

---

2   Les équipes de tireurs d'élite sont souvent appelées à attaquer avec la première vague d'assaut afin de pouvoir rapidement établir un poste d'observation avancé en territoire ennemi, facilitant la suite des opérations.

donc que l'ennemi devait nécessairement m'engager de plus loin, où les tirs allaient être moins précis.

Ça, c'était « l'excuse » officielle. En réalité, j'avais déjà hâte à mon prochain engagement avec l'ennemi ! Parfois, pour attraper un rat, il faut mettre en vue un morceau de fromage ! Le problème est qu'avant de mourir, le rat réussit souvent à croquer le fromage !

Les rats ne se montraient pas. Il fallait continuer la progression. Mélangés aux fantassins de la compagnie Cobra, nous étions près d'une série de maisons de terre. Des têtes sont soudainement apparues au-dessus d'un mur bordant un champ. Nous avons instantanément levé nos canons vers l'ennemi. Ce n'était pourtant pas l'ennemi, mais d'autres fantassins qui manœuvraient. Nous nous sommes joints à eux. Un journaliste anglophone les suivait. Malgré sa barbe blanche lui donnant l'allure d'un sage, il semblait s'amuser comme un enfant dans un carré de sable. Je le comprenais ! C'était un très gros carré de sable !

— Ça ferait un bon poste d'observation, a dit Sammy, en voyant un *compound* non loin de nous.

— Ça tombe bien, a répondu un grand ingénieur de combat au visage bronzé. Nous allions justement fouiller cet endroit !

Les ingénieurs ont placé des charges explosives sur la grosse porte de métal formant l'entrée de l'enceinte. Juste avant de nous réfugier derrière un mur, nous nous sommes retournés. Le journaliste était resté en face de la porte, prenait des photos des explosifs ! Il devait être à moins de deux mètres d'une charge explosive s'apprêtant à le tuer ! Il n'avait probablement pas très bien compris ce qui allait arriver, ne parlant pas français !

— *Buddy*! *You really don't want to be there*! Mon ami, tu ne veux vraiment pas être là! lui a calmement dit un fantassin.

Le temps de quelques derniers clics de caméra, le journaliste a couru vers nous. Les charges ont violemment éclaté, projetant des tentacules de poussière derrière la silhouette du journaliste, qui sous son casque mal ajusté affichait un large sourire. Nous sommes partis à rire! Nous nous sommes alors lancés à l'assaut du bâtiment. Les ingénieurs de combat étaient efficaces et particulièrement agressifs. Avoir été un taliban, je n'aurais pas aimé être dans l'enceinte.

Les coups de fusil de calibre «douze» résonnaient en tous sens. Les portes éclataient en morceaux, d'autres étaient enfoncées à coups de botte. Un ingénieur a sorti un long couteau, ouvrant et fouillant le siège d'une moto, à la recherche d'une bombe, arrachant et lançant de la mousse au sol. J'avais l'impression de «violer» cette propriété privée. En quelques minutes, l'enceinte était sommairement sécurisée. Il ne semblait pas y avoir de talibans. Les *snipers* sommes montés sur le toit, qui comportait de longues bosses rappelant des sillons dans un champ, ce qui allait nous offrir une bonne protection.

En peu de temps, notre équipement de *sniper* était déployé. Le reste de la compagnie s'est enfoncé dans le village, ses soldats pressés d'en découdre avec les insurgés qui avaient tiré vers nous à notre arrivée. Pendant que Sylvain et Pascal effectuaient la première heure d'observation, je suis parti explorer le reste de l'enceinte. Mon pistolet en main, tout en faisant attention au moindre de mes pas, je suis entré dans une chambre à coucher, piétinant au passage des morceaux de vitre et des copeaux de bois. Un pot de fleurs gisait au sol, couché et brisé devant mes bottes de soldat. De telles fleurs, éclatantes de couleur, devaient être rares dans une zone aussi aride. J'ai pris les fleurs et je les ai déposées respectueusement au milieu du lit.

Au-dessus du lit, des dizaines de souliers à talons étaient rangés, ainsi que des produits cosmétiques. Ces articles étaient interdits par les talibans. Le fait que cet accoutrement soit exposé à la vue m'indiquait que le village ne devait surement pas abriter beaucoup d'insurgés. Les talibans qui avaient tiré vers nous n'étaient donc que de passage ! Comme toujours, c'était les villageois qui subissaient les conséquences des opérations militaires des deux ennemis, qui se contestaient la possession de territoires.

L'arme en main, je me suis rendu dans une salle commune familiale. Au sol se trouvaient de petits cahiers. Les pages, reliées artisanalement, faisaient partie d'un cahier d'exercices d'écriture. On voyait les courbes répétitives de l'alphabet pachto, qui ressemble à de l'arabe. Manifestement, les gens de la place avaient à cœur l'éducation des enfants. Leur énergie n'allait pas dans le combat, la guerre et l'endoctrinement religieux, mais dans le développement du savoir. Je me suis alors rappelé à quel point j'étais chanceux d'avoir eu une éducation.

J'ai trouvé un habit afghan sur une table. Je me suis dirigé vers la cour intérieure du *compound*.

— Les gars ! dis-je en m'adressant aux *snipers* sur le toit. C'est moi ! Ne tirez pas.

J'ai aperçu deux casques de *sniper* me regarder.

— Coucou ! dis-je en riant. Est-ce que l'habit me va bien ?

— J'en reviens pas ! s'est exclamé Pascal tout en sortant une caméra de son sac. Tu as l'air d'un vrai Afghan ! *Fuck* !

Toujours armé de mon pistolet, je suis entré dans une cuisine. L'endroit était couvert de paille verte. Un chaudron, accroché au-dessus de braises éteintes, se trouvait dans le coin de la pièce, encadré d'un mur de briques noirci par la suie. J'ai touché le chaudron. Il était encore chaud. Les gens venaient tout juste de quitter la place. J'ai goûté la soupe. C'était une soupe aux tomates ! De minuscules oiseaux sont passés en marchant devant moi. Ils n'avaient pas d'ailes et ressemblaient à des insectes avançant en hochant de la tête. Curieuses créatures !

Mon impression était que les gens de la place n'étaient pas des talibans. Je commençais à me sentir mal, au nom de mon armée, d'avoir ainsi endommagé cette maison. Sur un mur de terre, j'ai gravé quelques mots en pachto, à l'intérieur d'un cœur : « Afghanistan, Canada. » Ce n'était pas grand-chose, mais j'espérais que la famille que nous avions dérangée comprenne. Ce grabuge n'avait rien de personnel. C'était la guerre !

Des années plus tard, j'ai appris qu'un *compound* de Salavat semblable à celui que j'avais visité avait été converti en petit camp militaire, ayant été donné de bon cœur par son occupant ! Peut-être y étais-je pour quelque chose !

Nous avions un visiteur : le commandant de la Force opérationnelle, le colonel Paul ! Il venait prendre le pouls de la situation directement sur le terrain, passant près d'une demi-heure à notre poste d'observation. Il s'est montré intéressé par nos rapports, en particulier ma description de lieux (les souliers, les produits cosmétiques, les cahiers d'écoliers). Jusqu'à maintenant, aucune cache d'armes ou d'explosif n'avait été trouvée, malgré les efforts continuels des équipes canines et des ingénieurs de combat. Mis à part les tirs d'harcèlement que nous avions subis en arrivant, aucun taliban ne s'était manifesté.

Dans cette cuisine, le chaudron était encore chaud.

Ceci n'est pas un Afghan, mais un soldat québécois!

— Les talibans passent ici mais ne restent pas longtemps, a dit un des villageois aux fantassins qui patrouillaient. La semaine dernière, nous les avons chassés à coups de pelles !

Voilà les gens que je voulais aider ! Pour prendre ce village, l'ennemi allait devoir venir en plus grand nombre ! Bientôt, je l'espérais, une école allait être construite ici, permettant d'instruire la prochaine génération. Un autobus effectuant des navettes sur les chemins sécuritaires allait amener les étudiants vers une université de Kandahar, formant les prochains ingénieurs, ceux qui allaient construire l'Afghanistan de demain. Grâce au climat sécuritaire, des liens commerciaux allaient bientôt être possibles entre Salavat et le reste du pays, permettant à l'économie de progresser et de se diversifier. Tout ceci, je l'espérais du fond du cœur. Je voulais aider. Malheureusement, nous étions trop peu nombreux et nous ne pouvions pas rester dans chaque village. Nous étions tels des pompiers courant d'un brasier à l'autre, en espérant qu'à la longue, le feu s'éteigne. Je craignais pour la sécurité de ces pauvres Afghans, laissés à eux-mêmes.

La nuit venue, nous nous sommes déplacés vers une butte de forme rectangulaire surplombant une partie du village, afin d'observer d'un autre angle. Un ingénieur de combat s'est porté volontaire pour déminer et sécuriser un chemin. Les ingénieurs de combats n'hésitaient pas à se mettre en danger, prenant part à toutes les patrouilles des fantassins. Mais les pertes étaient élevées chez ce corps de métier. Déjà, plusieurs d'entre eux étaient morts ou gravement blessés. D'ici quelques mois, sur notre camp seulement, l'unité d'ingénieurs allait être en partie décimée.

Le jour d'après, des hélicoptères sont atterris au milieu de la formation de véhicules, venant chercher les fantassins de la compagnie A, qui étaient venus en renfort, anticipant une résistance ennemie. « Une armée qui s'ennuie est une armée qui gagne », que j'aime à dire. Comme il est dit : « lL guerre, c'est 95 % d'ennui et 5 % de terreur ». Décidément, nous étions dans le 95 % !

Quelques temps après l'opération de Salavat, je suis passé au *COT,* à *KAF.* Au hasard d'une discussion, une officière m'a montré une vidéo d'archives venant d'ingénieurs de combat. C'était la butte rectangulaire où nous avions établi notre poste d'observation. L'officier a fait avancer le vidéo : les quatre coins de la butte ont volé en éclat !

— Les talibans avaient mis des bombes aux quatre coins, m'a expliqué l'officier.

— Mais j'ai dormi en plein milieu de cette butte !

— Ça faisait longtemps que les bombes étaient là. Vous avez été chanceux. Nous les avons fait exploser il n'y a pas longtemps.

Ainsi est la mort sur un champ de bataille : elle aime roder autour des âmes qui se croient en sécurité. Cette nuit-là, la mort avait littéralement dormi à nos côtés !

Nakhonay II — La montagne de la mort

La pièce de monnaie était tombée sur «face», du côté de la Reine! Lors de la prochaine mission, nous allions être intégrés au peloton de Reconnaissance. Le détachement Alpha, qui avait choisi «pile», allait se rendre sur les monts surplombants Salavat. Nous retournions près de Nakhonay, cette ville maudite par le diable! Les braises que nous avions piétinées reprenaient feu!

Je me suis rendu dans le *compound* canadien de *KAF*. J'ai croisé les soldats du Recce, qui parmi quelques véhicules blindés, préparaient leur équipement. Parmi eux, Sébastien, avec qui j'avais fait mon cours de base de fantassin. Il était déjà prêt pour sa prochaine sortie! Il portait ses genouillères de protection, se tenant debout sur la rampe d'un *TLAV*. Il regardait au loin, songeur. Il allait lui aussi aller sur les monts Salavat, non loin des *snipers* de l'équipe Alpha.

Notre Chinook a atterri environ une heure avant l'aube, dans un champ, non loin du réseau de villages de Nakhonay. Notre tâche, et celle du peloton de Reconnaissance, consistait à surveiller les voies d'approche au nord-ouest de la ville. D'ici quelques heures, des équipes d'infanterie et d'ingénieurs allaient être insérer et allaient sécuriser et fouiller les zones habitées.

Alors que les premières lueurs du jour commençaient à poindre à l'horizon, nous marchions en file dans les labyrinthes formés par les champs et les chemins de la campagne afghane. Les chiens jappaient un peu partout dans le secteur, alertés par le bruit de l'hélicoptère. Nous sommes arrivés dans un petit lopin de terre entourée de murs, que nous avons rapidement transformé en hérisson défensif. Le soleil du matin commençait déjà à plomber, réchauffant l'air tiède de la nuit. Les unités de fantassins, insérés eux aussi par hélicoptères, entraient dans Nakhonay. L'opération commençait !

C'est alors que j'ai aperçu une explosion au sommet des monts Salavat, à environ un kilomètre de nous. L'explosion semblait avoir directement touché le détachement de Reconnaissance du sergent Nadon. C'était trop précis pour être un obus de mortier tiré sans ajustement, ou même un tir de *RPG*. J'ai immédiatement pensé à un tir de canon sans-recul depuis le village de Salavat, qui se trouvait sur le versant opposé. Quelque chose d'étrange s'était passé.

— Ici 64 Alpha, un de nos gars est mort. Nous avons été compromis. Nous changeons de position.

Le ton était mécanique, froid. Nous savions qu'un de nos camarades venait de mourir, sans connaître son nom. Était-ce le caporal-chef Nadon, ami de longue date de Sylvain, présent à son mariage ? Des scénarios traversaient nos pensées. Mais il fallait continuer d'observer les alentours. La journée ne faisait que commencer !

Les femmes et les enfants restaient planqués dans les bâtiments. Nous ne voyions que des hommes, dont plusieurs arpentaient les champs. Les éclaireurs talibans du secteur essayaient manifestement de nous localiser, sans succès. L'ennemi savait que nous n'étions pas loin, sans savoir où précisément. Le problème est que nous n'étions pas seulement quatre *snipers*, mais un peloton complet. Ce n'était qu'une question de temps avant qu'un éclaireur ennemi tombe sur nous !

Alors que nous étions à la recherche d'insurgés, un sergent m'a tapé sur l'épaule. Il faisait la tournée du peloton :

— Courcy est mort dans la montagne, a dit le sergent en chuchotant.

— OK ! répondis-je à voix basse, m'en retournant aussitôt derrière mon optique de *sniper*.

Nous avons reçu un rapport des réseaux supérieurs, comme quoi les talibans préparaient des canons sans-recul et des armes lourdes contre nous. Les insurgés étaient en train de localiser les troupes du secteur et se préparaient à attaquer. L'étau se resserrait silencieusement autour de nous ! Nous étions sur le qui-vive, prêts à affronter le pire. «On en a eu un», disaient les rapports d'écoute. L'ennemi était galvanisé.

Nous avons repéré un homme à près de 400 mètres de nous. Il n'y avait que sa tête qui dépassait d'un trou dans un mur de quelques pieds de hauteur. J'ai aussitôt deviné qu'il s'agissait d'une sentinelle ennemie. Le taliban ne semblait pas avoir repéré les *snipers* ou le peloton, mais semblait savoir que nous n'étions pas loin. Attendait-il de déclencher des *IED* ? Était-il en train de rassembler un groupe de tireurs talibans ?

Dans ce genre de situation, les talibans ne patrouillaient pas comme des soldats, l'arme en main, ce qui les ferait détecter et tuer rapidement. Plutôt, ils se faisaient passer pour des civils non armés. Une fois les patrouilles québécoises localisées, ces «civils», jusque-là inoffensifs, se transformaient en combattants armés, allant chercher leurs armes, souvent cachées dans des couvertures ou des sacs de plastique enterrés dans des champs. Il arrivait que plusieurs groupes soient positionnés à des endroits différents dans le but d'effectuer une attaque coordonnée. Dans le passé, des patrouilles avaient ainsi été encerclées par des forces supérieures en nombre qui étaient surgies de nulle part, tels des fantômes attaquant de plusieurs côtés.

Les chasseurs de fantômes, c'était nous! Et pour contrer ces fantômes, il nous fallait user de ruse et de psychologie. Tout dépendait du contexte. Ainsi, dans un village tranquille, il était normal que les villageois fassent des allers-retours avec, disons, des sacs sur leurs dos. La même action (transporter un sac) était suspecte si effectuée dans une ville occupée par l'ennemi alors que des opérations militaires étaient en cours.

— La sentinelle vient de sortir une radio! m'exclamai-je tout en observant l'homme à l'aide de mon télescope d'observation.

Personne d'ordinaire, à Kandahar, n'utilisait de radios près des troupes de la Coalition.

— Ils se préparent, les fils de putes! a ajouté Sylvain. Oli, tu seras l'observateur. Pascal et Sammy! Armez vos carabines! On descend ce crotté-là!

— C'est comme si c'était fait! a commenté Pascal, qui depuis un moment observait lui aussi l'insurgé.

Pascal, équipé d'une AR-10, a lentement rampé vers une plate-forme de terre, ce qui allait lui offrir une meilleure position de tir. Sammy suivait derrière, transportant la Timberwolf. Quelques buissons épars allaient nous fournir suffisamment de camouflage, le temps de tirer. Notre plan était de faire un tir simultané : deux *snipers* allaient tirer vers la cible en même temps, dans la tête de l'homme. Ça allait être un beau spectacle! J'étais en première loge! Les chasseurs de fantômes se prépa-raient à détruire un démon islamique!

J'ai entendu le mécanisme des armes s'actionner. Après avoir regardé du coin de l'œil les chartes de tir, j'ai donné quelques paramètres à mes deux tireurs :

— Sammy, élévation : 35, vents : gauche 1. Tiens-toi prêt. Pascal : élévation 40, vents gauche 1.

Les deux *snipers* se sont orientés vers la cible comme les canons d'un navire de guerre. Ils allaient bientôt effectuer un bombardement chirurgical. Sylvain observait à l'aide des jumelles Vector. Il était à genou, dans une dépression, derrière les feuilles d'un arbuste à moitié mort. Notre cible n'avait pas bougé, affichant cette expression obscure typique des talibans.

— *Snipers* ! dis-je à voix basse. J'ai le contrôle !

Cette phrase, nous l'avions dite si souvent, pendant l'entraînement, quand nous tirions vers des cibles de métal ou des mannequins simulant des formes humaines. Cette fois-ci, nous nous apprêtions à tirer un humain, pour vrai !

— Au compte de deux, vous tirez !

Cette phrase, on la répétait au début de chaque tir synchronisé. C'était une procédure pour les *snipers* que de tirer au compte de deux et non de un. Les *snipers* peuvent être appelés à participer à des assauts coordonnés. Les tireurs d'élite ont alors le rôle de neutraliser les sentinelles et les observateurs ennemis. Au compte de un, alors que les sentinelles ennemies s'effondrent au sol, les équipes d'assaut commencent l'attaque. Les portes sont défoncées et les grenades volent en tous sens. Les équipes entrent alors brutalement dans les bâtiments. En raison de cette procédure standard, et pour éviter la confusion, nous avions décidé de toujours tirer au compte de deux, et de le spécifier avant chaque tir simultané.

— *Snipers* ! À deux, vous tirez... cinq... quatre...

C'était irréel. Je venais de déclencher le compte à rebours de la mort d'un homme. C'était la première fois que je me préparais à voir d'aussi près la mort d'une cible humaine! Jamais je n'avais vu si clairement les expressions d'une cible sur le point d'être abattue! Nous avions bombardé, nous avions tiré des cibles depuis des distances importantes. Mais la plupart des engagements étaient lointains, abstraits, techniques, impersonnels.

— Trois…

C'était tellement facile que c'en était troublant! J'avais l'impression de commander un peloton d'exécution. Le bras et la hache du bourreau attendaient le signal. Le temps était comme au ralenti. Je voyais clairement le visage de la cible à travers mon optique d'observateur, qui avait un zoom puissant. Contrairement aux tireurs, qui allaient subir le recul de leur arme, le spectacle que j'allais bientôt voir allait être d'une clarté troublante. Le taliban ne se doutait pas que deux armes longues portées étaient pointées directement vers lui, vers sa tête. Le moment est arrivé :

— Deux!

J'ai entendu les armes claquer simultanément derrière moi, produisant un bruit aigu. Malgré la faible distance, j'ai eu le temps de voir les balles monter légèrement, pour ensuite retomber en tandem. Des sillons d'air déformé suivaient les projectiles, ressemblant à de petits tourbillons. Une balle a écorché le haut du trou dans le mur, pour ensuite toucher le cou de la cible. L'autre balle est arrivée en plein dans le visage du taliban!

On pourrait croire que tuer un homme de la sorte est spectaculaire. Ce n'est pas le cas. Je n'ai même pas souvenir de l'impact de la balle en tant que tel. Curieusement, mon attention n'était pas là. Tout ce dont je me souviens, c'est d'avoir vu le mur de terre éclater en arrière de l'homme. Ça ressemblait à un feu d'artifice de terre se déployant en étoile autour de la forme de la tête. La tête du taliban a alors culbuté vers l'arrière comme si un boxeur venait de la frapper de plein fouet. La tête est tombée sec, d'un seul coup, sans plus d'histoire. Cet homme avait peut-être trente ans. Il n'avait suffi que de quelques secondes pour mettre un terme à des décennies d'existence.

— Impact!

C'est ce que j'aurais dû dire. Je n'ai pas été capable de dire plus qu'un long «OOOKKKKKK». Normalement, après un tir, l'observateur a le réflexe de dire «*hit*» (impact) ou «*missed*» (manqué), suivi d'une correction à gauche ou à droite, vers le haut ou vers le bas. À l'entraînement, nous tirons vers des cibles dites «réactives» faites de métal. On les appelait des «gongs», de par le son que ces cibles produisent à l'impact. Mais ici, c'est comme si mon cerveau avait été surpris de ne pas voir une réaction «standard». C'est un peu comme si on avait habitué un élève à ne répondre qu'à des questions «vrai ou faux», et qu'on lui présentait soudainement une question à choix multiples.

Une fois la cible «neutralisée», c'est comme si rien n'était arrivé. Tout était «pareil». Autour, on voyait le même paysage, les mêmes bâtiments. Le mur où se trouvait l'homme était encore là, comme avant. La seule différence est qu'il manquait le sombre visage du taliban. Tuer cet humain avait été banal. C'est ce qui rendait l'acte si troublant. Plus que jamais, j'ai compris que tuer est quelque chose de facile, une fois qu'on s'est psychologiquement fait à l'idée que c'est la bonne chose à faire. Une fois cette étape passée, le reste n'est plus qu'une formalité technique.

À notre époque de guerre moderne, les hommes se détruisent à l'aide machines interposées. Durant la Seconde Guerre mondiale, des centaines de millions de personnes ordinaires ont tué ou participé au meurtre de dizaines de millions d'autres personnes ordinaires. La plupart des morts étaient causées par des obus tirés par des canons actionnés par des mécanismes, des bombes larguées par des optiques de visées depuis les airs ou des balles d'armes déclenchées par un petit bouton magique appelé «détente». Cette puissance de feu avait été fabriquée en usine par des ingénieurs et des ouvriers qui, le plus souvent, ne savaient même pas comment infliger un coup de poing efficace. Dans de rares cas, ceux qui infligeaient la mort étaient des fantassins au front, voyant et entendant l'ennemi d'une distance malgré tout souvent impersonnelle.

Il y a longtemps, quand les guerres n'étaient que des petites batailles entre tribus, on regardait dans les yeux celui qu'on tuait. On le connaissait peut-être. C'était peut-être «ce cousin vivant de l'autre côté de la montagne». À travers mon optique, j'avais regardé «dans les yeux» celui dont j'avais commandé l'exécution.

Alors que nous venions de tirer l'ennemi, un soldat du peloton de Reconnaissance s'est approché. Il avait été *sniper* lors d'un déploiement précédent :

— N'oubliez jamais ceci, les gars : tuer, c'est comme tromper sa femme… au début, c'est difficile. Après, ça se fait tout seul !

J'aime l'humour noir !

— Venez voir de notre côté du périmètre ! a continué le *sniper*, plus sérieux. On a un problème…

Sur place, nous avons déployé nos optiques et équipements. Nous avons remarqué une fillette sur un toit. Par son expression, je voyais qu'elle nous cherchait du regard, sans nous trouver. Si elle repérait notre peloton, elle risquait de transmettre l'information à un combattant ennemi, qui allait ensuite organiser une attaque contre nous.

— Ils savent que nous sommes dans le coin, dis-je tout en observant derrière l'optique de mon arme. Ils ont entendu nos derniers tirs, malgré les suppresseurs[1].

— Il y a quelqu'un juste en dessous d'elle, dans le *compound*! a ajouté Sammy, qui venait de placer le télescope d'observation à mes côtés. Je vois même le bout de sa tête!

— Surement un taliban qui sait qu'il va se faire descendre, s'il se montre la face! a dit Sylvain qui tenait ses jumelles.

— Les lâches! a ajouté Pascal. Ils se servent de leurs enfants! Jamais je ne pourrais faire ça à ma fille! Jamais!

Nous n'avions pas le choix d'agir. En ne faisant rien, nous courions le risque de nous faire détecter ou attaquer. De plus, ceci envoyait le message aux talibans qu'avec les Québécois, il suffit d'utiliser des enfants pour nous observer ou transporter des armes. Ceci allait conduire à l'exploitation d'encore plus d'enfants. J'ai saisi l'arme de calibre 338, orientant le canon vers la fillette. Quelques secondes plus tard, le coup est parti. Une balle de 250 grains, perçant l'air à une vitesse supersonique, se rendait vers la jeune Afghane. Une fraction de seconde après avoir pesé sur la détente, le mur en arrière de la fillette éclatait.

Nous avions voulu faire peur à la jeune Afghane. Le bruit d'une balle qui passe proche est un «langage universel» que tout le monde comprend. La jeune fille, au son de la balle, s'est pré-

---

1   Contrairement à la pensée populaire, un «suppresseur» n'est pas un «silencieux». Les armes de tireur d'élite tirent des projectiles supersoniques, qui produisent un bruit important, même en utilisant un «silencieux». Le but du suppresseur est donc d'atténuer grandement la «signature sonore» de l'arme afin que le tireur soit détecté plus difficilement. Malgré cette précaution, un tir n'est pas silencieux et peut être entendu sur une certaine distance par une oreille entraînée. Un assassin désirant faire un meurtre à l'aide d'un pistolet utilisera un «silencieux» et tirera une balle subsonique. Le tireur n'a alors pas besoin d'utiliser une balle rapide et performante, le meurtre étant fait à courte distance. Le bruit produit sera alors très faible, se résumant au mouvement du mécanisme de l'arme.

cipitée en bas du mur du haut duquel elle observait. Elle avait instantanément compris qu'elle n'avait pas d'affaires là !

— Avez-vous vu les autres gars qui approchent de l'ouest ? a dit un soldat du peloton de Reconnaissance. Venez un peu par ici, je vais vous montrer.

Nous nous sommes déplacés à l'intérieur du périmètre défensif. Des hommes étaient débarqués d'un véhicule blanc et ratissaient les environs. Un homme en particulier avait attiré notre attention : il fonçait droit sur nous. En enjambant un muret, une petite radio est tombée de la poche de son veston. Oups !

— Ils ont trop confiance en eux ! dis-je. Ils ne croient quand même pas qu'on va les laisser faire comme ça !

Pascal a saisi le télémètre laser Vector. Clic.

— Il est à 622 mètres ! a dit Pascal.

— Parfait ! ajoutai-je. Élévation 58, vents 3. Quand tu es prêt, mon beau Sammy. C'est à ton tour de tirer !

Un *sniper* du peloton de Reconnaissance, qui se trouvait à une vingtaine de mètres de nous, suivait l'évolution de la situation derrière l'optique de son arme :

— Si vous ne le touchez pas, je vais le tirer, a ajouté le caporal Cimon, lui-même équipé d'une arme de *sharpshooter*[2] de calibre 5.56 mm.

Sammy a tiré. J'ai vu le sillon de la balle déformer l'air ambiant tel un petit vortex optique. Le sillon s'est redirigé vers le bas, disparaissant dans l'herbe longue du champ. Un nuage de poussière

---

2   Plusieurs fantassins ayant la qualification de tireur d'élite étaient employés comme « sharpshooters » dans les unités régulières. Souvent, on leur fournissait des fusils d'assaut modifiés et munis d'une optique de sniper. Dans ce cas-ci, l'arme était une C8.

est apparu entre quelques buissons tordus et asséchés. L'impact devait être à environ cinquante mètres de la cible, même si de notre position, tout semblait si proche. À ce moment, je commençais à avoir une bonne expérience d'observateur. Ma crainte s'était réalisée : nous avions sans le vouloir pointé le télémètre laser vers une brindille d'herbe se trouvant entre nous et la cible. Ce genre d'erreur se produit parfois en terrain plat, comme ici. Sammy a immédiatement chambré une autre cartouche. Pendant ce temps, je regardais le comportement de la cible à travers mon optique. L'homme n'avait ni vu ni entendu l'impact. Quelques secondes plus tard, le regard de l'insurgé a changé : c'est comme s'il sentait que quelque chose clochait avec le petit bruit étrange qu'il venait d'entendre dans le champ. Ce petit bruit était en fait l'impact d'une balle. Ceux qui avaient tiré cette balle, nous, étaient déjà en train d'ajuster le tir. Sans doute par instinct, l'homme s'est retourné, marchant d'un pas empressé.

Au même instant, j'ai entendu le *sniper* du peloton de Reconnaissance tirer. Son arme, de calibre 5.56 mm, était de petit calibre mais équipe d'une optique de tir de précision. J'ai vu la balle s'envoler devant moi telle une petite aiguille à peine visible. La balle est passée à environ un pied de l'homme à la manière d'une miniature fusée déformant l'air. Comme à l'entraînement, le sillon ressemblait aux effets spéciaux tirés du film *La Matrice*. Une deuxième balle s'est envolée vers la cible.

— Impact ! Tu l'as eu ! m'exclamai-je.

La scène était surprenante ! La balle, après avoir fait une trajectoire légèrement courbée, avait carrément disparu en haut de la fesse droite de l'homme. Il n'y avait pas de sang. Rien. C'est comme si la balle avait été « avalée » par le corps de l'Afghan. La réaction de ce dernier était bien différente de ce qu'on pourrait penser. À l'impact, l'insurgé s'est raidi comme s'il avait été piqué par une abeille. La distance était trop importante pour le petit calibre utilisé. Si ce n'avait été de mon télescope d'observation, je n'aurais même pas remarqué que l'homme avait été touché ! Quelques secondes plus tard, l'Afghan s'est tourné la tête vers nous, jetant un regard de colère. Il ne nous voyait pas, mais savait que nous étions là.

— Hey non ! Ils sont pas toujours de gentils et naïfs Calinours, ces Québécois ! dis-je à voix basse, comme si je lisais les pensées du taliban.

L'homme, pris de panique, s'enfuyait d'un pas empressé. Curieusement, l'Afghan me faisait penser à un travailleur pressé en retard pour son boulot.

— Il boite ! dis-je aux autres *snipers*. Oh qu'il n'a pas l'air content ! Nous allons l'achever !

En arrière-plan, à environ 200 mètres de l'Afghan, se trouvait une fourgonnette partiellement rouillée. C'est vers cette fourgonnette que l'insurgé blessé marchait. Des hommes s'affairaient en arrière du véhicule à la manière de déménageurs pressés. C'était inhabituel dans les circonstances, aucun habitant n'osant s'aventurer de la sorte alors que des combats avaient lieu dans la ville. J'ai alors entrevu un homme armé monter à bord du véhicule, la réflexion du soleil ayant envoyé un flash métallique de son arme en ma direction. J'avais l'impression que les insurgés cherchaient à s'en aller. C'était le temps de déclencher un autre carnage !

— Sammy ! dis-je. La vannette vient de partir ! Élévation : 62, vents : droite 3. Donne une correction[3] de six mils pour compenser le déplacement du véhicule. Tire dès que tu es prêt !

---

3   Ce type de correction s'appelle un « lead ». Ce type de paramètre de tir est grossier et peu précis, mais peut être rapidement appliqué. Il est utilisé surtout contre les

Soldat afghan décrivant les soldats québécois à un jeune Afghan, après que j'ai donné des croustilles à ce dernier.

Le premier tir a heurté le sol derrière le véhicule, faisant apparaître un petit nuage de poussière :

— Le véhicule accélère ! Augmente ton *lead* de dix mils ! dis-je pendant que Sammy rechambrait une cartouche dans l'arme. Vise le milieu de la cible !

L'arme claquait à répétition. Pfff ! Pfff !

— Continue ! Tiens ça ! C'est excellent !

Je jubilais ! À mesure que le véhicule avançait, je voyais le reste des nuages de poussière apparaître à la traîne, en arrière-plan de la vannette qui avançait. Les projectiles touchaient bel et bien le véhicule, sans que je puisse voir les impacts sur la paroi de métal, alors en mouvement. Impossible de confirmer si nous avions tué ou atteint des passagers. On peut s'imaginer la terrible scène à l'intérieur de la fourgonnette : peut-être qu'un insurgé en panique venait de se faire toucher, saignant abondamment ? Ou peut-être qu'une série de balles étaient passées à quelques pouces des combattants ennemis, créant des trous dans la carrosserie, sans blesser personne ! Contrairement à la croyance populaire, les portes d'une voiture ne bloquent pas une balle. Même une balle de pistolet passe à travers un véhicule ordinaire. Il n'y a que le bloc-moteur qui peut arrêter des projectiles d'armes à feu.

Sammy était à court de munitions. Alors que mon tireur accrochait un nouveau chargeur sous la carabine, le véhicule est disparu derrière des bâtiments. Sylvain a transmis la coordonnée et la description du véhicule par radio. Par chance, un

---

cibles en mouvement, alors qu'il serait impossible d'ajuster continuellement l'optique de tir, au moindre nouveau mouvement de la cible. Par exemple, un humain qui marche de côté, à une distance donnée, pour une arme et des conditions données, nécessite un « lead » de plus ou moins 1,5 mil.

Pascal derrière la carabine Macmillan.

66 Bravo en route vers une patrouille depuis le leager. De gauche à droite : Sammy, Pascal, Olivier, Sylvain. On voit les carabines de tireur d'élite dépasser des sacs de patrouille. Sylvain, le commandant du détachement, a une radio. Le fusil d'assaut de Sammy est muni d'un suppresseur.

drone était dans notre secteur, ce qui allait permettre de suivre le véhicule.

J'ai orienté mon optique vers notre cible initiale, l'homme blessé. Il avançait en titubant dans les champs, tel un vieux boxeur vaincu sortant du *ring*. Les insurgés de la fourgonnette l'avaient-ils oublié ou abandonné? L'homme avançait, tombait, se relevait, s'enfargeait. Je m'attendais à tout moment à le voir s'effondrer pour de bon. Je m'imaginais déjà son cadavre pourrir au soleil, dévoré par les chiens errants. Décidément, cet adversaire avait un esprit guerrier! C'était respectable! J'avais le goût de le laisser vivre.

Après une minute de marche, l'homme a pris une nouvelle pause, s'assoyant près de ce qui ressemblait à un ruisseau dont les bords étaient couverts de végétation. Fallait-il le considérer comme un «ennemi vaincu» ou comme un combattant blessé tentant de s'enfuir? La première réponse signifiait de laisser l'homme en vie, la seconde de le tuer.

— D'après moi, il pense qu'on ne le voit plus, commentai-je. Sammy, prépare-toi! Ses amis l'ont laissé derrière. Nous allons le finir. Dis-moi quand tu es prêt!

Le *sharpshooter* du peloton de Reconnaissance était lui aussi prêt à nous aider à achever le combattant ennemi.

— On le laisse partir! a alors tranché Sylvain. Je sais qu'on pourrait le tuer, mais il ne combat plus.

Sammy a aussitôt déchargé son arme en soupirant. Il semblait épuisé de sa journée. Émotionnellement. Il était fatigué de tuer. En tant que soldat et tireur d'élite, c'est quelque chose qu'on doit respecter. Il arrive que la responsabilité de tuer soit difficile à porter, et qu'on doive prendre «un break» psychologique. À vrai dire, nous étions tous mentalement drainés. Nos âmes ressentaient toute la tristesse et le poids de la mort que nous infligions à ces humains.

Quelques minutes plus tard, l'ennemi blessé s'est péniblement relevé. Son teint était pâle et son front était couvert de sueur reflétant le soleil. Le bas de ses vêtements blancs était maintenant imbibé de sang. L'homme est péniblement entré dans un bâtiment. Fallait-il bombarder l'endroit ? Était-ce une cachette de talibans ?

L'homme est alors sorti de l'immeuble, escorté et soutenu par une famille afghane qui l'aidait à marcher. Je suivais la scène avec mon télescope. Les genoux de l'homme ont alors plié, qui est presque tombé au sol. Deux Afghans l'ont soutenu et relevé. L'homme semblait sur le point de mourir, regardant d'un air confus le ciel et le paysage l'entourant. Il saignait beaucoup, malgré le petit calibre de la balle qui l'avait touché. Un véhicule jaune s'est approché. L'homme, blessé, a pris place. Il y avait des femmes à bord du véhicule. Les occupants étaient sans doute innocents, ne voulant qu'aider un homme blessé, ce qui était honorable. Les canons de l'artillerie ne devaient pas tirer.

À ce moment, les soldats du Recce des monts Salavat demandaient à être évacués par hélicoptère, transmettant des informations sur les ondes radio. C'est alors que des obus sont tombés sur la montagne. L'ennemi, toujours actif, s'activait ! Les explosions s'approchaient dangereusement du détachement. Pendant ce temps, nous observions les alentours, à la recherche de l'ennemi.

— Ils vont faire le saut quand ils vont se rendre compte qu'on les voit d'ici ! commenta Sylvain, qui venait de détecter l'équipe du mortier ennemi !

Sylvain a immédiatement contacté par radio les observateurs de l'artillerie, alors dans un autre secteur, avec le commandant de la

Compagnie Cobra. En peu de temps, des salves d'obus tombaient sur le repère ennemi. Boum boum b-boum boum! Les bombes tombaient telles les percussions d'une symphonie meurtrière. Le sergent «La Tasse» accompagnait Sylvain. C'est lui qui avait été chargé de la navigation, lors de l'insertion du peloton de Reconnaissance. C'était surprenant de voir à quel point nous avions «carte blanche» de tirer et bombarder n'importe qui et n'importe quoi. Je sentais qu'il y avait une volonté politique et militaire de laisser les soldats «faire le ménage», même si cela signifiait quelques «incidents» et dommages collatéraux.

Alors que des obus tombaient, nous avons vu les talibans courir à l'extérieur du bâtiment, se réfugiant dans un autre à proximité, transportant de gros sacs à dos. Sylvain a aussitôt commandé une nouvelle mission de tir sur cet emplacement. Quelques minutes plus tard, le bâtiment était complètement enveloppé de poussière et de fumée, écrasé par les obus qui tombaient à répétition.

— On y va pour quelques obus de plus? dis-je, tout en observant les obus exploser et claquer.

— Aweye dont! de répliquer Pascal. On se gâte, on se gâte!

Et c'était reparti! D'autres obus, d'autres explosions. Quelques minutes plus tard, les ruines du bâtiment de terre se révélaient parmi la poussière qui se dissipait. On aurait dit un château de sable déformé après le passage d'une marée. Pendant ce temps, le détachement de Reconnaissance des monts Salavat attendait une évacuation médicale. Le problème est qu'aucun pilote ne voulait risquer sa vie pour cette évacuation dangereuse. L'ennemi risquait de tirer de nouveau vers l'emplacement du détachement. Le moindre projectile ou éclat d'obus risquait de causer un écrasement!

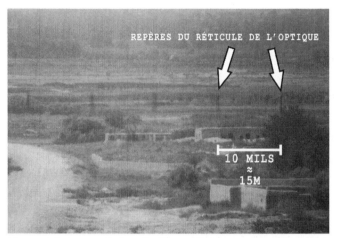

Vue partielle à travers les jumelles Vector. Chaque trait noir (qu'on voit de manière floue sur la photo) représente un angle de 10 mils. Le bâtiment ayant plusieurs ouvertures se trouve donc à une distance d'environs 1500 mètres. Les snipers doivent être en mesure d'effectuer rapidement des calculs mentaux semblables, advenant que les «gadgets» comme le télémètre laser ne fonctionnent plus. C'est à l'aide de calculs semblables que les corrections sont fournies à l'artillerie.

Contre toute attente, un hélicoptère Griffon est apparu dans le ciel, s'approchant de la montagne à pleine vitesse. Je sentais que toutes les unités du secteur assistaient à cette spectaculaire évacuation effectuée par un pilote portant le nom de Caron, qui était un ex-fantassin. Je n'ai pu m'empêcher d'orienter mon télescope vers ces braves guerriers québécois. Le pilote s'est méticuleusement approché de la paroi de roches grises. Les hélices semblaient s'agiter à seulement quelques pieds de la montagne! Si l'ennemi voulait attaquer, c'était le moment idéal[4]!

— Les gars! Regardez partout autour! a dit quelqu'un sur les ondes radio. Vous ne laissez personne tirer vers nos camarades!

De notre emplacement, on voyait les soldats du Recce à flanc de montagne. Ils se tenaient aux côtés du cadavre de leur ami. Le corps, inerte et enveloppé dans un *body bag*, ne semblait rien d'autre qu'une masse sombre et impersonnelle. Une fois l'hélicoptère suffisamment proche, les soldats ont balancé la dépouille dans l'appareil. Quelques secondes plus tard, les soldats embarquaient un à un dans l'hélicoptère.

— Ici 66 Alpha, a alors dit le sergent Hamel sur les ondes radio. Nous n'avons pas été détectés. On va rester sur la montagne et couvrir la suite des opérations!

« Nous restons. » Deux mots qui sont si faciles à dire. Combien le disent, au moment décisif?

Le mot s'était vraisemblablement passé chez l'ennemi qu'il valait mieux ne pas se frotter à ces soldats cachés dans les champs. La journée s'achevait. Il n'y avait personne de visible aux alentours,

---

4   Comme quelques événements racontés dans ce livre, la vidéo de cette évacuation peut être vue en ligne.

les habitants préférant rester cachés dans leurs maisons. J'ai alors détecté un homme entre des bâtiments de terre. Il poussait une charrette vide devant lui. Il est disparu dans une rue se trouvant à environ 300 mètres de nous, non loin de l'emplacement du combattant que nous avions tiré dans la tête. Quelques instants plus tard, l'homme est réapparu, marchant en sens inverse. Des jambes dépassaient de la charrette. Une couverture poussiéreuse recouvrait un corps immobile. Des jambes, maigres, se balançaient mollement, ce qui rappelait un cadavre sorti d'un camp de concentration. C'était le cadavre de l'homme que nous avions tiré plus tôt !

J'ai perdu de vue l'homme à la charrette. À l'aide de mon télescope, une heure plus tard, à l'horizon, j'ai aperçu deux silhouettes. Les deux humains étaient au sommet d'une petite colline, en contre-jour du soleil couchant en arrière-plan. Malgré le contexte lugubre, la scène était magnifique ! Les deux hommes ont creusé, pour ensuite se placer debout, en position de recueillement. Les funérailles d'un mort que nous avions tué !

« Honneur à toi, malgré tout ! ai-je alors pensé. Tu es né ici. Moi, ailleurs. Je viens de loin. Peut-être sommes-nous moins différents qu'on ne le croit ! »

Il n'y avait personne d'autre que les deux hommes, ce qui me confortait dans l'idée que celui qui était mort ne venait pas de la place, mais du Pakistan. À Kandahar, les cimetières ressemblent souvent à de petites collines. Je me suis longtemps demandé si ces collines n'étaient pas formées par l'accumulation des corps au fil des siècles. La colline était aujourd'hui un peu plus haute. La guerre venait d'avaler une autre âme !

La nuit venue, nous nous sommes légèrement déplacés au nord. Je montais la garde à l'entrée d'une ruelle, aux côtés de Éric, un soldat du peloton de Reconnaissance :

— Avant de partir en Afghanistan, j'allais prendre des bières avec Courcy, me racontait Éric, encore sous le choc. Je réalise pas encore !

Les montagnes de Salavat se tenaient devant nous, noires et silencieuses. Je ne le savais pas encore, mais les bâtiments que je voyais avec mon équipement de vision nocturne étaient remplis de pièges et de bombes, peut-être installés par l'homme que nous avion tiré ! La mort attendait au détour d'un coin de rue !

C'était le milieu de la nuit. Je dormais à moitié, l'épaule appuyé sur un mur de terre. Sylvain s'est approché et m'a secoué le bras :

— Dans quelques heures, les unités d'infanterie finiront la fouille du secteur nord. Nous allons établir un poste d'observation sur une colline en périphérie de la ville et couvrir les dernières opérations. Nous y allons sans le peloton de Reconnaissance. Les artilleurs veulent venir avec nous.

Après une dizaine de minutes de marche, nous sommes arrivés au pied d'un monticule de terre d'une hauteur d'environ quinze mètres. Ce genre de butte avait été créée par les troupes soviétiques, à l'époque, servant de poste d'observation. L'endroit, qui comportait des crevasses gravées par les pluies saisonnières, était fort probablement infesté de bombes. Heureusement, un ingénieur de combat nous avait été prêté pour la durée de la mission. Pendant plusieurs minutes, le soldat s'est affairé à créer une « bulle » de sécurité dans une des crevasses que comportait le monticule. Aux premières lueurs du jour, nous étions prêts à observer et à couvrir les opérations de ratissage dans le secteur.

Au milieu de l'avant-midi, les troupes avaient trouvé un nombre élevé de bombes et d'équipements ennemis. J'étais stupéfait de voir à quel point l'endroit était complètement piégé. La première

Le caporal Cimon, du peloton de Reconnaissance, a touché la cible à l'aide de son arme de sharpshooter.

Sammy derrière la carabine Timberwolf.

fois que nous étions venus à Nakhonay, nous avions pris l'ennemi par surprise. Cette fois-ci, il nous attendait !

Pendant l'avant-midi, c'était une suite quasi ininterrompue de communications radio et de mouvements de troupes. Les unités de manœuvre se rapprochaient de nous, fouillant les derniers bâtiments, non loin de notre emplacement. Nous avons aperçu un groupe de soldats entrer dans une enceinte située à environ 250 mètres de notre colline. Soudainement, une explosion est survenue, secouant l'air et faisant vibrer le sol. Un an plus tard, une fois revenu d'Afghanistan, un brave fantassin appelé Baron allait me raconter ce qui s'était passé...

Un groupe d'ingénieurs de combat était sans le savoir entré dans une enceinte piégée, prenant les précautions habituelles. Un des ingénieurs n'avait pas vu un des dispositifs placés par l'ennemi. La bombe a été déclenchée. L'explosion a instantanément arraché une jambe au soldat. Ce dernier, sur le point de mourir, a eu le réflexe d'avertir ses confrères : « Le bâtiment est complètement piégé ! Foutez le camp ! Foutez le camp ! »

Ses camarades ont réussi à déminer un chemin jusqu'au soldat blessé, le tirant hors de la zone de danger. Le guerrier était en bien mauvais état ! Sur une vidéo que j'ai vue, on voit le tibia dépasser de la jambe arrachée. L'os était noirci par l'explosion, qui avait soufflé la chaire, elle aussi en partie calcinée.

— Câlisse de talibans ! disait le soldat blessé tout en étant transporté sur la civière. Ils m'ont eu en esti cette fois-ci ! Je suis dont bien con de m'être fait avoir comme ça. Un vrai amateur ! J'en avais vu des bien pires que ça ! Je peux pas croire !

Mais tous ces détails, je ne les connaissais pas quand est survenu l'incident. Sur le moment, de ma perspective, tout ce que je voyais était un attroupement de soldats doublé de conversations radios chaotiques. Ce n'était pas le moment de relâcher notre garde! Mon détachement de *snipers* était le seul à avoir une position aussi avantageuse sur les environs, ce qui allait nous permettre de couvrir l'opération d'évacuation. Par chance, un champ de blé récolté se trouvait à proximité du lieu de l'incident. C'était là que l'hélicoptère allait atterrir.

Tout me laissait croire que les *IED* n'avaient pas été activés par des observateurs. Les talibans avaient sans doute déjà quitté le secteur. Ils avaient eu leur leçon, la journée d'avant. Il est possible que l'homme que nous avions tiré la veille fût un insurgé ayant comme tâche de déclencher des *IED* supplémentaires.

Le monticule sur lequel je me trouvais cachait la scène à la population d'une petite agglomération. Les villageois étaient déjà retournés à leurs habitudes, n'ayant pas connaissance de ce qui était en train de se passer. D'un côté, vers l'est, un soldat était sur le point de mourir et une évacuation médicale était en cours. De l'autre côté de la colline, vers l'ouest, on voyait des enfants jouer et des femmes s'activer autour des puits.

C'est alors que nous avons entendu des claquements d'hélices! Un Black Hawk s'est posé au milieu d'un nuage de poussière. Quand est venu le temps de soulever et d'amener la civière vers l'appareil, le soldat a lâché un grand cri. Je n'avais jamais entendu quelqu'un crier de douleur de manière si intense! C'était comme un lion qui rugissait.

Un an plus tard, le caporal Baron allait croiser le brave ingénieur de combat au Québec. Il se remettait de ses blessures avec une attitude positive et combative. Il disait que ce qui le faisait le plus souffrir n'était pas la jambe disparue, mais celle encore présente. Dans les années qui allaient suivre, Étienne Aubé allait devoir combattre non pas l'ennemi, mais ses propres démons. Il travaille aujourd'hui dans un centre de prévention de la toxicomanie. J'ai vu quelques-unes de ses photos. On remarque deux choses : la jambe métallique, faisant penser à un robot. Mais on remarque surtout le sourire du combattant !

Le soldat Sébastien Courcy, du peloton de Reconnaissance, mort dans les montagnes de Salavat. Une fin honorable!

Le règne des guerriers

L'hélicoptère d'évacuation envolée, c'était au tour du détachement de *sniper* Alpha d'être évacué depuis les monts Salavat. Leur emplacement était tellement accidenté qu'aucun appareil ne pouvait trop s'approcher. Les *snipers* ont littéralement dû sauter vers l'hélicoptère, alors en vol stationnaire ! Le moindre faux pas et c'était la mort ! Le caporal Lelièvre a dû s'agripper à un patin de l'hélicoptère, à la manière d'un acrobate sautant dans le vide ! Une minute après l'arrivée de l'appareil, tous les soldats étaient à bord[1].

Mon détachement, ainsi que le peloton de Reconnaissance, avons alors rejoint le *leager*, qui venait de se rassembler à la base des monts Salavat. Afin d'éviter les risques d'*IED*, nous nous sommes efforcés d'emprunter les traces laissées par les roues et les chenilles des véhicules qui étaient déjà passés. Sur place, un Chinook s'est posé au milieu de la formation de véhicules, afin d'extraire les prisonniers et d'amener le peloton de Reconnaissance jusqu'à *KAF*, où la cérémonie d'adieu à Courcy allait avoir lieu.

À *KAF*, nous sommes passés près du Tim Hortons du camp, où une file de militaires attendaient d'acheter leur ration de beignes. Nos bottes sales, nos uniformes couverts de poussière

---

1   De retour à KAF, le sergent Hamel allait écrire un rapport sur « le dangereux amateurisme » des méthodes d'extraction employées lors de cette opération, ou plutôt de l'absence de méthodes. Plusieurs techniques d'extraction, tel le SPIE (Special Patrol Insertion/Extraction) n'avaient pas été appliquées ou même suggérées. À l'entraînement, il arrivait que les extractions se produisent d'une façon « plus simple » : « Dans la vraie vie, on ferait comme ceci ou cela, mais là on n'a pas le temps », qu'on disait. Il faut en conclure qu'à la guerre, les armées font comme à l'entraînement, pour le meilleur et pour le pire. Il ne faut pas penser que parce que « c'est la guerre », les choses se feront nécessairement mieux. Les « mauvais plis » ne sont pas « effacés » quand les choses deviennent sérieuses.

et nos armes grafignées rappelaient d'où nous venions. En nous voyant, un officier supérieur nous a immédiatement cédé sa place dans la file. D'autres militaires nous ont eux aussi laissés passer, prenant soin de nous serrer la main et de nous remercier. Nous étions les combattants de cette guerre! Tous nous respectaient! Les cafés et beignes étaient gratuits! Un politicien avait rendu visite au camp et avait déboursé des milliers de dollars pour les soldats. La rumeur disait qu'il avait payé de sa poche!

Des soldats du Recce sont entrés dans le Canada's House, qui comportait un cinéma et des tables de billard neuves! «Un préposé s'est plaint que nos bottes salissaient le plancher», m'a par la suite raconté un des soldats. Les soldats s'en foutaient! Ils se sont confortablement étendus dans les sofas. L'endroit leur appartenait!

Quelques heures avant la cérémonie de la rampe, nous sommes allés manger un *steak* à un restaurant appelé «Quatre saisons». À l'intérieur, les murs de bois et le mobilier nous donnaient l'impression d'être dans un restaurant américain *redneck*, ce qui me plaisait bien. Aux tables de bois étaient assis des soldats portant des pistolets et des fusils d'assaut. L'Afghanistan était un mélange de *Far West* américain et de Palestine du temps de Jésus.

Une fois à table, le détachement de Courcy, qui comprenait un soldat de moins, s'est assis en face de nous. Du sang séché et de la terre se trouvaient dans le creux des oreilles d'un soldat.

— Désolé, les gars! J'entends plus d'une oreille! a dit un soldat en face de moi. Notre poste d'observation a été miné par les talibans.

Le caporal Lelièvre, un *sniper* de l'équipe Alpha, avait lui aussi été en haut des monts Salavat:

— Arrivé sur place, c'était comme si tout le village regardait vers les montagnes, dans l'attente de ce qui allait arriver. Jamais je ne me suis senti aussi mal que ça !

Les villageois savaient que la montagne était piégée. Certains d'entre eux avaient même contacté la Coalition quelques semaines auparavant, pour l'en avertir. Plusieurs voix s'étaient élevées contre le plan d'insertion : il ne fallait pas envoyer de troupes en haut des monts Salavat ! L'endroit était « brûlé », ayant déjà été utilisé par les équipes Charlie et Delta lors de l'opération à Salavat. L'hélicoptère était venu les extraire directement du sommet, à la vue de tous ! L'opération à Salavat terminée, les talibans avaient escaladé la montagne et placé des *IED*.

Malgré les multiples avertissements, au *COT,* un responsable avait insisté. Encore à ce jour, je ne comprends pas pourquoi un ingénieur de combat n'a pas été attaché aux équipes envoyées sur la montagne. Quelque chose n'avait pas fonctionné dans la planification. Nous étions surpris par la détermination de l'ennemi, qui avait deviné les mouvements de nos troupes et avait si bien placé l'*IED* qui avait tué Courcy.

Une fois en haut de la montagne, l'équipe du Recce s'est installée, déployant armes et équipement. C'est alors qu'une explosion est survenue de l'autre côté d'un rocher. Remis du choc, les soldats se sont assuré que tous étaient sains et saufs. Sébastien Courcy manquait à l'appel ! C'était comme s'il avait disparu ! Ce n'est qu'après un moment que les soldats ont retrouvé ce qui restait de leur ami. L'explosion avait broyé les deux jambes du fantassin, le projetant sur le flanc de la montagne. Il n'avait pas souffert. De sa perspective, tout ceci avait dû ressembler à un *knock-out,* à la boxe. Un instant, il était conscient. La seconde d'après, tous ses sens se sont éteints. C'était fini.

— Je vais prendre un *steak*, dis-je à la serveuse, une américaine portant un tablier aux couleurs de l'Amérique. Mi-saignant. Un bon verre d'eau aussi, s'il vous plaît.

— Nous avons un rationnement sur l'eau potable ces jours-ci. Mais nous avons du Coke !

Curieux endroit : c'était ici plus facile de commander une boisson gazeuse que de l'eau !

— Je vais te prendre une bière, dans ce cas.

C'était, bien entendu, de la bière désalcoolisée.

Par la fenêtre, nous apercevions la chapelle militaire de bois, qui se trouvait à une vingtaine de mètres de nous. Un véhicule y déchargeait un cercueil. C'était celui d'un autre soldat mort.

— C'est pas cool, ça ! a lancé le sergent Bédard, un observateur de l'artillerie venu manger avec nous. C'est loin d'être fini !

C'était le temps d'aller à la cérémonie de la rampe, une fois de plus. Une douche prise, nous sommes embarqués dans les caisses arrière de *pick-ups*. Nos uniformes étaient propres, mais fripés, ayant été entreposés. « Gardez un uniforme à *KAF*, pour les cérémonies de la rampe », qu'on nous avait dit en arrivant en Afghanistan.

Sur place, nous nous sommes placés au premier rang, juste à côté de la rampe d'accès de l'appareil. Un soldat portait des bandages autour de la tête. Un autre fantassin, blessé dans une récente opération, se tenait debout sur des béquilles. Pas question de ne pas assister à cette cérémonie sacrée ! Blessé ou pas !

En face de nous se trouvait ce qu'on appelait les « métiers » : des militaires non combattants restant loin des lignes ennemies. Certains d'entre eux montraient un grand respect pour les dépouilles des guerriers qui allaient bientôt défiler devant eux. Plusieurs d'entre eux avaient été combattants dans d'autres guerres. Ils se rappelaient. D'autres semblaient ennuyés et indifférents à ce spectacle déjà redondant. Quelques-uns faisaient même des blagues.

Quand la cornemuse a commencé à jouer et que les cercueils se sont avancés, partout les bras se sont levés pour le salut militaire. La procession était lente, solennelle, nous obligeant à garder le bras élevé pendant de longues minutes. En face, certains militaires commençaient à trembler de la main, de par la fatigue. Je me souviens de cette militaire. Épuisée, elle a décidé de laisser son bras tomber. Derrière elle, un militaire lui a immédiatement remis le bras en place, comme pour lui dire : « Peu importe que ça fasse mal, tu vas garder ton bras vers le haut ! » La militaire donnait l'impression d'être sur le point de pleurer de frustration. D'autres militaires semblaient aussi agacés, tenant malgré tout le coup. Je me demande ce qu'avaient en tête ces curieux personnages, quand ils avaient joint l'Armée.

Les cercueils sont passés en face de nous. La musique de la cornemuse se mélangeait au son des réacteurs de l'avion, qui sifflaient près de nous. Je suis certain que les jeunes guerriers de *KAF* étaient jaloux ! Ils auraient tout donné pour combattre, eux aussi !

La procession passée, le peloton est entré dans la carlingue de l'avion gris. Nous nous sommes regroupés autour du cercueil de Sébastien, qui était recouvert du drapeau blanc et rouge du Canada. J'étais entouré de fiers-à-bras, de durs à cuire. Tous étaient émus comme des enfants. Plusieurs pleuraient, discrètement. Certains sans gêne. C'était le temps de dire adieu à cet autre camarade tombé au champ d'honneur. Il s'en retournait au Québec par le même chemin qu'il était venu. Il était venu avec un drapeau cousu sur la manche. Il s'en retournait avec le corps couvert par ce même drapeau. C'était une mort honorable ! C'était une belle mort !

La cérémonie venait de prendre fin. Sur le tarmac, les rangs étaient démantelés. Nous marchions et discutions, quand un sergent-major s'est approché d'un soldat du peloton de Reconnaissance. Ce militaire n'avait jamais été en patrouille, n'étant pas dans un métier de combat :

— Vous ! Soldat ! Je m'en fous de votre excuse : votre béret est sale et je vois des plis sur votre uniforme ! Vous n'avez pas honte ?

Le caporal Kègle, qui avait entendu la conversation, est apparu comme la foudre. Il était de plusieurs grades le subordonné du sergent-major. Il a placé son visage à quelques pouces du sien :

— Écoute-moi bien. Ces gars-là reviennent du combat. Pendant que tu mangeais ton gros *hamburger*, eux ils ont perdu leur ami à Salavat. Alors, écrase et ne viens plus jamais nous écœurer !

J'aime la guerre ! C'est le seul moment où les guerriers sont les patrons de l'Armée.

Des camarades de Sébastien lors de la cérémonie de la rampe.

C'est au sommet des monts Salavat qu'est mort le soldat Courcy.

Les trois portes

Je n'avais pas envie d'aller en congé. J'étais bien ici, en Afghanistan. N'ayant pas le choix de prendre deux semaines de vacances, j'ai décidé d'aller visiter quelques pays du Moyen-Orient. Dubaï était déjà sur mon «chemin», étant la base d'où arrivaient les vols tactiques d'Afghanistan.

À Dubaï, tout respirait la richesse, mais en même temps, tout était comme «vide». En Europe, chaque rue, chaque pierre raconte une histoire. À Dubaï, il y a de beaux gratte-ciels, mais c'est comme s'ils avaient été bâtis pour en mettre plein la vue. Un peu comme un riche qui ne connaît rien à l'art et qui achète une toile «pour faire beau». Dans les rues, on voyait des Lamborghini et d'autres véhicules de luxe. Il n'y avait aucune profondeur spirituelle à tout ce spectacle. Au marché de l'or, on voyait des bijoux valant des centaines de milliers de dollars chacun. Ils étaient placés les uns à côté des autres, dans des vitrines impeccables. Des adolescentes musulmanes voilées faisaient leur «tournée» de magasinage, ayant plusieurs sacs sur chaque bras. La belle vie! Je préférais la vie de tranchée!

Nous sommes allés visiter la grande tour de Dubaï, alors en construction. Symbole de puissance économique, la tour ressemblait déjà à un long glaçon pointu. Les travailleurs s'y trouvaient, pour la plupart des Indiens ou des Pakistanais. Ils n'affichaient pas le même sourire que les adolescentes du marché de l'or. La «chair à canon» de l'économie mondiale.

Nous avons soulevé le ruban jaune délimitant le chantier. Nous avions l'air d'ingénieurs venus inspecter la structure. Personne n'a vérifié notre identité. Cette petite escapade terminée, nous sommes allés au bar d'un hôtel, le seul endroit où on pouvait boire de l'alcool sans se faire jeter en prison.

Le lendemain, j'ai quitté mes amis, qui allaient embarquer vers le Québec et bientôt revoir leur copine. Ma prochaine destination était Bahreïn, à moins d'une heure de vol de Dubaï. Le vol était de nuit. Par le hublot, je voyais des centaines de feux. C'étaient les puits de pétrole du golfe persique. Il y en avait à perte de vue. Ça sentait l'argent facile, celle du pétrole qu'il suffit d'extraire à l'aide de pompes inventées par d'autres peuples.

Une fois atterri à Bahreïn, je n'avais plus un sou et aucune de mes cartes de crédit ne fonctionnait. En bon fantassin, j'ai marché à travers la ville toute la nuit. J'avançais dans des rues obscures, au son des mosquées qui, aux premières lueurs du matin, lançaient des appels à la prière[1] comme en Afghanistan. Une fois dans la capitale, Manama, un conducteur s'est approché pour m'aider. Voyant que je n'avais pas d'argent, l'homme est reparti sans plus de formalités. J'étais de nouveau seul. Je suis entré dans un poste de police. À force d'insister, les policiers m'ont pris sous leur responsabilité. Par leurs regards je devinais qu'ils se demandaient qui était cet étrange personnage venant de marcher toute la nuit et qui avait un passeport diplomatique.

— Je suis pas espion, en passant ! dis-je à la blague.

Ils n'ont pas ri.

À un hôtel, j'ai enfin pu retirer de l'argent. J'étais de nouveau « quelqu'un ». Après avoir bu un thé sur une belle terrasse typiquement moyen-orientale, j'ai remarqué une banderole

---

[1]   Aussi appelé « adhan », l'appel à la prière consiste traditionnellement en un chant religieux publiquement diffusé depuis le minaret d'une mosquée. Il y a cinq appels à la prière par jour, chacun rappelant aux musulmans que c'est le temps de prier. Mis à part les pays islamiques radicaux, la plupart des musulmans n'exécutent pas les cinq prières par jour. En Afghanistan, les appels à la prière étaient souvent des enregistrements.

au-dessus d'une mosquée : «Bienvenue aux non-musulmans». Je m'y suis rendu. À l'entrée, un vieillard m'a chaleureusement ouvert la porte. Il souriait sans rien dire. Il m'a ensuite offert une soutane d'un blanc pur. Nous nous sommes assis et avons pris le thé sur un tapis impeccable. C'est alors qu'un homme grand et mince est arrivé. Il n'avait pas ce teint bronzé des Moyent orientaux. C'était un riche Français possédant beaucoup d'immobilier. Rapidement, il s'est mis à critiquer l'Occident, au point que j'en suis venu à me demander s'il ne travaillait pas pour une organisation islamique radicale. Malgré cela, l'homme était des plus sympathiques, me faisant une tournée « *VIP* » des lieux. Ce jour-là, j'aurais pu me convertir à l'Islam et avoir un toit et une famille pour le reste de ma vie.

Je comprends maintenant ce qui pousse des jeunes défavorisés à joindre l'Islam : le désir de faire partie d'un groupe qui les accepte, peu importe leur race ou leur niveau social. Peu importe qui vous êtes et d'où vous venez, si vous entrez dans une mosquée pour dire que vous voulez vous convertir, vous serez accueilli comme un vieil ami en visite. C'est vrai même si vous entrez dans une mosquée composée de gens radicaux. Je pourrais dire : «Si vous entrez dans ces mosquées, vous serez tués sur-le-champ». Mais la réalité est souvent tout le contraire ! Ce jour-là, j'ai réalisé à quel point l'Occident devait retrouver ce sens de la communauté. Pour sa survie !

Le jour d'après, je me suis promené en voiture sur l'île de Bahreïn. J'ai découvert un hôtel construit en plein milieu du désert. Un hotel de riche ! L'endroit avait de nombreuses fontaines, des palmiers et autres décorations ostentatoires. À l'entrée, il n'y avait personne pour m'accueillir. Une haute porte de verre s'est automatiquement ouverte. Je me sentais dans une ville futuriste. Derrières de grandes fenêtres vitrées, on apercevait des villas de luxe. «Bienvenu aux millionnaires !» pensai-je. En me voyant marcher avec confiance, le personnel s'est levé d'un seul bond. Les employés étaient serviles et efficaces. Mais… ils ne souriaient pas comme les musulmans de la mosquée !

Je m'imaginais alors ce qu'un jeune pauvre du Moyen-Orient ressent en voyant tout ce clinquant. Il se sent nul et rejeté. Ce même jeune entre alors dans une mosquée obscure tenue par des radicaux liés à des organisations terroristes. Il est y est accueilli comme un frère. On devine aisément vers qui ira la loyauté de ce garçon. On devine aisément comment il agira dans une révolution islamique quand, armé d'un fusil d'assaut, viendra le temps d'entrer un hôtel de luxe rempli de personnes qui hier encore le méprisaient.

Certains terroristes sont d'irréductibles fanatiques ayant la méchanceté en eux. D'autres sont beaucoup plus « humains » qu'on ne le croit. Le terrorisme naît souvent de trois choses : le désespoir, l'humiliation et le sentiment d'impuissance. Un pauvre désespéré qui commet un attentat violent aura l'impression de « surmonter » ces trois choses. Le terroriste annule son désespoir par un acte suicidaire irréversible. Le terroriste annule l'humiliation par une action violente contre des gens qui le méprisent ou l'ignorent. Le terrorisme annule son impuissance en donnant à son geste une envergure politique possiblement internationale.

Les idéalistes rêvent de changer le monde. Croyant que le monde les trahit, plusieurs rêvent ensuite de le détruire. Le rêve d'un cœur brisé devient alors le cauchemar des autres.

L'ONU organisait un congrès archéologique. Un traducteur anglais-français était recherché. C'est ainsi que quelques jours après avoir quitté l'Afghanistan, je me suis retrouvé dans un hôtel de luxe à écouter des archéologues et à regarder des photos d'artéfacts. Devant nous défilaient des images de ruines d'empires disparus. « Avant le pétrole, le Moyen-Orient était le centre du monde », méditai-je. Entre deux conférences, j'ai croisé deux hommes dont l'habillement me semblait familier. Ils déménageaient des tableaux dans le corridor de l'hôtel :

— *Salam aleikoum* ! Vous venez du sud de l'Afghanistan ou du nord du Pakistan ? les interpelai-je avec ma bonne humeur. Je suis soldat et j'arrive de Kandahar.

Les deux hommes se sont figés tout en tenant un gros cadre sculpté. Ils me regardaient comme si j'étais une créature autiste. Ils ont continué leur chemin sans même me répondre.

Un soir, je suis allé fumer une chicha dans un restaurant, avec un ami. À l'intérieur, il y avait des jardins, des fontaines, des lampes moyen-orientales. L'endroit était rempli d'hommes habillés de la même façon, portant une simple soutane blanche et des foulards blancs et rouges en pieds de poules. *Où est Charlie* ? Version orientale !

— Ils viennent d'Arabie saoudite, a dit mon ami. Ils ont beaucoup d'argent. Plusieurs viennent ici pour les putes ou boire de l'alcool. C'est interdit dans leur pays. Leurs femmes sont en train de magasiner.

« Les humains sont partout les mêmes, seul leur niveau d'hypocrisie change ! » Nous nous sommes rendus dans un centre d'achat. Il y avait des femmes couvertes de niqab partout, ne dévoilant que leurs yeux. Leurs bras étaient surchargés de sacs colorés remplis d'articles de luxe. Nous sommes entrés dans un cinéma. La salle était remplie de visiteurs d'Arabie Saoudite. Le film racontait l'histoire d'un résistant polonais juif face aux nazis, durant la Seconde Guerre mondiale. C'est alors que dans le film, un enfant juif s'est froidement fait massacrer par un soldat nazi. Toute la salle s'est mise à applaudir avec enthousiasme!

« Ils ont beaucoup de haine et beaucoup d'argent. Ils ne connaîtront pas la paix bientôt! » pensai-je silencieusement.

J'ai pris un vol vers la France. Je voulais visiter les Alpes. À bord de ma voiture de location, je faisais exprès d'aller aux endroits les plus dangereux, là où il n'y a plus de barrières sur le côté de la route, et où la moindre fausse manœuvre conduit à un précipice. Plus le danger était grand, plus j'accélérais. Je jouais avec la mort. Je ne pensais qu'à une chose : retourner au combat, en Afghanistan.

J'ai vu une série de pancartes avertissant des risques d'avalanches. J'ai continué mon chemin. Il n'y avait plus aucun autre véhicule sur la route. Après un détour à flanc de montagne, j'ai brusquement mis les freins. Des blocs de neige et de glace bloquaient le chemin. Je me suis stationné. Encore en pantalons courts et en t-shirts, j'ai commencé à escalader la montagne. Malgré la neige, l'air était doux. Dans les montagnes, il n'y avait plus aucun village de visible. Des chèvres des montagnes m'observaient, perchées sur quelques rochers pointus. L'ambiance était presque macabre. Je sentais tout le poids de ces gigantesques montagnes autour de moi. « Belle et terrible nature! »

J'ai remarqué des formes étranges, à même le sol, à quelques distances. Un bâton en main, je me suis approché, gravissant une montagne en partie enneigée. C'était d'anciens bunkers de la Seconde Guerre mondiale! J'ai passé la lourde porte d'acier de l'entrée. Un long escalier descendait et disparaissait dans l'obscurité. Je me suis engouffré dans l'ouverture. Des débris et des roches trainaient un peu partout. À l'intérieur, plusieurs salles

270

J'ai toujours pensé que nous devions respecter la culture locale, au Québec comme à l'étranger. On me voit ici avec un kamis, vêtement long que portent les hommes pour se rendre à la mosquée.

Dans les Alpes françaises. La neige remplace le sable!

avaient de minuscules fenêtres. Il n'y avait pas si longtemps, des canons étaient installés ici. À l'époque, l'Europe s'entretuait.

Durant mes courtes vacances, j'avais traversé trois «portes», chacune symbolisant quelque chose. La première était la porte de la mosquée : elle symbolisait l'hospitalité musulmane. La deuxième porte était l'hôtel de riches : j'y avais ressenti les inégalités sociales. Les deux premières portes conduisaient à la troisième : l'entrée blindée du bunker. C'est à cette porte que j'appartenais! Elle me rappelait la guerre. Vers la guerre je retournais!

Entrée d'un bunker de la Seconde Guerre mondiale situé dans les Alpes.

Chuck

Notre déploiement en Afghanistan approchait à grands pas! Nous nous sommes rendus dans un bunker de la base, afin d'y recevoir un cours sur les soins médicaux. Un sergent d'infanterie est entré dans la salle de classe souterraine. Le soldat est passé entre les rangées, marchant à la manière d'un chanteur de rap. Les lumières de la salle se sont éteintes. Il n'y avait que l'écran du projecteur qui brillait en avant.

— Je vais tout de suite vous raconter ce qui m'est arrivé, a commencé le sergent. J'étais en convoi près de Kandahar, à bord d'un VBL, sur la route Foster. C'était la nuit. J'étais en train de scanner le côté de la route avec le viseur thermal du canon. J'ai remarqué un homme suspect. J'ai zoomé mon viseur. Et puis c'est comme si un lion s'était mis à crier juste à côté de mes oreilles. Warrrrrrrrrgghhhh! J'étais complètement enveloppé par le bruit. Je me souviens plus du reste. Je suis tombé inconscient.

Le sergent a fait défiler une page de la présentation PowerPoint :

— Sur le coup, mon chauffeur est mort. L'image que vous voyez est un rayon X de ma jambe. Le petit truc que vous voyez ici est un shrapnel qui est entré dans ma jambe. Je l'ai encore. La longue tige que vous voyez par ici, et les visses, c'est un support installé le long de mon genou. J'ai été chanceux! Écoutez bien ce qu'on vous montre ici! Ça va arriver à certains d'entre vous!

À l'écran est apparu un étrange vidéo. J'ai peu à peu reconnu la forme confuse : c'était le côté d'un porc!

— Certaines unités ont obtenu une dérogation afin de pratiquer les manœuvres de premiers soins sur des animaux, a continué un autre soldat. Ne vous en faites pas : ces cochons allaient de toute façon à l'abattoir et ils étaient endormis. Ils n'ont pas souffert. Je vais maintenant vous montrer ce que fait une balle qui traverse un corps.

Une balle a été tirée vers l'animal. Du sang foncé a rapidement commencé à couler de la pauvre bête, qui malgré tout continuait de respirer.

— Vous voyez qu'il n'y a pas de sang qui gicle. C'est parce qu'aucune artère n'a été touchée. Plus tard je vous montrerai ce que ça fait quand une artère est sectionnée. Ça pisse de partout ! Mais ici, c'est une simple hémorragie. La plupart des morts sont causés par les pertes de sang.

Les soldats dans la salle étaient attentifs.

— Dites-moi ce qu'il faut faire à partir de maintenant ! Je veux une réponse rapide ! Aucune hésitation ! Toi, soldat, réponds !

— Euhhhh ! Et bien ! De dire timidement le soldat désigné... il faut gagner l'échange de feu sur l'ennemi !

— Excellent ! On vous l'a dit, mais je vais encore une fois le répéter : vous ne devez jamais soigner votre camarade si l'ennemi n'est pas vaincu ou que la situation n'est pas sous contrôle ! Même si votre ami vous cri de l'aider, vous devez le laisser sur place !

Mon détachement de *snipers* ne comprenait que quatre soldats. Je connaissais déjà trop bien cette règle !

— Et maintenant, de continuer l'instructeur, l'échange de feu est sous contrôle et l'ennemi est tenu à distance par le reste du peloton. Quels soins devez-vous apporter ?

— Nous devons utiliser un agent hémostatique comme QuickClot et appliquer un bandage! de répondre un soldat.

— Évitez de mettre tout de suite cette poudre-là, par exemple du Quickclot. C'est trop fort. Ces produits-là font brûler la chaire et entraînent des blessures qui compliquent les autres soins.

— On applique une pression, a dit un autre soldat.

— Exact! Je vais vous montrer la suite du vidéo... regardez comment une pression ferme avec les mains suffit à couper presque complètement l'hémorragie! Regardez maintenant le vidéo... on insère une gaze dans la blessure. Mettez beaucoup de cette gaze dans la plaie. Vous voyez sur le vidéo... on peut en entrer beaucoup. À l'intérieur, par le mouvement de la balle, la blessure est plus grosse qu'en surface!

Ça me rappelait certains vidéos que je regardais afin de me désensibiliser avant mon déploiement de tireur d'élite. Sur un vidéo, on voyait un soldat russe se faire trancher la gorge à la baïonnette par un soldat islamique. La lame du couteau était d'abord appuyée sur le cou du soldat et lentement enfoncée. Le pauvre soldat serrait les yeux de douleur! Les gémissements se mélangeaient au gargouillement de la gorge peu à peu remplie de sang. Les images étaient terribles et troublantes! C'était nécessaire de les regarder en boucle. En peu de temps, aucune image, si choquante soit-elle, ne m'affectait!

Nous sommes sortis du bunker, en bordure d'une petite forêt. Aussitôt, nous avons été confrontés à une situation inusitée : des blessés se trouvaient sur place! Ils criaient et certains avaient des membres arrachés. Les membranes de caoutchouc, le faux sang et les débris procuraient un réalisme étonnant à la scène! L'Armée avait embauché des acteurs et des experts en effets spéciaux pour produire un entraînement de qualité.

— Toi et toi ! cria l'instructeur en désignant deux militaires...
vous vous occupez de lui !

L'instructeur m'a ensuite pointé du doigt :

— Toi ! tu vas donner les soins à ce gars-là.

Le « gars » en question avait la jambe arrachée. Sa vraie jambe
était enterrée et cachée dans le sol, ce qui donnait l'illusion d'un
vrai démembrement. J'ai aussitôt appliqué un tourniquet.

— Un autre *IED* vient de sauter, de dire l'instructeur en passant
à côté de moi. Tu es maintenant blessé.

Aussitôt, des soldats sont venus me chercher, m'extirpant de
la zone de danger en tirant sur le collet de mon uniforme. Un
garrot a été placé sur mon bras « arraché ». Le soldat serrait le
garrot, encore et encore !

— Vous ne devez pas arrêter ! a dit l'instructeur en passant à côté
de nous. Même si votre ami vous supplie d'arrêter, continuez !

La douleur était intense. J'avais le visage crispé !

— Un tourniquet fait souvent plus mal que la blessure elle-
même, continua l'instructeur. Continuez à serrer... continuez !
OK... le saignement est contrôlé !

Enfin !

L'uniforme recouvrant mon bras était complètement écrasé et
tordu. Après l'exercice, mon tourniquet a été enlevé. Mon bras
était marqué ! D'autres soldats avaient des ecchymoses bleues !

De retour à Dubaï, un avion tactique est atterri, ramenant un
cercueil d'Afghanistan. C'était pour moi l'occasion de retourner

encore plus vite sur la zone de front! Sans attendre, je me suis arrangé pour faire ajouter mon nom sur le manifeste de vol!

— Tu es en avance sur nous, à ce que je vois, m'a dit Pascal en arrivant à Kandahar, deux jours plus tard. J'imagine que tu avais hâte de te faire tirer dessus!

Il me connaissait déjà trop bien!

Le lendemain, nous étions de retour à Sperwan Ghar, nous préparant à effectuer une patrouille de présence dans l'ouest de la «Corne» de Panjwai. Dans ce secteur, que nous avions abandonné, les talibans dominaient. Leur moral était gonflé à bloc!

Malgré ce repli stratégique, le commandant de la compagnie Cobra voulait conserver une pression sur l'ennemi. Pour l'instant, nous étions trop peu de soldats pour occuper en permanence le territoire. Tout ce que nous pouvions faire était de frapper, fouiller, harceler, ce que nous appelions des opérations de «disrupting». À défaut de contrôler 100 % du temps le territoire, il fallait pouvoir le dominer 100 % des fois où nous nous y rendions. C'était comme donner quelques coups de pieds sur une ruche, le temps que les généraux construisent un lance-flamme.

Deux *snipers* étaient demandés pour le prochain «coup de pied» en territoire ennemi. Nous allions nous joindre au peloton «Chuck Norris», qui avait le célèbre personnage comme emblème. Il y a un seul endroit où Chuck Norris n'est pas invincible : dans la réalité, là où les balles et l'ennemi sont réels! C'est dans la réalité de la guerre que nous allions nous jeter, encore une fois. J'avais insisté pour faire partie de cette mission dangereuse, offrant même de «payer» mes collègues *snipers* pour les remplacer.

— Si tu tiens tellement à mourir, vas-y, m'avait répliqué Pascal.

Le soir, Sylvain et moi nous sommes rassemblés dans une petite salle miteuse de l'école. Au mur était accrochée une carte aérienne couverte de lignes sur laquelle on devinait l'emplacement des *checkpoints* de la prochaine patrouille. Les sous-officiers se sont assis sur les quelques tables croches qui trainaient.

— À partir de là, ça va se mettre à tirer, m'a dit avec assurance le caporal Aziz-Beaulieu, en pointant la carte.

Le lendemain matin, après quelques heures de sommeil, alors qu'il faisait encore nuit, Sylvain et moi nous sommes joints aux soldats du peloton d'infanterie, qui se préparaient à la sortie de l'école. Une faible lueur matinale teintait l'horizon, découpé par les sombres silhouettes des soldats, dont les casques étaient agrémentés de dispositifs de vision nocturne.

En peu de temps, nous étions dans les premiers villages. C'était l'aube et quelques Afghans commençaient à sortir de chez eux. Plusieurs tombaient face à face avec notre patrouille ce qui, dans la semi-obscurité du matin, en faisait sursauter plus d'un !

Comme prévu, Sylvain et moi avons bifurqué, prenant un chemin différent du reste de la patrouille. Deux observateurs de l'artillerie, le bombardier-chef Lajoie et l'adjudant Pérusse, étaient avec nous. Tôt ou tard, les talibans n'allaient pas manquer de détecter les quelques dizaines de soldats et les attaquer. Notre intention était d'observer le terrain d'un autre point de vue que celui de la patrouille principale.

Nous avons escaladé la maison d'une famille afghane, qui ne se doutait de rien. Le toit comportait une petite corniche, nous permettant de rester cachés. J'ai sorti un gadget de mon sac : c'était un périscope d'observation ! Nous entendions la famille afghane en dessous de nous. Ces Afghans ne se doutaient pas que des soldats étaient à seulement quelques pieds d'eux, au-dessus de leurs têtes! Dans l'enceinte, on voyait des poules se promener. Un vieillard s'est déplacé presque directement en dessous de moi, en plein dans l'angle de mon périscope. Il s'est penché et a commencé à faire ses besoins, au beau milieu sa propre cour!

— On dirait des animaux! commenta Sylvain.

Dans un autre bâtiment de l'enceinte, une femme d'environ vingt ans regardait discrètement par le cadre de la porte, à la manière d'un petit animal inquiet et curieux. Elle semblait sortir d'une tribu de l'Antiquité. Elle me donnait l'impression d'un être qu'on a laissé dans l'ignorance depuis son enfance. Elle semblait deviner que quelque chose se passait aux alentours. Que connaissait-elle du Canada, du Québec?

Des jeunes hommes discutaient discrètement dans une pièce sombre, comme s'ils complotaient quelque chose. À l'aide de mon périscope, c'est presque comme si je me trouvais à côté d'eux! C'est alors que nous avons entendu des coups de feu! Bang b-bang bang bang b-bang! Nous n'entendions aucune balle claquer. Les tirs n'étaient donc pas dirigés vers nous, mais vers le peloton, que nous avions perdu de vue depuis un moment! D'autres coups de feu se sont fait entendre. Ça semblait venir d'un champ non loin du bâtiment. L'ennemi était entre nous et nos camarades fantassins!

Nous étions incapables de voir l'ennemi! La végétation des champs était trop épaisse, et les arbres trop nombreux. Nous avons entendu d'autres coups de feu, ceux-là plus éloignés. C'était le peloton qui répliquait. Des tirs d'AK-47 se sont fait entendre un plus loin. L'ennemi se trouvait à plusieurs endroits! Tout le secteur se mettait en activité! Sur les radios, le commandant de peloton a envoyé un Sitrep, un «Situation report»: les talibans encerclaient la patrouille!

Des tirs rapprochés se sont fait entendre. Ils semblaient un peu plus éloignés que la première fois. C'était probablement l'ennemi qui s'approchait de la patrouille ! Il fallait manœuvrer pour soutenir nos amis en difficulté. Après être descendus du bâtiment, nous nous sommes retrouvés dans une ruelle, en bordure d'un ruisseau bordé de moutons. Une fois le troupeau traversé, nous avons rejoint un chemin traversant des champs. Le chemin était bordé d'un mur d'environ huit pieds de hauteur, ce qui allait nous protéger des tirs ennemis et nous permettre de nous positionner. On entendait les tirs ennemis de l'autre côté du mur. Les talibans devaient être à quelques dizaines de mètres de nous !

Nous nous sommes approchés d'une ouverture dans le mur afin de trouver une voie d'approche vers l'ennemi, que nous entendions toujours tirer. Pour nous approcher davantage, il fallait nous exposer sur une butte qui n'avait aucun couvert. Une autre option était d'effectuer un grand détour par un autre chemin plus à l'est. On risquait alors de tomber sous le feu croisé de nos amis fantassins.

— Ici le commandant de la patrouille, avons-nous entendu sur les radios. Les *snipers*… revenez ! On a besoin de vous !

Nous étions vulnérables, étant seulement quatre soldats dans une série de chemins et de champs confus, au milieu d'une fusillade qui prenait une ampleur inquiétante. Le reste du chemin ne comportait plus de mur pour nous protéger. Le prochain mur était une cinquantaine de mètres plus loin. Nous étions coincés.

— À « go », c'est parti, les amis ! dis-je. Un, deux, trois, go !

J'avais l'impression d'être un acteur dans un film de guerre ! Chuck Norris n'était pas là, mais sa main protectrice ne devait pas être loin. Malgré la chaleur et notre équipement, nous ne sentions aucune fatigue. Des tirs ont raisonné de nouveau, cette fois-ci de manière plus «claire», le son n'étant pas absorbé par le mur de terre! L'artilleur Lajoie semblait apprécier sa journée, lui aussi!

Nous sommes passés de l'autre côté de l'ouverture, où le chemin était de nouveau bordé d'un mur. L'ennemi ne semblait pas nous avoir vu, son «pattern» de tir n'ayant pas changé. Deux cents mètres plus loin, après avoir couru à travers quelques ruelles sinueuses, nous sommes arrivés à une croisée de chemins. L'endroit était beau et typiquement afghan : un ruisseau bordé d'arbres était traversé par des ponceaux de bois artisanaux. Où étions-nous? Où était le peloton d'infanterie? Où était l'ennemi?

— Regardez par terre! dis-je. Ce sont les traces de pas des fantassins!

Bang bang bang! Les tirs résonnaient dans la campagne nous entourant. Quelques minutes plus tard, nous étions dans un petit village. Les murs de terre me faisaient penser à une ville grecque sur la Méditerranée. Des détonations se sont fait entendre. C'était le son d'armes québécoises. Après quelques détours dans un labyrinthe de murs et de chemins, nous sommes tombés sur un fantassin du peloton. C'était le capitaine Dallaire. Comme à son habitude, il était calme et souriait comme un nounours content. Sur place, les soldats étaient postés derrière des murets, des fenêtres et d'autres ouvertures et obstacles. Le périmètre défensif ressemblait à un hérisson. Sans attendre, le capitaine nous a guidés vers le toit d'un bâtiment. Le *PC* (Poste de commandement) du peloton s'y trouvait. Les soldats étaient contents de nous ravoir avec eux.

— Ils nous tiraient de là, juste avant que vous arriviez, a dit un sergent, pendant que, encore essoufflé, je me plaçais en position de tir.

— Nous allons vous préparer une mission de tir, d'un coup qu'ils commenceraient à insister, a ajouté l'adjudant Pérusse, qui était en communication directe avec les pièces d'artillerie de Sperwan Ghar, à quelques kilomètres de distance.

— Je vois du mouvement dans les branches ! dis-je tout en me positionnant plus méticuleusement.

Une tête aux cheveux noirs venait de bouger rapidement derrière quelques buissons, à moins de deux cents mètres de distance, non-loin des petits monts de Zangabad, surnommés « le dos de dragon », en raison des multiples bosses qui sortaient de terre.

— Prends ton temps, et si tu le revois, descends-moi ça, a ajouté Sylvain.

Un vieillard afghan s'est joint à nous sur la terrasse. Il avait déroulé un tapis et y avait placé du thé. C'était possiblement un sympathisant taliban. Mais l'hospitalité étant sacrée en Afghanistan, cela ne l'empêchait pas d'être de bonne compagnie, le temps de notre « visite ». Peut-être allais-je devoir tuer un vieillard comme lui, bientôt. Mais pour l'instant, c'était notre hôte et nous le laissions en liberté parmi nous. L'adjudant Pérusse, encore essoufflé et assis contre un mur, transmettait les paramètres de tir à la batterie de canons de Sperwan Ghar. À côté de lui se trouvait une théière de métal brillant, disposée sur un tapis coloré. Entre temps, j'avais perdu de vue ma cible. « Je n'aurais pas dû attendre de reprendre mon souffle ! », pensai-je. C'est la réalité du *sniper* militaire : contrairement à un tireur sportif, il n'a souvent pas le temps d'exécuter un tir parfait. Il doit tirer rapidement, souvent de manière « imparfaite ».

On entendait quelques coups de feu, ici et là, sans que je puisse détecter les tireurs ennemis. Aucun problème ! Nous allions bombarder le secteur !

— Coup parti ! annonça l'adjudant, assis les jambes écartées.

Les canons venaient tout juste de tirer !

— *Splash* ! a dit l'artilleur qui commandait confortablement la mort sur l'ennemi.

« *Splash* » est l'indication envoyée par les artilleurs pour signifier que l'impact aura lieu dans cinq secondes. Par cette procédure il est possible d'observer ou de tirer l'ennemi jusqu'au dernier instant, pour ensuite se mettre à couvert. Les obus sont passés au-dessus de nous, invisibles, mais produisant une vibration intense. Ils ont explosé devant nous, en plein sur les positions ennemies. L'air claquait comme de gros feux d'artifice, faisant vibrer nos corps. Voilà l'avantage de la puissance de feu : elle force l'ennemi à faire un choix tactique difficile… soit cet ennemi s'accroche à sa position avantageuse et accepte de subir des pertes toujours plus grandes, soit il décroche et cède du terrain. Parait-il que l'ennemi craignait plus l'artillerie que l'aviation. L'artillerie tombe souvent sans avertissement, au contraire des bombes aériennes, annoncées par le passage de l'avion.

— Coups partis ! a annoncé l'artilleur, alors que le sol venait de trembler des explosions d'obus.

L'artilleur regardait sa montre, contre-vérifiant le temps de vol des obus.

— *Splash* !

Je n'ai pu m'empêcher de lever la tête et de contempler le spectacle. J'ai vu les obus tomber du ciel telles trois masses noires allongées. La terre s'est alors soulevée. Boum ! Boum ! Boum ! Des branches et des petits arbres se sont mis à tournoyer dans les airs, arrachés du sol par les déflagrations.

— Coups partis... *splash*!

D'autres obus sont tombés. Nous ne voyions plus aucun ennemi. Il n'y avait ni carnage ni sang. Et les cris, s'il y en avait, étaient noyés par le fracas de la puissance de feu. Les soldats ennemis devaient vivre un véritable enfer. J'imaginais leurs camarades à proximité, hésitant entre aider ou rester à l'écart. Il fallait mener un assaut et en découdre avec l'ennemi!

— On s'en retourne au camp, a dit le commandant de patrouille après la dernière salve d'obus.

J'étais encore sur mon appétit!

En sortant du bâtiment, le vieillard, celui qui nous avait apporté du thé sur la terrasse, était assis, les jambes croisées, il riait à voix haute comme un père Noël entouré d'enfants. «Oh oh oh oh!» C'était comme s'il disait : «Vous autres, les jeunes, vous êtes tout excités de vivre ça. Moi, ça fait des décennies que ça m'arrive. Ya rien là, héhé!» Voyant que j'avais de la misère à traverser un ruisseau, le vieil Afghan a pointé, calmement et en riant, un ponceau :

— *Manana*! Merci! dis-je en pachto, tout en portant hâtivement ma main sur ma poitrine.

La patrouille s'est mise en route en file simple. Destination : Sperwan Ghar. Nous retournions au camp.

— Nous n'avons pas le temps de rejoindre notre section, celle avec qui nous étions au début, a dit Sylvain. Nous allons rester avec le *PC* pour le retour.

Quelques centaines de mètres plus loin, nous avons reçu des rapports d'interception de communications comme quoi l'ennemi comptait des pertes.

— Nous allons avoir la paix pour le retour, pensai-je.

Une minute plus tard, une explosion de force moyenne est survenue, à environ cent mètres de distance.

— C'est en plein à l'intersection où nous avons marché tantôt, dis-je. D'après moi l'ennemi s'est trompé de bombe !

Plus inquiétant était de savoir que le secteur était couvert de bombes et que nous étions possiblement traqués par un ennemi qui avait préparé le terrain !

Sous la chaleur étouffante de midi, nous marchions le long de champs de vigne. L'été était jeune et les feuilles n'étaient pas encore recouvertes de poussière, procurant un vert fluorescent à la végétation. Depuis les profonds sillons, deux enfants ont couru vers moi. Sylvain leur a lancé quelques bouteilles d'eau. Les deux enfants contemplaient ma veste tactique. Des crayons marqueurs étaient placés en évidence. C'est ce qu'ils voulaient !

— Crayons... raisins... crayons... raisins ! dis-je en pachto.

Marché conclu ! En peu de temps, des grappes de raisins succulentes dignes des dieux grecs étaient lancées vers moi. J'en ai accroché quelques-unes à ma veste militaire.

— Imagine le vin débile qu'ils pourraient faire ici ! dis-je spontanément à Sylvain. Les cépages de Kandahar !

J'étais épuisé par la chaleur, l'effort et la charge mentale des échanges de feu. L'eau et le sucre des raisins étaient absorbés par mon corps comme l'eau par une éponge. Ainsi se sont nourris les soldats de Napoléon, de César et d'Alexandre le Grand : à même les pays qu'ils traversaient !

Nous avancions lentement, prenant soin de regarder partout autour de nous. La section de tête a tourné le coin d'un chemin. Les enfants m'ont salué une dernière fois et sont partis. Quelques soldats sont disparus derrière un long séchoir à raisins. Boooooouum ! L'air a été secoué d'une forte explosion. Un nuage de poussière foncée s'est élevé à une quarantaine de mètres en avant de moi, ce qui rappelait un feu de pneus ! La section de tête avait été touchée par un *IED* ! Impossible de savoir si un soldat avait été tué ou blessé, le séchoir à raisins cachait le site de l'explosion. Dire que quelques minutes avant, j'avais donné des crayons à des enfants. « Il ne faut jamais baisser notre garde, aimait à dire Sylvain. Ce n'est pas fini tant que ce n'est pas fini. » C'était loin d'être fini !

Autour de moi, les visages étaient tendus. Certains soldats semblaient figés, ne sachant pas trop quoi faire. D'autres, plus alertes, se sont immédiatement placés en position de combat, appuyant leur arme sur les parois du muret se trouvant à notre droite, le long du petit chemin. C'est dans ces moments que les réflexes et le conditionnement de l'entraînement portent leurs fruits. Les réactions doivent être mécaniques, froides, efficaces.

— Enlevez-vous d'ici ! dis-je en criant. Regardez l'arbre juste à côté de nous : il y a un drapeau sur une des branches !

Immédiatement, les soldats se sont déplacés hors de la zone de danger. Les talibans plaçaient souvent de tels points de repère, ce qui les aidait à déclencher les bombes à distance.

— Oli ! m'a crié Sylvain. Tu vois la butte là-bas ? On y va ! On va couvrir l'évacuation médicale !

Nous sommes passés à proximité du lieu de l'explosion. Un soldat était étendu. Une de ses jambes avait été complètement arrachée. On voyait l'os du fémur dépasser de la chaire comme un couteau blanc et propre. Autour de l'os, de la chaire rouge comme de la viande hachée était visible. Des soldats s'activaient près du blessé, déminant et préparant les soins.

Il nous fallait passer un wadi, qui était beaucoup plus profond qu'il en avait l'air, si bien que nous nous sommes rapidement retrouvés avec de l'eau jusqu'à la taille. Le fond était boueux et les parois du wadi étaient presque complètement droites. Nous nous sommes tirés hors du ruisseau en nous agrippant aux longues feuilles d'herbe, sur lesquelles nos bottes boueuses glissaient. Ajoutant à la difficulté était le poids de notre équipement, et le fait que nos mains étaient en partie occupées à tenir notre arme. Le wadi traversé, nous étions complètement drainés. Il nous fallait en traverser deux autres !

— C'est cent calories par wadi ! dis-je à la blague, alors que nous nous jetions dans le prochain ruisseau.

— Hahaha ! P'tit comique ! de répliquer Sylvain, essoufflé. Je vais conter ça à ma femme !

Les wadis traversés, nous étions trempés de la tête aux pieds. Sur le chemin, je n'avais pas pu m'empêcher de regarder le blessé avec l'optique de mon arme, une AR-10. Je voulais savoir qui, de nos amis, avait été touché.

— Arrête ! a dit Sylvain. C'est pas bon, trop regarder. Tu vas t'en vouloir plus tard !

De notre position légèrement élevée, nous avions un bon visuel sur le secteur. Nous étions aussi des cibles potentielles, étant exposés et n'ayant pas eu le temps de nous camoufler. Aucun villageois n'osait se pointer le nez. Tous avaient peur, à juste raison, d'être eux-mêmes pris pour cible. L'évacuation médicale allait poser des problèmes. L'hélicoptère d'évacuation médicale n'allait pas pouvoir se poser dans les champs de vigne, qui comportaient de profonds sillons hauts de près de deux mètres. J'ai

Village d'Adamdzai : maison afghane typique, avec ses bosses pouvant servir de protection. Les « gouttières » sont faites de bouteilles de plastique coupées en deux ! En arrière-plan, on voit des soldats canadiens et des policiers afghans.

L'adjudant Pérusse, observateur de l'artillerie, accompagnait souvent le détachement 66 Bravo lors des missions. On le voit ici à Salavat.

remarqué que de l'autre côté d'un mur, tout près du blessé, se trouvait un champ de blé plat. Le blé venait d'être cultivé. Voilà qui allait constituer une *Landing zone* idéale !

« Les soldats doivent déjà avoir vu le champ de blé », pensai-je.

Un doute a envahi mes pensées. Et si les fantassins n'avaient pas vu le champ, ayant la vue bloquée par les murets ? J'ai transmis l'information au sergent-major Lapierre, qui était venu prêter main-forte à la patrouille. Une minute plus tard, un fantassin effectuait une brèche dans le mur.

— À toutes les unités, a transmis le commandant de patrouille sur les ondes radio, nous avons des rapports sur les communications ennemies. Ils savent que nous avons un blessé et essayent de s'approcher de nous. Il est possible que d'autres bombes attendent d'être déclenchées.

Sylvain était en colère :

— Oli ! Si un gars se pointe pour regarder, tu le descends. J'en ai marre. Tu as ma permission.

Entre temps, les artilleurs nous avaient rejoints. Le bombardier-chef Lajoie s'est aussitôt exclamé :

— Oli ! Regarde par-là ! Deux personnes... sur un toit !

J'ai immédiatement orienté mon AR-10 vers le danger. Un vieux monsieur et un enfant d'environ sept ans regardaient directement vers la scène du blessé. Ils étaient debout, sans gêne.

— Partez ! Partez ! criai-je tout en agitant les bras.

Merde ! Il n'y avait rien à faire. Ils ne m'entendaient pas. Quelque chose en moi, une intuition quelconque, me disait que ces deux Afghans n'étaient pas hostiles. Ce n'était qu'une question de temps avant qu'un fantassin les abatte, et avec raison. Plusieurs soldats, par exemple les mitrailleurs, n'avaient pas d'optiques comme celle de mon arme. Pour eux, ce vieillard et cet enfant avaient l'air de deux formes humaines sur un toit, sans plus. J'ai levé mon arme et j'ai pointé à deux pieds à droite de la tête de l'homme. J'ai tiré deux balles, faisant éclater un morceau de mur qui encadrait une partie du toit. Immédiatement, l'homme et l'enfant ont pris panique, se précipitant vers les escaliers. C'est un peu comme si j'avais retourné la politesse du vieil Afghan nous ayant servi le thé sur le toit.

L'hélicoptère d'évacuation, piloté par une Américaine, entrait maintenant dans notre zone d'opérations. En peu de temps, la pilote a indiqué avoir un visuel sur notre position. Les fantassins ont lancé une grenade fumigène, afin de marquer la *Landing zone* et donner une indication sur l'orientation du vent. La fumée, rouge sang, s'élevait dans les airs. Cependant, on ne voyait aucun appareil en approche ! La pilote avait surement décidé de voler à basse altitude, question d'éviter les possibles tirs ennemis. Une autre grenade fumigène a été lancée.

— Je vous vois, mais je ne vois aucun fumigène, disait la pilote sur les ondes radio

— Mais... vous êtes où ? a demandé le jeune lieutenant, confus.

— Je suis directement au-dessus de vous !

Je ne voyais qu'un ciel bleu et un soleil brûlant. Il n'y avait pas le moindre bruit d'hélicoptère. Quelque chose ne tournait pas rond. Après de longues minutes d'attentes, les fantassins se sont aperçus que la pilote volait au-dessus d'un convoi à des kilomètres de notre emplacement, et ce, même si les soldats avaient transmis la bonne coordonnée ! Ce n'est qu'après une longue suite d'échanges radio que la pilote s'est rendu compte de son erreur. Les fantassins n'avaient plus de fumigènes rouges, les ayant toutes épuisées. Par chance, un soldat avait encore des fumigènes jaunes. L'hélicoptère s'est posé en douceur dans le champ de blé. Afin de dissuader l'ennemi, les fantassins ont tiré vers les endroits suspects entourant la *Landing zone*.

Tels des robots bien entraînés, quatre soldats ont pris la civière du soldat blessé, l'amenant jusqu'au Black Hawk. Un autre soldat devait lui aussi être embarqué et évacué. Il avait été psychologiquement secoué par l'explosion, au point d'en être littéralement paralysé, affichant un regard vide et ne réagissant même plus à ce que les autres soldats lui disaient. L'hélicoptère s'est envolé, faisant claquer l'air au-dessus de la patrouille :

— Bonne chance dans ta nouvelle vie, mon ami ! ai-je alors dit, à voix basse, alors que nous nous préparions à rejoindre le reste de la patrouille.

— Les *snipers* ! Ici le sergent-major ! En revenant vers la patrouille, pourriez-vous ratisser les champs ? On cherche la jambe du soldat blessé.

Quel ordre surréel !

— J'ai trouvé quelque chose ! s'est exclamé l'adjudant Pérusse, quelques minutes plus tard.

L'artilleur ratissait le sillon juste à côté du mien. Le soldat a levé le bras : c'était un *GPS*[1] militaire. Nous étions à plus de soixante mètres du lieu de l'explosion ! Un autre soldat a retrouvé une botte : elle avait été arrachée du pied du soldat ! Un fantassin a mis la main sur un couteau-outil. Le couteau était brisé et tordu !

---

1   Des clés cryptographiques se trouvaient sur le GPS, ce qui aurait permis ou du moins aidé les talibans ou d'autres pays hostiles à utiliser nos satellites militaires pour se géolocaliser plus précisément, ou à connaître nos moyens de cryptage.

La patrouille s'est remise en marche vers le camp. Nous étions épuisés, mais nous n'avions pas le choix de pousser et de faire notre chemin en territoire ennemi. La zone était minée et surveillée! Étions-nous embourbés dans un piège, un réseau défensif ennemi? Nous avancions dans des champs, enjambant ou nous faufilant sous les murs, à plat ventre, souvent par des trous que nous pratiquions.

Peu à peu, apparaissant ici et là entre les obstacles, on apercevait la forme réconfortante de la colline de Sperwan Ghar. Au sommet de cette colline sont peu à peu apparues les silhouettes de nos deux amis *snipers*, Sammy et Pascal, qui couvraient notre approche aux côtés des fantassins.

Les villages autour du camp étaient tranquilles et sympathiques. Les visages étaient de nouveau souriants et amicaux. C'est comme si nous venions de traverser un mur invisible entre la zone sécurisée et la zone ennemie. Nous sommes passés près d'ateliers d'artisans. Un couturier travaillait derrière une machine à coudre archaïque produisant le son d'une machine à vapeur, le tout dans un décor de maisons de terre et de tapis colorés. L'endroit avait un charme bohémien. « Wow, que c'est zen! Il y a ici un potentiel touristique énorme! »

Nos camarades fantassins nous attendaient sur le camp. Ils nous tendaient des bouteilles d'eau froides et tenaient des assiettes remplies de raisins et de quartiers d'orange. Leurs uniformes beiges m'apparaissaient tellement propres. C'est alors que j'ai appris le nom du blessé : « Chuck » Michaud. Dire que la veille, il avait encore le sourire. Je l'avais même croisé au petit gym improvisé que les fantassins avaient construit. Il entraînait ses larges cuisses qui le lendemain allaient être déchirées par une bombe. Semble-t-il que ses jambes étaient tellement musclées, que plusieurs tourniquets avaient dû être utilisés. Après l'explo-

Le caporal Aziz-Beaulieu, sharpshooter, a aidé aux premiers soins sur Chuck.

Sylvain de retour de la patrouille de « Chuck ».

sion, Chuck, étendu et gravement blessé, avait montré un calme surhumain. Les soldats venus l'aider étaient énervés :

— Tu es mon premier vrai blessé ! lui a dit de manière excitée son médic, en s'approchant.

— Calme-toi ! Calme-toi ! lui a répondu Chuck d'un ton calme. Tu me stresses. Prends ton temps ! Prends ton temps !

Dans les films, « Chuck Norris » est intuable. Mais dans la réalité, les héros saignent, souffrent et meurent.

Le lendemain matin, le commandant Jourdain et le sergent-major tenaient à s'adresser à la patrouille. Nous nous sommes rassemblés à l'extérieur de l'école. Nous avions retrouvé nos impeccables uniformes beiges :

— Les gars ! a commencé le major Jourdain. Ce que vous avez fait hier... vous avez sauvé la vie de notre ami Chuck. Sans vos soins, il serait mort.

Le sergent-major Lapierre s'est avancé vers nous en souriant :

— Comme vous savez, c'est aujourd'hui notre BBQ ! On va le faire pour Chuck ! J'espère que vous avez faim ! On a des bons *steak*s pour vous ! Prenez des forces, les patrouilles recommencent demain !

Le lendemain, le commandant Jourdain a organisé un convoi vers *KAF*, afin d'aller voir Chuck et d'autres blessés. Le bruit courait que le commandant était ébranlé par les récentes pertes qui s'accumulaient dans sa troupe. Les fantassins n'étaient pas contents de devoir risquer leurs vies sur les routes, simplement pour visiter des blessés. Mais tous comprenaient ! En zone de combat, les grades ont tendance à s'effacer. Nous étions d'abord des soldats, des frères d'armes.

Un Black Hawk décollant après un medevac.

De retour de la patrouille de « Chuck », mon uniforme est imbibé de sueur. J'avais malgré tout conservé ma candeur et mon sourire.

Une semaine après la patrouille, des rumeurs couraient sur Chuck : il était entre de bonnes mains, dans un hôpital du Québec spécialisé en traumatologie. L'explosion avait été causée par une série de mines antipersonnelles empilées les unes sur les autres. Normalement, chaque petite mine blesse une jambe, sans plus. Mais cette explosion-ci avait projeté des dizaines, voire des centaines de petites roches dans la chair. Chuck avait perdu une jambe au complet. En raison des risques d'infection, les chirurgiens allaient devoir couper l'autre jambe, ainsi qu'un bras. Le reste du corps avait subi de multiples blessures.

— Je ne suis pas sûr que je voudrais vivre, si j'étais à sa place, m'a confié Sylvain. S'il survit, il va être une espèce d'homme-tronc. Il ne pourra plus rien faire de sa vie !

À ce moment, je me suis souvenu du début de la patrouille, quand je marchais en arrière de Chuck. Mes bras et mes jambes étaient encore intacts.

Quelques jours après la patrouille, le major Jourdain nous a réunis pour nous annoncer que Chuck avait cédé à ses blessures. Un autre soldat était mort pour la liberté. Je me suis rappelé ce que j'avais dit en voyant l'hélicoptère décoller depuis le champ de blé : « Bonne chance dans ta nouvelle vie, Chuck ! »

« Chuck » Michaud. Face à la mort, il a montré un calme exemplaire !

Salavat II — Briser l'ennemi

Sammy avait placé des dizaines de photos de sa copine autour de son lit. Les photos colorées côtoyaient l'équipement militaire de tireur d'élite. Sammy parlait souvent au téléphone satellite avec « sa belle Julie ». Une fois, alors qu'il était allongé sur son lit, le téléphone appuyé sur son oreille, il s'est tourné vers moi :

— Hey, mon Oli ! Julie veut te parler !

— Oli, comment vous vous débrouillez ? demanda Julie, dont la voix était déformée et retardée par le long trajet du signal.

— Comment ça va ici ? Euhhh...

Sammy avait entendu la question. Il m'a regardé avec de gros yeux, bougeant ses bras au-dessus de sa tête. Sammy connaissait ma spontanéité et mon absence de filtre quand je racontais nos aventures de *snipers* :

— Bah... ici, ça ne brasse pas tant, dis-je à Julie. On fait des petites patrouilles ici et là. On voit du pays ! Les villages sont beaux.

— Les villages sont beaux ? Mais je vois aux nouvelles qu'il y a des morts et que c'est dangereux !

— Pas nous. Il y a quelques bombes de temps en temps ! C'est tout.

— Des bombes ?

— Elles sont loin d'ici ! le Commandement nous tient à l'écart !

Ce n'était pas rare de voir un soldat revenir de patrouille, encore sale et stressé. Il se dépêchait d'appeler ses proches, leur parlant doucement tout en leur cachant la vérité. Il était arrivé que des bombes et des tirs se fassent entendre pendant l'appel téléphonique d'un soldat du camp. « C'est un champ de tir », dit-il à sa femme. À l'opposé, les soldats loin du front avaient tendance à amplifier les incidents. Il y avait même cette blague que les femmes de militaires se disaient entre elles : si ton homme t'appelle et te raconte les attaques à la roquette de *KAF*, dis-toi que tout va bien !

J'étais en train d'épousseter nos optiques, qui étaient couvertes de fines particules de poussière. Sylvain revenait d'un briefing. Il a déplié une carte au sol. Sur la carte, on lisait « SECRET ». Nous avions déjà vu plusieurs de ces cartes, comportant des cercles, des lignes et des numéros d'identification.

— Vous vous souvenez de Salavat ?

Sylvain a déposé un cartouche sur la carte, marquant l'emplacement de la ville.

— Selon les dernières informations, les insurgés commencent à s'installer en force dans le secteur, surtout depuis qu'on les a chassés de Nakhonay, pas loin de là. Les villageois ont même appelé la Coalition pour qu'on envoie des troupes. Mais depuis deux semaines, plus rien ! Silence radio.

— C'est de Salavat que venait le taliban qui a mis la bombe qui a tué Courcy ! a ajouté Sammy.

— Dans ce secteur se trouve un jeune taliban de quinze ans, a continué Sylvain. Il sème la terreur dans la population. Il torture et tue sans pitié. Pas une barre tendre ! La compagnie Cobra va effectuer une opération là-bas. Nous y allons.

Les messages de Julie à son «beau Sammy». Les messages étaient accrochés au-dessus du lit. Plusieurs soldats avaient une enveloppe à côté de leur lit, à n'ouvrir qu'en cas de décès. L'enveloppe contenait les derniers mots du soldat envers ses proches.

Pour commencer une guerre ou une révolution, il suffit d'avoir 1 % de la population de son côté. Si ce 1 % est fanatique et violent, rien ne peut l'arrêter ! Pour empêcher ce 1 %, il faut qu'un autre 1 % s'oppose à lui. Si cet autre 1 % ne se manifeste pas, il reste une autre option : l'intervention d'une armée étrangère. Le 1 % des insurgés avait pris le contrôle de Salavat. C'était le temps d'aller tuer ce 1 %.

Le lendemain matin, plusieurs soldats appelaient leur famille. Ils voulaient entendre la voix de leurs proches, peut-être une dernière fois. Un soldat était en train de craquer : sa femme venait de le quitter pour un autre homme.

— Au moins, elle te le dit maintenant, de lui dire un de ses camarades. L'an passé, mon chum est revenu chez lui et tous les meubles avaient disparu ! Elle avait vidé tous les comptes en banque ! Cristi de bitch ! Il a même pas pu profiter du *cash* qu'il a accumulé en Afghanistan !

Heureusement, la plupart des femmes accompagnaient leur guerrier dans leur devoir de soldat. Un fantassin semblait particulièrement nerveux :

— Ma femme a de gros problèmes ! s'est confié à moi le soldat. Elle est malade et elle doit aller à l'hôpital ! Tu ne connaîtrais pas quelqu'un qui aurait quelques minutes d'appels à me vendre ? J'ai deux cents dollars !

— Attends, mon ami ! Je vais te prêter le téléphone satellite du détachement. Je n'ai pas pris mes minutes encore. Il doit rester deux heures ! Prends-les !

Des années plus tard, le soldat s'est souvenu de mon geste et m'a remercié. Ce n'était pourtant pas grand-chose. De petits gestes semblables ne passent pas inaperçus entre frères d'armes !

Nous sommes allés prendre le déjeuner près des cuisines :

— Il y a un véhicule canadien en feu sur la route conduisant à Salavat, nous a annoncé un soldat. Le convoi était en route pour l'opération !

Un soldat canadien était mort. Un autre ! Il s'ajoutait aux dizaines de morts et blessés accumulés depuis notre arrivée. Les rumeurs couraient sur l'identité du soldat mort au combat, sans que nous sachions avec certitude de qui il s'agissait. Aussitôt, comme c'était la procédure, un «comms locked down» a été mis en place. Nous n'avions plus la permission de communiquer avec l'extérieur. L'internet était coupé, et toute utilisation personnelle des téléphones satellites était interdite. Par le passé, ce type de restriction avait été mise en place afin que les familles ne soient pas informées de la mort de leur proche par des rumeurs déformées. Malgré cela, des fuites avaient souvent lieu. Par exemple, un journaliste avait réussi à trouver le numéro de téléphone d'un ami du soldat Courcy. «Que penses-tu de la mort de ton ami ?» C'est ainsi qu'il a appris la mort de son camarade !

Après un déjeuner de bucheron, nous nous sommes dirigés vers nos véhicules respectifs. Encore une fois, personne n'était particulièrement pressé de prendre place à bord des véhicules moins blindés, les «cercueils mobiles», comme certains les appelaient.

La route était longue, interminable. Le véhicule semblait vouloir chavirer d'un côté et de l'autre, en raison du terrain accidenté. Ennuyé et courbaturé, j'ai ouvert une écoutille, sortant une partie de mon corps à l'extérieur. Le convoi passait littéralement au milieu des champs, sans même utiliser la route ! Un *bulldozer* blindé, en avant du convoi, aplatissait les murs et autres obstacles devant nous. Nous nous fabriquions notre propre route !

Après quelques heures à contourner des wadis et à traverser les champs de vignes, nous sommes arrivés en bordure du village de Salavat. Il n'y avait aucun tir, aucune roquette, aucun ennemi en vue. Mon détachement, ainsi qu'un *sharpshooter* et deux observateurs de l'artillerie, sommes partis établir un poste d'observation. Non loin de nous, une petite patrouille de soldats américains marchait. Ils constituaient une équipe de mentorat de la police afghane. Pendant ce temps, les fantassins de la compagnie Cobra se préparaient. Un premier peloton allait bientôt patrouiller dans le village.

— On entre ici ! a dit Sylvain en tournant le coin d'une enceinte faite de hauts murs de terre. On pourra couvrir l'infanterie de cette position.

Nous avons lentement ouvert la porte d'entrée de l'enceinte. À l'intérieur, la famille afghane semblait tellement surprise par notre arrivée que les femmes n'étaient même pas voilées et vaquaient encore à leurs occupations domestiques. En nous voyant, elles se sont précipitées dans les salles adjacentes à la manière d'animaux apeurés. Elles se montraient discrètement le visage à travers les embrasures des portes et des fenêtres. Leur crainte était que les autres Afghans les voient s'exposer sans gêne à des étrangers. Les hommes sur place nous ont chaleureusement souhaité la bienvenue. Les Afghans semblaient comprendre que notre intrusion était une conséquence de la guerre.

— Comment peut-on aller sur le toit ? demandai-je en pachto aux occupants, après quelques présentations d'usage.

— J'ai mon interprète privé ! s'est exclamé Sylvain.

Un Afghan est allé chercher une échelle, prenant soin de la solidifier par quelques coups de marteau. Nous nous sommes rendus sur le toit. Pendant que nous déployions nos armes de

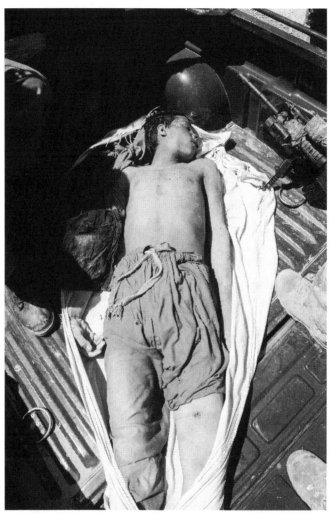

Scène typique : le cadavre d'un jeune Afghan tué par balles, peut-être par un taliban.

sniper et nos optiques, en bas, dans l'enceinte, un Afghan tenait un garçon dans ses bras. Il nous pointait tout en souriant, comme un père décrivant le travail de pompiers à son fils. Ici, on nous aimait !

— Où sont les talibans ? demandai-je à l'Afghan.

— Par-là, par-là et par-là !

Aussi bien dire que tout le village était infiltré et encerclé par l'ennemi ! J'ai balayé du regard les alentours, cherchant les Américains, avec qui nous étions avant d'entrer dans le *compound*. Mes épaules se sont alors soudainement soulevées. Vrammmm ! Vrammmm ! Vramm ! Le ciel nous est alors tombé sur la tête. L'apocalypse s'est déchaînée ! C'est comme si cent balles avaient été tirées vers nous d'un seul coup. Les projectiles n'arrêtaient pas de pleuvoir, à la manière d'un blizzard métallique tout aussi continu que meurtrier ! C'était d'une violence extrême. Je n'ai même pas eu le temps de réfléchir à ce qui se passait. Mon corps s'est plaqué au sol de lui-même, par instinct ! Les tirs étaient tellement violents, qu'on n'entendait même plus les balles claquer individuellement. C'était comme un mur ininterrompu de balles, un torrent de projectiles.

— Ouch ! criai-je au moment de me précipiter vers le bas.

Sylvain, qui était déjà à couvert dans un autre creux du toit, pensait que je venais de me faire toucher par une balle. Il ne pouvait rien faire pour moi. Les tirs ennemis étaient trop nourris. C'est dans un tel moment qu'on comprend ce qu'est un tir de « suppression ». Nous étions paralysés ! Nous avions été négligents ! L'ennemi nous avait surpris ! Il était prêt à combattre ! Nous l'avions sous-estimé !

J'avais le visage tourné de côté, la joue collée et écrasée contre le toit. Tout ce que je voyais, c'était le visage de l'artilleur Veilleux à moins de deux pieds du mien. Ses yeux étaient ronds et gros. Sa bouche était ouverte. Surpris, il ne disait rien. C'est à ce moment que je me suis mis à rire :

— Hehehehehahahahahahehehe ! Ça, c'est une belle journée ! Ouais ! Ouais !

Pendant que je riais, on entendait les balles ricocher et siffler. C'était tellement intense ! Dire que moins de trente secondes plus tôt, j'étais en « mode camping ». Le camping était terminé ! Ainsi est la guerre : on passe de l'ennui à la terreur en un claquement de doigts. Ici, c'était un claquement de balle !

Un sifflement puissant et étourdissant s'est fait entendre à quelques pieds au-dessus de nos têtes :

— *Fuck* ! C'est un *RPG* ! s'est mis à crier Pascal. Câlisse, ils sont combien, ces esti-là ?

Une autre roquette est passée à toute allure. Les choses devenaient sérieuses. En raison de la forme ondulée du toit, il était possible qu'une roquette explose juste à côté de nous, nous blessant ou nous tuant, malgré le couvert. Il fallait faire quelque chose ! J'avais l'impression que les ennemis continuaient de nous tirer dessus, dans l'espoir de nous plaquer au sol et qu'une roquette finisse par nous toucher ! Ou peut-être planifiaient-ils un assaut direct sur notre position ?

« Nous restons ! », pensai-je, tout en serrant les dents. J'ai levé la tête, à la recherche de l'ennemi. Je plissais des yeux, dans l'attente qu'une balle me touche en plein front. « Au moins, je ne sentirai rien et ce sera instantanément fini », pensai-je. Tout était si confus. Il était impossible de repérer l'ennemi. Tout ce que je comprenais, c'est que les tirs venaient de plusieurs endroits différents. Je me suis allongé vers Pascal, qui était à couvert dans un des creux du toit. Je sentais que je pouvais réellement y passer.

— Donne-moi la Macmillan! criai-je à Pascal, alors que l'ennemi augmentait de nouveau la cadence de tir.

Une autre roquette *RPG* est passée au-dessus de nous en sifflant.

— Donne-moi la Macmillan! insistai-je.

— Fais pas ça! m'a répondu Pascal. Tu vas te faire zapper! Je te le dis! Fais pas ça, Oli!

— Je la veux! Donne-moi la Macmillan!

Je me suis exposé sur une des bosses, l'arme de *sniper* en main.

— J'ai vu le coup de départ du *RPG*! a crié Sylvain. Ils sont à deux cents mètres. Pascal et Sammy, couvrez-moi! Je vais leur envoyer des grenades M203[1]!

C'est à ce moment que j'ai vu les *snipers* se mettre à genou, s'exposant eux aussi au feu ennemi. Le visage de Sylvain était crispé et agressif. Je ne comprenais pas pourquoi nous n'avions pas encore été atteints par un de ces projectiles. Pascal et Sammy ont alors ouvert le feu, aspergeant les positions ennemies de dizaines de balles. Sylvain a levé son arme, qui était équipée d'un lance-grenade M203. Une grenade a explosé à l'emplacement ennemi. J'entendais toujours les coups de feu ennemis, sans voir précisément les tireurs. Sylvain a déchargé son lance-grenade. Une douille noire est sortie du tube en tournoyant. Sylvain s'est remis à genou. Une autre grenade était chargée et tirée, pour ensuite être éjectée. Les balles continuaient à claquer autour de nous, malgré que l'ennemi semblait réduire l'intensité de son tir! Notre réplique semblait fonctionner!

---

1   Un lance-grenade M203 ressemble à un «tube» qu'on ajoute sous le fusil d'assaut. Chaque grenade a la taille d'une fusée éclairante de détresse. Un mécanisme de tir et un système de visée équipent le lance-grenade.

Pendant ce temps, j'étais allongé sur une bosse du toit, la Macmillan entre les mains. J'ai ouvert le bipied de la lourde arme de calibre 50. J'ai soulevé les couvercles de protection des optiques. En peu de temps, j'étais en position couchée, derrière l'arme de précision. À bien y penser, ce n'était pas la meilleure arme pour la distance de l'engagement. Mais c'est ce que j'avais entre les mains. C'est donc ce que j'allais utiliser.

Je sentais l'air claquer autour de moi, en raison du passage des balles. Je savais que l'ennemi me visait, personnellement. Instinctivement, j'ai resserré mes épaules, comme pour me faire plus petit. En dedans de moi, je me disais : « Maudit qu'il ne faut pas qu'une de ces balles me touche ! » Je me croisais les doigts et j'espérais pour le mieux. Je me sentais tel un gardien de but au hockey, mais sans la moindre protection. Face à moi, des joueurs de la LNH qui essayent de m'envoyer des rondelles au visage. Les rondelles étaient ici des projectiles pointus supersoniques.

Les tirs baissaient en intensité, encore une fois. C'était comme si l'ennemi tirait et se déplaçait. Contrairement aux autres *snipers*, il m'était toujours impossible de repérer précisément les talibans. Il y avait trop de bâtiments, trop de buissons, d'obstacles, d'arbres. Je savais que des talibans se trouvaient à environ 200 mètres de nous, près d'une série d'arbres et d'un séchoir à raison. Les tirs provenaient presque tous de cet endroit. Après une dizaine de secondes, qui m'apparaissaient comme une éternité, les tirs ont soudainement arrêté !

En bas, la poignée d'Américains était placée le long d'un mur. Autour d'eux se trouvaient quelques douilles noires de lance-grenade M203 ! De leur emplacement, ils ne pouvaient sans doute pas voir grand-chose, étant cachés par la végétation des champs autour.

— À gauche! À gauche! leur criai-je. Passez à gauche! Il y a un mur pour vous protéger. Un peu passé cinquante mètres, vous pourrez contourner l'ennemi et les prendre de flanc. Il n'y a personne le long de ce mur! Je l'ai en visuel! Je vous couvre!

Les Américains, qui semblaient des vétérans endurcis, ont immédiatement compris. Sans hésiter, ils sont partis à l'assaut de l'ennemi, utilisant le mur comme couvert. Le but était de contourner l'ennemi et de le prendre de flanc. Pendant ce temps, Sylvain continuait de tirer des balles et des grenades avec son fusil d'assaut C8. Le reste de l'équipe avait emboîté le pas, fournissant un tir d'appui aux Américains qui manœuvraient vers l'ennemi. C'était fascinant de mettre à exécution une manœuvre de «flanking» pour vrai. Je me suis soudainement rappelé mes cours d'infanterie, quand le sergent nous faisait contourner l'ennemi par la forêt, pendant que la base de feu s'occupait du tir de suppression. Ça marchait!

Après avoir suivi le tracé du mur, qui couvrait leur déplacement, les soldats américains se sont jetés sur les positions ennemies en courant. Mais les talibans venaient de s'enfuir! Nous les avions manqué de peu!

— Continue de chercher, mon Oli, a insisté Sylvain, qui observait à l'aide de ses jumelles. On ne sait jamais!

Les minutes passaient. J'ai déployé le télescope d'observation. Je scrutais les moindres fenêtres, arbres ou bosquets pouvant cacher les soldats ennemis. J'essayais de me mettre à la place de mon adversaire, de me projeter dans ses pensées. Que ferais-je, à sa place? Par quel endroit passerais-je? Combien de temps pour me rendre à tel ou tel emplacement?

Un endroit en particulier avait attiré mon attention : c'était un chemin surélevé. L'endroit était éloigné, mais en calculant le délai passé depuis la fusillade, j'estimais que l'ennemi avait des chances d'y apparaître bientôt. La majeure partie de ce secteur était cachée par des arbres et des bâtiments se trouvant dans mon champ de vision... mis à part cet endroit surélevé, qui était au fond d'un long corridor libre d'obstacles.

— Il y a du mouvement! m'exclamai-je!

J'ai aperçu deux hommes qui, sans courir, avançaient rapidement. Du dos d'un des hommes dépassait une roquette de *RPG* non chargée. Les deux hommes sont aussitôt disparus! Je n'avais même pas eu le temps de tirer une seule balle! J'ai désigné l'endroit à Pascal, qui du coup a pris un relevé de la distance. C'était à 890 mètres. Sylvain a immédiatement transmis la coordonnée au Poste de commandement de la compagnie Cobra, qui était à moins d'un kilomètre de nous.

— Est-ce que quelqu'un veut tirer, si on les revoit? dis-je à mes camarades. Je peux observer, si jamais quelqu'un a le goût de tirer.

— Vas-y, Oli, a dit Sylvain. Ce sera plus simple et c'est toi qui les as détectés. Pascal, tu seras l'observateur, si l'ennemi réapparait!

C'était la procédure standard dans l'équipe, quand il fallait engager rapidement : celui qui détectait l'ennemi était celui qui tirait. Cette façon de faire était plus rapide et efficace : il suffisait de laisser le télescope d'observation orienté vers l'ennemi et de prendre place derrière l'arme.

Je me suis placé derrière l'arme longue, confirmant qu'une cartouche était bien chambrée dans le canon. Tout était en place. La correction du vent était calculée, de même que les paramètres pour l'élévation. Mais... l'ennemi était parti! C'était frustrant! Tout ce que je voyais, c'était un mirage distant causé par la chaleur suffocante.

Pendant un long moment, Pascal et moi sommes restés sur place, immobiles comme des statues. J'étais derrière l'optique de mon arme, Pascal se tenait derrière le télescope. D'abord des proies, nous nous étions transformés en prédateurs prêts à se venger.

— J'en vois un! m'exclamai-je.

Un homme transportant une arme est passé à travers le mirage du chemin que je surveillais. Je savais que derrière moi, Pascal était prêt. Le temps de réaction était critique. Je ne pouvais pas attendre sa confirmation. J'avais pratiqué ce genre d'engagement plusieurs fois, à l'aide d'une application informatique que j'avais programmée. Presque instantanément, j'ai appuyé sur la détente.

«Qu'est-ce que ça fait tuer un homme avec une Macmillan de calibre 50?» C'est là une question qu'on m'a souvent posée. Ma réponse : on ne voit rien! Dès qu'on appuie sur la détente et que le coup part, on perd l'image de la cible. Ceci en raison du recul important de l'arme. L'observateur, au contraire, voit tout, ayant une optique plus puissante qui, contrairement à celle du tireur, n'est pas affectée par le recul.

Je me souviens des derniers instants de l'homme que j'ai visé. J'ai vu le combattant passer devant la croix noire de mon réticule. Je me souviens de sa posture, de sa démarche. Je pourrais en faire un dessin, tellement je m'en souviens! Pendant ces quelques instants, le taliban et moi avions une «relation» spéciale : celle du bourreau envers une victime. Je tenais la hache dans ma main. Je tenais aussi le marteau du juge. En une seconde, j'avais activé les deux! La balle a pris près d'une seconde à se rendre à destination. À peine remis du recul, j'ai chambré une nouvelle cartouche, produisant un bruit de piston de métal. Au même instant, Pascal s'est écrié :

— Impact! En plein dans le cœur! Incroyable! Tu as donné beaucoup de correction latérale! J'ai vu la balle monter dans les airs, remonter le vent et rejoindre la trajectoire du gars qui courait! Wow! Malade!

Pascal était encore plus excité que moi de ce qu'il venait de voir. Il nous a fait une démonstration de l'acrobatie qu'avait faite le taliban, quand la balle l'a touché. Le corps et le bras se sont comme soulevés et l'homme est tombé de côté en tournant sur lui-même. La cible est disparue derrière un petit muret qui bordait le chemin.

— Il était temps que ce soit toi qui en tires un, mon Oli! a dit Sammy. On voulait pas te le dire, mais on commençait à se demander si tu avais peur de tirer un gars pour vrai.

— Hahaha! Pas du tout, voyons! J'aime être observateur et je voulais vous laisser votre chance d'en tuer quelques-uns. Je m'en fous de savoir si c'est moi qui appuie sur la détente ou pas.

Imaginez-vous ceci...

Vous êtes un taliban. Votre groupe vient de tirer sur une patrouille québécoise. Vous battez en retraite. Vous courez, courez! Vous déambulez à travers des ruelles et des chemins complexes. Plusieurs minutes plus tard, vous êtes enfin en sécurité. Il n'y a plus de tirs et la patrouille ennemie est loin de vous. Vous êtes content de votre coup! Peut-être avez-vous tué ou blessé un soldat? Pendant que vous vous remettez de vos dernières péripéties, encore essoufflées... paf! Vous entendez un claquement supersonique dans l'air. Un de vos amis, qui vous suivait, vient de tomber au sol. Sur le coup, votre cerveau ne comprend pas ce qui vient de se produire. Après vous être instinctivement jeté au sol, vous vous approchez de votre camarade. Il saigne abondamment, ses yeux sont chavirés et son corps est au sol dans une position ridicule. Une seule balle a été tirée. Votre ami meurt quelques secondes plus tard.

À près d'un kilomètre de cette scène se trouvait un détachement de *snipers* dont je faisais partie. J'ai pris soin de ramasser la douille tirée, qui trainait sur le toit de terre qui nous avait protégés. La douille était encore brûlante et en partie noircie par la combustion de la poudre. J'ai senti la douille de métal : elle sentait le soufre. L'odeur de la mort.

Nous sommes retournés vers le *leager*, qui se trouvait à l'écart du village, dans une zone désertique. Le reste de la compagnie d'infanterie nous regardait avec un air curieux, sachant que nous venions de vivre une fusillade intense. Ils avaient eux aussi hâte de s'engouffrer dans les villages qui nous entouraient, et de casser du taliban. Le moral était au plus haut !

Sylvain et Pascal étaient tellement fiers du bon coup que j'avais fait, qu'ils allaient voir tout le monde du *leager*, faisant la tournée des groupes de soldats, racontant les événements tout en montrant la douille vide que j'avais récupérée. Depuis le *leager*, nous pouvions voir le bâtiment duquel j'avais tiré. C'était si proche ! « Des fois, la meilleure cache de chasse n'est pas loin du chalet », aimait à dire Sylvain ! Pendant ce temps, Sammy se faisait sécher les pieds au soleil, zen comme un sage. Dans le creux d'une tranchée, j'ai enlevé mes bottes, les remplaçant pour mes sandales de plages. J'ai allumé un de mes « cigares de la victoire ».

Des coups de feu se sont fait entendre à environ 700 mètres à l'ouest de notre position. C'était une autre patrouille, un peloton de la compagnie Cobra, qui venait de tomber sous contact dans un autre village. Les tirs sont devenus plus violents. Encore sous l'adrénaline des derniers événements, j'ai immédiatement saisi une paire de jumelles et la carabine MacMillan. Mes sandales de plage aux pieds, j'ai couru vers la limite du périmètre défensif. Sur place, je me suis mis à rechercher de nouvelles cibles à abattre ! Mais nous ne pouvions rien faire depuis notre emplacement, les combats ayant lieu à même le tracé des rues, hors de notre champ visuel.

— Tu devrais t'enlever de là ! s'est exclamé Sylvain, qui était venu me rejoindre, l'arme en main. On le sait que tu es courageux ! À force de jouer avec le feu, tu vas te brûler ! Viens te protéger derrière les véhicules ! Au moins, couche-toi !

— Bah ! répondis-je. Ils sont tellement loin qu'on ne risque pas grand-chose.

À cet instant précis, on a entendu un sifflement dans les airs. Le sifflement s'approchait de nous, comme au ralenti, sans que nous puissions visuellement détecter quoi que ce soit. Aussitôt, Sylvain et moi nous sommes couchés par terre. C'était une autre roquette de *RPG* ! Elle est tombée tout près de nous, à une quinzaine de mètres, sans exploser ! On voyait l'ogive explosive au sol ! Elle gisait là, en partie noircie, immobile, mais toujours aussi menaçante.

— *Nice* ! dis-je tout en levant la tête du sol. Une autre histoire à raconter ! D'après moi, ils visaient le *leager* en général. Peut-être que les talibans ont manqué nos soldats, et que la roquette a abouti ici.

— Je m'en fous ! a interrompu Sylvain. Là, tu t'en viens dans la tranchée. On ne poussera pas notre *luck* !

Des mois plus tard, le caporal Baron m'a montré une vidéo de l'échange de feu : on y voit les soldats tirer depuis un muret. Soudainement, tel un long laser jaune, une roquette passe en

Carabine Macmillan et télescope d'observation (en arrière-plan) juste après avoir tué un taliban en mouvement.

Le bombardier-chef Lajoie, artilleur, et moi-même, quelques instants après que le détachement ait abattu un insurgé.

sifflant dans le ciel. Il est bien possible que ce soit cette roquette qui, quelques secondes plus tard, se soit écrasée près de nous! Elle était probablement vieille, ce qui l'avait empêché d'exploser!

Nous entendions les tirs au loin. La fusillade était intense et durait depuis plusieurs minutes. Les soldats goûtaient à la même médecine que nous. Les talibans du secteur étaient particulièrement disposés à combattre! Il n'était pas question de plier! Il fallait briser cet ennemi!

Le commandant de la compagnie Cobra, le major Jourdain, coordonnait et planifiait l'effort général depuis son blindé. Il n'était pas content : les chars d'assaut du *leager* n'avaient pas pris l'initiative d'aller aider nos troupes engagées avec l'ennemi, privant nos soldats d'un puissant atout. Les équipages des véhicules n'avaient montré aucun sentiment d'urgence. Ils étaient restés sur place, leurs véhicules inactifs, sans même prendre la peine de déplacer leurs canons et d'essayer de repérer l'ennemi. La technologie n'assure pas la victoire. Dans l'histoire des guerres, des combattants motivés, mais moins bien armés ont souvent fait «une bouchée» d'armées ayant de l'équipement dernier cri. Il n'est pas difficile de s'imaginer des combattants d'élite s'approcher d'équipages oisifs pour ensuite s'emparer des véhicules valant chacun des millions de dollars! C'est d'ailleurs ce qu'allait faire l'État islamique des années après l'Afghanistan, alors que ses combattants fanatiques prenaient les villages, les uns après les autres. J'allais les combattre, eux aussi. Mais c'est là une autre histoire!

Un char lourd Léopard II s'est mis en route vers le peloton sous contact. Enfin, quelqu'un de réveillé semblait avoir pris le contrôle de la situation! Moins d'une minute plus tard, le canon du char tirait des obus vers les bâtiments ennemis désignés. On voyait les murs voler en éclats, les uns après les autres. L'ennemi a rapidement arrêté de tirer! Peu de temps après, nous apercevions le peloton revenir à la marche vers le *leager*. Il n'y avait aucune perte, ni même de blessés! Il y avait cependant un problème : nous n'avions pas encore chassé les talibans du secteur!

La situation calmée, le major Jourdain a ordonné à tous les soldats de se réfugier dans les véhicules blindés. Les ingénieurs de combat allaient faire exploser la roquette de *RPG*, qui gisait au sol depuis un moment. De l'intérieur de notre véhicule, j'ai demandé à Pascal d'ouvrir légèrement l'écoutille, question de mieux entendre.

Boom! Encore une fois, je m'en tirais sans la moindre égratignure! Je jouais à un jeu dangereux!

Nous nous faisions bronzer du fond de nos tranchées, étendus sur des lits pliables. Le Commandant faisait le tour des tranchées :

— Selon mes renseignements, il y a des talibans dans les montagnes autour de nous. Ils informent leurs amis sur nos déplacements. Ça vous dérangerait d'y jeter un œil?

Sylvain et moi nous sommes assis sur deux chaises de camping. L'œil derrière le télescope d'observation, je cherchais un détail pouvant dévoiler l'emplacement de l'ennemi : une antenne dépassant de quelques roches, un déchet égaré, le mouvement d'une tête, d'un pied. Le soleil se couchait tranquillement. C'est alors que j'ai vu du mouvement! Quelque chose bougeait entre des roches pointues! C'étaient des coyotes! Les quelques bêtes se sont mises à hurler! C'est à ce moment que Sylvain s'est levé d'un seul bond :

— Entre mes jambes! s'est-il exclamé.

Une gigantesque araignée, une «camel spider», avançait dans le sable, soulevant une patte à la fois. L'animal devait mesurer 25 centimètres de diamètre et ressemblait à la main beige d'un géant. Plusieurs fantassins se sont approchés pour observer le «spécimen». Non loin de nous, indifférent à cette distraction, le bombardier Veilleux, qui nous avait accompagnés lors de la fusillade, tenait un téléphone satellite. Il était lui aussi assis sur une chaise de camping. Depuis le vide du désert, il parlait à sa femme.

C'était la nuit et nous n'avions pas repéré les observateurs talibans. Au-dessus, la Voie lactée rayonnait dans toute sa splendeur, recouvrant la formation blindée d'un long ruban argenté. J'ai tourné mon télescope d'observation vers un astre lumineux : c'était Jupiter! Le ciel du désert était tellement clair que j'arrivais à voir la tache ovale de la planète ainsi que deux lunes en orbite! Un peu plus loin se trouvait la constellation d'Orion, à côté de la nébuleuse de la Tête de Sorcière, elle aussi visible. Je me suis endormi à côté de mon télescope tactique servant maintenant à l'observation astronomique. De temps en temps, à moitié conscient, j'ouvrais les yeux et je voyais la pro-gression de Jupiter dans le ciel.

Sammy est venu me réveiller. Confus par le sommeil, j'ai ouvert les yeux, le ciel étoilé étant en partie dissimulé par la silhouette du *sniper* penché au-dessus de moi :

— Oli! Nous partons en patrouille dans trente minutes. Sylvain va nous donner les ordres de mission dans dix minutes.

Nous allions à Chalghor. Après avoir enfilé mon attirail de combat et avoir aspiré une ration de fruits, nous nous sommes mis en marche. C'était le «round 2». L'intention du Comman-

dant semblait d'employer non plus chaque peloton alternative-
ment, mais de frapper un seul gros coup à la fois, avec l'ensemble
des unités à sa disposition. Mon détachement accompagnait le
peloton qui la veille avait été impliqué dans les échanges de feu.
Nous sommes entrés dans une petite localité. Les premières
lueurs du crépuscule apparaissaient à l'horizon, effaçant gra-
duellement les étoiles dans le ciel. Les soldats marchaient en file
dans un *compound* :

— Sylvain, arrête-toi tout de suite! dis-je sur les ondes radio
de groupe.

Les soldats près de moi ont immédiatement compris qu'un
danger guettait. Sans poser de questions, ils se sont dispersés.

— Regarde à ta droite, juste à côté de toi! C'est une gigantesque
bombe aérienne!

On voyait la forme arrondie et les ailettes du gros projectile.
L'engin devait peser près de deux tonnes!

— Ben oui! Regarde dont ça! a chuchoté Sylvain, qui était à
quelques pas en avant de moi. Ce genre de truc pourrait tous
nous tuer!

J'espérais qu'un taliban ne soit pas aux commandes d'un quelconque système de mise à feu. Je me disais qu'au moins, je n'allais
ressentir aucune douleur. Si cet engin explosait, j'allais être pour
ainsi dire instantanément «vaporisé» en purée humaine. C'est
ainsi que meurent bien des soldats à la guerre... un instant ils sont
vivants : ils parlent, marchent, réfléchissent. L'instant d'après... il
n'y a pas d'instant d'après. Selon des médiums, les champs de
bataille sont remplis de fantômes de soldats. Plusieurs d'entre
eux étaient athées de leur «vivant». Ils déambulent encore,
confus, inconscients de leur propre mort!

Le caporal Aziz-Beaulieu, sharpshooter de la compagnie Cobra, était avec nous lors de l'engagement à Salavat. On le voit ici quelques instants après l'accrochage avec l'ennemi.

Sammy après l'engagement avec les talibans de Salavat, sur le toit nous ayant protégés des tirs ennemis. Sur le fusil d'assaut C8, on remarque le pointeur AN/PEQ-2. En arrière-plan, à gauche, se trouvent les monts Salavat, où a été tué le soldat Courcy.

Prévenu par radio, un ingénieur de combat est arrivé à notre hauteur dans la file de soldats. Il s'est placé à quatre pattes, collant son visage sur la bombe aérienne, inspectant l'engin à l'aide d'une lampe de poche. Cet ingénieur avait de sacrées couilles ! C'est par des faits d'armes de la sorte, accomplis au jour le jour, que les ingénieurs de combat s'étaient fait une réputation de fer auprès des fantassins. Tout comme les observateurs d'artillerie et le personnel médical participant aux patrouilles sur le terrain. Nous les considérions tous comme des fantassins !

La bombe était complètement vidée de son contenu ! Elle se trouvait là, au beau milieu du *compound*, sans être dissimulée. C'était un soulagement, mais en même temps, cela voulait dire que les explosifs de l'engin étaient pour ainsi dire « perdus dans le néant », servant à tuer nos soldats[2] !

L'aube répandait une lumière bleue autour de nous. Nous sommes passés près d'une écurie remplie de chevaux amaigris par la faim. On voyait la forme de leurs côtes. Pauvres bêtes ! La guerre ne fait pas que tuer, elle répand la misère. La guerre aspire l'énergie vitale d'une région et détruit l'activité économique !

On entendait les appels à la prière autour de nous, dans la campagne afghane. En peu de temps, nous entrions dans les premières ruelles et labyrinthes des villages, occupés hier encore par l'ennemi. Nous enjambions les murets et les obstacles, traversions les champs de vignes. Nous sommes arrivés à l'endroit précis où la veille l'ennemi avait tiré sur la patrouille. Au sol se trouvaient de petits tas de douilles ressemblant à des monticules pyramidaux. Chaque petit tas représentait un tireur ennemi. Un détail m'a frappé : c'était le même modèle de munitions

---

2   L'officier responsable de la patrouille a rapporté les informations sur l'ancienne bombe aérienne aux réseaux supérieurs. Même si ça avait été une fausse alerte, il était important de le faire : ceci afin que les drones ne prennent pas cette bombe pour une vraie menace, ce qui ferait perdre du temps et détournerait inutilement des ressources !

Le bombardier-chef Lajoie, observateur d'artillerie, de retour au leager après une patrouille.

Le bombardier Veilleux, observateur d'artillerie, quelques instants après l'accrochage avec l'ennemi.

que je tirais moi-même sur mes temps libres, au Québec! Ces munitions venaient fort probablement de la même usine, quelque part en Russie[3]!

Alors que je contemplais les douilles grises au sol, un groupe de fantassins s'est aventuré dans les ruines des bâtiments détruits la veille par nos chars d'assaut. Ils y ont trouvé des bandages de sang laissés à la hâte. Des ennemis avaient donc été blessés ou tués! Il est toujours curieux de voir à quel point, à la guerre, connaître la vérité est semblable à un travail d'enquête où des bribes d'informations nous apparaissent peu à peu.

Les uniformes imbibés de sueurs, nous sommes arrivés en périphérie du village de Chalghor, que les fantassins s'apprêtaient à ratisser et fouiller. Quelques Afghans étaient visibles, ici et là. Ils ne semblaient pas avoir remarqué la présence de la patrouille, malgré notre nombre relativement élevé. Nous avons discrètement bifurqué du reste de la patrouille, escaladant un édifice. Ses occupants, une famille afghane, se trouvaient au rez-de-chaussée. Ils ne se doutaient pas qu'une équipe de *snipers* venait de prendre place juste au-dessus d'eux! Nous ne comptions pas nous montrer aussi négligents que la veille, à Salavat!

Nous nous sommes introduits au dernier étage, qui était une salle vide servant d'entrepôt pour les récoltes. Quelques morceaux de pailles trainaient encore, ici et là. À l'aide d'une baïonnette, nous avons creusé des trous dans les murs, afin de pouvoir observer le secteur. J'ai sorti le périscope d'observation. C'était impossible que l'ennemi nous détecte, même ceux se trouvant à quelques mètres de nous, dans les bâtiments voisins. Si des informateurs se trouvaient parmi eux, ils allaient rapporter quelque chose comme : «Nous sommes sur place, des Québécois sont passés,

---

3   Des années plus tard, alors que j'allais combattre l'État islamique, j'allais me retrouver dans une situation où l'ennemi essayait de me tuer avec le même type d'arme que j'avais en Afghanistan, et où j'avais le même type d'arme que les talibans!

Le major Jourdain, commandant de la compagnie Cobra, planifie les prochaines opérations. Il est assis sur la rampe d'un VBL et tient un ensemble de cartes.

Les ingénieurs de combat creusent des tranchées de protection dans le nouveau leager.

mais ils sont plus loin. Il n'y en a pas ici.» Parfois, la meilleure cachette est dans la bouche du lion!

Les fantassins patrouillaient dans le village, entrant dans les maisons, interrogeant les villageois. Avec mon périscope, j'étais en mesure de voir le voisinage comme le ferait une caméra cachée. Juste en dessous de nous, dans la ruelle, se trouvait un bœuf enfermé dans un enclos improvisé. L'enclos était tellement restreint que la seule chose que voyait le pauvre animal à longueur de journée était une misérable planche de bois. Mis à part se lever et se coucher, le bœuf ne pouvait rien faire. Quelle triste vie! Il aurait été plus humain de laisser cette bête dans la nature et de la tuer à l'arme à feu! Dire que dans mon pays se trouvaient des usines remplies de millions d'animaux semblables!

Nous continuions d'observer les alentours, portant notre attention de plus en plus loin. Les patrouilles progressaient. Quelques burkas s'activaient autour d'un puits, et des vieillards parlaient à l'ombre d'un arbre. L'œil derrière le télescope d'observation, j'ai porté mon attention vers le *leager* d'une autre compagnie d'infanterie, qui se trouvait dans un secteur voisin du nôtre. C'était contre-intuitif, mais il fallait tenir compte de tout, y compris observer le terrain qui nous semblait familier et sécuritaire.

— Un gars en noir s'approche du *leager*! dis-je. Il est loin, mais je vois très bien qu'il n'a pas d'affaire là!

Aussitôt, nous nous sommes mis en position de combat. J'ai saisi la «grosse Bertha», la Macmillan. Sylvain a contacté les soldats du *leager* par radio, décrivant l'emplacement de l'homme suspect.

— Nous ne voyons rien, les gars ! nous ont alors répondu les soldats restés dans la formation de véhicules.

— Voyez-vous le petit cimetière, à environ 200 mètres au nord-ouest de votre position ? Il y a un arbre penché, en partie mort, près d'un monticule de terre plus foncé.

— Nous voyons bien l'arbre.

— Il y a un homme qui est allongé et qui vous observe, près de cet arbre.

Le *leager* n'était pas en mesure de voir l'homme, ce qui semblait confirmer que c'était quelqu'un ayant des intentions hostiles. En temps normal, un villageois inoffensif ne s'approche pas d'une formation militaire, encore moins à portée de tir, et quand il le fait, il ne s'approche pas furtivement. Et aucun villageois n'ira s'aventurer près de véhicules blindés, alors même que ces véhicules ont été impliqués dans des échanges de feu depuis une journée, et que tous les habitants du secteur ont été mis au courant. Et si ce villageois innocent, par un hasard fabuleux, venait à s'approcher des véhicules sans être repéré, quelques secondes ou minutes plus tard, il finira toujours par se déplacer et retourner à ses occupations.

Un *sniper* ne doit pas exposer son canon à l'extérieur d'une ouverture. Mais nous n'avions pas le temps de mieux préparer notre position de tir pour cet angle. C'est là un aspect auquel est souvent confronté un tireur d'élite : le manque de temps pour engager l'ennemi. À l'aide d'un couteau, nous avons hâtivement agrandi le trou dans le mur, afin d'y glisser la grosse arme de *sniper*. Nous avions un autre problème : dans la trajectoire de l'arme, à cinquante mètres de nous, des fantassins venaient de se positionner sur un des toits, dissimulés derrière des caisses de bois empilées.

— Ici 66 Bravo, a dit Sylvain sur le réseau. Il y a de vos soldats sur un toit dans le secteur Kilo-6. Nous allons engager une cible plus loin et ces fantassins sont dans notre trajectoire. Si jamais ils lèvent la tête pendant que nous tirons, ils vont se prendre une balle en plein dans la nuque ! Nous allons attendre la confirmation comme quoi ils ont bien reçu l'information.

Quelques secondes plus tard, les fantassins en question se sont tournés vers nous, faisant des « thumbs up ». Ils étaient curieux de connaître notre emplacement précis et semblaient avoir hâte de nous voir tirer. L'un d'eux a sorti une petite caméra de sa poche ! L'ouverture dans le mur suffisamment grande, le périscope d'observation a fait place au long silencieux de ma carabine longue portée. Le large tube est sorti, tel un canon apparaissant sur le côté d'un navire de pirate. À travers mon optique, je voyais la minuscule cible, en arrière-plan des formes géantes et floues de mes amis fantassins, qui heureusement gardaient leurs têtes bien penchées.

— Woooo ! C'est loin ! a dit Pascal, qui a déposé les jumelles Vector, se déplaçant derrière le télescope d'observation. Distance : 1950 mètres. Élévation : 196. Vents : droite 17. Quand tu es prêt.

Le coup est parti, créant un jet de poussière à l'intérieur de la salle, en raison du frottement de l'arme sur les parois du trou. De ce les fantassins m'ont raconté, en bas, dans la rue, un Afghan a instantanément sursauté. Il a levé la tête et a remarqué le suppresseur qui dépassait de l'ouverture dans le mur. Il s'est alors assis pour regarder la « suite du spectacle », le sourire au visage.

Le temps de vol était tellement long, que j'ai eu le temps de recharger mon arme et de regarder vers la cible. La balle allait arriver d'un instant à l'autre.

Le trou duquel nous observions et tirons. Au loin, on voit une montagne ayant déjà servi de poste d'observation à 66 Bravo.

Engagement d'un insurgé rôdant près du leager.

— Manqué! a dit Pascal, qui se tenait à quelques pieds en arrière de moi, debout, derrière le télescope d'observation, qui était monté sur un trépied.

J'avais moi aussi vu l'impact. La balle avait touché à une trentaine de mètres en avant de l'insurgé, qui ne se doutait de rien. Quelques secondes plus tard, après avoir appliqué de généreuses corrections, la balle touchait à quelques pieds à droite de la cible, soulevant un petit jet de poussière beige.

— Manqué! Gauche 10. Les vents semblent un peu moins fort là-bas, de continuer Pascal.

Moins de trois secondes plus tard, un autre projectile s'envolait :

— Manqué! Gauche 3, augmenter 2.

J'ai rechargé l'arme une fois de plus. La douille éjectée, encore chaude, est allée rejoindre les autres entassées au sol. À cette distance, la balle n'est plus supersonique, ne « claquant » donc pas dans l'air. La cible ne se rend donc souvent même pas compte qu'une équipe de *snipers* est en train d'ajuster le tir pour la tuer. Ce phénomène nous avantageait. Comme aimait à dire un de mes professeurs à l'école : « La physique, c'est cool! »

— Attends, ne tire pas! est intervenu Pascal.

Une patrouille de soldats afghans marchait vers l'insurgé, qui était toujours étendu et en partie caché. De notre perspective, le soldat était presque à côté de la patrouille.

— Ça paraît qu'ils ne se voient pas mutuellement, a dit Pascal, qui analysait la scène.

Le risque de ricochet était trop élevé. Nous n'avions pas de communication directe avec ces soldats. Il nous fallait attendre. La patrouille afghane avançait, les jambes des soldats nous apparaissant comme une série de mirages bouillonnant au-dessus du sol.

— Avez-vous entendu parler des *snipers* du 3ᵉ Bataillon ? dis-je, afin de passer le temps. Il paraît qu'ils ont manqué une cible. Mais la balle a quand même touché le taliban après un ricochet sur une roche.

— Ouais, j'avais entendu ça ! Les gars ont bien ri ! d'ajouter Sylvain, pendant que Pascal, silencieux, gardait un œil attentionné vers l'avant.

— J'ai du développement ! interrompit Pascal. Le taliban vient de partir à courir. D'après moi, il a vu la patrouille approcher. Les Afghans font rien. On dirait qu'ils n'ont rien vu aller.

C'était « *game* over ». Ironie du sort, notre cible avait eu la vie sauvée par l'action de ses ennemis !

Alors que nous pliions bagage, Sammy, qui montait la garde, nous a fait signe de nous taire. Quelqu'un montait vers le toit.

— Il a quelque chose dans les mains, a ajouté Sammy, méfiant. Ils ont dû nous entendre tirer.

Heureusement, il ne s'agissait que d'un Afghan venu chaleureusement nous saluer. Il était des plus souriant, humain. Il transportait un panier rempli de raisins frais. Des raisins de Kandahar ! Les meilleurs au monde ! Comptant des dizaines de variétés !

— Ne prenez pas ça, les gars, nous a dit Sylvain. On ne sait jamais, ça pourrait être empoisonné !

L'Afghan ne comprenait pas pourquoi une discussion prenait place pour de simples fruits. Il continuait de tendre le bol vers nous, la candeur sans les yeux.

— On ne peut quand même pas refuser ça! dis-je. Pas plus que 10 % des Afghans sont sympathisants des talibans?

— On est dans le 10 %! d'ajouter Pascal.

Pas faux!

— Allez-y si vous voulez, a dit Sylvain. Le problème est que si le mot se passe que les Canadiens acceptent les cadeaux comme ça, des talibans risquent d'en profiter.

Pas faux non plus!

La guerre nous faisait se méfier de tout le monde. Nous avons malgré tout pris le panier de fruit, au grand plaisir de l'Afghan, qui nous en a amené un autre!

De retour au *leager*, des tirs sont survenus au nord du regroupement de véhicules! Le *leager* était sous attaque, encore une fois! Les tirs venaient de Salavat, que nous avions patrouillé la veille. J'ai saisi la Macmillan et je suis parti à courir, prenant position sur un des remblais de terre près d'un véhicule blindé. L'ennemi ne nous engageait pas sérieusement, préférant tirer quelques balles pour ensuite s'enfuir. C'était comme s'il voulait nous dire: «Nous sommes encore dans le village! Nous ne sommes pas morts!»

Une autre fusillade, plus violente, a éclaté. Tout est arrivé si vite, je n'ai rien pu faire d'autre que tourner la tête tout en essayant de comprendre ce qui se passait! C'était une mitrailleuse. Elle se trouvait en plein dans le *leager*! J'ai vu passer quelques balles traçantes dans les airs. La mitrailleuse était une des nôtres! Une

Soldats afghans et leur pick-up, près d'un leager. On remarque la mitrailleuse montée en arrière du véhicule.

moto fonçait vers nous! Des balles transperçaient l'air comme des lasers rouges allongés, encadrant le véhicule en approche. J'étais surpris de voir à quel point, malgré la grande quantité de balles tirées, aucune ne touchait le conducteur de la moto, qui ne semblait en rien perturbé! La moto ne s'arrêtait pas, la mitrailleuse non plus. Le véhicule était sur le point de contourner les tranchées et remblais de terre protégeant le périmètre défensif. S'il fallait que la moto entre dans le *leager*, il allait être beaucoup plus difficile de la neutraliser, en raison des risques de tirs croisés.

Les tirs de mitrailleuse ont soudainement cessé. Des soldats afghans, qui étaient rassemblés près d'un attroupement de *pick-up* beiges, avaient reconnu leur collègue, faisant signe aux Québécois d'arrêter de tirer. L'homme sur la moto était en fait un policier afghan qui n'avait enfilé que la moitié de son uniforme, ce qui le faisait ressembler à un kamikaze filant à toute allure vers nous! La moto avait été saisie à des talibans lors d'une opération récente. Le soldat afghan, qui n'avait pas de casque et dont les cheveux étaient relevés par le vent du trajet, ressemblait à un gamin amusé d'avoir fait un mauvais coup. Les autres soldats afghans, qui semblaient eux aussi fort amusés, ont accueilli en riant le malheureux qui avait été pris pour cible. La moto allait être ramenée à la *FOB* comme trophée!

Quelques rares tirs résonnaient encore, sans que je puisse repérer leur provenance. L'ordre a été donné au convoi de partir. En raison du bruit des véhicules, une partie des équipages ne savaient même pas que nous nous faisions encore tirer dessus. Ou peut-être qu'ils confondaient les tirs ennemis pour des tirs amis. Je voyais des soldats entrer calmement dans leurs véhicules, comme si de rien n'était. D'autres sortaient la tête par les écoutilles, ouvrant et buvant des bouteilles d'eau. « J'espère qu'il n'y a pas de bons tireurs chez l'ennemi! »

J'avais la tête sortie d'une écoutille arrière du véhicule, assistant à ce spectacle chaotique. C'est alors que des véhicules afghans se sont mis à tirer vers ce qu'ils croyaient être les positions ennemies. Les véhicules blindés québécois, voyant les balles traçantes des mitrailleuses, ont compris qu'elles étaient assurément dirigées vers des tireurs talibans. En quelques secondes, une série de bâtiments étaient aspergés d'obus et de projectiles de toutes sortes. On voyait les boules de feu rouge des obus de 25 mm disparaître dans les murs de terre, envoyant des jets de poussière en tous sens. La situation escaladait vers un festival du « on tire partout et on se dépêche de vider nos munitions avant la fin de la patrouille ».

Des petits obus ont éclaté sur l'épais mur extérieur de la maison dans laquelle nous étions entrés la veille, et où une famille nous avait guidés vers le toit. Je pouvais affirmer que les obus touchaient exactement l'emplacement de la cuisine. Je priais pour que la famille s'en sorte. Par chance, les murs étaient tellement épais, que les obus de 25 mm n'arrivaient pas à les traverser. C'est alors que le Commandant s'est rendu compte du bordel qui s'installait dans le convoi en formation. Par radio, il a pris le contrôle de la situation, ordonnant un cessez-le-feu immédiat. Quelques soldats, peu pressés de relâcher la détente de leurs armes, ont malgré tout continué à tirer pendant quelques secondes. J'imagine que ce départ explosif est la façon qu'ont deux ennemis de se dire « à la prochaine fois » ! Le lourd convoi s'est enfin mis en marche. Direction : la base avancée Sperwan Ghar.

Nous laissions sans défense les villageois alors que les talibans étaient encore présents. Nous manquions d'effectifs et il nous était impossible d'implanter une présence permanente partout.

Nous n'avions pas brisé l'ennemi. Nous l'avions simplement fait plier. Nous chassions les flammes, sans éteindre les braises[4].

---

4   Un an plus tard, lors de ma seconde mission en Afghanistan, les choses allaient changer : les Américains allaient amener des milliers de soldats en renfort, permettant aux Canadiens de réduire leur zone opérationnelle. Une base allait être construite dans le village de Salavat.

Un compound typiquement afghan, ici dans le village de Chalghor.

Après un engagement avec l'ennemi.

Pashmul — Écouter les signes

C'est de *KAF* que nous allions décoller vers notre nouvelle mission. Nous avons marché vers le *Boardwalk*. Nous avions faim pour une pizza et un café latté ! Sur le chemin, nous avons croisé un étrange phénomène : une militaire obèse se déplaçait sur une trottinette électrique ! Son arme : un pistolet neuf, son fusil d'assaut étant probablement trop « encombrant ». Dire que les fantassins réguliers avaient de la difficulté à obtenir de vieux pistolets, eux qui en avaient quotidiennement besoin, lors des fouilles de bâtiments.

Une partie de hockey (sans patins) avait lieu à la « patinoire », entre les Américains et les Canadiens. Non loin de là, des gens s'affairaient à remballer des centaines de chaises pliantes. Quelques jours plus tôt, il y avait eu un spectacle de musique ici, en l'honneur « des héros ». « Mais quel drôle d'endroit ! » Comme aimait à dire le frère de Sylvain, un mécanicien de *KAF* : « J'ai même pas l'impression d'être à la guerre ou en Afghanistan ici. Je me sens comme un travailleur dans une mine du Nord ! »

J'avais du mal à comprendre comment autant d'officiers, de bureaucrates et de troupes non combattantes pouvaient être nécessaires pour supporter un aussi petit nombre de soldats au front ! Les forces armées au complet étaient un gigantesque monstre bureaucratique. En fait, il y avait vingt fois plus de personnel au Quartier général des Forces canadiennes, à Ottawa, que de troupes patrouillant dans la campagne afghane, et le même Quartier général comptait plus de membres que la marine canadienne au complet[1] ! Les guerriers n'étaient qu'une petite partie de ce qui était une armée de fonctionnaires.

Ainsi est l'Armée : un athlète olympique alourdi par une masse de gras. Le gras est une bonne chose, en quantité réduite. En Afghanistan, la partie combattante ressemblait à la pointe d'une lance bien aiguisée. Le problème est que derrière cette pointe se trouvait un long manche en grande partie pourri. Nous réfléchissions trop à comment aiguiser la « pointe », alors qu'il fallait surtout réduire le poids du manche[2]. En Afghanistan, nous soldats étions à « l'université » de la guerre. Nous allions un jour retourner à la « garderie », surnom que nous donnions à « l'armée de paix » remplie de bureaucrates.

Nous sommes entrés dans une boutique « souvenirs » où se trouvait un assortiment d'équipement tactique et autres objets utiles en zone de guerre. L'endroit était remplie de chandails machos avec des slogans comme « Taliban hunting club », « lived in hell for a year », et ainsi de suite. « Ce n'est pas l'enfer quand tu sais que tu quitteras bientôt l'enfer », pensai-je. La plupart de ceux achetant ces chandails n'avaient probablement jamais vu un seul soldat ennemi ! J'avais l'idée de faire broder un écusson ironique : un signe « peace and love » surmontant non pas des épées croisées, mais des fleurs ! Le tout sur un fond bleu poudre, la couleur la moins « guerrière » que je pouvais trouver. Comme

---

1   Le Quartier général compte près de 20 000 membres. À tout moment, près de mille militaires formaient la « partie combattante » de la Force opérationnelle de Kandahar. Peu de temps après mes déploiements en Afghanistan, un général retraité (Andrew Leslie) allait publier un rapport accablant sur la proportion abusive de non-combattants dans les forces armées canadiennes. Suite à des résistances internes et politiques, ce rapport n'allait pas être suivi de résultats substantiels.

2   Les centres de Recherche et Développement se concentrent souvent sur le développement d'armes et de systèmes purement militaires. Des études sont aussi faites concernant les réactions psychologiques des militaires. Cependant, je pense que des chercheurs devraient explorer les bienfaits d'une force armée comprenant moins de bureaucrates. Une étude pourrait être faite pour réduire le nombre d'ordinateurs dans une unité, par exemple en bloquant pendant quelques mois l'accès aux courriels de la majorité des membres, ceci afin d'analyser comment l'unité s'adapte.

slogan : « trop de crayons pas assez de canons »[3] ! Heureusement, j'étais dans l'équipe des « canons » !

Notre pizza terminée, Sylvain a déplié une carte d'opération sur une table à pique-nique du BoardWalk. Le plan était de nous insérer au milieu des territoires ennemis, dans une zone habitée qui sur la carte ressemblait à un labyrinthe. Pendant ce temps, les patrouilles d'infanterie allaient manœuvrer depuis l'autre extrémité du groupe de villages. L'intention était de pouvoir ainsi observer les mouvements talibans, qui n'allaient pas tarder à se manifester. En tout, plus de cent soldats allaient prendre part à l'opération, ce qui incluait des troupes afghanes accompagnées de mentors québécois.

Deux observateurs de l'artillerie, le caporal-chef Boursier et le sergent Bédard, allaient venir avec nous. C'était de bons guerriers avec qui nous avions travaillé depuis des mois. Une équipe de deux mitrailleurs allaient aussi faire le voyage avec nous. Leur rôle : fournir la puissance de feu en cas d'accrochage sérieux et rapproché avec l'ennemi. Finalement, un ingénieur de combat allait s'assurer qu'aucun *IED* ne nous transforme en confiture humaine. Notre équipe comportait presque tous les métiers de combat de l'Armée !

L'insertion allait se faire de nuit, par hélicoptère, depuis *KAF*. Sur le tarmac, des dizaines de soldats, tant afghans que québécois, attendaient parmi une panoplie de sacs, d'armes d'assaut et de vestes tactiques. Nous étions tous inquiets. Nous ressentions tous ce serrement dans l'estomac, ce sentiment étrange de côtoyer la mort de si près, de l'attendre chaque jour, chaque semaine. Le vent s'est levé, soufflant de plus en plus fort. Une

---

3   Lors d'une autre mission en Afghanistan, j'allais effectivement faire broder l'écusson. Notre équipe allait le porter en « protestation » de la « mollesse de l'Armée ».

tempête de sable approchait. On nous a alors annoncé que la mission était reportée de vingt-quatre heures.

— Celle-là, je la sens pas, a dit Pascal.

— Cette tempête... c'est un signe ! s'est exclamé Sylvain. Nous allons changer le plan !

En zone de guerre, les gens sont étonnamment superstitieux. Chacun a son « porte-bonheur », ses croyances, ses prières. Les soldats sont attentifs à leurs intuitions. Les moindres « signes » sont analysés, interprétés. Le soldat a constamment cette peur de ne pas avoir su les écouter.

Nous nous sommes rendus dans le « Lounge des *snipers* ». Quelqu'un a cogné à la porte :

— On a de la bière pour vous, les *boys* ! a dit un soldat du Recce. De la vraie bière !

Normalement, nous avions droit à deux bières par mois, mais le peloton du Recce avait les mains longues. Nous étions censés être en train de nous insérer en territoire ennemi. Et voilà que nous buvions de la bière sur des sofas, en écoutant des émissions de chasse. Dans une vidéo, on voyait les belles forêts nordiques du Québec. Un guide avait amené un « chasseur » à seulement quelques mètres d'un grand et magnifique orignal. Ridicule ! C'était à l'image de la guerre : tous veulent la gloire, mais peu sont prêts à travailler pour l'avoir, préférant rester à distance sécuritaire de l'ennemi ! Le « chasseur » s'est positionné derrière un arbre, tirant son lourd calibre vers l'animal, qui est tombé comme une roche :

— Boom ! s'est exclamé Sylvain, les joues rougies par l'alcool. C'est en plein comme quand vous avez tiré le gars dans la tête ! Sauf qu'en plus il y avait un nuage rose !

— On garde le même plan pour notre prochaine mission ! proposai-je aux autres *snipers*. On va les attirer et ensuite faire un vrai carnage !

— Tu es fou, a lancé Pascal, qui commençait à être agacé par mes suggestions. Tu veux qu'on meure ? J'ai une fille !

— On est ici pour ça ! répondis-je. On est ici pour tuer et se faire tuer. Il faut être prêt à mourir ici !

— Cristi que tu es pas bien dans ta tête ! a répondu Pascal. Mais on t'aime quand même !

— Allons-y avec un compromis, a ajouté Sammy. On fait notre travail, sans jouer aux casse-cous pour rien.

Le sage avait parlé. Sylvain, en bon père de famille, a acquiescé. Il s'est levé et a marché vers le frigidaire, nous lançant chacun une bière froide couverte de condensation :

— Profitez-en, les salopards ! C'est peut-être votre dernière vraie bière !

Nous allions nous positionner en territoire ennemi, mais légèrement moins en profondeur, tout en couvrant les mêmes secteurs clés. Le nouveau poste d'observation permettrait de se défendre plus facilement, contrairement au poste d'observation du plan initial, qui se trouvait sur une petite butte entourée de végétation. Dans ce dernier cas, l'ennemi pouvait s'approcher et nous encercler facilement, nous empêchant de mettre à profit nos armes longue portée. Mes camarades avaient raison !

Le lendemain soir, nous sommes embarqués dans les hélicoptères et nous nous sommes envolés. Il n'y avait pas de lune. Autour de nous se trouvait une mer de noirceur. Quelques feux parsemaient le paysage. À l'atterrissage, en raison de la poussière soulevée, on ne voyait rien ! En sortant du Chinook, un des mitrailleurs nous accompagnant s'est foulé la cheville. Avant que le pilote ne remette les gaz, Pascal a eu la présence d'esprit de pousser le soldat blessé dans l'appareil. Un remplaçant a instantanément été trouvé parmi les autres fantassins présents, qui s'étaient insérés au même endroit que nous, mais qui allaient emprunter une autre route.

Nous nous sommes mis en marche vers notre poste d'observation, qui se trouvait à l'ouest, au cœur des zones habitées. Les autres fantassins de l'envolée se sont dirigés vers le sud afin de rejoindre le reste de leur compagnie, débarquée depuis d'autres appareils. Le terrain était complexe, ce qui allait empêcher d'avoir des renforts rapidement, si nous étions encerclés par un ennemi supérieur en nombre. C'était risqué.

Le jeune ingénieur de combat nous accompagnant s'est porté volontaire pour ouvrir la marche, ce qui lui a aussitôt attiré le respect du reste de l'équipe. En raison de la pression et du stress, il semblait indifférent à la fatigue, enfourchant les murs et les obstacles les uns après les autres, comme si de rien n'était. Nous progressions rapidement et silencieusement. Par moment, nous entendions les villageois parler depuis les maisons. Nous apercevions quelques lueurs de feu, accompagnées d'odeurs de grillades, ce qui me rappelait les BBQ du Québec ! Aucun chien n'aboyait.

Deux heures plus tard, les bottes couvertes de boue, nous étions près de notre poste d'observation : une série de bâtiments désignés comme abandonnés. Surprise ! L'entrée du bâtiment était bloquée par de vieux barbelés mal disposés. Ce genre d'endroit est parfois plus dangereux que les zones habitées. Les talibans viennent souvent de villages éloignés. Comme nous, ils ne savent pas de quelle allégeance sont les habitants. C'est pourquoi ils évitent d'être inutilement détectés, s'organisant depuis des endroits isolées.

Nous avons sécurisé chaque salle, en équipes de deux soldats. Les murs étaient couverts de graffitis lugubres qu'éclairaient nos lampes de poche tactiques attachées sur nos armes. L'intérieur de l'enceinte était digne d'une scène de meurtre. Mis à part les fantômes qui semblaient hanter les lieux, il n'y avait personne. Nous nous sommes positionnés sur le toit d'un bâtiment. Le toit était entouré d'un muret d'une hauteur de deux pieds, ce qui allait nous fournir une protection supplémentaire. Cette plate-forme offrait un excellent point de vue vers l'ouest, où nous espérions détecter les mouvements de l'ennemi. Un soldat a été désigné pour garder l'entrée de l'enceinte, au cas où nous recevrions la visite de quelques insurgés ennemis. Nous avons complètement barré l'entrée avec des restes de fils barbelés, qui trainaient ici et là.

Au petit matin, nous avons enlevé nos casques, afin d'avoir l'air de villageois, advenant que des Afghans nous aperçoivent. Mon teint et mes cheveux donnaient l'impression d'être un Afghan, ce qui allait me permettre de passer inaperçu. Sans que nous puissions les voir, les unités de manœuvre au sud de notre position ont commencé à avancer à travers les villages. Soudainement, à environ 800 mètres de notre emplacement, une violente fusillade a éclaté. Il nous était impossible de voir quoi que ce soit. Nous continuions d'observer les routes en avant de nous : toujours aucun mouvement ennemi.

Un pauvre monsieur qui marchait dans une rue venait d'être tué. Les soldats afghans s'étaient acharnés sur lui. Il avait eu le malheur d'apparaître près d'insurgés, dont un qui était armé d'un lance-roquettes *RPG*! La fusillade terminée, l'opération a dû être temporairement arrêtée : un grand nombre de soldats afghans n'avaient plus de munitions ! Et les voilà qui demandaient à ce qu'on leur fournisse de l'eau. C'était la canicule et il faisait déjà près de cinquante degrés Celsius à l'ombre, malgré que ce n'était que le matin.

C'est alors que nous avons détecté des mouvements à quelques centaines de mètres en avant de nous. On voyait des motos passer à travers la végétation, ainsi que quelques soldats ennemis à pied. Ils se dirigeaient vers les unités de fantassins au sud !

— Ils passent en plein où nous étions supposés être ! a dit Sammy, en observant la petite butte où nous avions initialement eu l'intention d'aller.

— On aurait été encerclés, c'est certain ! a ajouté Sylvain après avoir averti des mouvements ennemis sur les ondes radio.

Comme un chasseur téméraire, avant la patrouille j'avais voulu m'approcher de notre proie. Mais cette proie, tel un serpent, pouvait piquer une main imprudente. Nous avions écouté les signes et c'était une bonne chose.

L'ennemi ne nous voyait pas, circulant allègrement sur le chemin de campagne. Ce n'était pas pratique d'utiliser nos armes longue portée. Le terrain était trop confus et les apparitions ennemies trop imprévisibles.

— Préparez la mitrailleuse et les lance-grenades ! a dit Sylvain. On va les allumer !

Je me souviens de mes entraînements de fantassins : une des tâches les plus désagréables était de transporter la mitrailleuse du peloton. La mitrailleuse C6 est une arme aussi redoutable qu'elle est lourde et encombrante. Une équipe de mitrailleurs doit aussi transporter un canon de rechange (en cas de surchauffe du premier canon) ainsi que des milliers de cartouches, contenues dans de lourds boitiers. Tout ceci en plus des réserves d'eau et du reste de l'équipement. Je me souviens de ce que nous avait dit un sergent, quand j'étais recrue : «Quand vous êtes mi-trailleur, vous ralentissez le groupe et vous tapez sur les nerfs de tout le peloton. Mais quand vient le temps de tirer, c'est vous le *King*! Tout le monde vous aime!»

Le «King» allait bientôt montrer de quel bois il se chauffait. Les mitrailleurs ont installé la lourde mitrailleuse sur le bord du muret. Le tireur a ouvert le plateau de chargement de l'arme, afin que son assistant y place une longue bande de cartouches, la mi-trailleuse n'étant par défaut chargée que d'une courte bande, ceci afin de faciliter les déplacements. Le tireur a ensuite actionné le mécanisme de la culasse. La mitrailleuse était prête à déchaîner l'enfer vers l'ennemi.

Nous observions vers le chemin, en attente des prochains mou-vements ennemis. Les mitrailleurs attendaient notre signal, ne pouvant pas observer aussi bien que nous. L'assistant, la tête baissée, tenait la bande de cartouches. Il était prêt à alimenter la bête en munitions. Sammy s'est exclamé :

— Feu!

La mitrailleuse, qui jusqu'alors n'était rien de plus qu'un en-combrant et silencieux morceau de métal noir, s'est déchaînée. Vrammmmmmmmmmmmmmmmmmm! Des centaines de balles se déversaient vers les positions ennemies. En avant, des gerbes de poussière giclaient en tous sens.

— Droite, droite, droite, arrête! Continuez! Droite, droite! Continuez!

Nous donnions des instructions aux mitrailleurs, afin qu'ils balaient bien les arbustes et autres endroits où l'ennemi s'était sans doute réfugié. Après une quinzaine de secondes, on ne voyait plus aucun mouvement. Les mitrailleurs ont arrêté de tirer, afin de conserver les munitions. On voyait la chaleur s'échapper du métal brûlant de l'arme. Tout à coup, des balles sont passées en sifflant au-dessus de nos têtes.

— C'est le temps de la fiesta! ai-je lancé, tout en tirant quelques balles à l'aide de mon fusil d'assaut.

La mitrailleuse s'est mise à tirer de plus belle, balayant les endroits suspects les uns après les autres. Vrammmmmm, vrammmmmmmmmmm, vrammmmm! Avions-nous touché des combattants ennemis? C'est la différence entre être *sniper* et fantassin. Les tireurs d'élite voient leur cible, au contraire de fantassins, qui à défaut de bien voir l'ennemi, tirent dans les endroits susceptibles de l'abriter. Ce jour-là, nous étions d'abord des fantassins.

Les rafales se succédaient, soulevant d'autres jets de poussières, faisant au passage tomber des branches d'arbres. Les détonations étaient de la musique pour nos oreilles de soldat. Je tenais une caméra. Je l'ai approché des mitrailleurs qui tiraient. L'un d'eux s'est tourné vers ma caméra avec un air surpris et sérieux, fronçant les sourcils. C'est comme s'il me disait : « Dérange-moi pas! Je suis concentré à arroser l'ennemi ». À chaque rafale de mitrailleuse, les artilleurs et l'ingénieur de combat se baissaient instinctivement, n'étant pas certains qu'il s'agissait de tirs amis ou ennemis. Le sergent Bédard semblait d'humeur éclatante :

— Oh que oui! Oh que oui! Mesdames et messieurs! s'exclamait-il pendant que nous entendions la C6 rugir vers les positions ennemies.

Sylvain, excité comme un adolescent, s'est dépêché d'aller chercher une grappe de munitions pour notre lance-grenade M203, sautant par-dessus les piles d'équipements encombrant le toit. Je le suivais avec ma caméra, amusé comme un gamin. L'ennemi semblait s'être réfugié derrière les obstacles du terrain.

— Faisons un concours pour savoir qui touche le premier l'arbre près de l'ennemi! a proposé Pascal.

Plan accepté à l'unanimité! À tour de rôle, accompagnant la mitrailleuse, nous tirions des grenades à distance. De rares balles ennemies étaient tirées vers nous, se mélangeant aux rafales de notre mitrailleuse. Les tirs ennemis étaient imprécis et peu dangereux. Nous dominions!

— Ohhhhh! Je crois que je vais l'avoir! disions-nous après avoir tiré une grenade... et bang!

L'échange de feu s'était transformé en concours de tir!

Nous avons entendu une explosion, non loin de nous. Je me suis retourné : un *RPG* avait heurté le bâtiment voisin, envoyant des morceaux de murs de terre dans les airs. Étrange! Mon impression était que le tireur de *RPG* ennemi s'était fait donner des instructions confuses par un autre taliban qui lui, avait sans doute repéré l'origine précise de nos tirs. Ou peut-être que le tireur taliban était myope?

Les mitrailleurs tiraient sans interruption, envoyant des rafales dans chaque fenêtre, dans chaque arbuste. Quelques instants plus tard, toute résistance avait cessé. Il n'y avait plus aucun ennemi en vue. De la chaleur s'échappait de la mitrailleuse, créant un mirage dans l'air.

— Ici le peloton du lieutenant Lussier, avons-nous entendu sur les ondes radio. Attention! Il y a des hommes sur le toit du bâtiment, à deux heures!

Nous avons rapidement réalisé que les « hommes » repérés par le peloton étaient nous ! Nous n'avions pas remis nos casques, nous croyant loin des unités de manœuvre. Et nous n'avions averti personne de notre subterfuge, croyant qu'il suffisait de faire connaître notre coordonnée. C'était une erreur et cela allait peut-être causer un fâcheux incident. Heureusement, les fantassins étaient des vétérans aguerris :

— On a vraiment passé proche de vous arroser ! nous a dit un fantassin, alors que nous rejoignons le peloton en mouvement.

L'opération s'achevait, les bâtiments d'intérêt ayant été fouillés. Nous marchions vers l'est, vers la route principale. C'est là que toutes les unités allaient se retrouver. Les soldats étaient accompagnés d'une petite patrouille américaine. Les Américains avaient un prisonnier avec eux, dont la tête était couverte d'un sac de sable. Il s'est avéré que le prisonnier avait été capturé juste après s'être débarrassé d'un *RPG* ! Il s'était enfui du secteur que nous avions couvert de balles. Un des Américains me faisait penser à un *cowboy* des temps modernes. Il poussait le prisonnier avec son pied, le faisant parfois trébucher :

— *Fuck face, move forward*! *Fuck face*! Avance ! Avance !

Ce n'était définitivement pas la meilleure des journées pour cet insurgé ! Si les talibans venaient à nous capturer, le traitement allait être bien pire !

La chaleur était accablante, les températures à l'ombre dépassant les cinquante degrés. Avec notre équipement et nos plaques balistiques, nous ressemblions à des zombis marchant au ralenti ! La sueur imbibait nos uniformes au point que même les rebords de nos manches étaient trempés. Nos uniformes étaient à ce point imbibés de sueurs, qu'ils étaient brun foncé ! « Je suis trop

Le caporal Lapointe et son aide-mitrailleur faisaient partie de la patrouille.

Sur le chemin du retour de la patrouille à Pashmul. Il faisait tellement chaud que même les manches de nos uniformes étaient imbibées de sueur.

fatigué pour surveiller autour, aussi bien attendre que l'ennemi me tire dessus ! » C'est ainsi que je pensais.

Nous marchions en file indienne, sur un sentier de terre entre les champs. Je me suis brusquement arrêté : j'avais presque marché sur une mine antipersonnelle ! J'ai pointé l'objet aux soldats qui marchaient derrière moi, m'assurant qu'ils m'avaient bien compris. Nous étions trop pressés et fatigués pour prendre en note la coordonnée. Une fois rendus à un emplacement désigné, nous avons pris une pause afin d'attendre les autres unités du secteur. Allongé dans le foin, un soldat m'a raconté quelques anecdotes de l'opération :

— La première fusillade, avant que les Afghans tirent le vieillard, nous avons aperçu un gars avec un *RPG* en plein devant nous. Il a tiré une roquette. Simoneau a répliqué. Il ne l'a pas manqué !

Le soldat a sorti un objet métallique de sa poche : c'était un éclat d'obus de la roquette !

— Un peu plus tard, continuait le fantassin, un des gars a remarqué un fil qui dépassait du mur. On s'est éloignés. C'était une «Daisy chain »[4]. Si elle avait sauté, la moitié du peloton y serait passé ! Un peu plus tard, je montais la garde avec mon pote, une rafale de mitrailleuse a touché le mur entre nous deux ! Ça a passé proche !

J'étais jaloux ! Moi qui croyais avoir eu une journée remplie ! L'infanterie québécoise avait encore une fois frappé les insurgés dans leur repère. 66 Bravo avait été un élément de ce succès, couvrant et protégeant les voies d'approche ennemies.

---

4   Une «Daisy chain » est le nom donné à une série de bombes connectées entre elles et déclenchées en même temps. Ce type d'IED est particulièrement dangereux. Il peut blesser ou tuer une grande quantité de soldats d'un seul coup.

Nous avons repris notre marche. Une demi-heure plus tard, nous sommes arrivés dans un PSS afghan. Un officier afghan nous a souhaité la bienvenue. Il tenait une AK-47 plaquée d'or !

Le camp, d'une trentaine de mètres de côté, était sur le bord de la route principale, ce qui à mon sens le rendait hautement vulnérable à une attaque au véhicule piégé. Les Américains avaient toujours le prisonnier avec eux. Ils l'ont «donné» aux policiers afghans du camp. Curieusement, les policiers ont détaché le prisonnier, l'invitant à manger à table avec eux. Je trouvais la situation cocasse : j'ai pris une photo, depuis une tour de garde du camp, d'où nous couvrions l'arrivée d'autres éléments de la Compagnie. Le repas terminé, le «prisonnier» est allé prier dans un conteneur maritime comprenant des lits et des tapis. Armé de mon pistolet et équipé de ma caméra, je suis descendu de la tour d'observation, allant à la rencontre de mon adversaire. Mon intention était de prendre une photo de l'individu et de l'envoyer au Renseignement.

La prière terminée, le taliban s'est retourné vers moi. Son regard n'a pas sourcillé le moins du monde. J'avais à quelques pieds devant moi un homme qui avait voulu me tuer. En fait, il voulait toujours me tuer. J'ai pris soin de placer mon pistolet en évidence, à portée de main de l'insurgé islamique :

— Aller ! Prends-le ! Prends le pistolet ! dis-je à voix basse, sans que le taliban comprenne les mots qui sortaient de ma bouche.

Le combattant ennemi n'était pas assez fanatique pour être suicidaire. Je lui ai tendu la main, par esprit chevaleresque. L'air surpris, il a serré ma main en retour. J'ai perçu un petit sourire chez mon ennemi. Je n'ai aucun respect pour ceux qui s'en prennent aux innocents. Je déteste ces terroristes qui se font exploser au milieu de foules remplies de femmes et d'enfants. Mais j'ai un certain respect pour mon ennemi, s'il ne s'en prend qu'à des combattants. C'était pour moi un honneur que de serrer sa main. Malgré que je n'aurais pas hésité à lui mettre une balle entre les deux yeux, si j'en avais eu l'occasion. Et lui non plus n'aurait pas hésité à me tuer!

Les talibans qui ne s'en prennent qu'à des cibles militaires ne devraient pas être considérés comme des terroristes, mais comme des combattants. Les détenus n'ayant pas fait de crimes humains devraient être traités comme des prisonniers de guerre et non comme des criminels. Si nous croyons que seules les «armées reconnues» soient «légales», nous acceptons que la Convention de Genève ne soit qu'une hypocrisie au service des grandes puissances et des États.

Aucun convoi ne pouvait venir nous chercher et nous ramener à la *FOB*. La route était une des plus dangereuses du secteur, de nombreux convois ayant ici été attaqués.

— Nous allons rejoindre Masum Ghar à pied! a tranché Sylvain, impatient.

Sylvain était premier dans l'ordre de marche. J'étais deuxième. Nous marchons en file indienne, au milieu de la route, loin des côtés du chemin, qui étaient plus propices à cacher des bombes. Nous pointions les intrus avec nos armes, qui se déplaçaient vers le côté de la route en attendant que nous passions. C'était là une précaution afin de ne pas s'exposer à des kamikazes potentiels, qui étaient nombreux dans la région. C'était curieux de voir autant de camions, de bicyclettes et de personnes se tasser du chemin pour une poignée de soldats! Nous ressemblions à des demi-dieux ouvrant la mer devant nous!

Quand nous croisions des personnes à pied ou à bicyclette, c'était moi qui leur parlais et leur donnais les instructions en pachto:

Une partie du peloton du lieutenant Lussier, sur le chemin du retour.

Sylvain à la recherche d'ennemis. En avant-plan, la carabine Timberwolf est prête à tirer.

«Arrête! Monte tes mains dans les airs! Lève ton chandail!» Et ainsi de suite. Quand je voyais un homme louche nous observer du haut d'un mur ou bâtiment, je lui faisais signe de mettre ses mains sur la tête afin de m'assurer qu'il n'actionne pas un système de mise à feu ou une arme. Quand il ne m'écoutait pas, ce qui arrivait parfois, je le visais avec mon arme ou je tirais une balle non loin de lui.

Après environ une heure de marche sous le soleil plombant, nous sommes arrivés à la *FOB* de Masum Ghar, en face d'une porte gardée par des soldats afghans. Les gardes ne voulaient pas nous laisser entrer! Peut-être que des objets avaient été entreposés derrière cette porte, empêchant de l'ouvrir. Nous étions au beau milieu d'une rue achalandée et potentiellement hostile, parmi les véhicules et la population, et dans l'impossibilité d'entrer dans notre propre camp! Nous sommes résolus à contourner le camp, empruntant une autre entrée.

Le prochain convoi en route vers Sperwan Ghar passait dans quelques heures. Nous avons croisé l'équipe de *snipers* Alpha, celle du sergent Hamel. Ils nous ont raconté leurs dernières péripéties. Non loin de Masum Ghar, de nuit, l'équipe avait détecté un insurgé. Les *snipers* ont tiré. Le taliban est aussitôt tombé au sol, criant de douleur. Il récitait, en criant, des prières à Allah. Ses cris ont résonné toute la nuit dans la campagne environnante. Un des tireurs d'élite a lancé l'idée d'achever le soldat ennemi, par compassion. Mais le sergent était inflexible : par souci d'humanité, la Convention de Genève interdit d'abattre un ennemi mis hors combat, s'il ne tente pas de s'enfuir.

Le pauvre taliban est mort au bout de longues heures de souffrance. Peut-être n'avait-il pas su écouter les signes!

Le détenu taliban alors qu'il venait de terminer sa prière.

Sylvain et Pascal sur le toit, couvrant les patrouilles qui s'enfoncent dans un village. On remarque l'arme de sniper AR-10.

Histoires de guerre

À l'entraînement, nous côtoyions chaque jour les autres équipes de *snipers*. Une fois à la guerre, nous ne les voyions presque plus ! Mais une fois par mois, par quelques détours sur des camps, nous nous rencontrions. Autour d'un café, dans une tente ou sous le ciel étoilé, nous nous racontions nos dernières péripéties.

Alpha, l'équipe du sergent Hamel, avait passé proche de perdre un *sniper*. Les tireurs d'élite étaient sur un petit camp quand les talibans ont attaqué de plusieurs côtés. Sébastien était de garde sur le dessus d'un bunker. Une forme étrange est alors apparue dans son champ de vision, ressemblant à un point noir qui approchait. C'était une roquette *RPG* ! Et elle fonçait droit sur la tour de garde ! Tout s'est déroulé en une fraction de seconde. Instinctivement, sans trop réfléchir, le *sniper* s'est mis à couvert derrière un muret de sacs de sable. Le *RPG* a explosé en plein sur la tour, coupant au passage l'antenne radio se trouvant à côté du soldat. Sébastien m'a montré le morceau d'antenne, précieusement gardé en « souvenir ».

Les *snipers* de l'équipe Delta se trouvaient dans un camp du district de Zhari[1] quand ils ont aussi été attaqués. Loin d'être effrayés, les soldats en ont profité pour « casser l'ennui et la routine ». Un fantassin a saisi une mitrailleuse lourde, faisant pleuvoir des balles sur les positions ennemies. Un tireur d'élite, du nom de Lauzon, était connu pour ses gaffes et « projets » loufoques. Le genre de gars qui après un champ de tir, afin de ne pas avoir à ramasser les douilles au sol, prend l'initiative de

---

1   Zhari est un district situé au nord-ouest du secteur canadien. Il se trouve au nord de Panjwai, où j'ai effectué la majorité de mes missions.

voler un *bulldozer* blindé, afin de gratter les milliers de cartouches vides et de les pousser dans le fossé! Une fois en route, à bord du véhicule volé, le fantassin s'est lui-même planté dans un fossé. Aujourd'hui encore, je me demande quelles explications nos patrons ont tricotées!

Au moment de l'attaque des talibans, le caporal Lauzon était bien déçu de ne pas avoir une mitrailleuse entre les mains. Il s'est mis à chercher un autre «gros joujou» avec lequel s'amuser. Chose dite, chose faite. Une minute plus tard, le soldat tenait un canon sans recul de type Carl Gustav[2]. Après avoir chargé un obus dans le lourd tube de métal, le soldat a visé l'ennemi et a appuyé sur la détente. Rien ne s'est produit! Le soldat, confus par la défaillance, a eu le réflexe de pencher le canon vers le bas. Et boum! L'obus est parti, percutant le sol en avant du soldat, pour ensuite rebondir vers le ciel en tournoyant violemment!

— Encore! aurait alors dit le *sniper* en souriant comme un gamin.

Lors d'une patrouille, le même détachement avait engagé un insurgé. Après le tir, les tireurs d'élite se sont aperçus qu'un autre insurgé s'était trouvé juste en arrière du premier! La devise des *snipers* est «*One shot, one kill*», une balle, un mort. À la blague, le détachement disait maintenant: «*One shot, two kills*»!

Une histoire circulait parmi les rangs au sujet du commandant de la Force opérationnelle, le colonel Paul...

Par un bon soir, quelques talibans se sont approchés d'une route afin d'y placer des bombes. Un avion de combat se trouvait dans les parages, qui relayait les images en temps réel au *COT*, à *KAF*.

---

2   De calibre 84 mm, un canon sans-recul Carl Gustav ressemble à un bazooka de gros calibre. Un obus est tiré, et non une roquette. Le recul est annulé par le souffle arrière du canon.

Le Commandant a rapidement été tiré de son lit, afin de prendre une décision :

— Je veux une bombe de 500 livres sur ces gars-là, aurait-il dit.

En peu de temps, un champignon de feu apparaissait sur les écrans du Centre de contrôle. La fumée dissipée, des morceaux « chauds », apparaissant comme des pixels clairs, étaient éparpillés un peu partout dans les champs. C'étaient les restes des cadavres talibans. C'est alors que d'autres insurgés se sont approchés du site, probablement afin d'aider leurs camarades ou pour récupérer le matériel.

— Il n'y a rien de pire pour un taliban que de mourir sans être enterré ! aurait dit le Commandant. Ils ont peur du feu ! Envoyez-moi une bombe de 1000 livres ! Il ne restera plus rien !

J'ignore si cette histoire est vraie, mais je l'aime bien !

Il n'y a rien comme les discussions sans filtre, loin des caméras du politiquement correct, pour apprendre la vérité sur un sujet. Une de ces discussions s'est passée avec un médic, lors d'une pause dans une patrouille de combat, non loin de montagnes :

— Comment est le moral des médics, en général ? demandai-je, curieux.

Le médic s'est tourné vers moi, la frustration dans ses yeux :

— Moi, ma vraie gang, ce sont les fantassins que tu vois ici !

Le médic regardait devant lui, le visage en sueur, un fusil d'assaut en main :

— Il y a deux groupes à *KAF*, de continuer le soldat, indifférent que son opinion puisse être entendue par les autres fantassins. Les deux ne s'entendent pas super bien. Il y a ceux qui veulent patrouiller et aller sur le terrain, et ceux qui font tout pour ne pas sortir et sauver leur petit cul. La semaine dernière, à *KAF*, il y a une pétasse qui a été pleurer à son officier parce qu'elle ne voulait pas remplacer quelqu'un sur un camp! Résultat : c'est mon ami qui est allé à sa place, même s'il avait déjà fait sa part l'an passé, pendant sept mois! Le pire c'est qu'elle arrêtait pas de faire sa bitch arrogante durant le *training*! Et après l'Afghanistan, elle va continuer de faire chier tout le monde et va surement monter en grade! C'est toujours comme ça : les gars en forme finissent par se faire dire d'y aller, et les peureux et les féministes restent au camp. Et ils vont avoir la même cristi de paye, la même cristi de médaille! Crisse que ça me met en tabarnaque!

J'avais remarqué quelque chose lors des patrouilles de combat : les femmes étaient presque complètement absentes, au point que celles qu'on voyait nous apparaissaient comme des vedettes. Le sujet des femmes dans l'Armée est un sujet tabou. Impossible d'avoir la vérité sur le sujet si on met un micro sous la bouche d'un officier, surtout s'il aspire à devenir général! Ce sont en fait des femmes qui, loin des caméras, m'ont appris leur réalité! À une occasion, l'Armée approchait les rares femmes de l'infanterie pour aller sur les campus étudiants et convaincre les femmes de rejoindre les métiers de combat. «C'est bon pour l'image de l'Armée», disait-on.

— Ne me demandez pas ça! a dit la jeune militaire à ses supérieurs. Je vais leur dire de ne pas faire la gaffe! J'embarque pas dans le politiquement correct.

En privé, entre soldats, même pour les femmes, le sujet est même devenu la risée. Durant au moins une parade en public, au Canada, une unité de réserve a poussé le ridicule par une directive : le détachement de la Garde des drapeaux devait obligatoirement et uniquement être constitué de femmes[3]. De l'avis même des femmes militaires, ce genre de pratique, répandue, les ridiculise et les infantilise !

Les standards devraient, du moins, être les mêmes pour tous ! Rien n'est plus loin de la réalité ! Un cours de recrues comporte des militaires de tous les métiers. Les futurs fantassins sont mélangés aux artilleurs, aux cuisiniers, commis, ainsi de suite. Lors de la parade de graduation, une récompense est donnée au « meilleur athlète ». Souvent, par un heureux hasard, ce prix est décerné à une femme. Lors de la remise du trophée, on voit des photographes prendre des photos, qui serviront à des articles et autres publications. Ce que personne ne mentionne, mais que tous les militaires présents savent, est que le calcul des points est différent selon le sexe, les femmes étant nettement favorisées. Après la prise de photos, on voit la foule applaudir chaudement. « Vous voyez ! Elle a battu les hommes ! », entend-on parfois parmi le public invité. Nous aussi, soldats, nous applaudissons, ayant été ordonné de le faire. Pourtant, nous savons tous que c'est de la foutaise ! Bref, au nom du politiquement correct, nous plaçons des femmes sur le podium des hommes, sans les faire courir avec les hommes.

J'en suis venu à la conclusion que les femmes ne sont pas attirées par les métiers de combat. Marcher dans une forêt remplie de neige et de boue, être sale et avoir les pieds mouillés, avoir la peau marquée et irritée par des bandoulières couvertes de sables, transporter de l'équipement pesant sur de longues distances, pour ensuite partir agressivement à l'assaut d'une position ennemie... tout ceci n'est pas dans la nature de la grande majorité des femmes. Les rares exceptions confirment la règle !

---

3   Une directive en ce sens aurait été donnée lors de la parade de changement de commandement du 34e Groupe-brigade du Canada, le 8 septembre 2018. Sur des photos, on peut effectivement confirmer l'application de cette directive.

Ce que je dis en choquera plus d'un. Ce sera bientôt une évidence pour tous ! Les hommes et les femmes sont égaux. Ils sont tout simplement différents.

Sammy derrière la carabine Timberwolf.

Véhicules blindés de la FOB Masum Ghar. On remarque les dispositifs antimines en avant de certains véhicules. Près de véhicules se trouve du bois de construction, dont les soldats se servent pour de multiples structures.

Adamdzai et Khanjakak – Les dieux de la Guerre

La guerre, c'est un peu comme la boxe : rares sont les combats qui sont gagnés par un seul coup de poing. Il faut frapper, frapper et encore frapper. Parfois on touche, parfois on manque. La compagnie Cobra partait encore une fois en opération. Une autre mission, un autre coup ! D'autres morts ? D'autres blessés ?

Pendant ces convois, j'avais l'habitude de porter un « mouth piece » dans la bouche, à la manière d'un boxeur sur le *ring*. Suite à la violence des explosions, plusieurs soldats avaient par le passé eu les dents cassées. J'avais de belles dents et je comptais les préserver, même si le « mouth piece » me donnait la nausée.

Le convoi est passé entre des montagnes noires comme du charbon, les mêmes que nous avions traversées lors de notre première mission. Sont apparues les dunes du Désert rouge, qui semblaient sorties d'un décor de film. Les véhicules se sont arrêtés en bordure du village de Khanjakak. Une fois débarqués, sans tarder nous nous sommes dirigés vers un cimetière duquel nous espérions avoir une vue dominante sur le secteur. Ironie du sort, c'était le même cimetière où avait été enterré l'homme qu'on avait tiré dans la tête, quelque temps auparavant, et dont j'avais assisté aux funérailles, à distance, pendant le coucher de soleil. Son cadavre était parmi nous, quelque part dans le sol sur laquelle nous marchions. Encore une fois, nous apportions la mort avec nous.

Comme d'habitude, nous étions escortés d'un ingénieur de combat, qui allait établir une « bulle de sécurité » à l'emplacement de notre poste d'observation. Les talibans n'allaient surement pas planter des bombes dans un cimetière, ce qui n'aurait pas manqué d'insulter les Afghans locaux, mais c'était tout de même possible. Les talibans ont cette manie de ne pas jouer selon «les règles». Et je les comprends! Pour gagner une guerre, il faut parfois donner un coup de pied aux couilles du boxeur en face de nous.

Les fantassins, qui patrouillaient dans le village, progressaient rapidement. On apercevait les casques et les antennes de nos soldats au-dessus des murs. Rapidement, l'ennemi, invisible, a accru son activité :

— À toutes les unités... voici le rapport des communications ennemies dans notre secteur. Les talibans ont dit : «Nous nous préparons à donner le gros cadeau aux invités... nous les avons en vue et nous sommes prêts.»

C'était amusant d'entendre les «mots codes» qu'utilisaient les talibans. Je m'imaginais mal quelques Afghans discuter de «gros cadeaux» à l'aide de radios tactiques. C'est alors qu'une patrouille a détecté des mouvements suspects :

— 66 Bravo, ici le peloton 3. Un de nos gars a détecté du mouvement derrière un trou dans un mur. On croit qu'il s'agit d'un observateur ennemi. Êtes-vous capable de regarder par-là? De notre côté, on se prépare à engager.

— Peloton 3, ici 66 Bravo. Bien reçu. Selon ce qu'on voit, un de vos gars est debout sur un muret en partie effondré. Il y a du mouvement près de lui, au sud.

— C'est bien nous! De répliquer le peloton. Celui qui met son bras sur son casque, il est orienté vers le suspect en ce moment.

— Nous ne voyons rien pour l'instant, dis-je sur les ondes radio, mais nous continuons d'observer !

— Merci! Les gars sont nerveux ici. On n'a pas le goût d'en perdre un autre. Mes mitrailleurs sont prêts à tirer dans l'ouverture.

Je me suis mis en position derrière la Timberwolf. J'ai chambré une cartouche. En quelques secondes, j'étais prêt. Derrière moi, Sammy observait à l'aide de son télescope. On voyait clairement un visage faire des vas-et-bien derrière l'ouverture. L'individu regardait en alternance vers nos soldats. Il ne manquait plus que quelques livres de pression sur la détente pour que j'envoie une ogive vers ce visage hostile. La distance : environ 500 mètres. Facile! À l'entraînement, nous nous étions souvent entraînés à ce genre de scénario, où des figurines en trois dimensions apparaissent derrière des fenêtres. Il fallait détecter le bon visage, et toucher la cible, le tout sans toucher d'autres figurines «innocentes». Ici, il s'agissait de vraies «figurines», d'humains.

— Le visage s'est arrêté! a dit Sammy, toujours aussi calme.

C'était une fillette d'environ dix ans! C'est comme si quelqu'un lui avait dit de surveiller. La jeune fille souriait, comme si elle s'amusait. Normalement, les enfants forcés d'être observateurs ou de transporter des armes ont ce regard sombre et inquiet.

— Ici 66 Bravo, a dit Sylvain au peloton d'infanterie. De notre angle d'observation, on voit que c'est une fille dans un groupe d'enfants. Elle regarde un autre enfant, mais son visage est parfaitement aligné avec l'ouverture. Ça donne l'illusion qu'elle vous surveille.

Ça avait passé proche!

La situation est devenue un peu plus tendue. Les Afghans s'agitaient, apparaissant près des fenêtres et des portes, comme s'ils «attendaient» que quelque chose se produise. Un groupe d'hommes a attiré notre attention, marchant et suivant les patrouilles depuis un chemin parallèle.

— Ici 66 Bravo. Nous avons des gens suspects de l'autre côté du mur où se reposent vos soldats. On va tirer par-dessus vous et les faire fuir.

Un instant plus tard, une balle passait en claquant au-dessus de nos camarades fantassins. Malgré quelques tirs d'avertissement, les habitants ne semblaient pas comprendre le danger qui s'installait et grandissait autour d'eux. Il nous était difficile de distinguer les menaces apparentes des menaces réelles.

— Un F-18 va passer[1], a annoncé le commandant de la compagnie sur les ondes. Nous lui avons demandé de faire quelques passes au-dessus du village. Ça va créer un « show of force » et calmer un peu les choses.

Deux minutes plus tard, l'air du ciel tremblait, les vibrations des réacteurs remplaçant l'ambiance de la campagne afghane. L'avion de chasse passait à répétition, en rase-motte, à une vingtaine de mètres au-dessus des maisons, tout en effectuant des virages serrés dignes d'un bon spectacle aérien. Le pilote avait même activé le « afterburner », ce qui faisait apparaître de longs cônes de feu derrière les réacteurs bourdonnants de l'appareil. Après quelques passages, nous avons scruté les environs, à la recherche d'observateurs ou de tireurs ennemis ! Sylvain a approché le micro de la radio vers sa bouche :

— Ici 66 Bravo. Si le but était que tout le monde se cache, nous avons échoué ! Il y a des curieux partout sur les toits. Et là il y a même des enfants qui saluent l'avion en sautant !

---

1   Un CF-18 est un avion de combat multirôle pouvant servir à la suprématie aérienne ou aux attaques au sol.

J'aimais ce village !

Décidément, ces habitants avaient une naïveté d'enfant que n'avaient pas les autres Afghans de la région. C'est comme s'ils « ignoraient » la guerre. La guerre n'allait pas les ignorer longtemps.

Après avoir passé une nuit à dormir entre les tombes du cimetière, nous nous sommes déplacés vers le cimetière du village d'Adamdzai, qui signifie « village d'Adam ». Je me suis longtemps demandé à quelle époque « l'Adam » en question avait bien pu fonder le village, près des dunes et des montagnes. Il y a deux cents ans ? Mille ans ? Trois mille ans ?

Les fantassins, escortés des policiers et soldats afghans, ratissaient les rues. Ces soldats, jour après jour, effectuaient le vrai travail de la contre-insurrection. Ils étaient « les bottes sur le terrain ». Aucun canon, aucun avion ne peut remplacer cela. À la guerre, tout revient à pouvoir envoyer des soldats dans chaque rue et maison. Le reste n'est qu'accessoire. À quoi bon dominer l'espace aérien, ou avoir plus de satellites ou de canons, si nous ne pouvons tenir un village face à l'ennemi ?

Cet ennemi était bien présent, caché et n'attendant que l'occasion pour se dévoiler. Allait-il se tenir tranquille et se soumettre, ou allait-il nous « essayer ».

— À toutes les unités, ici le *PC* : nous avons détecté un observateur à l'ouest du secteur Foxtrot-12. Notre *sharpshooter* va l'engager.

Quelques secondes plus tard, nous entendions un coup de feu... suivi d'un autre... et d'un autre...

Des soldats se reposent à l'ombre d'un arbre du cimetière de Khanjakak, sur lequel les snipers avaient établi leur poste d'observation.

CENTRE DU LEAGER

Près du cimetière se trouvait une école abandonnée. Au loin, à peine perceptible sur la photo, on aperçoit les véhicules du leager depuis lequel le détachement avait marché.

— Désolé, les gars ! a continué le sergent-major Lapierre sur les ondes, d'un ton amusé. Je suis avec la patrouille et mon tireur a quelques problèmes ici. Il n'arrive juste pas à toucher l'ennemi !

Un autre coup de feu s'est fait entendre depuis le village, encore couvert des dernières teintes dorées de la lumière matinale. Et puis un autre tir s'est fait entendre ! À ce moment, c'est comme si toutes les unités du secteur « suivaient » les péripéties d'un roman télé sur les ondes radio. Notre fameux tireur allait-il finalement toucher cet observateur qui semblait béni par le destin ? Nous ne détections aucun observateur depuis notre emplacement.

— Mon tireur n'a toujours pas touché la cible, a dit le sergent-major, alors que nous entendions les rires de soldats en arrière-plan. L'ennemi tient une radio et ne bouge même pas. Il faut dire qu'il est quand même loin ! Si vous le voyez, les *snipers*, essayez de le pincer !

Le sergent-major nous a annoncé que l'insurgé « intouchable » était parti. Quelques instants plus tard, en balayant les formes et silhouettes des bâtiments du village, j'ai détecté un homme debout sur un séchoir à raisins. Il regardait en direction des patrouilles sans même se dissimuler. Il semblait n'avoir aucune crainte d'être pris pour cible. Il alors levé le bras, amenant sa main devant sa bouche :

— Il tient une radio ! dis-je tout en ajustant mon optique. Il est loin, mais je vois clairement l'antenne !

Nous avions notre prochaine proie. Quelques instants plus tard, j'étais de nouveau derrière la Timberwolf, prêt à tirer. Nous avions fait l'erreur de laisser la Macmillan au *leager*, pensant que la végétation chargée du village allait nous empêcher de tirer à de grandes distances. Nous regrettions notre décision ! Sammy était une nouvelle fois mon observateur. La distance était élevée (environ 1,4 km). Le vent était fort et instable. Nous ressentions une certaine pression. Tout le monde s'était foutu de la gueule du *sharpshooter*, qui n'avait pas touché sa cible. Mais le *sharpshooter* n'avait pas notre équipement ni notre entraînement. Il avait une excuse. Nous n'en avions pas !

Quelques secondes après avoir chargé la cartouche de laiton doré, le coup est parti. Le recul étant relativement important avec une arme de calibre 338, j'ai partiellement perdu l'image de ma cible, ayant malgré tout le temps de réaligner mon arme à temps pour voir l'impact.

C'était manqué ! La balle avait touché juste à côté de l'ennemi, sans l'atteindre, produisant une petite explosion de poussière ! Par son comportement, on devinait que l'homme savait que quelque chose n'allait pas, sans qu'il ne paraisse se rende compte qu'une balle venait de le manquer ! Il regardait autour de lui, affichant un air plus curieux qu'apeuré. Ayant vu moi-même l'impact, j'ai immédiatement appliqué les corrections, qui sur mon optique sonnaient comme de délicats clics.

La balle avait touché le toit du bâtiment, à deux pieds à gauche du taliban. Les vents avaient été trop forts. Mais nous nous étions souvent entraînés dans de telles conditions et étions prêts pour la suite. Une autre cartouche chargée, nous attendions que le vent redevienne semblable à celui du premier tir. Nous ne pouvions pas être certains des autres vents sur la trajectoire de tir, mis à part les mirages de chaleurs qui virevoltaient jusqu'à la cible. Nos chances de toucher la cible étaient bonnes. La vie d'un homme était sur le point de se décider...

Tout en consultant les chartes de tir, Sammy prenait des mesures précises du vent, grâce à un petit instrument muni d'une hélice, d'un thermomètre et d'autres capteurs météorologiques[2]. L'insurgé, le dos légèrement penché, était encore en train d'essayer de comprendre l'étrange phénomène qui venait d'apparaître à côté de lui. Une autre balle est sortie de la bouche de mon arme. Fracassant le mur du son, l'ogive de 250 grains était en route vers le combattant islamique, qui n'avait aucune idée de ce qui l'attendait !

Le recul encaissé, j'ai réaligné mon arme vers le taliban. À ce moment, c'est comme si l'homme avait intuitivement compris ce qui se passait ! Il s'est braqué et s'est précipitamment enlevé du chemin, dégringolant en panique les marches conduisant au toit. Une fraction de seconde après, la balle passait exactement à l'endroit où s'était tenue notre cible ! Était-ce l'instinct, le destin ou « Allah » ? Notre cible était encore en vie. Les dieux de la Guerre l'avaient épargnée.

Sylvain a annoncé notre échec sur les ondes radio. L'insurgé devait bien se sentir. Notre *sharpshooter* aussi !

Il n'a fallu que quelques minutes pour que d'autres communications ennemies soient détectées. Au dire des talibans, les Québécois s'approchaient d'une « daisy chain ». Ils attendaient le moment propice pour faire tout sauter. Les fantassins, en croisant des informations fournies par quelques courageux villageois, ont réussi à savoir où étaient les bombes, approximativement. Les soldats se sont approchés de la zone critique, avançant mètre par mètre, avec le plus grand soin. On ne voyait alors plus que quelques casques beiges dépasser des murs, ici et là, ainsi que de rares antennes radio, qui se balançaient tels des métronomes au rythme des pas des opérateurs radio.

---

2   Nous utilisions les instruments de marque Kestrel.

Une violente fusillade a alors éclaté. Les soldats afghans tiraient vers une voiture approchant à toute allure de la patrouille. Le véhicule s'est chaotiquement arrêté en bordure du chemin, encore fumant. Selon les descriptions qu'on entendait sur les ondes radio, le pare-brise du véhicule était complètement couvert de trous, au point que les fantassins n'étaient même plus à même de voir si l'occupant du véhicule était encore en vie, et donc capable de déclencher une bombe. Les soldats n'ont eu d'autre choix que de s'approcher pour inspecter l'état du véhicule. Nous suivions nerveusement l'évolution de la situation, sans pouvoir y faire quoi que ce soit, le véhicule étant invisible de notre emplacement.

L'ennemi utilisait souvent des voitures piégées. En arrivant en Afghanistan, un tel véhicule, désamorcé, nous avait été montré. Alors que le véhicule était chargé d'une bombe aérienne, il avait foncé droit sur un *checkpoint* canadien. Les soldats avaient tiré le véhicule à la mitrailleuse, qui avait malgré tout continué son chemin, avant de s'arrêter dans un fossé, tout près des soldats. Une balle avait miraculeusement coupé le fil du détonateur. Le taliban, mort, semblait encore peser de toutes ses forces sur l'interrupteur de mise à feu !

Le conducteur qui avait foncé vers notre patrouille n'était pas un taliban, et la voiture n'était pas piégée ! Il ne s'agissait que d'un pauvre homme. Sentant que les combats approchaient, il s'était enfui, roulant à toute allure. Il est tombé face à face avec la patrouille. Le pauvre Afghan n'a eu aucune chance. Il a été criblé de dizaines de balles. Il avait fui la mort et avait été tué. D'autres combattants ignoraient le danger et restaient immunisés contre les balles. Les dieux de la Guerre s'amusaient avec nous !

L'Afghan avait fait l'erreur de croire que fuir allait sauver sa vie. À la guerre, il ne faut fuir qu'avant les combats, quand le front

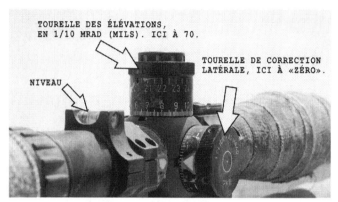

TOURELLE DES ÉLÉVATIONS,
EN 1/10 MRAD (MILS). ICI À 70.

TOURELLE DE CORRECTION
LATÉRALE, ICI À «ZÉRO».

NIVEAU

Optique de la carabine Macmillan. On remarque la tourelle des élévations, laissée à 70, considéré comme la distance «moyenne» des engagements anticipés.

Fantassin de la compagnie Cobra montant la garde près du village de Adamdzai. On remarque le lance-grenade M203.

approche, mais qu'il est encore distant. Pendant les opérations, il vaut mieux rester chez soi !

— Il y a un homme derrière un trou dans un mur, qui regarde vers nos gars ! a dit Pascal, tout en gardant les yeux derrière ses jumelles.

Immédiatement, je me suis placé derrière le télescope d'observation, enlignant l'optique vers notre nouvelle cible. Il s'agissait du même observateur que nous avions passé proche de tuer, précédemment ! Cette fois-ci, il était beaucoup mieux caché, mais aussi... beaucoup plus proche. Les dieux de la Guerre avaient-ils changé d'idée ? Réclamaient-ils un nouveau sacrifice ?

Pascal était derrière l'arme, j'étais derrière le télescope d'observation :

— Distance : 726 mètres. Élévation : 69. Vents : gauche 10. Quand tu es prêt.

Pendant ce temps, Sammy était allongé et relaxait, buvant tranquillement un *Red Bull*. La balle s'est envolée vers notre cible. La trajectoire était courbée, le projectile montant et perçant le vent pour ensuite décrire une ellipse vers la cible. Les calculs semblaient bons !

— Non vu ! dis-je, confus.

Ce qui signifiait que je n'avais pas vu l'impact de la balle.

— Je ne sais pas si tu l'as eu ! continuai-je. La cible est tombée en même temps que la balle est arrivée.

— Mais alors, est-ce qu'on l'a tué, ou pas ? a continué Sylvain, qui semblait agacé par ma réponse vague.

— Je crois que oui. Mais il y a beaucoup de mirages.

Quand on manque une cible ou qu'on tire un coup d'avertissement, une cible humaine ne se baisse pas exactement au moment de l'impact. D'un œil extérieur, ça semble être en même temps. La différence est subtile. Mais ici, même cette subtilité, je ne l'avais en toute honnêteté pas remarquée. Contrairement à ce qu'on pourrait penser, les *snipers* ne voient pas toujours clairement leur cible. La vérité est que parce qu'ils ont du meilleur équipement, les *snipers* engagent des cibles si éloignées, qu'elles ne sont pas faciles à observer ou tirer. J'aurais pu dire « impact ! nous l'avons eu ! », mais ça aurait été un mensonge. Ça aurait été « cool » à dire dans un bar, entre amis. Mais la réalité est que les soldats, comme les *snipers*, ne sont pas toujours certains d'avoir tué ou blessé l'ennemi.

— J'ai vu le sillon, mais je n'ai pas vu l'impact, ni sur le soldat ni dans le mur autour de lui. Donc, soit nous l'avons manqué et avons tiré trop haut, soit nous l'avons bel et bien touché.

Nous avons alors convenu de tirer dans une fissure, non loin du trou où s'était cachée notre cible. Si l'arme était bien ajustée, la balle allait toucher la fissure. Ce qui importait était la hauteur du tir. Les vents avaient pu changer, mais la gravité ne change pas. Si nous touchions à la même hauteur que la fissure, même si l'impact n'était pas exactement centré, cela signifiait que nous avions tué notre cible. Pascal a appuyé sur la détente de l'arme. À travers mon optique, j'ai vu la balle remonter le vent et retomber vers le mur, qui ne comportait plus d'insurgé.

— Impact ! m'exclamai-je. Tu es quelques pouces à gauche de la fissure. Nous l'avons eu !

Pendant ce temps, de l'autre côté du mur distant, un cadavre ennemi était étendu au sol. Il avait été touché à la tête par une balle faite pour tuer un éléphant dans le corps. Les dieux de la Guerre ne l'avaient pas épargné. Ils avaient simplement fait durer le plaisir.

On entendait un fantassin sur les ondes radio :

— Dans cinq, quatre, trois, deux, un…

Un nuage brun opaque s'est déployé dans les airs tel un gros chou-fleur. En premier plan du sombre nuage, un soldat guettait, debout sur un muret. Il semblait si petit et vulnérable. Derrière lui était la mort, cette mort avec laquelle nous flirtions dangereusement. En plus de la bombe neutralisée, une prise, celle-ci humaine, avait été faite :

— Ici le peloton 1. Les policiers afghans ont mis la main sur quatre suspects qui se promenaient non loin de nous, juste avant qu'on fasse exploser les *IED*. Ils sont Pakistanais et disent être venus pour un supposé mariage. Les policiers afghans ne les croient pas. On va les ramener au *leager* comme détenus.

Il fallait rester vigilant et attentif. Une seule seconde, une seule bombe bien déclenchée, une seule embuscade bien coordonnée suffisaient pour transformer ce succès en cauchemar.

Le village semblait déserté, les gens s'étant maintenant réfugiés chez eux. Les villageois avaient perdu leur naïveté d'enfant. J'ai remarqué un Afghan qui nous observait depuis les champs, à une centaine de mètres. Il avait surement entendu nos tirs. Il n'avait l'air ni méchant ni gentil. Il se contentait de nous observer, sans afficher la moindre expression.

— Je vais aller lui parler, dis-je à mes confrères.

— Fais attention et essaye de voir s'il a des informations à nous donner, de dire Sylvain.

J'ai enlevé ma veste de combat, la plaçant à côté de mon fusil d'assaut. Je ne portais plus que mes bottes, mon uniforme beige désertique et une caméra en bandoulière. Je me suis approché pour parler à cet inconnu d'un autre monde. Lui aussi voyait s'approcher un inconnu venu d'un autre monde[3].

En m'approchant du jeune fermier, j'ai remarqué qu'il tenait un long couteau. Aussitôt, je lui ai fait part de ma volonté de le lui acheter! J'avais même des dollars américains dans mon sac de patrouille, dans l'éventualité où nous nous retrouvions pourchassés par l'ennemi et qu'il faille payer des villageois afin de nous sortir du pétrin. Nous appelions ça du «blood money». Suite à mon offre, l'Afghan s'est en allé, me faisant signe de rester sur place.

J'ai remarqué qu'un enfant m'observait à distance, debout derrière un muret. L'enfant était à moitié exposé et ne bougeait pas. Il ressemblait à un fantôme immobile me fixant du regard. Et puis d'autres enfants sont arrivés, se plaçant les uns à côté des autres le long du muret. Ils étaient immobiles et semblaient comme «sans émotion». Et puis les enfants sont disparus!

C'est alors que j'ai remarqué du mouvement entre des arbres, non loin d'où était disparu l'adolescent portant le couteau. Des hommes barbus se sont approchés. L'un d'eux avait une barbe blanche et ressemblait à un vieux sorcier. Les vieux Afghans se sont assis en rond, non loin du cimetière. Immédiatement, j'ai senti qu'il n'y avait aucun problème avec ces villageois. C'est comme s'ils attendaient que quelqu'un d'entre nous aille les voir.

---

3   Je n'avais pas d'armes, souhaitant ainsi envoyer deux messages. C'était peut-être la première fois que cet Afghan voyait des soldats canadiens de si près. Je voulais d'abord lui montrer que nous, les Canadiens, pouvions être sympathiques et humains. S'il était taliban, je voulais lui montrer que nous nous sentions tellement en contrôle que nous n'avions pas peur de nous approcher sans armes des habitants. C'était un risque calculé. Je savais que depuis le cimetière, mes amis étaient armés jusqu'aux dents et qu'ils pouvaient intervenir à tout moment.

— *Salam aleikoum*! dis-je tout en marchant parmi les tombes se trouvant à la base du cimetière.

Les Afghans se sont immédiatement levés. Ils m'ont tour à tour serré la main, utilisant leurs deux mains, ce qui est un signe de respect plutôt rare en Afghanistan. Ils souriaient et dégageaient une belle humanité. Un adolescent, qui était du groupe, est parti en courant. Il est revenu avec un petit tapis, un contenant de plastique et une pile de pains nans. Nous nous sommes assis sur le tapis, en rond, arrachant à tour de rôle des morceaux de pain. J'étais entré dans ce village comme un tueur. Je participais maintenant à un pique-nique improvisé! Je me suis tourné vers mes amis *snipers*, toujours en haut du cimetière. Curieux et amusés, ils regardaient ce spectacle étrange. Avec leurs casques de soldat, je les voyais comme les voient de simples Afghans.

— Comment vont les choses dans ce village? demandai-je aux Afghans, en pachto approximatif.

Les Afghans, sympathiques, m'ont alors pointé quelques endroits au loin, décrivant de quelles directions venaient les talibans, et dans quels villages il n'y avait plus de danger. J'étais surpris de voir à quel point ils étaient bien informés de la situation. Je n'ai pu m'empêcher de penser que l'homme que nous avions tiré un peu plus tôt était peut-être un de leurs amis, frères, cousins ou fils.

— Les talibans des environs... ils sont Afghans? Pakistanais?

Les Afghans ont hoché de la tête :

— Oui! Oui! Pakistanais! a dit l'un d'eux, tout en faisant un signe du revers de la main, montrant son mépris. Ici, pas de talibans. Talibans... ils viennent de loin, jusqu'ici.

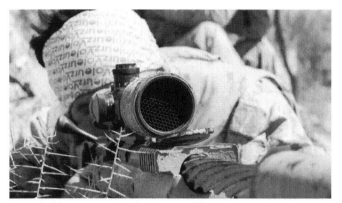

Sammy derrière l'arme de calibre 338 dans le village d'Adamdzai. On remarque le filtre en « nid-d'abeilles » en avant de l'optique, qui bloque les reflets du soleil sur la lentille.

Sylvain tenant les jumelles Vector. En arrière-plan, le village de Khanjakak.

Je comprenais relativement bien ce qu'il m'expliquait, malgré la barrière de langage.

— Nous, Canadiens, sécurité ici, dans votre village, répliquai-je. En premier la sécurité, ensuite l'aide... argent pour routes, puits, écoles, tracteurs.

Les Afghans hochaient de la tête en signe d'approbation. Sylvain est alors venu me rejoindre, lui aussi ne portant que son uniforme de combat, sans armes :

— Oli ! Dans vingt minutes, on doit partir. Les patrouilles d'infanterie sont presque toutes revenues du village.

Le jeune adolescent souriait et semblait trouver « cool » d'être ainsi invité parmi les « grands ». Je lui ai donné mes lunettes fumées :

— Cadeau pour toi ! Bombe... lunettes... yeux sont bons ! expliquai-je au jeune Afghan, tout en répliquant des bruits de bombes et en faisant la démonstration d'éclats d'obus rebondissant sur les verres des lunettes.

Le jeune Afghan était fier ! J'ai pris une photo de lui qui portait mes lunettes tout en souriant. Un contenant m'a alors été présenté. C'était du lait de chèvre. Le goût et la texture me faisaient penser à du yogourt liquide, naturel et sans sucre. Ce lait était un peu à l'image de ces Afghans : d'abord amer, il est doux quand on prend la peine de le connaître.

Quelques minutes plus tard, les Afghans nous ont serré la main et sont repartis. C'est alors que des enfants, ceux qui nous avaient observés plus tôt, se sont sentis libres de venir nous voir. J'ai sorti quelques bonbons de ma poche, les tendant à un des garçons. Une cinquantaine de mètres de là, au-dessus du mur, on distinguait les formes colorées des vêtements d'une fillette.

Elle nous observait à distance, trop gênée pour s'approcher. Un des garçons, qui devait être son frère, lui a fait signe de s'en venir. Timidement, elle s'est avancée vers nous. Je lui ai tendu un bonbon. Elle refusait de bouger et n'affichait aucune réaction. J'ai alors compris : elle voulait ce bonbon plus que tout, mais elle n'en avait pas « la permission ». J'ai tendu le bonbon vers son frère, lui faisant comprendre que ce bonbon-ci n'était pas pour lui. Le jeune Afghan a alors passé la friandise à la fillette, qui a affiché un énorme sourire. Elle s'est assise pour mieux déguster cette unique friandise.

Pendant les dix prochaines minutes, les enfants se sont amusés avec nous. Les enfants voulaient par-dessus tout examiner ma caméra. Ils ont pris de nombreuses photos. D'eux, de nous, de leurs pieds, de leurs mains, et ainsi de suite. J'ai encore ces images. On voit parfois un enfant sourire, au détour de photos floues et désaxées. Nous avions oublié le danger qui nous entourait. Malgré la guerre, ces enfants étaient restés des enfants !

Les combattants québécois avaient une fois de plus dominé les territoires ennemis, capturant au passage des soldats et de l'équipement. 66 Bravo avait protégé les mouvements des troupes amies depuis deux postes d'observation. Malgré ce succès, nous devions laisser ces villageois derrière nous, sans défense, encore une fois ! Par précaution, lors du retour, nous avons emprunté un chemin différent que lors de notre arrivée. Une fois au *leager*, je me suis demandé où étaient passés les quatre prisonniers pakistanais :

— Les policiers afghans sont restés avec eux quelques instants dans le village, m'a conté un soldat, étendu sur un lit militaire, au fond d'une tranchée. Imagine-toi donc qu'ils ont enroulé les foulards des prisonniers autour de leur tête, et qu'ils les ont pendus à un arbre !

Malgré notre départ, ces insurgés n'allaient plus causer d'ennuis à ce village rempli d'enfants innocents. L'Afghanistan est un pays dur. Les Afghans sont durs. Mais que peuvent-ils faire d'autre ? Après une guerre, personne n'est complètement innocent. La guerre pourrit l'âme des vaincus comme des vainqueurs ! Et pour que les enfants restent innocents, d'autres doivent faire couler le sang.

Alors que les patrouilles de la compagnie Cobra revenaient au leager, ces enfants sont venus nous voir.

Afghans qui sont venus à notre rencontre à la base du cimetière d'Adamdzai. On remarque les lunettes balistiques que j'avais données en cadeau au jeune Afghan.

Une épée de Damoclès

— Les gars ! Il faut que tous les soldats déployés en Afghanistan remplissent ce formulaire, nous a indiqué un officier qui venait d'entrer dans notre chambre. Les généraux veulent connaître les opinions des soldats sur plusieurs enjeux éthiques. Le questionnaire est anonyme. Ils veulent juste connaître la vérité, sans pointer quelqu'un du doigt.

Les questions étaient sans détour :

« Vous savez qu'en torturant un prisonnier ennemi, vous sauverez la vie d'un soldat. Pensez-vous que ce soit la bonne chose à faire ? »

« Pensez-vous que la vie d'un Afghan vaille moins que la vie d'un soldat de votre unité ? »

« Si des civils se trouvent au même emplacement que l'ennemi, allez-vous essayer d'empêcher la mort des civils, ou est-ce que cela vous est indifférent ? »

« Vous êtes seul avec un prisonnier blessé. Votre officier vous dit que la patrouille ne peut pas s'encombrer d'un prisonnier ennemi et vous ordonne d'abattre le prisonnier. Allez-vous exécuter cet ordre ? »

Et ainsi de suite. Quelques semaines plus tard, un officier a réuni les soldats du camp :

— Vous vous rappelez du questionnaire d'éthique ? Les généraux sont en train de capoter ! Il paraît que les réponses sont assez *hardcores*! Il va falloir vous donner plus de cours d'éthique, les *boys*[1] !

Quelques mois avant de partir vers l'Afghanistan, tous les détachements de *snipers* et les soldats du peloton de Reconnaissance avaient été rassemblés dans une salle. Une avocate militaire commençait une présentation. Le projecteur montrait les différentes règles d'engagement, définitions légales et autres lois militaires. La mort était codifiée dans un ensemble de règles numérotées. Ces lois avaient été méticuleusement écrites pour encadrer, légalement, le travail du soldat. C'était une bonne chose, car ces lois sont ce qui différencie un soldat d'un tueur.

— Madame, pouvez-vous nous aider ? a demandé le caporal Lelièvre, un *sniper* de l'équipe Alpha. Il paraît que les *snipers* ont souvent les règles d'engagement 422, 423 et 425 qui leur sont données. Depuis des mois, ce que je comprends c'est que ces règles sont un peu comme avoir comme un droit illimité de tuer qui ont veut. Ça marche comment tout ça ?

— Ce n'est pas un permis de tuer ! En tout temps vous devez évaluer la situation selon l'ensemble des critères et règles d'engagement.

— Pouvez-vous nous donner un exemple de situation ?

— Ça dépend, chaque situation est unique et présente ses niveaux de complexité.

---

1   Je me souviens d'un détail particulièrement intéressant du questionnaire... le document était officiellement anonyme. Sur la première page, il était demandé d'inscrire des informations personnelles partielles, ce qui allait générer un code unique pour chaque document, évitant ainsi qu'une personne fausse les résultats en répondant plusieurs fois. Ces informations étaient trop fragmentaires pour permettre l'identification des individus, nous disait-on. En y réfléchissant, à l'aide de l'intelligence artificielle, il est possible que ces informations partielles permettent d'identifier les auteurs des réponses ! Plusieurs soldats, méfiants à l'égard de ce questionnaire, ont volontairement répondu « n'importe quoi ».

L'avocate semblait ne pas vouloir se «mouiller», ne parlant qu'avec des détours et des phrases remplies de jargon juridique. C'est comme si elle refusait de donner un exemple concret, de peur d'être par la suite tenue pour responsable. Un sergent est intervenu :

— Madame, par exemple... admettons qu'on a un gars armé, non identifié, dans notre mire. Quelle est la bonne procédure que vous recommandez ?

— Il faut s'assurer qu'il s'agisse bien d'un insurgé.

— Mais madame, de continuer le sergent, ce que je viens de vous décrire, c'est tout ce qu'on sait. On a un gars armé non identifié, et sans uniforme, dans notre mire. Je répète qu'il a une arme.

— Ça dépend, mais je dirais qu'il ne faut pas tirer. Il faut évaluer selon les règles d'engagement en vigueur.

— Donc vous me dites de ne pas tirer sur un homme armé non identifié, et ne portant pas d'uniforme ? Et si cet homme se trouve proche de nos patrouilles ?

Après une pause, la dame s'est aventurée dans une réponse :

— Ça dépend : il se pourrait que ce soit un habitant qui se défende. Ou peut-être qu'il a peur de quelque chose !

— Et si le gars armé commence à tirer vers les patrouilles ?

L'avocate semblait dépassée :

— Vous devez vous assurer que c'est bien un taliban.

— Mais il tire vers des soldats !

— Il se pourrait que ce soit un villageois qui ajuste son arme et qui tire par accident vers les soldats !

Les soldats s'agitaient sur leur chaise, n'écoutant plus ce qui était dit :

— On veut voir des cadavres ! On veut voir des cadavres ! a spontanément dit un soldat.

Toute la classe s'est mise à rire d'un seul trait. Devant nous, la dame ne trouvait rien de drôle à la situation, adoptant un ton menaçant :

— Vous pouvez être certains que si vous faites de quoi de mal, ça me fera un immense plaisir de tous vous faire mettre en prison !

Autres éclats de rire des soldats !

— Ben voyons ! Madame ! de répondre un soldat. Anyway vous serez même pas sur le terrain avec nous !

Quelques soldats continuaient de rire, malgré la tension qui augmentait. L'officière se tenait debout, les bras croisés, ne parlant plus. Elle ne semblait décidément pas versée dans l'humour noir du fantassin ! Le lien de confiance était brisé. Un sergent a remercié l'officier et a pris le relai de la présentation. Les soldats étaient plus sérieux. Nous nous sommes entendus « entre nous » sur les bonnes procédures à adopter, selon différents scénarios possibles.

En résumé, comme soldats, nous devions prendre des décisions parfaites avec des informations incomplètes. Tout ceci en quelques secondes, et au péril de notre vie, alors que l'inaction pouvait coûter la vie de soldats ou de villageois. Si nous avions le malheur de nous tromper, nous risquions d'avoir une armée d'avocats et de généraux sur le dos, sans parler des politiciens qui ne manqueraient pas de nous larguer pour protéger leur «carrière». Et ceux qui allaient chercher à nous mettre en prison n'allaient jamais risquer leur vie. Depuis ce jour, nous sentions qu'une épée de Damoclès était accrochée au-dessus de nos têtes. Il fallait nous protéger des bombes et des tirs ennemis, mais aussi de notre propre armée !

La meilleure façon pour le *sniper* de prendre de bonnes décisions dans le feu de l'action est… de prendre ces décisions à l'avance ! «Si un fermier s'approche de nuit à cinq mètres en bordure de la route de tel ou tel secteur, c'est que c'est un poseur de bombes et nous devrons l'abattre. Si une femme s'approche d'une patrouille et qu'un dispositif électrique dépasse de sa burka, c'est que c'est un kamikaze et nous devons la tirer. Si nous pensons qu'il s'agit d'un bracelet ou d'un bijou ressemblant à un fil électrique, nous tirons un coup d'avertissement. Si cette même femme (avec un bracelet suspect) court vers les soldats et que le secteur est tendu, il se pourrait qu'elle soit une innocente fuyant un danger. Nous devrons l'abattre, mais seulement si elle est à moins de trente mètres des soldats et que le contexte est dangereux. Si elle est immobile et qu'elle est tenue à distance par les soldats, nous la laissons en vie et vérifions qu'il ne s'agit pas d'une diversion afin qu'un autre kamikaze approche.» Ainsi de suite. Une fois plongé dans le feu de l'action, il n'est pas rare que la situation, complexe, ressemble à un scénario déjà imaginé et pour lequel une «décision» a déjà été prise. Il s'en suit un temps de réaction plus court. De l'extérieur, une personne pourrait penser que le tireur d'élite a agi impulsivement. Dans les faits, il ne fait que se comporter comme un algorithme déjà programmé.

La guerre est un chaos. La guerre est complexe. La guerre est humaine. À chaque instant, nous nous attentions à une nouvelle ruse des dieux de la guerre, qui de leur position élevée prenaient plaisir à jeter la confusion chez les combattants du champ de bataille.

Nous quittions Adamdzai pour un autre village. Telle une troupe de nomades-guerriers du désert, un peu avant l'aube, le groupe de véhicules s'est mis en branle. Peu de temps après, les rampes des véhicules se sont ouvertes devant nous, dévoilant un champ de blé récemment cultivé. Nous nous sommes mis en marche, nous joignant à un petit groupe de fantassins. Deux observateurs de l'artillerie nous accompagnaient. Après une série de chemins et de champs boueux, nous sommes finalement entrés dans un petit village.

— Allons à cette mosquée ! suggéra Sammy en pointant une imposante structure rectangulaire en bordure du village. Il y a des espèces de sculptures, sur le toit. On pourrait se cacher là !

Puisque j'étais le soldat le plus léger de mon équipe, c'est moi qui devais aller sur le toit en premier. Heureusement, nous avions mis la main sur une échelle, près d'un bâtiment à proximité de la mosquée. Armé d'un pistolet, en peu de temps je me suis glissé sur le toit. Allongé et dissimulé, j'ai lancé une corde au bout de laquelle se trouvait un mousqueton. Nous avons commencé à hisser les armes et l'équipement. C'est à ce moment que de mon emplacement élevé, j'ai remarqué qu'un vieillard marchait et s'approchait de mes camarades *snipers*.

— Arrête ! a calmement dit Sylvain au vieil homme, en pachto.

Curieusement, l'homme continuait d'avancer vers nous, la tête penchée.

— Arrête, je t'ai dit ! a insisté Sylvain.

L'homme continuait de marcher de manière nonchalante, n'étant plus qu'à une quinzaine de mètres du soldat. Il y avait des secteurs plus paisibles où ce genre de comportement était toléré. Ce n'était pas le cas ici !

Un ami soldat allait plus tard me conter une histoire surprenante : des soldats venaient de prendre des prisonniers au cœur du dispositif ennemi. Un vieillard ayant une jambe de bois est soudainement apparu sur le dessus d'un mur surplombant la patrouille. Le vieil Afghan s'est mis à engueuler les soldats, contestant l'arrestation des prisonniers. Sans la moindre gêne, le vieillard s'est déplacé vers les détenus, commençant même à les détacher ! Les soldats, incrédules, ont alors dû intervenir. Jusqu'à l'entrée du camp, le vieillard suivait les soldats du haut de son âne, les engueulant sans interruption. « Ce n'est qu'un pauvre vieillard sans défense ! » se disaient les soldats afghans. Quelques jours plus tard, les soldats ont reçu un rapport les avertissant qu'un chef taliban était possiblement dans le secteur[2]. Il était décrit comme un « vieillard à la jambe de bois » ! « Malgré nos efforts, on ne l'a jamais retrouvé », m'a par la suite conté mon ami. J'aurai aimé rencontrer ce vieillard ennemi, pour lui donner une médaille ! À la guerre, la menace peut venir d'un enfant, d'une femme ou d'un vieillard[3].

Face à un simple vieillard qui ne veut pas s'arrêter, aussitôt, il y a comme deux voix qui parlent en nous. La première dit :

---

[2]   Il n'est pas certain que ce vieillard ait été un point de contact ou le chef taliban identifié.

[3]   Les talibans testaient souvent nos procédures et notre système défensif : par exemple, pendant quelques semaines, les talibans envoyaient des enfants ou « de simples villageois » à proximité des patrouilles. À distance, l'ennemi observait nos réactions : allait-on laisser s'approcher les enfants et les villageois ? Allions-nous leur parler et nous laisser distraire ? C'est ainsi que quelques semaines plus tard, ce même enfant, villageois ou habitant s'approchait de nouveau de la patrouille. Cette fois-ci, une ceinture d'explosifs était dissimulée dans ses vêtements. Ce genre de situation était survenue dans notre secteur d'opération.

«Ne prends pas de chance... tu dois le tirer sans hésiter». Une autre voix dit : «Ne tire pas, voyons! Ce n'est qu'un vieillard!» À mesure que la situation se complique, une autre voix fait son apparition : «Tire au moins à côté de lui, il va comprendre.» Mais on se met aussitôt à penser : «Si tu tires, tu alarmeras tous les habitants, et tu dévoileras ta position aux talibans.» À tout moment, les multiples possibilités défilent dans la tête du soldat, qui doit en un instant soupeser l'éthique, le côté humain, le danger sur sa propre vie et les contraintes tactiques. Et par-dessus cela, il y a le Droit militaire, ce qui comprend la Convention de Genève et les règles d'engagement. C'est sans parler des répercussions politiques éventuelles. Le soldat sait qu'au moindre faux pas, quelqu'un, quelque part, voudra le blâmer et possiblement le faire arrêter.

Le vieillard continuait d'avancer, ignorant les avertissements de plus en plus pressants de Sylvain, qui a sorti son pistolet de son étui. Les Afghans avaient curieusement plus peur de ce type d'arme que des fusils d'assaut. Sylvain a pointé son arme vers la tête de l'Afghan, qui se trouvait à seulement deux mètres.

— Je te jure que tu vas t'arrêter, mon esti! Teste-moi, voir!

Quelle tristesse! «La guerre est l'art de faire s'entre-tuer des gens qui ne se connaissent pas.»

Le vieil homme a subitement arrêté de marcher, sans même s'agiter ou démontrer un quelconque agacement. Il a fait demi-tour et est reparti comme il était arrivé. J'imaginais l'histoire de cet homme... depuis sa tendre enfance qu'il chantait l'appel à la prière depuis la mosquée. Il n'avait jamais manqué une seule de ces prières, même durant l'invasion soviétique, les guerres, les bombardements. Peut-être était-ce même une fierté pour lui!

Alors que je venais d'assister au départ de l'Afghan, soudaine-ment, le sol céda sous mes pieds. Le temps que je reprenne mes esprits, mes deux jambes flottaient dans le vide, au-dessus du sombre trou que mon poids venait de créer dans le toit! Une barre de métal servant d'armature au toit de terre avait arrêté ma chute. La barre de métal se trouvait maintenant entre mes deux jambes! Je me sentais comme Indiana Jones. «Merde, j'aurais pu me casser les deux jambes!» pensai-je, encore surpris. En dessous, au fond du trou, j'ai distingué une salle de prières au centre de laquelle se trouvait un Coran couvert de débris. Était-ce le signe que la mosquée nous «aimait» et nous «pro-tégeait»?

Après ces quelques péripéties, nous étions tous sur le toit, éparpillant notre équipement et marchant à plat ventre afin de répartir notre poids. Je me sentais comme si j'avançais sur un lac glacé sur le point de céder. Nos «lances», comme nous appelions nos longues armes de *snipers*, étaient prêtes à tirer. Ironie de la situation, les sculptures religieuses servaient de ca-mouflage et de protection contre l'ennemi islamique!

Les patrouilles de fantassins et d'ingénieurs de combat faisaient leur travail dans le village. Chaque fois qu'un Afghan disait connaître l'emplacement d'ennemis ou de bombes, il fallait s'en méfier : s'agissait-il de vraies informations, ou bien d'une tactique afin d'attirer les soldats dans une embuscade? Il était donc prudent de prendre quelques détours vers la zone de danger. Une fois sur place, on demandait à l'informateur de désigner lui-même l'emplacement des armes ou des explosifs. Dans ce cas-ci, des armes étaient enveloppées dans des sacs de plastique et cachées dans des champs de vigne. L'ennemi était surpris par notre arrivée. «Désarmer pour mieux contrôler!»

Alors que le soleil se lève, Sammy positionne la carabine Timberwolf entre les sculptures d'une mosquée.

Sammy et Pascal sur le toit d'une mosquée.

J'étais de guet avec Pascal quand j'ai remarqué quelque chose d'inhabituel :

— Ce gars-là a quelque chose à cacher, dis-je tout en observant attentivement à travers le télescope d'observation.

Être tireur d'élite est comme être un « psychologue tactique ». À force d'observer les Afghans chaque jour, on avait fini par développer un « sixième sens ». On devinait qui était un habitant du village, qui était connu des locaux, qui était étranger, et ainsi de suite. Un homme barbu au regard sombre marche avec arrogance, les villageois qui le croisent détournent le regard sans lui adresser la parole : il s'agit probablement d'un taliban. Un homme marche entre deux villages, il semble distrait dans ses pensées, une femme suit cet homme à une distance d'environ dix mètres : il s'agit d'un couple ou d'un frère et d'une sœur qui connaissent le chemin et qui visitent une connaissance. Un autre villageois avance à tâtons, regardant avec soin devant de lui : il n'emprunte pas souvent ce chemin et risque donc de ne pas venir de l'endroit. Un vieil homme marche tout en ayant les mains dans le dos. Les gens s'enlèvent du chemin et saluent gentiment : c'est un chef de village respecté. Et ainsi de suite.

L'adolescent que j'observais était familier de l'endroit. C'est justement ce qui le rendait suspect : il scrutait les bâtiments, craignant d'être observé. Ce qu'il ne savait pas, c'est que mon télescope d'observation était directement pointé vers lui ! Un autre Afghan, celui-ci encore plus jeune, est passé près de l'adolescent. Ce dernier a alors empoigné le plus jeune, le collant au mur.

— Il ne va... quand même pas faire ça ! dis-je à voix basse.

J'ai détourné mon regard de l'optique, secouant la tête :

— Pascal! Je suis peut-être en train d'halluciner. Regarde et dis-moi ce que tu vois.

Pascal s'est placé derrière le télescope comme un scientifique derrière un microscope. Quelques secondes plus tard, Pascal a sursauté :

— Ah mon sacrament de câlisse de rapace! Je pense à ma fille... non, je ne peux pas laisser passer ça!

Pascal a empoigné le micro de la radio. D'un ton empressé, il a expliqué la situation aux réseaux supérieurs. Nous venions d'assister à un viol! J'avais moi-même vu l'adolescent baisser les pantalons du plus jeune, et les siens. Il avait par la suite regardé autour de lui, s'assurant que personne ne le regarde. À voir le comportement de la victime, on voyait que ce «n'était qu'une autre fois».

Nous n'avions pas le droit, selon nos règles d'engagement, de tuer l'agresseur. Si nous nous faisions prendre, nous risquions la prison militaire. Ce crime auquel nous avions assisté relevait, théoriquement, de la «police afghane» et du «système de Justice» du pays. Le problème est qu'il n'y avait pas de police afghane dans le village ni de système de Justice. De toute façon, la plupart des policiers afghans se fichaient complètement d'arrêter les violeurs, la priorité étant la sécurité et la guerre aux insurgés. Certains policiers abusaient eux-mêmes d'enfants, en toute impunité, nous avouant leurs gestes sans la moindre pudeur!

Après avoir déposé le micro de la radio, Pascal a saisi la Macmillan, chambrant une cartouche de cuivre, de laiton et d'acier :

— On pourrait toujours dire qu'il a une arme! suggérai-je. Je sais! Je sais! On ne peut pas!

À ce moment-là, notre cible avait déjà terminé sa besogne et s'apprêtait à tourner le coin d'une ruelle, laissant derrière sa jeune victime qui, sans émotion, était en train de se rhabiller.

— Je vais tirer juste à côté de cet esti-là ! a dit Pascal.

La balle a touché à environ un pied de l'adolescent, qui a sursauté énergiquement, levant la jambe se trouvant le plus près de l'impact de la balle. Le nuage de poussière ne s'était pas dissipé qu'une femme est sortie d'une maison, dont la porte se trouvait à moins de dix mètres de l'adolescent. C'est comme si je pouvais m'imaginer la scène : la dame avait entendu un bruit étrange (l'impact de la balle). Elle était sortie et avait vu l'adolescent, qu'elle connaissait. Et maintenant c'est comme si elle lui demandait : « Pourquoi un soldat a cru bon de tirer une balle juste à côté de toi, comme ça ? » J'espère que l'adolescent a eu des questions à répondre !

Pendant ce temps, je voyais clairement la jeune victime, elle aussi surprise par la tournure des événements. Le jeune afghan s'est tourné vers nous en souriant, nous cherchant du regard, sans savoir où nous étions, précisément. Je me sentais comme un grand frère protégeant son petit frère.

« C'est tout ce qu'on peut faire pour toi ! pensai-je amèrement tout en secouant la tête. Bonne chance ! »

Le convoi s'en retournait vers la *FOB*. Quelques heures seulement nous séparaient du relatif confort de notre repère de terre, de bois et de béton. Nous étions tous couverts de poussière et de sueur. Mon véhicule traversait des champs, des ruelles, des ruisseaux et d'autres obstacles. Comme à mon habitude, j'aimais rester la tête en dehors du véhicule. Les gens nous saluaient chaleureusement. J'ai aperçu une main de femme sortir du rebord d'une burka. La main m'a discrètement fait un signe de « thumbs up ». Du haut de mon véhicule blindé, j'ai répondu par un sourire et un hochement de tête. Nous nous étions compris. Elle aurait voulu que nous restions pour protéger son village des fanatiques. Nous devions partir, déjà !

Un groupe d'enfants s'est rassemblé en bordure de la route, nous implorant par des gestes de leur donner quelque chose à boire. J'ai lancé une boisson gazeuse glacée. Un enfant s'est jeté sur le breuvage, pour ensuite se le faire arracher des mains par un autre enfant, plus grand et plus fort. Ce dernier a ouvert la bouteille sans le moindre remords, indifférent à la déception du plus jeune. Dans un autre village se trouvait un groupe de petites filles. J'ai demandé aux fantassins du véhicule de me passer un sac de bonbons par l'écoutille, sac que nous avions gardé en réserve pour une telle occasion. C'était un immense sac, plein à craquer.

Les fillettes se sont approchées en courant dans le nuage de poussière que soulevait le véhicule blindé. Elles étaient si belles ! J'ai lancé le sac par-dessus bord :

— Joyeuse Halloween avant le temps ! dis-je à la blague.

Un homme, que je n'avais pas vu, se trouvait en bordure de la route. Il s'est élancé, bousculant une fillette au passage, pour ensuite agripper le sac de bonbons. L'homme est parti, affichant un sourire sadique. Les fillettes savaient que toute contestation ne servait à rien. Elles avaient perdu. En Afghanistan, c'est la loi du plus fort. Le plus fort prend les bonbons. Le plus faible prend les miettes, quand il en reste. Le plus fort impose. Le plus faible obéit. Le plus fort tue. Le plus faible est meurt.

Nous passions près d'autres villages. Les gens nous insultaient et nous envoyaient des injures. Même les enfants faisaient des

*Loin des villages afghans, les troupes se reposent à l'ombre d'une toile.
Pendant ce temps, un bulldozer blindé crée des remblais de protection.*

*Vue typique : des Afghans regardent un convoi passer dans un secteur
tendu. En arrière-plan, on remarque un séchoir à raisins.*

« thumbs down ». C'était tellement exagéré que c'en était théâtral. On sentait que les enfants appliquaient avec zèle ce que les plus vieux leur avaient instruit de faire. Des adultes, assis sur le bord de la route, regardaient la scène, satisfaits mais n'osant pas nous insulter directement. Les enfants ont lancé une profusion de roches sur les véhicules. Certaines des roches ont violemment touché mon casque et mon équipement.

Je n'étais pas seulement en Afghanistan pour aider, mais pour gagner et imposer la volonté de mon pays à une région remplie de fanatiques. Ceci avec ou sans l'accord de la population locale. Lors de la Seconde Guerre mondiale, nous n'avons pas envoyé des soldats pour « sauver » les Allemands. Notre but était d'abord de les soumettre, militairement. Si, par la suite, les Allemands avaient continué de résister et s'étaient insurgés, nous les aurions bombardés, tirés, écrasés, tués ! C'était la même chose en Afghanistan : il nous fallait détruire les fanatiques islamiques. Il y avait eu les attaques du 11 septembre. Les terroristes avaient pu se financer, s'équiper et s'organiser parce qu'ils possédaient des territoires. Les talibans d'Afghanistan avaient fourni ces territoires à Al-Qaïda, tout en commettant eux-mêmes des crimes envers leur population. Ma mission, et celle des autres soldats, était avant tout de faire en sorte que ces attaques n'arrivent plus : la méthode facile et agréable était de reconstruire le pays afin qu'il ne soit plus un terreau fertile aux idéologies radicales. Pour ce faire, nous allions bâtir des écoles, des puits, des hôpitaux et ainsi améliorer la vie des Afghans et par conséquent tuer à la source ce foyer de fanatisme islamique. Sur nos écussons, il était d'ailleurs écrit « kumak aw hamkarey », ce qui signifie « aide et assistance ». Si cette assistance ne fonctionnait pas, il y avait aussi la méthode dure : semer la destruction et tuer nos ennemis[4] !

---

4   Suite au traumatisme de la Seconde Guerre mondiale, l'Occident a souvent suivi un modèle semblable au « Plan Marshall ». L'idée était qu'agir en « vainqueur » dans un pays conquis entraîne à long terme plus de problèmes qu'une politique de

Le convoi avançait lentement à travers le village, s'arrêtant à quelques reprises. J'ai bougé ma tête juste à temps, esquivant une roche de la grosseur d'une balle de baseball qu'avait lancée un grand adolescent. À mesure que mon véhicule s'éloignait, le garçon me regardait avec arrogance, content de voir ma surprise. « Dans des années, me suis-je mis à penser, tu ne voudras pas seulement me lancer des roches. Il faudra alors que je revienne pour te tuer ! »

Le jeune « insurgé » s'est alors déplacé, courant « à couvert » derrière un mur. Il se préparait à effectuer une autre « embuscade ». J'ai moi aussi soigneusement préparé mon coup. Dans le véhicule se trouvait une boîte de fusées éclairantes. Ces fusées servaient à avertir les conducteurs de voitures qui s'approchaient trop près des convois, ce qui s'apparentait à des voitures piégées chargées d'explosifs.

Au détour d'une rue, j'ai rapidement repéré l'adolescent. Il tenait déjà une roche, sa « grenade ». Il a à peine eu le temps de lever le bras, qu'une boule de feu rouge s'est envolée dans sa direction ! L'adolescent a sursauté de manière ridicule, se couchant ensuite au sol. Le jeune-homme a levé le visage, le nez couvert de poussière. Tel un chien abattu, il m'a regardé passer, la honte dans ses yeux. J'ai souri, ne cachant pas mon amusement.

« Dans des années, tes amis voudront me lancer des grenades. Je répliquerai par des bombes. »

Ma bouche était sèche et mes pieds étaient engourdis. Nous nous sommes approchés d'une série de routes que nous savions

---

« reconstruction amicale ». Les Alliés se souvenaient des réparations imposées à l'Allemagne après la Première Guerre mondiale, ce qui avait contribué à un sentiment d'injustice chez les Allemands et à la montée du nazisme. À mon sens, suite aux récentes guerres en Irak et en Afghanistan, ce modèle est aujourd'hui disparu, s'orientant plutôt vers un « interventionnisme d'économie des forces », où des actions militaires ponctuelles et limitées (frappes aériennes, petites équipes de forces spéciales, mentorat, support logistique) sont préférées à l'engagement de gros contingents armés.

extrêmement dangereuses. C'est alors que des balles et des roquettes ont été tirées vers le convoi. À ma grande déception, les tirs étaient dirigés vers d'autres véhicules que le mien ! Si ça n'avait pas été des échanges radio, je ne m'en serais même pas rendu compte, tellement le bruit du véhicule étouffait le son ambiant. Les attaques au *RPG* sont devenues plus insistantes. On voyait quelques lignes de fumées apparaître sur le dessus des murets longeant le convoi. Les véhicules blindés répliquaient allègrement. Des hélicoptères de combat ont alors été appelés en renforts. Les appareils faisaient des allers retour entre la tête et la fin du convoi. Les talibans se sont calmés. Nous avions brandi la carte du « plus fort ». Ce n'était pas « fair *game* »... tout comme prendre des bonbons à des fillettes.

Il ne restait plus que quelques kilomètres avant de retrouver notre « maison loin de la maison », Sperwan Ghar. La route était sinueuse, confuse et remplie de possibles zones d'embuscades. Les talibans avaient souvent empilé des explosifs dans les calvettes[5] de cette route, tuant plusieurs soldats. Ces calvettes n'avaient pas de grillage et leur accès était couvert de végétation, ce qui aidait les poseurs de bombes. S'il fallait que je saute sur un *IED*, c'était ici que ça allait arriver !

Chaque fois que nous nous approchions d'une de ces calvettes maudites, je regardais d'abord aux alentours, m'assurant qu'il n'y ait pas d'observateurs ennemis. J'essayais ensuite de détecter d'éventuelles bombes directionnelles dans les arbres ou dans l'herbe. Si je ne voyais aucune menace, le dernier danger était la calvette en tant que telle. Je retenais alors mon souffle et je soulevais mon corps hors de l'écoutille, un peu comme quelqu'un sur le point de sortir d'une piscine. Dans le passé, plusieurs soldats avaient survécu à de violentes explosions, alors

---

5   Cette route, Hyena, se trouve au sud de la montagne de Masum Ghar.

que l'équipage avait été tué. Les soldats se trouvant aux écoutilles étaient éjectés et projetés au loin. Ils étaient sonnés et parfois blessés, mais au moins ils avaient survécu. En étant éjecté de la sorte, il était possible que mes genoux frappent les rebords de l'écoutille, ou que mon visage percute mon arme, entre autres choses. Mes jambes risquaient alors d'être arrachées par la force de l'explosion, et mon visage blessé. C'est pourquoi, lors de chaque passage de calvette, j'enlevais la courroie de mon fusil d'assaut d'autour de mon cou, plaçant l'arme légèrement à l'écart. Je resserrais ensuite les genoux, essayant de prédire de quelle façon j'allais être éjecté du véhicule, en cas d'explosion.

Une première calvette a été traversée. Puis une autre. Rien. En bordure de la route, en retrait, se trouvaient quelques habitants. Ils ressemblaient à des spectateurs neutres attendant de voir ce qui allait se passer. J'étais plus que jamais sur mes gardes. Un Afghan me semblait particulièrement suspect : il se tenait le long d'un mur, et selon la disposition du terrain et le langage corporel de l'individu, on voyait que c'était probablement un observateur passant le mot de notre passage à quelqu'un plus loin, que je ne voyais pas.

Bang ! Une forte explosion a secoué mon corps. Un fragment de métal est passé au-dessus de ma tête en sifflant et tournoyant. Un véhicule en avant avait été touché par un *IED*. Aussitôt, les habitants se sont mis à courir en tous sens. L'Afghan suspect s'est enfui dans les champs. J'ai épaulé mon arme. Ma cible n'était qu'à une cinquantaine de mètres. Un de ses amis le suivait de proche. Les deux hommes se sont soudainement arrêtés dans le champ, sentant intuitivement que je les visais. Ils se sont lentement tournés vers moi, comme pour voir si j'étais en train de les regarder. Nos regards se sont croisés. Ils ne bougeaient plus. L'un d'eux m'a discrètement et nerveusement salué. J'ai baissé mon arme et d'un geste de la main, j'ai fait le signe aux deux hommes de déguerpir. Ils ont instantanément compris et son parti à courir. Je ne pouvais pas les tuer. Pas cette fois-ci. Avais-je tort ?

« Être le plus fort c'est avoir le luxe de pouvoir laisser des chances. »

J'aurais tellement pu tirer ces deux Afghans et les exterminer sans plus d'histoires. Personne ne m'aurait posé de questions. Je n'aurais rien eu à déclarer et il n'y aurait pas eu d'enquête. Rien. Les deux hommes se seraient effondrés dans le champ. J'aurais remplacé le chargeur de mon fusil d'assaut. Le convoi aurait continué son chemin, sans plus de formalité[6].

Tout ceci n'a duré qu'une dizaine de secondes. Je me suis retourné vers le véhicule touché, encore partiellement enveloppé dans un nuage de poussière : la tourelle, armée d'un canon de 25 mm, a pivoté vers la gauche à la manière du bras d'un robot. Boum boum boum ! Boum boum boum ! Le canon venait de tirer une dizaine de petits obus explosifs.

— Nous venons d'avoir l'observateur, a-t-on entendu sur les ondes radio. C'était un gars avec des jumelles, à plusieurs centaines de mètres d'ici. On l'a bien allumé. De notre côté, il n'y a aucun blessé. Les gars sont un peu brassés, mais ils n'ont rien.

J'avais bien fait de ne pas tuer les deux Afghans !

L'*IED* était une moto piégée. La charge, qui aurait tué sur le coup un soldat à pied, n'avait fait aucun dommage au véhicule blindé. Dire que certains des soldats qui étaient dans le véhicule ont aujourd'hui des enfants ! Ce jour-là, une bombe plus grosse aurait

---

6   Les règles d'engagement et le droit militaire sont complexes et confus et peuvent paralyser un soldat dans le feu de l'action. Pour ma part, en cas de doute, j'essaye de simplement suivre ma conscience. Cette conscience du « bien et du mal » est souvent reflétée dans les différentes lois et règles.

Sylvain et moi à la recherche d'ennemis pouvant menacer la formation de véhicules.

La surprise dans leurs yeux, deux enfants remarquent la patrouille depuis un champ de vigne.

pu leur arracher cette famille qui les attendait! L'avenir d'un homme ne tient parfois qu'à un fil.

Mon véhicule approchait d'une autre calvette. En voyant la taille du ruisseau, on devinait qu'une énorme charge explosive pouvait y être cachée. Aux alentours, il n'y avait personne en vue. La population restait cachée. C'est alors que j'ai remarqué un homme qui se tenait debout, à environ 150 mètres de la route. Il observait les véhicules, sans bouger. Par la disposition des bâtiments, j'ai analysé que le suspect se trouvait à un bon endroit pour déclencher une bombe à distance : il était à une bonne portée d'observation, sans être trop prêt de l'explosion. De plus, il suffisait à l'homme de bouger quelques mètres pour se replier derrière le coin d'un mur. Cette fois-ci, je n'avais pas le choix! J'ai levé mon arme vers l'homme. J'ai tiré. J'ai vu l'impact de poussière sur le mur, juste à côté de la cible. Ce dernier n'a pas même sursauté ou bougé! Pourtant, il avait bel et bien entendu la balle passer près de lui, car l'impact avait eu lieu en arrière et à gauche de lui. J'ai secoué la tête d'étonnement. Cette fois-ci, j'ai tiré une balle encore plus près de l'homme. Le tir était difficile à effectuer, le véhicule étant en mouvement.

— Va-t'en, bon sang! criai-je à travers la cacophonie du bruit ambiant. Si tu restes là, je vais te descendre!

Il ne m'entendait pas. L'homme s'est tourné au ralenti à la manière d'un zombi indifférent à la vie. Il s'est éloigné d'un pas lourd, disparaissant derrière le couvert du mur! «C'est probablement la drogue.»

L'Afghanistan étant un grand producteur d'opium, plusieurs insurgés se droguaient avant de nous attaquer. Il n'était pas rare de trouver des seringues sales et tordues dans des recoins ou sur le toit des édifices. À une autre occasion, un soldat ennemi s'en était même pris à un char d'assaut, tirant à répétition avec son fusil d'assaut, sans causer les moindres dégâts[7].

La guerre est différente des jeux vidéos. Dans un jeu, les soldats ennemis sont identifiés par des «étiquettes» et des couleurs. Les réactions ennemies sont simples et «standards» : ils nous attaquent, ils se défendent, ils se cachent, ils sont morts, ils sont blessés, et ainsi de suite. Dans la réalité, les réactions sont beaucoup plus complexes, humaines et inexplicables. Comme soldat, il faut être psychologiquement prêt à cela.

C'est comme ce *sniper* de l'équipe Delta pendant une opération dans le district de Zhari. Les troupes subissaient des tirs violents de l'ennemi. Soudainement, un tireur d'élite a repéré un homme debout, marchant à la vue de tous, en plein milieu du champ de bataille ! Une longue mitrailleuse était accrochée en bandoulière à son cou. Le *sniper* était tellement surpris qu'il n'a pas pu tirer à temps, laissant passer le taliban ! Le soldat s'est juré de ne plus jamais se faire prendre de la sorte.

La guerre est bizarre. Elle trouble la pensée.

Une demi-heure après les derniers incidents, nous étions de retour au camp, qui de l'extérieur ressemblait à un château fort entouré d'une palissade moyenâgeuse ! Les soldats étaient poussiéreux et fatigués des derniers jours de patrouille.

— Ah ben regarde dont ça ! s'exclama un soldat en débarquant de son véhicule. Je savais même pas qu'on s'était fait toucher par autant de balles.

---

7   Durant la Seconde Guerre mondiale, les soldats allemands prenaient beaucoup de drogues, ce qui était même officiellement encouragé par l'appareil militaire. Certains historiens affirment que cette drogue a aidé aux premières victoires allemandes. Cependant, c'est peut-être cette drogue qui allait aider à la défaite des armées nazies. Les soldats allemands étaient en sevrage de drogue, ce qui les rendait dépressifs et donc moins combattifs, tout en embrouillant leurs pensées. Les soldats de l'État islamique allaient utiliser beaucoup de drogues sur le champ de bataille.

413

Les projectiles n'avaient eu aucun effet, sinon que de grafigner l'épais blindage du véhicule militaire. Un autre fantassin avait un trou dans son armure personnelle, qui protégeait le dos et le torse. L'ennemi avait bien visé. La balle avait été arrêtée. Dans une autre guerre, le fantassin aurait été tué.

Affamés et sales, nous nous sommes rendus vers la cuisine. Un repas chaud nous attendait ! « Le moral de la journée », comme nous aimions à dire !

Les cuisines étaient vides. Les contenants en acier inoxydable brillaient. Eux aussi, ils étaient vides. Un jeune cuisinier, qui nettoyait les lieux, semblait gêné, évitant notre regard. Le sergent-major est allé voir ce qu'il en était : un chef cuisinier avait remplacé le chef actuel, parti en vacances :

— C'est notre journée de congé, a dit le chef cuisinier de remplacement. Selon les règles de l'Armée, je n'ai pas à faire de repas. Nous n'avons qu'à fournir des rations militaires standards aux soldats.

Le sergent-major Lapierre, qui avait cette réputation d'homme calme et humain, a « sauté un plomb » :

— Mes gars reviennent de plusieurs jours d'opérations à risquer leur vie, et demain on recommence les patrouilles. Tu veux être dans les normes et ne plus faire de repas chauds pour mes gars qui reviennent du combat ? Parfait ! Moi aussi je connais les normes ! Vous êtes sous mon contrôle opérationnel. Dis à ton équipe qu'à partir de demain, vous allez venir en patrouille avec nous. Après tout, vous avez aussi un entraînement de base comme soldat !

Moins d'une demi-heure plus tard, un merveilleux repas chaud nous était servi.

Lance-pierres en main, de jeunes Afghans préparent un mauvais coup contre un convoi de la Coalition.

Une famille afghane en banlieue de la ville de Kandahar.

Vie de tribu

J'étais de retour au Québec, dans ma petite maison mal en point, mais entourée de beaux arbres. C'est alors que j'ai entendu une détonation. Une minute plus tard, une autre explosion s'est fait entendre! Je ne rêvais pas, c'était vraiment un coup de feu! Est-ce qu'un de mes voisins s'amusait à tirer dans la forêt? Ou peut-être que quelqu'un était en danger! Par précaution, j'ai saisi une arme et je suis allé voir. Dehors, j'ai remarqué les reflets d'un feu de camp sur un bâtiment, à la limite de mon terrain :

— Ça va? Vous êtes en sécurité? demandai-je à mes nouveaux voisins, qui étaient assis en famille devant un feu de camp. Savez-vous c'était quoi les coups de feu?

— C'est l'autre voisin qui doit tirer quelque chose. On dirait une lance-patate ou quelque chose du genre. Je suis armurier, je connais ça!

— Armurier? Vraiment! Intéressant!

Le regard de mon voisin, père de famille, a soudainement changé :

— Mais… est-ce que c'est une vraie arme que tu as? a-t-il demandé, d'une voix inquiète, mais ferme.

— Oui! Oui! dis-je d'un ton normal. Je voulais m'assurer que tout était OK.

L'atmosphère est immédiatement devenue tendue. Le reste de la famille n'osait plus me regarder, se demandant sans doute quel type de psychopathe pouvait être leur nouveau voisin!

417

— Ne vous en faites tellement pas. J'arrive d'Afghanistan. Il nous arrivait des pépins là-bas. On avait toujours une arme avec nous. C'est rendu que je ne m'en aperçois même plus, tellement ça fait partie de ma vie quotidienne.

J'avais agi comme un guerrier dans sa tribu. J'avais oublié que je devais maintenant être un citoyen dans un monde «civilisé». Heureusement, au fil des années, mon voisin a peu à peu appris à me connaître. Aujourd'hui, nous discutons régulièrement d'armes et de munitions!

Un hélicoptère est venu déposer un autre chargement de bois de construction sur le camp. Les soldats allaient s'en servir pour construire des fortifications. Par-dessus les structures de bois ainsi assemblées, des feuilles de tôle et des sacs de sable allaient être empilés. Il y a quelques mois, les fantassins de la *FOB* avaient même construit un petit gymnase et plusieurs terrasses de bois. Une terrasse était pour nos «soirées BBQ», une autre pour les «match de baby foot». Des terrasses avaient même des tables de poker et de longues chaises de bronzage! Tout ceci parmi une profusion de mitrailleuses et d'armes de tous genres. Une petite ville militaire fort charmante avait peu à peu pris forme. C'était là que vivait la tribu.

Les ingénieurs de combat avaient poussé le concept «d'aire de repos» encore plus loin, transformant une bombe désamorcée en fontaine. La fontaine arrosait un petit jardin composé de gazon où étaient déposées des reliques de guerre. On y voyait une grenade désamorcée, des munitions, des éclats de bombes. Autour de ce «jardin» particulier se trouvait une bibliothèque remplie de livres accumulés au fils des déploiements.

Pour ma part, j'avais eu la bonne idée d'acquérir un hamac, que j'avais installé entre deux colonnes de bois, non loin de foulards afghans accrochés, que je collectionnais. Le soir venu, devant un écran plat, j'aimais écouter *Salut Bonjour*, diffusé en direct du Québec. Au Québec, c'était le matin et l'été. En Afghanistan, le soleil se couchait. On entendait quelques prières musulmanes au loin, rappel archaïque du pays étrange où je me trouvais. Les soldats romains d'autrefois devaient ressentir la même chose quand, du haut des murailles de bois qu'ils avaient construites de leurs mains, ils voyaient la brume des sombres forêts germaniques. La force des soldats de l'Empire romain était leur logistique : ils étaient capables de construire une forteresse en plein milieu de la campagne ennemie, et d'y loger plusieurs légions pendant des mois ou des années.

On pourrait penser qu'un bon soldat souhaite vivre à longueur d'année dans un trou boueux. C'est faux. Un soldat d'expérience saura comment être confortable dans n'importe quel terrain, pays ou climat. Un jeune soldat, au contraire, restera misérable. Pendant ce temps, le soldat d'expérience est déjà en train de se construire une cuisinette, un salon et une bibliothèque dans sa tranchée.

Un bon matin, entre deux patrouilles, un convoi de ravitaillement est arrivé au camp. Les soldats attendaient impatiemment d'ouvrir les lettres et colis envoyés par leurs proches. Parmi l'équipement et les munitions se trouvait du café pour notre machine expresso. Dans la livraison se trouvait aussi des caisses de *Red Bull* et autres « goodies ». Tout ceci avait été envoyé par notre responsable de la logistique, Jean-Guy, qui avait la réputation d'être aussi efficace qu'un passeur de la mafia. Cette réputation était fondée. Jean-Guy avait des contacts partout. Il était capable de vous faire installer internet haute vitesse au fin fond du désert. Et ce n'est pas une exagération. « Dites-moi ce que vous voulez et je vais m'arranger pour vous l'avoir!» aimait à dire Jean-Guy.

Tous savaient que lors des tournées d'approvisionnement, les camps les plus éloignés recevaient les «restants», chaque camp se servant à mesure, en premier lieu *KAF*, point de départ de cette chaîne logistique. C'est ainsi que plusieurs unités de fantassins en étaient venues à dormir à même le sol, alors qu'à *KAF* les militaires avaient des matelas et de l'air conditionné en permanence. Même les prisonniers talibans à *KAF* étaient fournis en air conditionné, pendant que plusieurs unités sur le terrain dormaient dans une chaleur suffocante. Un jour, un sergent-major fantassin, dont je tairai le nom, s'est écœuré. Lui et des soldats se sont rendus à *KAF* dans le cadre d'une «mission spéciale». Dans l'obscurité, les soldats ont brisé les cadenas de conteneurs maritimes. Un camion attendait, les phares éteints, afin de ne pas être «détecté par l'ennemi». Les fantassins ont vidé les conteneurs de leurs matelas, caisses de liqueurs et autres fournitures. Il s'y trouvait même de la vraie bière, dissimulée sous quelques boîtes! Les intrépides soldats sont ensuite repartis vers leur *FOB*, se greffant à un convoi de la Coalition. Personne ne s'est plaint ou n'a daigné se rendre jusqu'au camp réclamer quoi que ce soit, la *FOB* en question étant au milieu du territoire ennemi.

Un jour, une militaire de *KAF* est venue quelques semaines sur la *FOB*. Elle craignait le pire: «Tu vas perdre ton confort et tu seras au milieu de l'enfer!» lui avait-on dit.

— Le gars que je remplace pleurait pour pas venir ici! m'a-t-elle raconté.

Quelques jours après son arrivée, elle ne voulait déjà plus repartir! Elle avait pris goût à cette vie de communauté entourée du danger. Au fil des années, j'ai appris que l'humain est fait pour vivre en tribus. Nous sommes plus heureux entre amis dans une tente de nomades que dans un palais rempli de gens hautains. Le réconfort est plus important que le confort.

— J'ai tellement de respect pour vous, les gars ! m'a-t-elle dit un jour, alors que nous discutions sur une des terrasses. Vous êtes mieux ici qu'à *KAF*. Vous n'avez pas à gérer la politique et les règlements sans fin. À *KAF*, il y a trop de boss. Certains savent plus quoi faire pour justifier leur *job*. J'ai une question : c'est comment, sortir en patrouille ?

— Tu veux essayer ? Je peux demander à l'infanterie qu'ils t'invitent à une patrouille de présence dans les villages autour.

Les yeux de la militaire se sont agrandis d'étonnement :

— C'est comme ça ! continuai-je. Le sens-tu, l'adrénaline, en dedans ?

La militaire ne répondait pas.

— Une fois que tu vas y goûter, tu ne voudras plus arrêter, dis-je.

Les cigarettes étaient une commodité en haute demande dans la tribu, servant de « monnaie » pour le troc. C'est ainsi que certains soldats échangeaient leurs heures de garde pour ces rouleaux de tabac. Un marché noir s'est développé sur la *FOB*. Il était même possible d'avoir de la marijuana, produit du « terroir » afghan. C'étaient les soldats afghans qui fournissaient la marchandise. Les passeurs étaient les interprètes. Il est cependant difficile de dire qui en consommait. En plus de la marijuana, il était possible d'acheter des stéroïdes et d'autres drogues. De rares soldats avaient même la réputation de prendre de la cocaïne avant les patrouilles. Aucun soldat de mon détachement ne touchait à ces cochonneries. L'esprit guerrier est la plus forte des drogues !

J'avais remarqué cette tendance chez certains soldats : leurs muscles avaient soudainement beaucoup grossi ! Les différentes drogues et substances déshydrataient les soldats, les rendant moins efficaces en patrouille, sans parler du poids supplémentaire causé par des muscles artificiellement gonflés aux stéroïdes. Le sergent Hamel détestait la «culture du biceps» chez les fantassins. Lors d'une patrouille, un soldat de l'équipe Alpha avait eu de la misère à monter une montagne. «En arrivant au camp, tu crisses ta poudre de protéines aux vidanges !» a dit le sergent.

Une autre «activité économique» était les tournois de poker. C'était devenu le rendez-vous «à ne pas manquer» des soldats. Les paris étaient en argent. Puisque les soldats n'avaient pas beaucoup de liquidités avec eux, des états de compte avaient dû être établis. Durant certains tournois, les soldats pariaient des centaines de dollars ! On les voyait, assis autour de tables de plastiques, fumant et jouant jusqu'au milieu de la nuit, aussi sérieux qu'en patrouille ! Le Commandant a dû y mettre un peu d'ordre, limitant les paris à quelques dollars par jour. De mon côté, j'avais mes propres «projets de business»...

Les artilleurs du camp avaient fabriqué une cabane de bois appelée «le Chalet» près des puissants canons de 155 mm. J'ai été voir les artilleurs, dont quelques-uns étaient de bons amis. Après une minute de négociation, nous avions un accord : en échange de caisses de *Red Bull*, les *snipers* allaient avoir un accès illimité au «chalet», question de relaxer au son des tirs d'artillerie !

La vie de tribu est la seule bonne pour notre âme !

Je surveillais depuis un bunker quand deux fantassins sont sortis en périphérie du camp, afin d'aller brûler des vidanges au *burn pit*, qui était situé près des murs de la base, dans un endroit partiellement protégé. Soudainement, à quelques mètres des deux soldats, une bombe a éclaté, faisant siffler un petit éclat de métal près de moi. L'ennemi avait tiré un *RPG*, manquant de près le caporal Lalonde et son camarade! Les fantassins, loin d'être impressionnés, ont simplement continué leur chemin, finissant leur besogne.

Lors du dîner dans la cafétéria (qui était composé de plusieurs tentes militaires disposées en « U »), nous avons entendu une série de coups de feu. Normalement, les tirs de harcèlement des talibans étaient plus éloignés. Cette fois-ci, les tirs étaient violents et rapprochés. Ça venait directement d'à côté de l'école! Je voyais l'étonnement dans le regard de plusieurs soldats, penchés pour la plupart devant leur repas. D'autres fantassins ne se cachaient pas pour montrer leur joie. J'étais de ceux-là! Immédiatement, j'avais mon pistolet en main. C'était la consigne que de toujours avoir une arme avec soi, peu importe où nous allions et ce que nous faisions. À défaut d'avoir un fusil d'assaut, j'avais toujours un pistolet chargé en ma possession.

Dans les corridors de béton de l'école, quelques soldats couraient vers le bruit des explosions. D'autres fantassins se sont joints à nous, désirant eux aussi leur part du « gâteau » (lire ici : avoir la possibilité de tuer quelques talibans). Une fois sorti de l'école j'ai aperçu des fantassins qui riaient aux larmes, certains étant même pliés en deux. J'ai rapidement compris ce dont il s'agissait : sur le camp, il existait une boîte destinée aux munitions endommagées. Quand une munition avait, admettons, des bosses ou qu'elle était déformée à la suite d'une patrouille, le soldat mettait la cartouche dans la boîte. Chaque semaine, du personnel désigné vidait la boîte de munitions et mettait son contenu en lieu sûr. Le problème est qu'un jeune soldat avait mis son mégot de cigarette dans la boîte en question, la prenant

La chambre des observateurs de l'artillerie, au sommet de la colline de Sperwan Ghar.

L'équipement de sniper entreposé dans l'espace vacant d'un lit.

pour un cendrier de métal, qui avait la même forme. Quelques minutes plus tard, les cartouches explosaient les unes à la suite des autres, donnant l'impression d'une fusillade. Heureusement, ce type de contenant est conçu pour canaliser les explosions vers le haut. Personne n'avait été blessé.

Après avoir pris une sieste dans mon hamac, je me suis entraîné à la course autour du camp. Je saluais les soldats afghans sur mon chemin. J'ai alors croisé un fantassin québécois bien particulier. Il courait presque complètement nu, ne portant qu'un affreux g-string en motifs de léopards ! Des guirlandes étaient accrochées autour de son cou !

— Qu'est-ce que tu fais, habillé comme ça ? lui demandai-je, étonné.

— C'est le nouveau concours de la Couille d'or. Le but est de faire quelque chose pour se faire mettre dans la marde par le Commandant !

En peu de temps, des soldats sont sortis pour encourager leur « marathonien ». Un autre soldat en a profité pour s'emparer du quatre-roues administratif du camp, le décorant avec des banderoles roses et dorées improvisées. Il s'est mis à suivre la « mascotte », l'encourageant en klaxonnant. Le soldat et son « cortège » faisaient le tour du camp à répétition, passant devant des soldats afghans jouant au *volleyball*, qui ne comprenaient tout simplement pas ce qu'ils voyaient. Des appels à la prière se sont fait entendre. Le soldat a décidé « d'upgrader son *challenge* », comme il le disait.

— Les burkas vont avoir un beau spectacle ! a dit le fantassin. Je vais leur en mettre plein la vue !

Le soldat, suivi de son véhicule décoré, s'est rendu en haut du camp, non loin des bunkers, empruntant un petit chemin qui faisait le tour de la colline et qui était visible par toute la contrée environnante. Je m'imagine ces Afghans, vivant dans un des pays les plus islamiques au monde, qui voyaient ce soldat déguisé en *drag queen* escortée d'un petit véhicule couvert de banderoles et conduis par un soldat *Redneck* tenant un fusil d'assaut. Le tout sur un fond d'appels à la prière venant des siècles passés.

Loin d'être dans «la marde», comme l'espérait le soldat à la Couille d'or, d'autres soldats se sont joints au «comité» d'accueil. Le soldat a terminé sa course sous les acclamations générales!

Le général Natynczyk (prononcé «Natin-chok») est venu visiter notre camp. En me voyant dans le corridor de l'école, il a littéralement sursauté :

— Mais c'est quoi cette coupe de cheveux et cette barbe! ZZ Top vient chanter ce soir?

Le sergent-major de l'Armée suivait derrière, affichant un large sourire. Ils devaient tous deux s'ennuyer d'être soldats dans une tribu. Ils étaient maintenant mi-militaires, mi-politiciens. Normalement, c'est le rôle du sergent-major que d'imposer la discipline et l'ordre dans l'unité, en premier lieu les coupes de cheveux. Mais ici, au milieu de la guerre et du désert, c'est comme si le stress militaire artificiel avait disparu. Plus les soldats sont exposés au danger, plus la discipline traditionnelle est mise de côté. La discipline se concentre alors sur le bon entretien des armes, la défense du camp, les compétences de soldat, ainsi de suite. Lors de la Première Guerre mondiale, les fantassins savaient qu'ils allaient à l'abattoir quand soudainement, au milieu de nulle part, arrivaient des camions remplis de délicieux repas.

Le général et son convoi sont peu après repartis vers *KAF*. Sur le chemin, non loin de notre *FOB*, le général a cru bon de faire un raid impromptu sur une maison soupçonnée d'abriter un atelier de fabrication de bombes. Paraît-il que le général, lui-même armé d'une MP5, était parmi les premiers à entrer dans le bâtiment! Le chef de clan était venu visiter une de ses tribus, ajoutant quelques scalps à sa collection!

Mon ami Eddy était de garde dans le bunker principal du camp. Mon pistolet à la ceinture, je suis allé le rejoindre au sommet de la colline, m'assoyant dans les escaliers de bois conduisant à la tour principale. La vue était magnifique. Le soleil se couchait. J'ai sorti un cigare de ma poche, l'allumant avec un Zippo que j'avais récemment fait graver du sigle des *snipers*. Une roquette a alors été tirée depuis les abords d'un village, à quelques centaines de mètres du camp. Presque aussitôt, l'obus est passé en vibrant au-dessus de nos têtes. C'est comme si on pouvait suivre la trajectoire invisible du projectile dans les airs. La bombe a finalement explosé dans un champ, de l'autre côté du camp. Un fantassin de garde avait cependant repéré le coup de départ, dévoilé par un petit nuage blanc en partie dissipé. Le taliban avait placé la roquette près d'un mur, sur un support en bois incliné. Le détonateur était activé par un mécanisme ingénieux : le contact électrique était assuré par une électrode qui flottait sur l'eau d'une cruche percée. Quand l'eau avait fini de couler, l'électrode qui flottait touchait l'électrode au fond de la cruche, déclenchant la mise à feu. Quand la roquette s'est envolée, le taliban était déjà parti depuis plusieurs minutes.

— Mais t'es malade! m'a dit Ed en riant, qui était dans la tour d'observation. Quand l'obus est passé, t'as juste pris une pof de ton cigare et t'as regardé la roquette passer. Tu n'as même pas bougé d'un poil!

Sylvain sur un tracteur John Deere, près du tarmac de KAF.

Sébastien et Eddy, deux amis artilleurs.

— À quoi bon ? répliquai-je. En bougeant et en essayant d'éviter l'obus, il m'aurait peut-être quand même touché. En ne bougeant pas, ça n'aurait rien changé non plus.

— Hahaha que j'aime cette place ! Je suis pas supposé fumer en devoir, mais je suis dû pour un cigare ! Shoot-moi en un !

À la guerre, celui qui est résigné paraît courageux. Il a simplement compris qu'il ne sert parfois à rien de fuir la mort. La mort, quand elle nous veut, nous a.

Notre repère tribal commençait à s'affubler de nos « décorations » accumulées au fil des mois. Près de l'entrée, sous un puits de lumière, se trouvaient des cadres spéciaux. C'était les noms et les photos des camarades morts au combat au fil des déploiements. Dire que peu de temps auparavant, ces soldats avaient été parmi nous. Nous nous demandions tous qui allait être le prochain à voir son visage ainsi accroché. Les dieux de la Guerre connaissaient déjà le nom de ce soldat.

Il n'y avait pas que les morts et blessés qui nous avaient quittés. D'autres soldats étaient blessés, d'une autre façon. Ils n'étaient pas blessés à la jambe ou au bras, mais psychologiquement. Plusieurs, en apparence heureux, portaient déjà en eux les germes d'un combat contre le syndrome de choc posttraumatique.

Dans les guerres auxquelles j'ai participé, j'allais voir plusieurs soldats paralyser ou être traumatisé dans le feu de l'action. Nous avons tous « notre balle de trop », qui nous achèvera physiquement, sinon mentalement. Les soldats, que ce soit à l'entraînement ou en zone de guerre, ont les nerfs continuellement à bout. L'attente du danger suffit à exacerber cette tension intérieure. C'est la raison pour laquelle même des soldats n'ayant pas vu le feu de l'action peuvent soudainement «craquer», sans explication ni déclencheur apparent : ce sont leurs nerfs qui ont besoin d'un «break»! C'est pourquoi c'est un devoir de guerrier que de respecter tous ceux qui n'ont pas engagé l'ennemi. Ils étaient prêts et méritent des éloges.

Dans plusieurs anciennes sociétés, les soldats revenant du front étaient accueillis en héros dans leur village. Les blessés étaient aidés et ne vivaient jamais seuls. Du travail leur était donné, selon leur état. Les soldats qui étaient psychologiquement ébranlés, entourés de leur communauté, se rétablissaient peu à peu et redevenaient fonctionnels. Les «nerfs» se détendaient et le guerrier retrouvait la paix. La tribu prenait soin de ses guerriers!

Au fil de mes années, j'ai remarqué quelque chose d'étrange : c'est de retour au pays que la santé mentale des soldats s'aggrave. «C'est pas clean ce qui se passe», m'a un jour confié une intervenante auprès des militaires. J'en suis peu à peu venu à la conclusion que nous, soldats, sommes psychologiquement encouragés à rester des «victimes», une fois revenus du front.

De nombreux militaires se font prescrire des drogues médicales fortes. Ces drogues ont, de l'avis même d'experts non biaisés, des effets graves sur la psyché humaine. Ces drogues coûtent beaucoup d'argent, alimentant de gigantesques intérêts commerciaux. C'est sans parler des nombreux programmes «d'aide» où de la marijuana est payée et livrée chaque jour à des vétérans, les conservant dans un état végétatif malsain. Ces ex-soldats sont dans la fleur de l'âge. Ils pourraient contribuer à la société. Au lieu de cela, ils restent chez eux, tel du bétail qu'on nourrit par des machines. Ils ne contestent plus rien, ne veulent plus rien. La flamme qui autrefois les habitait s'est éteinte.

L'aide ne se rend souvent même pas aux guerriers. « Si tu veux avoir ta pension à vie de vétéran postro (post-traumatique), vas voir ce médecin-là et il va t'arranger ça », qu'on racontait entre soldats. Sans la moindre honte, un grand nombre de militaires fabriquent même des dossiers médicaux frauduleux afin d'en retirer des avantages monétaires ! Il n'est pas rare d'apprendre que les militaires en question n'ont jamais été au front. « Un de mes amis n'a rien fait en Afghanistan et il reçoit des gros chèques. Il fait plus d'argent à rester chez lui qu'un travailleur ordinaire. Il se promène en gros char neuf et est tout le temps en vacances dans le sud ! », m'a raconté un ami soldat, dans une de ces conversations typiques. À *KAF*, il circulait même un document curieux : un document comme quoi les soldats déclaraient avoir respiré de la « poussière » pour ensuite réclamer d'importantes sommes d'argent compensatoires. « N'oubliez pas de cocher les bonnes cases », disaient certains supérieurs à leurs troupes. Ce genre d'abus est tellement répandu que c'en est devenu banal. Ceci détourne les ressources qui devraient normalement être données aux bons soldats. Les vrais guerriers se plaignent moins, se réfugiant dans l'alcool, la dépression et la solitude. Ils n'apparaissent pas toujours dans les statistiques.

Nous adorons les « budgets » et les « programmes ». Ils permettent à un politicien de dire que « quelque chose est fait », et ce même si l'argent est gaspillé et volé par des profiteurs du système. Au contraire, l'aide non comptabilisée de la communauté n'apparaît dans aucun document officiel. C'est comme si ça n'existait pas ! Nous avons perdu notre esprit de communauté. Nous laissons mourir de tristesse notre voisin vétéran, préférant qu'un lointain ministère corrompu s'en occupe. Ce n'est pas la guerre qui a achevé ce soldat. C'est le retour à la société[1] !

---

1   Voir le livre *Tribe*, par Sebastian Junger.

La terrasse des ingénieurs de combat de Sperwan Ghar.

Non loin du frigidaire rempli de bouteilles d'eau, une bibliothèque encadre la porte de sortie. À droite, «l'accueil» de l'infirmerie du camp.

Il est difficile de connaître la vérité dans ce dossier sensible qu'est la santé mentale des vétérans. Les experts, qui normalement seraient les mieux placés pour nous informer, sont en conflit d'intérêts flagrant. Leurs salaires et carrières dépendent directement de la mauvaise santé mentale du personnel militaire. Si demain la moitié des vétérans traités étaient déclarés «sains d'esprit», la moitié de ces experts perdraient leur emploi! Je suis d'avis qu'une commission d'enquête devrait être mise en place dans ce dossier. On y trouverait sans doute des histoires révoltantes d'abus et d'incompétence de toutes sortes! Si certains trouvent horrible ce que je dis, c'est pourtant ce que racontent en privé de nombreux professionnels de la Santé mentale, qui sont dégoûtés par ce qu'ils voient au quotidien.

Rien ne me désole plus que de voir un de mes anciens frères d'armes perdre la flamme et l'énergie du jeune soldat. Il n'y a pas pire pour la santé mentale de ces vétérans que de les droguer, de les payer et leur entrer dans la tête, au fil de rencontres, qu'ils sont en détresse psychologique. Au fond d'eux, ces vétérans en difficulté nous crient tous ceci : « Je veux redevenir utile comme avant! »

De retour d'Afghanistan, seul et sans logement, j'ai loué un appartement militaire déprimant, dans l'attente d'avoir la permission d'aller voir ma famille, qui vivait à plusieurs heures de route. Il n'était pas question d'ennuyer mes camarades soldats, qui retrouvaient leurs proches.

Dehors, les arbres n'avaient plus de feuilles et le sol était givré. Il n'y avait rien à faire. Le lendemain, impatient, je me suis rendu à pied à mon bataillon, qui était presque complètement déserté, ne comportant que ceux qui la veille étaient atterris.

— Pourquoi est-ce que je dois rester sur la base? demandai-je au sergent commis. C'est quoi ces cours obligatoires que nous avons pendant des jours?

— Ce sont des cours de Santé mentale. C'est important! Ce ne sont pas tous les militaires qui reviennent sains d'esprit de là-bas!

Je tremblais presque de colère!

— D'après toi, sergent, est-ce que la « santé mentale » c'est de m'asseoir dans une classe et d'entendre un psychologue qui a hâte de retourner chez lui, ou est-ce que c'est de revoir ma famille et de profiter de la vie?

Le sergent a calmement souri :

— Donne-moi ton nom. Je vais m'arranger avec ça!

Non loin du puits de lumière et des images de nos camarades morts, se trouvait un « bureau de poste » improvisé où les soldats emballaient les colis et cadeaux à destination du Canada. Souvent, les soldats envoyaient des souvenirs achetés au marché de *KAF*. Peu à peu, un marché noir de cigarettes s'est développé, au point que les soldats envoyaient de grosses boîtes de cigarettes de contrebande au Canada. Chacune de ces boîtes avait des dizaines de cartons. La boîte au complet ne coûtait qu'un peu plus de cent dollars américains. On racontait que certains militaires de *KAF* avaient établi un marché tellement efficace, qu'ils se faisaient plus d'argent avec ces cigarettes qu'avec leur paye de soldat! Qui dit guerre, dit contrebande!

Mais c'était là un travail d'amateur en comparaison de ce qui se passait en haut de la hiérarchie. Des années plus tard, lors du retrait des troupes canadiennes, des équipements de grande qualité allaient être «perdus». Un responsable de la logistique allait un jour m'avouer quelque chose de troublant. C'est lui qui supervisait le rapatriement d'une partie des équipements :

— Tout ce qu'on m'avait appris, on me disait de ne plus le faire ! Je laissais passer une foule d'anomalies sous mes yeux !

Pendant que les guerriers combattaient, d'autres, cachés, profitaient tels des parasites. À la guerre, les histoires de corruption sont plus nombreuses que les histoires de combat. L'Afghanistan confirmait cette règle. La guerre est tel un tas de cadavres sur lequel on dépose les dentelles d'une nappe de banquet[2].

Heureusement, la majorité des guerriers étaient loin de tout ça. Un jour, j'ai reçu un colis «spécial» du Canada. À l'intérieur de la boîte se trouvaient des cannettes de sirop d'érable. Ces cannettes avaient été embarquées dans un port, avaient traversé plusieurs océans. Elles avaient été débarquées en Inde ou au Pakistan et avaient traversé les montagnes arides de la frontière afghane. Elles avaient ensuite été entreposées à *KAF*, en attente d'un convoi de ravitaillement. Ce convoi avait lui-même traversé la région de Kandahar, pour aboutir dans notre petite chambre perdue au milieu du pays !

---

2   Voici un autre exemple de corruption possible : les déplacements et les vacances des soldats étaient «planifiés» par des «agences de voyages». Les Forces canadiennes «sous-traitaient» une agence, qui en sous-traitait une autre, et une autre ! En tout, il devait y avoir trois ou quatre intermédiaires, chacun recevant beaucoup d'argent, pour un travail qu'une seule entreprise aurait pu faire. J'avais moi-même planifié un voyage en Australie avec un ami. Quand mon ami a dû annuler, j'ai envoyé un courriel à KAF. «Vous n'êtes plus dans les délais, vous devrez tout payer !», qu'on m'avait répondu. «J'ai envoyé le courriel à KAF il y a plusieurs semaines, répondis-je. J'étais en opération et le courriel a été envoyé dans les délais d'annulation.»
Curieusement, mon courriel avait été «retardé» par la longue chaîne d'intermédiaires, me forçant à débourser les milliers de dollars qu'avait coûté mon voyage, maintenant annulé. Malgré une plainte administrative déposée, aucun suivi ou réponse ne m'a été donné. Si je refusais de rembourser, le retour au Canada allait m'être interdit, ce qui était une des mesures de contraintes souvent utilisées dans pareille situation. Des histoires de la sorte étaient innombrables.

Un groupe de soldats et moi avons installé une table non loin des canons d'artillerie. J'avais pour l'occasion préparé une «chicha», qui est une «pipe à l'eau» typique du Moyen-Orient. Des lumières de Noël avaient été accrochées ici et là, éclairant subtilement l'équipement militaire. Nous aspirions tour à tour la fumée à travers le tube. J'ai ouvert une cannette de sirop :

— Amenez vos tasses, les gars! Du sirop de Viking!

Un officier s'est approché. Il s'est mis à sourire :

— Un peu de bon sirop? a proposé un soldat, d'humeur magnifique.

Dans l'Armée, il y avait cette règle non écrite : tant qu'aucun problème d'alcool ne se rendait aux oreilles de la chaîne de commandement, tout allait bien se passer! Presque tout le monde buvait en cachette, de temps en temps, y compris les généraux. Tant que cela restait à un niveau modéré et n'interférait pas avec les opérations. Du moment qu'un soldat se mettait à perdre le contrôle (par exemple en sortant nu sur le camp tout en pissant sur la tente de ses supérieurs), ses camarades le calmaient et le couchaient de force dans son lit, jusqu'à ce qu'il retrouve ses pensées. Nous avions tous en mémoire l'histoire de ces soldats saouls qui étaient sortis du camp afin de «patrouiller». Nous étions tous un peu fous et stupides et l'abus d'alcool n'était pas le meilleur des remèdes à cette folie.

Un peu plus tard en soirée, je suis sorti fumer un cigare, en périphérie d'une fortification du périmètre défensif. À moins d'un kilomètre de la base, un hélicoptère tirait des missiles vers une cible qu'avait repérée un soldat de la tour d'observation. Un taliban tentait de s'enfuir, non loin de bâtiments en ruines. Ce qui aurait été un «événement» dans une autre situation était ici banal, ne valant qu'une pause dans les discussions entre soldats.

Le « bureau de poste » du camp de Sperwan Ghar. On remarque des jeux de société dans l'étagère de droite.

66 Bravo, en forme et en santé ! Aucun mort, aucun blessé !

Un soir, des centaines de balles ont été tirées depuis *OP* Brown, au nord. Les balles traçantes volaient en tous sens dans le ciel, créant un magnifique bouquet de lumière rouge. C'était la fin du ramadan, le Eid. Les Afghans fêtaient! Je suis allé voir les interprètes afghans dans leur roulotte. L'endroit était couvert de tapis. Une télévision se trouvait dans le coin. Les Afghans m'ont donné un gâteau et du thé.

— Durant le ramadan, dis-je à mes amis afghans, j'ai vu des femmes qui mangeaient en cachette dans leur maison! Je les voyais avec mon télescope de *sniper*!

— Impossible, de répliquer un de mes amis interprète. Nous les Afghans, nous sommes de bons musulmans et nous faisons le ramadan!

— Et pourtant je les voyais ces femmes qui trichaient!

— Chut! Ne le dis pas! de répliquer mon ami tout en me faisant un clin d'œil.

L'Afghan et moi sommes sortis à l'extérieur. Mon ami avait quelque chose de spécial avec lui!

— Du thé magique! m'a-t-il dit après avoir pris une bonne gorgée d'alcool fort.

— Tu as eu ça comment? demandai-je, étonné.

— Je l'ai acheté à Kandahar. Il faut faire attention. Des fois, il y a de l'alcool frelaté. Il faut acheter de la bonne personne. J'ai passé ces bouteilles dans ma voiture, avant de prendre le convoi qui venait jusqu'ici, de *KAF*. J'ai passé plein de *checkpoints*. J'avais un pistolet, pour me défendre des talibans. Aucun des *checkpoints* n'a trouvé mon pistolet! Héhé! Si tu en veux, tu me fais savoir. Tu aimes les Afghans alors je vais te les vendre sans profits.

438

— Chaque bouteille aurait pu être un obus ! Tu ferais un bon passeur taliban, mon ami !

— Et toi un bon mujahidden !

Ce jour-là j'ai compris que même à Kandahar, ville islamique par excellence, il était possible d'obtenir de l'alcool.

— Regarde ça ! a dit l'Afghan tout en me passant la bouteille de « thé magique ».

Mon ami m'a montré des images sur son téléphone portable. On y voyait des Afghanes danser en groupe. Elles n'avaient pas de burka et portaient de beaux habits traditionnels. Elles avaient l'air heureuses.

— Entre amis, loin des talibans, il y a des fêtes comme ça ! Tu vois celle-là... oh qu'elle est belle !

Nous sommes retournés dans le conteneur maritime servant de salon aux interprètes. Ils écoutaient un DVD d'arts martiaux. Les scènes étaient caricaturales :

— La meilleure tactique, c'est de faire comme Indiana Jones ! dis-je en montrant mon pistolet, accroché derrière ma ceinture à la manière d'un gangster.

C'est alors qu'une espèce de panique s'est emparée des Afghans, pour ensuite se répandre chez les soldats québécois. Un chien enragé rôdait sur le camp ! Certains Afghans disaient que c'était un fantôme ! Quelques coups de feu ont résonné. Des Afghans avaient aperçu le « chien fantôme ». Je ne voulais pas que quelqu'un tue cette pauvre bête ! J'ai saisi ma carabine, ainsi qu'un viseur thermal. Je suis parti à la recherche du chien. Je voulais le trouver avant que quelqu'un ne lui fasse mal ! C'est à ce moment qu'une autre hystérie s'est répandue parmi la troupe.

Une dizaine de soldats étaient rassemblés près de la zone d'atterrissage des hélicoptères et regardaient vers un « ovni » dans le ciel. Je n'avais encore jamais rien vu de tel : dans le ciel se trouvait une série d'étoiles plus ou moins fixes. Ensemble, elles formaient une constellation en forme de rond.

— Nous n'avons rien reçu des Américains, a commenté un soldat venant du Poste de commandement. Théoriquement, ce qu'on voit n'existe pas !

Plusieurs unités du secteur rapportaient cet étrange phénomène.

— L'autre jour, il y a eu une drôle de fusée qui est passée dans le ciel, a ajouté un soldat. Ça venait du désert. On sait toujours pas c'est quoi ! Ils testent pleins d'armes secrètes ici[3] !

Toutes sortes d'événements étranges plus ou moins ésotériques se produisent en zone de guerre. C'est comme si notre jugement était embué et que la réalité à laquelle nous étions habituées était déformée. Plusieurs soldats en sont marqués à jamais. Pour plusieurs de ces vétérans, une fois de retour à la vie civile, leur perception de la réalité reste « déformée ». Ils sont encore dans la tribu !

Une photographie circulait sur le camp : elle avait été prise dans une patrouille récente. On y voyait un pauvre soldat afghan qui

---

3   J'ai plus tard compris l'origine de ces étranges « ovnis du désert ». Il s'agissait probablement d'hélicoptères américains transportant une nouvelle technologie. Peut-être avaient-ils voulu garder le secret ? Peut-être avaient-ils simplement omis d'avertir les unités du secteur ? Selon mon analyse, les points lumineux étaient en fait de grosses lampes infrarouges installées sous les appareils. Ces lampes produisaient une lumière presque invisible à l'œil nue, mais qui était visible avec des équipements de vision nocturne. C'était particulièrement pratique quand il n'y avait pas de lune dans le ciel. Ainsi, les soldats équipés de NVG étaient en mesure de voir le terrain presque comme en plein jour, au contraire des talibans qui étaient plongés dans l'obscurité complète, ne voyant que d'étranges points lumineux dans ciel, au-dessus d'eux. C'est mon interprétation de ce phénomène.

traversait un wadi tout en portant un officier afghan sur ses épaules. L'officier, sans doute un fils de riche ayant obtenu sa promotion grâce aux contacts de ses parents, avait manifestement peur de salir son uniforme de parade ! Sous lui, un soldat avait les pieds dans la vase. Le fantassin peinait à conserver son équilibre, ses genoux pliant sous l'effort. « Aucune armée ne gagne de guerre sans bons leaders ».

En plus du leadership, les compétences individuelles de l'ANA étaient déficientes. Une journée, nous avons amené un groupe de soldats afghans au champ de tir en bordure du camp. D'autres soldats afghans nous observaient depuis des hauteurs qui encadraient le champ de tir. Ce qui les intéressait était les douilles vides, qu'ils attendaient de ramasser, afin d'en vendre le métal à Kandahar. Certains Afghans étaient tellement pressés de ramasser les douilles, nous suivant de proche, qu'un accident risquait d'arriver. Les soldats afghans, qui semblaient pauvres et à peine sortis de l'adolescence, n'étaient pas conscientisés à la sécurité. D'ailleurs, un soldat d'une équipe de mentorat avait déjà assisté à une scène curieuse : un soldat afghan voulait attirer l'attention d'un autre soldat situé un peu plus loin. Voyant que son ami ne l'entendait pas, il a épaulé son arme et a tout bonnement tiré une balle à côté de son camarade !

J'ai demandé à un sergent afghan compétent d'instaurer de la discipline. Il s'est mis à crier des ordres aux soldats, qui ont arrêté de ramasser les douilles autour de nous. Pauvres Afghans ! Pauvres pauvres ! Les compagnies d'armement faisaient des milliards avec cette guerre, et ces quelques soldats attendaient de ramasser quelques misérables douilles. Mais ce n'était pas le temps de philosopher ! Nous avions des soldats à former !

Nous avons demandé aux soldats de tirer sur une série de cibles situées à cinquante mètres devant nous. Nous sommes allés voir les résultats : certaines cibles n'avaient aucun trou ! Les soldats avaient pourtant tiré de la position coucher. Ils n'étaient ni fatigués ni stressés. Les cibles ne tiraient pas en retour, comme c'est le cas dans une vraie fusillade. Un peu plus et nous avions chacun un café entre les mains ! Ce qui m'agaçait le plus était que certains soldats afghans trouvaient la situation drôle. Utilisant mes notions de la langue pachto, j'ai changé mon approche :

— Qui sont les bons tireurs ici ? demandai-je au groupe.

Certains Afghans, dont un ayant une Dragunov, une arme de *sharpshooter*, se sont timidement avancés.

— Les meilleurs, à gauche ! Les autres, à droite !

Au signal donné, les Afghans ont de nouveau tiré quelques balles vers les cibles. Après une minute de tir, nous sommes allés voir les résultats, afin que tout le groupe constate, cible par cible, comment tirait chaque soldat. Deux soldats, calmes et professionnels, avaient eu de bons résultats. Ceux qui avaient mal tiré, subissant les sarcasmes de leurs amis, affichaient des airs gênés. Ceux qui faisaient partie de la catégorie des « mauvais tireurs » se sentaient en compétition, cherchant à dépasser les « bons tireurs ». Ceux faisant partie des « bons tireurs » et qui ne performaient pas bien, se voyant « menacés », essayaient sincèrement de bien tirer. En peu de temps, la précision des soldats s'est améliorée. En revanche, le soldat ayant l'arme la plus précise, la Dragunov, peinait à simplement toucher ses cibles, même si son arme avait une optique de « *sniper* ».

Dans certains pays du monde, il est de coutume de penser que si une arme « a l'air » d'une arme de *sniper*, son propriétaire est automatiquement un « tireur d'élite » assuré de toucher sa cible à de grandes distances. Le problème avec la Dragunov en question est que l'optique était tellement vieille, qu'elle avait un lousse. Simplement en touchant l'optique, on la voyait bouger, ce qui se traduisait par une différence d'environ deux pieds aux cibles! Même en zérotant minutieusement une telle optique, c'était un travail inutile. J'ai enlevé l'optique de l'arme, ajustant la vieille mire métallique par une série de tirs. J'ai ensuite attaché l'optique à une corde :

— Télescope autour de ton cou… Toi regarder cible éloignée... Si taliban creuser bombe, bang bang... Si fermier, pas bang bang! Télescope pour voir, mire pour tirer!

L'Afghan était déçu. Son arme n'avait plus ce *look* «cool» de *sniper*.

Nous nous sommes dirigés vers les contreforts du camp en compagnie des observateurs de l'artillerie et de quelques fantassins. Nous comptions pratiquer du tir longue portée sur des ruines se trouvant à un peu plus d'un kilomètre au sud de notre emplacement. Déjà, deux soldats étaient sur place, tenant des bâtons de golf! Pour «décompresser», comme ils le disaient, ils avaient l'habitude de frapper quelques balles vers les champs vides! Non loin de nos joueurs de golf, nous avons commencé à tirer en direction de vieilles ruines de terre. À un certain moment, j'ai saisi une carabine C8 et tout en restant debout j'ai visé un buisson à environ 500 mètres de distance. Un instant après, on voyait la poussière être soulevée derrière l'arbuste. À mes côtés, un Afghan était impressionné.

— Tu vois! dis-je à l'Afghan. Ceci petite arme... aucun télescope... moi tirer loin et bien... pourquoi? Entraînement!

Alors que nous vérifions l'ajustement de nos armes, j'ai vu un homme passer près de ma ligne de mire.

— Mais qu'est-ce qu'il fait là, ce colon-là, en moto? s'est exclamé mon ami artilleur, Sébastien, en pur accent québécois.

Malgré nos tirs, certains villageois continuaient de circuler ! Les balles passaient littéralement au-dessus de leurs têtes, sans qu'ils s'en émeuvent ! Nous avons continué notre champ de tir ! Ainsi devait ressembler la vie au *Far West* : une anarchie organisée, des hommes libres et armés se racontant des blagues dans le désert et des champs de tir improvisés envoyant des balles au-dessus des têtes d'habitants cherchant de l'or dans les rivières. La belle vie !

Nous avons reçu l'ordre de ne pas sortir du camp pendant toute la journée. C'était le jour des élections afghanes et des « décideurs d'en haut » voulaient donner une apparence de « démocratie » paisible. Cette « paix » n'allait être possible que parce que nous laissions l'ennemi prendre le terrain sans combattre ! J'avais l'impression d'être un boxeur à qui on interdit d'aller sur le *ring,* par peur qu'il ne se blesse.

C'était ridicule ! Au diable si les habitants étaient trop apeurés pour sortir de chez eux et aller voter ! Peut-être était-ce justement l'intention ? Amener les populations des secteurs talibans à ne pas voter, afin de les empêcher d'influencer le vote ? Machiavélique !

J'imaginais les talibans marcher dans les villages laissés sans défense, leurs torses bombés : « Regardez ceux qui disent vouloir la démocratie pour vous ! Ils n'ont même pas le courage de la protéger ! D'ici quelques années, ils ne seront plus ici, alors que nous, les talibans, serons encore ici dans cinquante ans. »

« Vous avez des montres, mais nous avons du temps », disaient les talibans.

Dans une insurrection, on gagne non pas en dominant, mais en « écœurant » l'adversaire. « Écœurer » signifie effriter la patience de la population et des politiciens responsables des soldats. La victoire n'appartient pas au boxeur le plus fort, mais au boxeur qui est prêt à rester sur le *ring*[4]. Les armées modernes ressemblent souvent à des combattants professionnels ayant peur de la moindre égratignure. Étions-nous prêts à rester sur le *ring* de l'Afghanistan? Comme pays, non! Comme soldat, je l'étais.

Je suis allé prendre ma douche dans une des tentes militaires vertes utilisées à cette fin. Alors que je mettais du shampoing dans mes cheveux, de l'autre côté de la toile de la tente, j'ai entendu des personnes parler. Quelque chose d'anormal se produisait. Ma douche terminée, je suis allé voir ce qu'il en était. Dehors, quelques soldats étaient agglutinés autour du coin de la tente verte :

— Mais qu'est-ce que vous regardez comme ça? demandai-je, la serviette de bain autour du cou.

---

4   Une insurrection est considérée comme une guerre «asymétrique», contrairement à une guerre «symétrique» où une ligne de front est établie entre des groupes armés «semblables» (symétriques). Dans une insurrection, il n'y a souvent pas de ligne de front et l'ennemi ne s'affiche pas ouvertement, ce qui conduirait à son annihilation militaire. Cependant, quand une insurrection prend de la vigueur, elle tend à se «conventionnaliser». D'abord, l'ennemi commence par dominer et occuper exclusivement certains secteurs. Peu à peu, les limites floues entre les différents secteurs deviennent des lignes de front. Les insurgés se transforment alors en une force de plus en plus conventionnelle s'apparentant à une armée nationale «ordinaire». Un bon exemple de «conventionalisation» d'un groupe armé a été l'État islamique. À mesure que l'État islamique s'emparait de territoires, il s'apparentait de plus en plus à une force armée hiérarchique et moderne, comprenant même des unités mécanisées blindées. Rapidement, la guerre contre l'EI est devenue une guerre conventionnelle comportant une ligne de front. La première étape pour briser une telle force est de la confronter par une autre force conventionnelle, la forçant à retomber dans un mode insurrectionnel. Pour un belligérant, être «insurgé» est une «semi-défaite» militaire et représente une situation précaire. Cependant, une force insurrectionnelle peut survivre et même gagner si la force armée occupante jette l'éponge.
Un groupe insurrectionnel est rarement seulement idéologique. Il est souvent un amalgame d'intérêts criminels et de privilèges ethniques. Dans le cas des talibans, la vente de l'opium rapportait de l'argent à des chefs locaux, tout en finançant les opérations des talibans. D'un point de vue ethnique, les talibans provenaient des pachtous, qui vivaient au sud de l'Afghanistan et au nord du Pakistan. Les pachtous étaient opposés aux autres ethnies se trouvant au nord du pays. Par-dessus cela se trouvait une couche idéologique islamique. Une insurrection ressemble à un crime organisé militarisé, le tout avec une saveur idéologique et ethnique.

— Regarde par ici... une balle a percé la tente et a frappé la roulotte!

— J'étais de l'autre côté de la toile! Ça a passé tout près!

Sur le mur de la roulotte servant de bureau administratif, on voyait un trou ayant la forme d'une petite ogive. Je pouvais même deviner le type de munition : c'était du 7,62 mm X 54mm. C'était soviétique, donc taliban. Par un concours de circonstances, la balle avait évité les murs de protection du camp, ayant probablement frappé un obstacle, un barbelé ou un poteau de métal. Elle avait ensuite ricoché et pivoté sur elle-même, descendant jusqu'à la tente et la roulotte. Au moment de l'impact, un commis administratif était dans la roulotte. On peut l'imaginer en train d'écrire un rapport, et voir sa pile de papier être soulevée par l'impact du projectile! Une situation semblable était déjà arrivée à mon ami Sébastien, un artilleur. Alors qu'il s'était rendu aux douches, une roquette de *RPG* avait éclaté tout près, sans faire de blessé.

J'étais en train de lire dans mon lit, quand j'ai entendu une série de coups de feu, suivi d'explosions de grenades et de *RPG*. La fusillade était violente. On entendait le sifflement de roquettes et le claquement répétitif de mitrailleuses. Certaines mitrailleuses avaient un son plus étouffé : c'étaient les mitrailleuses ennemies qui tiraient depuis l'extérieur de la *FOB*.

Les *snipers* étaient demandés en renfort! J'ai pris soin de placer le signet dans mon livre, question de ne pas perdre la page à laquelle j'étais rendue. Ainsi pense un soldat en zone de guerre! J'ai saisi la lourde Macmillan ainsi que mon lecteur MP3, question de passer le temps si jamais les choses devenaient plus tranquilles et que nous devions surveiller toute la journée. À la sortie de l'école, je suis passé devant une vingtaine de soldats. Je sentais qu'ils n'attendaient que le signal pour en découdre avec l'ennemi! En me voyant passer avec la longue arme, les soldats ont spontanément applaudi. Je me sentais comme un joueur de hockey entrant sur la glace au moment critique de la partie! Mes sandales aux pieds, j'ai gravi la colline au milieu du camp, l'arme appuyée sur mon épaule. À mesure que je montais, un spectacle étrange se dévoilait autour de moi...

Les tirs étaient violents, mais curieusement, je n'entendais aucun projectile passer près de moi. C'était comme si les combattants ennemis m'ignoraient, me laissant monter la montagne à mon aise. De joueur vedette, j'étais passé à touriste anonyme marchant impunément au milieu de la partie! Avec mes sandales de plages, j'avais effectivement le *look* d'un touriste perdu à Cuba!

Au milieu de cette cacophonie, je me suis dirigé vers un bunker. La fortification était orientée vers un secteur sans trop d'intérêt! J'ai mis la main sur une chaise en plastique, me rendant sur le toit du bunker, qui était fait d'un empilement de sacs de sable. Une vue panoramique s'offrait maintenant à moi! J'ai déposé la Macmillan à côté de la chaise et je me suis assis, les jumelles en main. S'il y avait des ennemis, ils n'allaient pas manquer de se manifester! Sylvain est alors arrivé avec le reste de l'équipement d'observation.

— Câlisse! Qu'est-ce que tu fais comme ça sur le dessus du bunker! a dit Sylvain, encore essoufflé d'avoir gravi la colline.

— Bah! Y'a même plus d'ennemis! On tire dans le vide. Regarde là-bas : les soldats afghans du camp s'en prennent à une butte sans raison! Même chose pour la mitrailleuse! C'est une grosse farce tout ça!

— Descends de là! Je veux pas avoir à dire à ta mère que t'es mort en épais... bah, et puis! Fais dont ce que tu veux! Je suis tanné de te le dire.

— Tu vas dire quoi à ma mère, si jamais?

— Que je t'ai dit de descendre du bunker et que t'es resté là comme un agrume!

C'est alors qu'une salve de balles a percuté le sol poussiéreux à quelques mètres devant nous. Les nuages de poussière étaient si petits! Ils avaient l'air si inoffensifs! Sylvain s'est immédiatement baissé derrière une série de sacs de sable. Enfin! Un peu d'action!

— Ça doit être quelques balles perdues! dis-je en souriant et en me tournant vers Sylvain.

C'était comme sauter en parachute, mais en mieux. Je prenais plaisir à défier le destin. «J'ai encore trop de choses à accomplir sur cette terre, les dieux de la Guerre ne viendront pas me chercher maintenant!». Mon heure n'était pas arrivée. Je le sentais.

D'autres balles ont percuté au même endroit. Quelqu'un nous visait, sans pouvoir nous toucher.

— Merde! Tu descends de là *fucking* maintenant! a dit Sylvain. C'est un ordre! Je vais te charger si tu restes là!

C'est alors que le téléphone de campagne du bunker a sonné. Le Commandant voulait un compte-rendu de la situation:

— Commandant! Tout le monde tire dans le vide, dis-je. Je viens de voir un soldat afghan tirer deux roquettes de *RPG* sur absolument rien! Des champs sont en feu et un fermier essaye de sauver sa grange, qui commence à brûler. D'après moi, les talibans ne font que nous provoquer. Et là, tout ce qu'on fait, c'est gaspiller des munitions.

Moi fumant une chicha en compagnie d'un ami interprète afghan.

Des camarades de l'armée afghane et moi, en haut d'une montagne où par le passé les snipers avaient établi un poste d'observation.

Nous étions tellement pressés d'en découdre avec l'ennemi, que nous étions tous comme des enfants cherchant des excuses pour tirer avec nos «joujoux»! Le Commandant allait devoir discipliner sa tribu!

Les flammes des champs, hautes de plusieurs mètres, étaient alimentées et poussées par le vent. Des maisons commençaient à prendre feu. Tout ceci devenait ridicule et tactiquement nuisible, en plus de détruire des biens de la population. Pour ajouter à nos problèmes, chaque fois que la situation semblait se calmer, les talibans revenaient nous narguer, tirant quelques projectiles. Du côté ennemi comme du nôtre, j'avais l'impression d'assister à une session de défoulement collectif. Bref, une «thérapie de groupe». «L'Armée est comme un asile rempli de psychopathes dont on a canalisé la folie», pensais-je.

Un appel à la prière programmé et préenregistré s'est fait entendre d'un village voisin. Le son paisible de la prière se mélangeait aux tirs assourdissants, donnant une allure surréaliste à la scène. Le haut-parleur, accroché sur un poteau incliné et mal en point, transmettait de la poésie islamique. Un soldat de la tour de garde principale n'en pouvait plus! Il a saisi son fusil d'assaut, s'est positionné en bordure du bunker et a commencé à tirer vers le haut-parleur. «Ta gueule mon tamoul à marde!» qu'on entendait crier, en pur accent québécois, à travers les tirs et les chants islamiques, ce qui ne manquait pas d'être comique. Malgré les tirs, le haut-parleur refusait de rendre l'âme. «J'vais t'avoir, mon osti!» Les tirs se répétaient, faisant bouger le haut-parleur sous les impacts, sans le mettre hors service! Un duel entre un soldat québécois et un haut-parleur de mosquée!

Des véhicules d'un convoi de ravitaillement étaient dans le camp. Quelques-uns de ses équipages, pressés de goûter aux joies de la guerre, se sont rendus sur le périmètre défensif. Je les comprenais tellement! Un soldat s'est placé à côté d'un véhicule blindé, filmant les obus qui s'envolaient vers un édifice. Ordre a finalement été donné au camp d'arrêter de tirer, mettant fin à ce théâtre. Mais les soldats afghans étaient encore moins disciplinés que nous. Un taliban a tiré quelques balles imprécises vers la *FOB*. L'enfer s'est déchaîné de nouveau. Les équipes de mentorat ont finalement dû se rendre à chaque point du périmètre, faisant cesser le feu. Certaines des unités afghanes n'avaient plus de munitions! «Ils vont nous faire perdre la guerre en nous faisant tirer toutes nos munitions!» pensai-je avec ironie.

De notre bunker, les choses sont redevenues calmes. Les heures passaient. Il n'y avait aucun villageois en vue. Personne n'allait voter! La démocratie n'existait pas dans ce coin de l'Afghanistan.

C'est alors qu'une explosion s'est fait entendre : l'ennemi bombardait le camp au mortier! L'obus était tombé en dehors du camp, à une centaine de mètres des murs, dans un village. Quelques minutes plus tard, un autre obus tombait, cette fois-ci à seulement trente mètres de la *FOB*. On entendait les coups de départ, suivi des impacts, sans pouvoir détecter l'emplacement exact du mortier ennemi, qui devait être caché derrière un mur ou un bâtiment. Les équipements modernes de détection par son et radar ne semblaient pas fonctionner. C'est un autre aspect de la guerre : les technologies fonctionnent bien quand les conditions sont «contrôlées» et que les opérateurs en poste sont alertes et compétents. Le problème est que les équipements et leurs algorithmes ne sont souvent pas adaptés à toutes les conditions du monde réel. L'expérience et la capacité d'analyse du soldat sont donc primordiales.

— Je les vois! s'est exclamé Sylvain, juste après avoir entendu un autre coup de mortier. Ils sont dans un champ!

Nous avions les coordonnées de l'ennemi! Quelques secondes après le coup de départ, l'obus ennemi est tombé au même endroit, légèrement en avant du camp. L'ennemi était hors de portée et ne pouvait pas nous atteindre! Nos canons, en revanche, le pouvaient! On voyait déjà nos artilleurs préparer frénétiquement les pièces d'artillerie, indifférents à la menace des tirs ennemis. Le Commandant a donné l'ordre à tous les soldats de la base de ne pas sortir des bâtiments, sauf ceux qui étaient directement nécessaires à la défense du périmètre. Un duel d'artillerie commençait!

Les observateurs de l'artillerie sont venus nous rejoindre. L'un d'eux était encore en pantalons courts, n'ayant pas eu le temps d'enfiler son uniforme :

— J'étais dans une bonne partie de mon film! s'est exclamé le sergent Bédard tout en préparant son équipement d'observation.

Quelques instants après le dernier impact de mortier ennemi, nos canons se sont mis à tirer. Boum boum boum! Les charges étaient réduites, les canons tirant presque au minimum de leur portée. Rapidement, tout le secteur occupé par l'ennemi volait en éclat, obscurci par la fumée. On voyait les obus éclater au-dessus du sol, les fusées étant de type «proximité». Ce type d'obus possède un petit radar dans sa tête, qui active le détonateur à précisément cinq mètres au-dessus du sol. Même si les ennemis étaient cachés dans les sillons des champs, les shrapnels allaient les atteindre[5]!

— Répétez! a lancé un des observateurs sur la radio. On va les enterrer avec leur mortier!

---

5   En plus du radar, un dispositif de minuterie empêche l'ennemi de faire exploser l'obus prématurément, en envoyant de «faux» signaux radar dans les airs, ce qui est une forme de brouillage.

Sammy devant un char lourd Léopard II.

L'ennemi était de nouveau silencieux. Une demi-heure plus tard, Pascal et Sammy prenaient la relève dans le bunker. Alors que je faisais une sieste, allongé sur mon lit, le bâtiment s'est mis à vibrer. On entendait les claquements d'une mitrailleuse à travers les murs de béton de l'école. C'était la mitrailleuse lourde qui tirait depuis le sommet de la *FOB*. Quelques secondes plus tard, d'autres explosions secouaient l'air ambiant. L'ennemi était de retour et bombardait le camp ! Les tirs semblaient cette fois-ci beaucoup plus rapprochés !

Je me suis rendu dans le Poste de commandement. Une dizaine de soldats étaient réunis et regardaient l'écran plat accroché au mur. La bonne humeur régnait parmi la troupe. On entendait la voix de Pascal sur les ondes radio, qui nous étaient transmises par des haut-parleurs. C'était encore mieux que regarder un match de hockey ! On sentait les vibrations des explosions traverser les murs. Certaines explosions provenaient de notre artillerie. D'autres venaient des obus ennemis. J'avais l'impression d'être un matelot dans une bataille navale : je ne voyais pas directement ce qui se passait, mais c'était pourtant moi, nous, qu'on visait !

— Droite 100, diminuez 50. Tir d'efficacité, a dit Pascal, alors que sur la télévision, des images de drone en noir et blanc s'animaient.

On voyait l'image tourner lentement, le drone étant en « orbite » autour de la position ennemie. Quelques secondes plus tard, des flashs thermiques sont apparus au milieu des champs. C'étaient les impacts d'obus qui explosaient sur la position ennemie. Quelques débris chauds étaient visibles à travers la poussière. Étaient-ce des corps ? Des restes d'équipement brisés ? Les images sont redevenues en couleurs réelles. Tout n'était que poussière.

— Les talibans se sont approchés, m'a raconté un officier. Ils ont commencé à encadrer le camp. Ils sont trop proches pour nos 155. On doit les engager au mortier.

— Voilà ce que j'appelle de la «démocratie renforcée», lançai-je, tout en regardant les images des bombardements.

D'autres obus ennemis sont tombés sur le périmètre du camp. L'ennemi nous bombardait d'endroits différents. On entendait nos mortiers tirer à répétition. Quelques instants plus tard, c'était aux mortiers ennemis d'essayer de nous atteindre. Après un échange d'obus d'environ trente minutes, les canons talibans sont devenus silencieux.

Sylvain et moi étions de retour dans le bunker des *snipers*. C'est alors qu'un obus a encore été tiré vers le camp. Le projectile est tombé en périphérie du camp, sans causer de dommages. Décidément, l'ennemi ne lâchait pas le morceau. Cependant, c'est comme s'il n'osait plus nous engager de trop près! Sylvain et moi avons aussitôt préparé une mission de tir sur l'emplacement du canon ennemi détecté. L'artillerie était sur le point de tirer quand nous avons remarqué quelque chose d'inhabituel. Saisissant la radio, Sylvain a immédiatement contacté le Poste de commandement :

— Ici 66 Bravo. Annulez la mission de tir! Annulez la mission de tir! Il y a des villageois près du mortier ennemi.

Nous serrions les dents. Sylvain avait-il pris la bonne décision? Devions-nous bombarder l'ennemi? Qui valait plus, les soldats du camp ou les Afghans des villages? C'est dans une telle situation qu'un chef ressent le poids de sa responsabilité. Sylvain était non seulement responsable de son équipe, mais des Afghans. L'ennemi a alors tiré un autre obus en notre direction, ne causant aucun dommage. Nous n'avions pas le choix, il fallait déclencher la mission de tir ! Sans explication, le mortier taliban a soudainement arrêté de tirer. Manquait-il de munitions ? Ou peut-être était-ce les villageois qui étaient intervenus ? J'imaginais la scène : un chef respecté du village avait entendu les tirs. Il s'est alors dirigé vers les insurgés : « Vous allez arrêter vos conneries tout de suite ! Vous avez eu ce que vous voulez et c'est assez pour aujourd'hui ! Il y a des familles ici. Si un seul enfant est blessé, je vous jure que je vais aller parler aux chefs de votre village et vous allez en payer le prix ! » Peut-être qu'un autre chef, cette fois-ci afghan, avait lui aussi empêché la mort de civils innocents !

Le soir venu, les membres de la tribu s'échangeaient leurs « péripéties ». Un soldat avait cependant des remords, serrant sa tête entre ses mains. Il réalisait qu'il avait probablement et accidentellement tué un villageois ! En zone de guerre, les civils sont partout ! Quand survient un échange de feu et qu'on voit un homme courir, il s'agit probablement d'un civil essayant de se mettre à l'abri. Une minute plus tard, alors que la fusillade fait rage, un autre homme est aperçu en train de courir : il s'agit probablement d'un soldat ennemi qui manœuvre. Tout dépend du contexte. La même action, placée dans deux contextes différents, signifie deux choses différentes. « Les villageois doivent être écœurés des talibans pour encore nous aimer ! », pensai-je. Ils comprenaient.

Une histoire circulait sur le camp. Alors que les talibans venaient de tirer vers le camp, un soldat a reçu l'ordre d'aider à la défense d'un des bunkers. En arrivant sur place, le soldat a vu son ami caché au fond de la fortification :

— Hahaha ! Le gros ! Mais que fais-tu là caché comme un fif ? a demandé le soldat.

Quelques secondes plus tard, une balle est passée en sifflant près des fantassins. Le soldat, jusque-là courageux, s'est précipitamment jeté au fond du bunker en tenant son casque, se retrouvant à côté de l'autre soldat ! Ils se sont regardés et ont éclaté de rire !

Les « parents » avaient enfermé les « enfants » dans la maison. Mais la tribu avait trouvé une façon de s'amuser !

Le loup et la vipère

À *KAF*, une infirmière du nom de Caroline était nerveuse. On annonçait d'autres pertes chez les soldats canadiens. Était-ce son mari, Sylvain, commandant du détachement 66 Bravo ? Un hélicoptère est atterri sur le tarmac. Le visage d'un soldat était arraché, le rendant méconnaissable. « Si jamais c'est mon mari, je vais demander à ce qu'on me remplace, disait Caroline. Sinon, je ne pourrai pas rester professionnel ». Ce jour-là, elle n'allait pas demander à être relevée.

Caro ne voyait pas les bombes et les tirs ennemis. Mais les conséquences de ces bombes, elle les voyait chaque jour sur les lits et tables d'opération de l'unité médicale Roll-3. Comme cette fillette, affreusement brûlée. Une bombe des talibans. Une autre. La guerre n'épargne pas les innocents.

C'était la nuit quand Caroline a été demandée d'urgence à l'unité médicale : un tireur d'élite avait été blessé !

Nous étions complètement dissimulés dans la végétation verte d'un champ de vignes, appuyés contre les parois obliques des hauts sillons. Nos pieds étaient couverts d'une boue épaisse et glissante. Nous portions notre camouflage vert, normalement utilisé dans les forêts nordiques ! Nous n'avions pas nos casques, mais nos chapeaux de tissu sur lesquels nous avions placé des feuilles de vigne.

Nous sentions l'odeur de la cuisson des maisons entourant le champ. Nos armes étaient pointées vers un secteur sensible de la route Brown. Nous espérions tuer un autre planteur de bombes. Nous avions déjà effectué plusieurs de ces patrouilles, de même que l'équipe Alpha. Au fil des mois, plusieurs poseurs de bombes du secteur avaient été tués ou arrêtés par la Coalition. Nous étions des loups chassant des vipères mortelles. Nous étions patients. L'ennemi aussi.

C'est alors qu'à travers le viseur thermal j'ai aperçu des taches de chaleur.

— Allez, allez ! dis-je à voix basse. Approchez-vous de la route !

Les formes de chaleur avançaient en rampant dans les champs. C'est alors que j'ai aperçu le museau d'un coyote ! C'était la maman qui appelait ses petits. La petite patrouille a traversé la route en file indienne. Eux aussi, ils étaient à la chasse ! J'aime les coyotes !

La nuit a passé. Rien, aucun ennemi. Nous devions changer d'emplacement. Après avoir enfilé nos sacs, nous nous sommes levés d'entre les champs. C'est alors que nous sommes tombés face à face avec un homme. Il se trouvait dans l'autre sillon, inspectant les grappes de raisins, gonflées d'eau et prêtes à la récolte. Surpris, l'homme en a eu le souffle coupé. Nous devions ressembler à d'étranges cyborgs couverts d'antennes et d'équipements futuristes. L'Afghan a rapidement repris ses esprits, nous saluant en mettant sa main sur sa poitrine.

— On s'est fait pogner ! de dire Sammy.

— Tant mieux ! répondit Sylvain. C'est bon que la population sache qu'on peut être partout, n'importe quand.

C'était un autre coup d'épée à l'eau ! Nous sommes retournés à la *FOB*. Nous avions un autre plan pour tuer l'ennemi : nous allions nous rendre dans un camp afghan et y effectuer la surveillance.

L'Armée afghane n'arrivait pas à assurer efficacement la sécurité autour de leurs camps. Ils étaient certes capables d'effectuer quelques patrouilles, ou d'établir des *checkpoints* ici et là. Mais par manque d'entraînement et d'équipement, on ne pouvait pas leur en demander plus. Il arrivait que les talibans réussissent à placer des *IED* directement sous les yeux des Afghans, la nuit surtout, les soldats de l'ANA n'ayant pas d'équipement de vision nocturne. L'Armée afghane n'était pas encore prête.

Avec les observateurs de l'artillerie, nous nous sommes rendu à *OP* Mosque, un endroit surplombant une route maudite autrefois appelée Foster. En raison des morts répétés, le nom avait été changé pour «Hyena», dans l'espoir de rassurer les nouveaux soldats, traumatisés d'avance par la sinistre réputation de la route. Notre poste d'observation se trouvait dans une petite maison de pierres abandonnée bâtie à même le roc de la montagne. «Charmant comme endroit!» La pièce depuis laquelle nous allions observer était petite, ne mesurant que quelques pieds de côté. Nous étions tassés et empilés les uns sur les autres. Des rations militaires étaient entreposées dans un coin, à même nos sacs de patrouille. J'ai remarqué un détail intéressant : en haut d'une petite radio poussiéreuse se trouvait un cadre affichant une photo de Massoud. Massoud était ce grand chef de guerre, connu à travers le monde, qui avait combattu les talibans depuis le nord de l'Afghanistan, alors que les combattants islamiques, victorieux, occupaient presque tout le pays. Massoud avait été tué par un attentat d'Al-Qaida, exactement le 11 septembre 2001, jour des attentats à New York. Depuis, plusieurs Afghans le considéraient comme un emblème presque sacré. Mais cette admiration était surtout présente chez les soldats venant du nord du pays. Au sud, particulièrement dans la région de Kandahar, où les pachtous sont majoritaires, il était rare de voir un portrait de Massoud. C'était un signe que le camp était véritablement «anti-taliban».

Le lendemain matin, alors que les premières lueurs de la journée se pointaient à l'horizon, nous avons entendu les appels à la prière des villages environnants. C'était au «tour» de notre camp. Sammy dormait sur un petit lit de camp. Quelle ne fut pas sa surprise quand un soldat afghan s'est mis à chanter des prières musulmanes à seulement deux pieds de son lit!

— Coudonc! Il fait exprès, ou quoi? a dit Sammy, de mauvaise humeur et qui comme nous n'avait dormi que deux heures.

C'était curieux de penser qu'à l'extérieur, dans la campagne, les talibans étaient en train de prier en même temps que les soldats de l'ANA. C'est comme si les appels à la prière «réunissaient» les différents ennemis, le temps d'une communion spirituelle. C'était pourtant au nom de cette religion que la guerre ravageait la région. Drôle de monde!

Nous observions le secteur tout en écoutant de la musique québécoise. Des soldats afghans se reposaient dans une autre salle, montant la garde à tour de rôle. Les Afghans nous ont invités à déjeuner. Nous nous sommes joints à eux, nous étendant sur les nombreux coussins couvrant le sol. Un verre de thé m'a été présenté. Un Afghan s'est approché avec un sac de sucre blanc. À l'aide de la paume de sa main, il a rempli de sucre près du tiers de mon verre, saturant le liquide, dont le fond ressemblait maintenant à un sirop!

— *Bass, bass*! répondis-je, ce qui signifie : assez, assez!

Un des soldats afghans a saisi un bol, fourrant une poignée de riz et de raisins dans sa bouche, qui en débordait. Il m'a ensuite dit quelque chose d'incompréhensible, me tendant le contenant. J'ai pris une portion de riz et un morceau encore chaud de pain naan. Tous les Afghans me regardaient, attendant de voir la moindre de mes réactions :

462

— C'est bon ! Merci ! dis-je en portant la main sur mon cœur.

Aussitôt, je fus entouré de sourires. Les Afghans ont eux aussi commencé à manger.

— Comment est le Canada ? m'a demandé un Afghan tout en prenant une bouchée de pain.

C'est en décrivant son pays qu'on apprend à le voir comme le voient des étrangers. J'ai pris un coussin entre mes mains :

— Afghanistan, comme ceci !

Je me suis levé, pointant les quatre coins du tapis sur lequel nous étions assis :

— Canada, comme le tapis ! Très très grand !

J'ai entendu des airs d'étonnement.

— Ici, chaud ! dis-je en faisant semblant d'essuyer mon front en sueur. Canada... froid froid froid. De la neige partout !

J'ai imité le son du vent qui souffle, tout en me serrant et en «frissonnant». Je me suis levé, pointant un arbre du paysage :

— Afghanistan : un peu d'arbres, par-ci, par-là. Au Canada : arbres partout, sur les montagnes, partout !

Je regardais au loin, comme pour montrer qu'il y avait des forêts à perte de vue. Les Afghans étaient fascinés. J'avais l'impression d'être un martien expliquant comment était la vie dans le reste du système solaire.

— Canada... rivières, rivières, rivières... beaucoup de rivières. Des lacs, beaucoup de lacs.

Nous avons entendu un avion de chasse passer et bombarder un village :

— Au Canada, pas de guerre, dis-je. Guerre loin! Très loin!

— Merci pour votre aide! a dit un des soldats, qui paraissait un des chefs du groupe. Canada très très bon! a-t-il continué tout en faisant un «thumbs up».

Les Afghans approuvaient en faisant des signes de «oui» et en plaçant leur main sur leur poitrine :

— Nombreux Canadiens ne veulent pas la guerre, continuai-je. La moitié veut. L'autre moitié ne veut pas. Ils ne veulent pas aider l'Afghanistan!

— Pourquoi? m'a répondu un soldat, l'air étonné.

— Ils ne comprennent pas. Mais les soldats, nous voulons vous aider!

L'Afghan s'est levé et m'a serré la main! Un autre soldat a rempli ma tasse de thé, remplaçant du coup mon pain par un autre. J'avais l'impression d'être un prince en campagne militaire!

La salle commune des Afghans offrait une vue spectaculaire et panoramique sur la campagne environnante. J'ai sorti mon appareil photo. Un des soldats a demandé à être photographié devant sa mitrailleuse. La longue arme pointait vers une montagne et une intersection particulièrement dangereuse, à l'est. Je ne le savais pas encore, mais c'est précisément cette mitrailleuse, et ces mêmes cartouches, qui d'ici quelques jours allaient être impliquées dans un triste incident.

Sylvain et moi sommes retournés dans notre poste d'observation. Deux Afghans nous ont suivis, apportant des bols de fruits et une profusion de raisins. Même en zone de guerre nos amis

Vue typique : coucher du soleil afghan. On remarque le champ inondé en raison du système d'irrigation.

TENTE SERVANT DE
SALLE À MANGER

Vue de l'intérieur d'un PSS afghan, ici celui de Pashmul. À droite, sous la tente, se trouve une table à manger.

afghans faisaient tout pour nous rendre heureux. Des grappes de raisins afghans trainaient près du silencieux de la carabine. À côté du télescope d'observation se trouvait un plateau de métal sur lequel étaient déposés des verres que les Afghans remplissaient de thé régulièrement.

Au fil des jours, habillé en soldat afghan, sans armes et mes sandales de plage aux pieds, j'aimais sortir en avant du camp, question de capter l'état d'esprit de l'endroit. Afin que les *snipers* puissent porter ces uniformes « non canadiens », une dérogation avait même dû être faite par le commandant de la Force opérationnelle. Le but était de passer pour des soldats locaux, afin de ne pas alerter les insurgés, qui auraient changé leurs tactiques. Nous nous sentions comme des agents secrets !

À l'entrée du camp, des habitants passaient devant moi en me saluant. « Ça marche ! » D'autres Afghans s'arrêtaient, discutant avec les soldats des tours de garde, sans se cacher. La situation redevenait de plus en plus normale. C'était palpable. Nous étions pourtant dans un des pires secteurs de l'insurrection talibane !

Alors que j'étais près de la barrière rouge et blanche de l'entrée, un villageois m'a interpellé. Il parlait avec un pachto rapide et incompréhensible. Afin ne pas éveiller les soupçons du villageois, j'ai joué la carte du soldat de mauvais caractère ne parlant à personne.

Le lendemain, après une nuit à la belle étoile, à flanc de montagnes, les troupes québécoises ont commencé à patrouiller dans le secteur. Des entrepôts d'opium et de marijuana étaient trouvés. L'Afghanistan était le principal producteur d'opium du monde. L'héroïne était vendue à l'Europe et finançait les activités des talibans. Simplement pour cette raison, j'étais des plus motivés à faire cette guerre !

Le sergent Bédard, observateur d'artillerie, accompagnait souvent le détachement.

Le caporal-chef Boursier, observateur d'artillerie. Il porte un chandail des Pathfinder.

Soldats afghans d'OP Mosque.

Soldat afghan d'OP Mosque nous préparant un melon d'eau. En arrière-plan, une montagne que surveillent les soldats.

Les soldats ont rassemblé la drogue au centre du village, créant une petite montagne, à laquelle ils ont mis le feu. L'air sentait le chanvre à plein nez! Pascal et Sammy ont détecté un groupe d'hommes suspects marchant le long de la rivière Arghandab, en partie asséchée par la chaleur de l'été. Ils semblaient transporter des objets ressemblant à des armes. Ils étaient trop loin pour être formellement identifiés comme une menace. Nous avons malgré tout transmis la coordonnée des individus aux réseaux supérieurs.

De mon côté, mes jumelles en main, j'observais depuis une autre fenêtre. C'est alors que j'ai remarqué le même villageois qui hier m'avait parlé à l'entrée du camp. Son comportement était suspect. Il se tenait debout, dans un champ de vignes, à moins de 200 mètres du camp, sans rien faire de particulier. Je sentais qu'il surveillait et attendait quelque chose. Le villageois s'est soudainement approché d'une porte située dans un mur séparant deux champs. Il y a déposé ce qui ressemblait à un sac d'écoliers, retournant ensuite à son emplacement initial. De son emplacement, il ne pouvait pas voir le mouvement de nos troupes. D'autres éclaireurs le tenaient peut-être informé. La patrouille canadienne allait sans doute passer par cette porte d'ici une trentaine de minutes, qui était parfaitement située entre le village et le camp. Le suspect ne perdait pas du regard le sac d'écoliers.

C'était tellement flagrant que j'avais du mal à croire ce que je voyais. L'Afghan était-il suicidaire? «Ils ne penseront jamais qu'un gars puisse déclencher une bombe en plein sous leurs yeux, et en plein jour», se disait-il, possiblement. J'ai informé les soldats afghans, qui discutaient et relaxaient depuis la salle voisine, étendus sur des coussins:

469

— Bah, ce n'est rien ! m'a répondu un soldat tout en repoussant le problème du revers de la main.

— Les Afghans s'en foutent ! dis-je à mes camarades *snipers*. On dirait qu'ils connaissent le gars.

J'ai saisi la Macmillan, appuyant le suppresseur sur le rebord intérieur de la fenêtre du bâtiment.

— Qu'est-ce qu'on fait ? demandai-je à Sylvain. Je propose qu'on écoute les Afghans !

Sylvain ne répondait pas. Tuer est si facile. Décider de tuer ne l'est pas.

— On le laisse partir ! a tranché Sylvain, le regard pensif.

J'ai appuyé sur la détente. La balle a touché à environ un pied de l'Afghan. Nous avions choisi la vie. Les soldats afghans n'avaient peut-être pas notre technologie, mais ils avaient une sensibilité culturelle de l'endroit. Et ce type de capteur existait depuis des millénaires.

En raison du sol sec et poussiéreux, le nuage produit par l'impact a complètement enveloppé l'homme, qui a sursauté comme un enfant dont la foudre serait tombée juste à côté de sa chambre à coucher. Plutôt que de s'enfuir, le villageois s'est mis à nous engueuler. Ne sachant pas de quelle fenêtre était venu le tir, l'Afghan s'est mis à crier vers le camp au complet. Je me suis placé dans le cadre de la fenêtre, à côté de l'arme, dont la fumée sortait encore du suppresseur. J'ai pointé le villageois du doigt, et me donnant un air bête, je lui ai crié de foutre le camp. D'autres soldats afghans ont commencé à engueuler le villageois à leur tour. Le villageois leur répondait, ne se gênant pas d'être entendu par tout le voisinage ! J'avais l'impression d'assister à une chicane d'Italiennes criant depuis leurs balcons. L'Afghan est finalement parti, ne cachant pas sa mauvaise humeur. Il devait nous maudire ! S'il savait !

À défaut d'avoir des munitions incendiaires et de faire exploser le colis suspect, nous avons communiqué sa coordonnée aux patrouilles du secteur. Les soldats afghans allaient par la suite s'en occuper. Nous n'avons jamais su ce que contenait ce sac. Le lendemain matin, la mission terminée et de retour à la *FOB* Sperwan Ghar, le capitaine Dallaire est venu nous réveiller :

— Hey, les salopards ! Les gars près de la rivière que vous avez détectés, hier... grâce à vos informations, un hélicoptère de combat les a repérés. Ils transportaient des armes. L'hélicoptère les a bien allumés. Bon travail ! Reposez-vous bien !

Le loup avait repéré. L'aigle avait tué.

— Ah, j'oubliais ! a dit le capitaine tout en tenant la porte de notre chambre... aujourd'hui c'est la date limite pour vous inscrire au tournoi de *babyfoot,* si vous êtes intéressés !

Quelques minutes plus tard, j'ai entendu vibrer la machine espresso que j'avais amenée du Québec. Sammy se faisait couler un café bien mousseux.

— Je trouve qu'il est pas mal tard pour un café, a dit Pascal, qui s'étirait dans son lit. Moi je serais partant pour du bon bacon ! Il paraît qu'ils en ont reçu une *batch* aux cuisines !

La vie de soldat est remplie de contrastes !

C'était il y a plusieurs années, avant l'Afghanistan, avant Kandahar. J'étais sur un entraînement de technicien d'artillerie. En face de nous : des cartes, des chartes balistiques, des équipements radio. Nous nous entraînions à calculer des missions de tirs d'artillerie :

— Mission de tir batterie! nous a lancé l'instructeur, pour ensuite nous transmettre les paramètres de tir.

Suivait ensuite le nombre d'obus à tirer :

— 10 coups, tir d'efficacité!

Ceci voulait dire que les tirs d'ajustement étaient jugés assez précis par les observateurs et que chaque canon devait maintenant tirer dix obus. Au total, la batterie allait tirer plusieurs dizaines de projectiles.

— Bah! Ça n'arrivera jamais de notre vivant, tout ça! a commenté un sergent. Tout ce que nous ferons, c'est de nous pratiquer, encore et encore, pour rien!

Quelques années plus tard, j'étais au milieu de la campagne de Kandahar. Les canons du camp tiraient presque chaque jour. Les différentes bases avancées se faisaient même «compétition» : c'était à savoir quel camp allait battre le record d'obus tirés en une journée! Souvent, alors que je me rendais à la cafétéria, les plaques de métal recouvrant les fenêtres de l'école se soulevaient, soufflées par les détonations. «Ça n'arrivera jamais!»

Nous observions depuis notre bunker de Sperwan Ghar, qui était un peu devenu notre maison, entre les patrouilles. La journée durant, on voyait les obus passer au-dessus du bunker. Une opération offensive avait lieu à quelques kilomètres au nord, de l'autre côté de la rivière Arghandab, dans le district de Zhari. Notre tâche était d'observer la rivière et de nous assurer qu'aucun ennemi n'essaye de s'infiltrer ou de s'enfuir par ce cours d'eau, qui était asséché au point de pouvoir le traverser à pied. De temps en temps, nous apercevions des mouvements suspects : nous avertissions alors l'aviation, qui se chargeait du reste. Les combats faisaient rage dans le village de Lakhokel. On voyait régulièrement les champignons des explosions s'élever dans les airs. «Lakhokel m'a brûlé», m'a plus tard dit un *sniper* de l'équipe Delta, qui était impliqué dans ces opérations de fantassins. Ça jouait dur.

Les obus éclataient les uns après les autres en territoire ennemi. Soudainement, un rapport nous est parvenu sur les ondes radio : un *sniper* du peloton de reconnaissance avait été blessé par notre artillerie. Il avait été atteint à la tête par un shrapnel. Parait-il qu'un morceau d'oreille trainait au sol. Les soldats ont mis le morceau dans un sac. Grâce à la médecine moderne, le morceau d'oreille du caporal Bolduc allait pouvoir être recollé !

La nuit venue, alors que les opérations à Lakhokel continuaient, le détachement Alpha, commandé par le sergent Hamel, s'infiltrait dans les montagnes, non loin de la rivière. La mission des *snipers* était de trouver les poseurs de bombes éventuels dans ce secteur, que nous avions surveillé il y a quelques jours, depuis *OP* Mosque.

C'est à ce moment que des obus éclairants ont été tirés vers Zhari, où les fantassins défendaient les secteurs acquis durant la journée. Nous avons alors entendu des tirs de mitrailleuse au loin. Ça venait du secteur de l'équipe Alpha ! Les obus éclairants, même s'ils n'étaient pas tirés directement au-dessus des *snipers*, avaient produit assez de lumière pour dévoiler la position des soldats. Ils se trouvaient alors à flanc de montagne, en plein déplacement dans un endroit exposé et dégagé, à portée de tir du camp de l'ANA ! Aussitôt, les *snipers* ont reçu des tirs nourris des soldats afghans, depuis l'emplacement que nous avions visité quelques jours auparavant[1]. « Je voyais les traceuses s'approcher

---

1   Avant la mission, les échelons supérieurs n'arrivaient pas à se décider :

vers nous comme des lasers, m'a par la suite conté un *sniper*. C'était comme un tunnel de balles. »

Les tirs étaient violents et précis. Un des *snipers* s'est jeté derrière une roche. Il est tombé dans une petite crevasse, se blessant gravement à la tête et aux parties intimes. Avec difficulté, les *snipers* ont évité les tirs et l'observation des soldats afghans. La situation calmée, nous avons communiqué avec nos camarades :

— 66 Alpha, ici 66 Bravo ! Contrôle radio, à vous !

— 66 Bravo, ici 66 Alpha ! Vous êtes fort et clair, à vous !

— 66 Bravo, reçu, terminé !

C'était notre façon de nous saluer sur les ondes radio « officielles », que nous n'avions pas le droit de polluer par des messages personnels. La voix de nos amis était bonne. Le moral avait tenu le coup !

Quelques semaines plus tard, nous sommes passés voir notre ami à l'hôpital. Il était allongé dans une civière et semblait garder le moral, lançant quelques blagues à l'occasion.

— Hahaha ! C'est fort ce qu'ils me donnent ! Et ça fait du bien de dormir dans un vrai lit !

Malgré qu'il portait un casque lors de l'incident dans la montagne, notre camarade s'était cogné le côté de la tête et avait subi une forte commotion cérébrale.

---

fallait-il avertir le camp afghan à proximité qu'une patrouille de snipers allait passer, au risque que des informateurs ennemis infiltrés passent le mot aux talibans du secteur, ou que les soldats soient négligents et ne gardent pas le secret ? fallait-il ne rien dire aux soldats de l'ANA ? Les planificateurs avaient finalement décidé d'infiltrer les snipers de nuit, sans en dire mot aux Afghans. Mais personne n'avait prévu les effets secondaires des obus éclairants. Consolation amère : les Afghans avaient montré qu'ils étaient alertes, et que leur tir était efficace et mortel !

Carabine Timberwolf pointant la route Hyena, non loin d'une mosquée blanche.

— Regardez ça, les gars ! nous a dit le soldat tout en soulevant la couverture.

Un testicule était à ce point enflé qu'on aurait dit un pamplemousse !

— Regardez, je touche et ça me fait même pas mal ! Hehehe ! Bizarre, hein ? Caro a fait un super travail ! C'est vrai que c'est une bonne infirmière !

Notre camarade n'allait pas se remettre si facilement de ses blessures. Il n'allait plus jamais retourner en patrouille.

À la guerre, les tirs entre troupes amies arrivent régulièrement. C'est ce qu'on appelle les «tirs fratricides», «entre frères». Un ami m'a conté que des années après l'Afghanistan, il avait discuté avec un autre soldat, durant un exercice. Il a alors appris que les tirs amis qu'il avait reçus durant une patrouille venaient de cet autre soldat ! «On en a ri un bon coup», a-t-il dit !

Un champ de bataille est un endroit confus et en perpétuelle évolution. Malgré les précautions, des accidents finissent toujours par arriver, peu importe l'armée, et ce, malgré la technologie. La guerre, c'est un peu comme une chorégraphie de trapézistes suspendus dans les airs. Les mouvements sont complexes, coordonnés et en partie improvisés. Les erreurs coûtent des vies. En même temps que s'exécutent ces mouvements, d'autres trapézistes ennemis sont présents. Ces derniers bougent de tous les côtés et font de leur mieux pour faire tomber nos trapézistes. Au milieu de ce chaos, il arrive que des trapézistes faisant partie de la même équipe se percutent.

Mais le spectacle n'était pas encore terminé. Après les tirs de mitrailleuses, les «trapézistes» avaient tenu le coup ! Le sergent Hamel n'avait pas l'intention d'abandonner si rapidement. Le détachement Alpha allait rester sur place ! Une semaine est passée, sans qu'aucun ennemi ne se manifeste. La dernière nuit, quelques heures avant de plier bagage, deux hommes se sont approchés de la route. Ils transportaient un «kit complet» de pose d'*IED*! Ils avaient des bombes, des pelles, des détonateurs et le système de déclenchement! La vipère avait été patiente. Le loup l'était tout autant!

Sans tarder, les tireurs d'élite ont abattu le premier poseur de bombes. L'autre taliban, touché et blessé par balle, s'est enfui dans un champ. Au petit matin, les *snipers* sont sortis de leur cachette. Ils ont rapidement retrouvé un premier cadavre ennemi. Les soldats lui ont vidé les poches, trouvant quelques documents et effets personnels intéressants.

— Par là-bas! a dit le caporal Lelièvre. Il y a des traces dans l'herbe du champ!

L'ennemi, blessé, était peut-être déjà mort de ses blessures. «C'était comme à la chasse!» m'a raconté avec enthousiasme le *sniper* Lelièvre. En avant d'eux, les traces conduisaient à un séchoir à raisins. Le soldat blessé s'y était peut-être réfugié!

— Je vais aller en avant, a alors dit le sergent. Je suis mieux équipé, si ça vire mal.

Le sergent avait un fusil d'assaut C8, au contraire de l'autre *sniper*, qui avait une AR-10, arme efficace, mais plus encombrante. Les *snipers* ont minutieusement avancé dans le champ. C'est alors qu'au milieu de la végétation, à quelques mètres en avant d'eux, une forme humaine est apparue. Le taliban était étendu au sol. Il regardait directement vers les soldats québécois! En voyant les *snipers* approcher, l'insurgé a levé la main et... a timidement salué! «C'était comme s'il nous disait : "Coucou, je suis caché ici... OK, OK! Vous avez gagné. Je sors de ma cachette!"», nous racontait le soldat.

Mitrailleuse PKM d'OP Mosque. C'est cette mitrailleuse qui quelques jours plus tard allait tirer vers le détachement Alpha.

LIT DE LA RIVIÈRE
ARGHANDAB

CIMETIÈRE
AFGHAN

Tirs d'artillerie de la FOB Sperwan Ghar, en direction du district de Zhari, de l'autre côté de la rivière Arghandab.

L'ennemi avait été touché à la jambe. L'articulation du genou était ouverte, dévoilant des os et des ligaments. Les *snipers* ont rejoint la route, où un convoi allait bientôt passer. Le prisonnier a été ramené à *KAF*. Ironie du sort, Caroline, une femme de *sniper*, allait prodiguer des soins à ce taliban blessé! C'était une obligation selon la Convention de Genève. Paraît-il que par la suite, le taliban a même pu recommencer à marcher!

Drôle de guerre : nos obus avaient blessé un de nos soldats. Et puis un camp allié avait tiré sur nos amis *snipers*, dévoilés par nos propres obus éclairants. Ces mêmes *snipers* avaient tué un ennemi et en avaient blessé un autre. Finalement, l'ennemi blessé avait été soigné par nos propres troupes!

Des soldats s'amusaient à des jeux vidéo dans une salle dont les murs comportaient des lignes obliques, noires et jaunes, ce qui rappelait une arcade *underground*. Un fantassin, fraîchement revenu de patrouille, jouait à un jeu d'aventure. Mon détachement aussi se préparait à commencer une nouvelle partie. J'étais un peu jaloux du dernier trophée de chasse du détachement Alpha!

Dans l'école de Sperwan Ghar, qui servait de quartier aux pelotons d'infanterie, plusieurs soldats ne me reconnaissaient pas. L'uniforme que je portais était différent : c'était celui de l'ANA, l'armée afghane.

— Salut salut! dis-je avec un accent québécois en croisant un sergent.

Le sergent a littéralement fait un saut :

479

— Ah ben j'ai mon osti de voyage! de dire le soldat en riant. Je pensais que t'étais un soldat afghan perdu de notre côté du camp!

Nous sommes sortis du camp, attriqués à la manière de mercenaires venant d'un monde futuriste post-apocalyptique. Destination : *OP* Brown, situé à environ deux kilomètres au nord de Sperwan Ghar. «Dehors», comme nous appelions l'extérieur de la *FOB*, l'absence de vent amplifiait la tranquillité presque écrasante nous entourant. Le moindre bruit portait encore plus loin! Nous avons donc décidé de marcher en plein milieu de la route principale! Il n'y avait aucune lune et personne n'allait nous voir. Deux observateurs de l'artillerie restés sur le camp nous couvraient depuis leur véhicule blindé placé au sommet de la *FOB*. Nous étions pressés de nous rendre à destination : nous avions enveloppé un contenant de crème glacée dans les vêtements de nos sacs et nous comptions arriver avant qu'elle ne fonde!

Le principal danger n'était pas tant les talibans, mais le fait d'entrer en contact avec le camp afghan. Théoriquement, les soldats de l'ANA savaient que nous approchions. C'est ce qu'on nous avait dit. Malgré cela, il était préférable de ne pas accorder une foi aveugle dans les bonnes communications entre armées alliées. Ces Afghans risquaient de nous prendre pour des ennemis et de nous engager par erreur. Heureusement, des soldats québécois d'une équipe de mentorat étaient temporairement sur place :

— Ici 66 Bravo, avons-nous lancé sur les ondes radio. Nous sommes à 250 mètres au sud-ouest de votre position. Nous attendons votre signal lumineux.

Aussitôt, une lumière infrarouge a clignoté selon un code prédéterminé. C'est toujours une impression étrange que d'avancer vers des mitrailleuses qui en quelques secondes pourraient nous

VERS MASUM GHAR ET KANDAHAR

La route Hyena, ici photographiée depuis OP Mosque. C'est près de cet endroit que le détachement Alpha a tiré deux poseurs de bombe, depuis la montagne.

Observation d'une route avec le viseur thermal. Les couleurs blanches représentent les endroits plus chauds. On remarque que le béton des calvettes est encore chaud, ayant emmagasiné la chaleur durant le jour.

déchirer en deux! Quelques instants plus tard, nous étions dans le petit *PSS* afghan. Près de l'entrée, des soldats afghans dormaient à même le sol, sur des coussins et des lits de métal dont la moitié des ressorts manquaient. D'autres Afghans chantaient et tapaient des mains autour d'un soldat jouant des airs avec une guitare de fabrication artisanale. L'instrument, construit avec des morceaux de bois épars et des bouts de ferraille, renvoyait des sons tordus.

Au-dessus, les étoiles étaient magnifiques. Le camp, de forme carrée, avait des côtés d'environ trente mètres. Notre tour de surveillance était dissimulée par des filets de camouflage. La chaleur était étouffante. Le vent soufflait quelques arbustes asséchés, qui tournoyaient et avançaient comme dans un film de *Far West*. Il ne manquait plus qu'une bonne fusillade entre *cowboys* et brigands!

Un soldat afghan s'est introduit dans notre misérable repère :

— Tu veux essayer? dis-je en lui montrant les jumelles Vector.

L'Afghan a mis les jumelles devant ses yeux.

— Oh! Très bon! a dit en anglais le soldat tout en observant à travers l'optique de haute qualité.

— Tu veux essayer nos armes? continuai-je, en pachto.

L'Afghan s'est placé derrière la Timberwolf de calibre 338. Je me suis penché afin de lui montrer comment le télescope de tir fonctionnait :

— Oui! Oui! Je sais! a calmement répondu le soldat, légèrement agacé. J'ai fait plusieurs mois avec les forces spéciales américaines.

Le sergent afghan avait une attitude calme et professionnelle. Il a déposé l'arme discrètement, faisant attention à l'optique, comme le ferait un *sniper*. Il a ensuite pointé vers plusieurs endroits du secteur :

— Là-bas, à Zangabad, les talibans ! a dit l'Afghan.

Il a déplacé son regard vers quelques ruelles qui se perdaient en zigzaguant dans les champs de vignes :

— C'est par là qu'ils arrivent. Quatre à la fois.

— Souvent ? demandai-je.

— Une fois par semaine.

L'Afghan a désigné un village à un kilomètre de distance :

— Avant, là... beaucoup de bombes. Maintenant... calme !

— *Kalay amniyati day* ? demandai-je.

— Oui, oui ! *Amniyati* ! Ce village est sécuritaire.

Sylvain prenait de minutieuses notes de ce que racontait notre ami. En moins de dix minutes de conversation, nous avions des informations fraîches sur le secteur. Malgré la technologie, les drones, les senseurs et l'écoute électronique, le renseignement de source humaine fonctionnait. Il n'y a rien comme être directement contact avec les gens sur place ! On peut connaître l'eau d'un lac à l'aide d'un thermomètre et d'un indicateur d'acidité complexe. Mais parfois, il suffit d'y tremper nos pieds !

C'est alors que quelque chose d'étrange s'est produit : des centaines de bicyclettes s'approchaient du camp ! C'était comme un interminable fleuve de cyclistes !

— Ici 66 Bravo, a lancé Sylvain sur les ondes radio. Nous avons un vélothon afghan devant nous. Ils semblent tous revenir de Kandahar et retournent vers les villages.

Était-ce un signe que les villages redevenaient en paix ? Tout en promenant mes jumelles sur le paysage, j'écoutais les fréquences radio des talibans. J'avais emprunté un scanneur radio militaire qui balayait les plages de fréquences récemment utilisées par l'ennemi. Mon but était d'écouter ces fréquences depuis un autre emplacement que notre *FOB*. Ne captant aucun signal, j'en ai conclu que l'ennemi n'était pas actif, ou avait changé ses fréquences. J'ai modifié quelques configurations sur l'appareil. Une heure plus tard, des voix sont sorties du haut-parleur du scanneur :

— Ahmed, Ahmed, Ahmed, Abdoul, Abdoul, Abdoul !

Le signal était fort et clair. Ça ne venait pas de loin !

— Ahmed Ahmed, Ahmed, Abdoul, Abdoul, Abdoul ! a répondu un autre homme, dont le signal était moins clair. Celui-là se trouvait donc plus loin. Et puis un autre homme a répondu, encore un peu plus éloigné :

— Ahmed, Ahmed, Ahmed, Abdoul, Abdoul, Abdoul !

Les hommes ne parlaient pas entre eux. Ils relayaient un message entre des secteurs éloignés. Je n'arrivais pas à comprendre les détails des conversations en pachto. Sylvain a transmis les fréquences au *PC* de notre *FOB*, où se trouvaient une équipe du Renseignement et des interprètes afghans. Quelques minutes plus tard, nous recevions un rapport d'écoute électronique :

— 66 Bravo, ici la compagnie Cobra. Nous avons bien capté les échanges radio. Les talibans se parlaient entre notre secteur et un autre plus loin. En résumé, voici ce qu'ils se disaient : « Nous

CHARTE DE TIR

«BEAN BAG» SERVANT
À AJUSTER PRÉCISÉMENT
LE TIR

Carabine Timberwolf. À droite, sur la crosse, on remarque une charte de tir. Moins précise que la charte de l'observateur, cette charte est un aide-mémoire pour le tireur.

66 Bravo et observateurs de l'artillerie observant d'un toit ondulé.

cherchons quelqu'un pour assembler des bombes. Nous avons des obus, des explosifs... mais il nous manque un spécialiste, nous n'en avons plus ici.»

L'attrition fonctionnait. À force de tuer l'ennemi, il y en avait moins! La vipère avait perdu. Le loup avait gagné.

Mais quelque chose m'avait frappé dans les échanges radio ennemis : les voix n'étaient en rien démoralisées. L'ennemi était encore gonflé à bloc! La vipère était en fait une hydre! L'hydre voulait déjà renaître. Notre épée n'allait pas rester longtemps dans son fourreau.

Caroline, la femme de Sylvain, était infirmière à KAF. Elle tient ici une jeune afghane blessée par une bombe des talibans.

Deux jeunes Afghans dans la banlieue de Kandahar. L'amitié est possible partout.

Three Tanks Hill — Un colis bien décoré

Le commandant Jourdain nous a réunis devant l'école, s'avançant au milieu de nous :

— Les gars... vous faites une *job* incroyable ! Nous avons perdu beaucoup de gars...

Nous avons tous pensé à l'équipe d'ingénieurs de combat du camp, qui formaient une petite équipe, mais qui avaient malgré tout encaissé des pertes importantes au fil des mois. Nous avons aussi pensé à ces fantassins morts et blessés dans les différentes unités.

— Votre travail est important, a continué le sergent-major Lapierre, qui était aux côtés du Commandant. Dehors, dans les villages, il y a des gens qui croient en nous. Personne d'autre va les aider. Après nous, il n'y a plus personne ! Si nous ne faisons pas notre travail, des gens vont mourir !

Le sergent-major militaire a adopté un autre ton, celui du « père de famille » :

— Je veux tous vous ramener à la maison ! Il n'est pas question que des hommes en uniforme annoncent à une autre maman qu'un de mes gars est tombé ! Il nous reste encore des patrouilles à faire. Faites attention !

Les rangs ont été rompus. Nous nous sommes déplacés pour une photo de groupe. Il manquait des visages. Ceux présents souriaient. Ils étaient contents d'être ici. Combien d'autres visages allaient s'en aller ?

Nous sommes partis à pieds à travers le village de Bazari-Panjwai. Notre destination, un petit poste de police, se trouvait à moins d'un kilomètre de la *FOB*. De là, nous allions pouvoir observer d'un autre angle une opération que la compagnie Cobra allait effectuer au sud. Dans ce genre de déplacement urbain effectué en plein jour, il est impossible de ne pas être vu. Il faut donc avancer rapidement, tout en empruntant un chemin imprévisible, afin de prendre au dépourvu les observateurs ennemis et ainsi rendre difficile une attaque coordonnée. Les artilleurs Bédard et Veilleux nous accompagnaient. En entrant dans le camp, les Afghans ont commencé à nous parler rapidement en pachto. Curieusement, ils semblaient penser que la Terre entière ne parlait qu'une seule langue, la leur !

— Moi aussi je suis capable de te parler dans ma langue ! a répondu Sylvain à un policier afghan, tout en riant.

L'Afghan semblait confus...

— Hein, tu vois ! Tu ne comprends rien de ce que je dis ! Et je ne comprends rien de ce que tu dis ! Et pourtant tu continues à me parler ! Et moi je te réponds !

Les Afghans, comme les Québécois, se sont mis à rire. Moins d'une minute après notre arrivée, les policiers sont allés chercher des couvertures et des coussins, ceux sur lesquels ils dormaient, et nous les ont prêtés. Voyant que nous avions déjà nos couvertures, ils nous ont amené une profusion de fruits et de thé. Le thé, de faible qualité, goutait le foin ! C'était pourtant le meilleur des breuvages : celui de l'hospitalité !

Le camp, du nom de « Three Tanks Hill », ressemblait plus à une petite colonie apocalyptique qu'à un véritable poste de police moderne. Le camp était formé d'un mélange de sacs de sable, de

Les restes d'un char d'assaut soviétique en bordure de Three Tanks Hill.

tranchées et d'abris de fortune hâtivement fortifiés. Des carcasses de tanks trainaient, témoins silencieux des guerres passées. Les canons étaient encore orientés vers des cibles depuis longtemps disparues. J'imaginais les combats entre moudjahidin et troupes soviétiques. Même les écoutilles étaient ouvertes, représentant la dernière action des équipages évacuant leurs monstres d'acier. J'appréciais cette ambiance surréelle.

Au centre du camp se trouvait une grande antenne relayant les signaux des téléphones portables du secteur. Les talibans essayaient souvent de détruire ces antennes, afin d'empêcher la population d'appeler et de signaler à la Coalition les actions des insurgés. Ces antennes étaient protégées par le camp, ce qui était un signe que la population était de notre côté. Quand c'est au tour d'un gouvernement de bloquer les communications, on peut se poser des questions sur sa légitimité.

Le lendemain, les manœuvres ont commencé au sud de notre emplacement. Aucun ennemi n'était en vue. J'étais de garde avec Sylvain :

— J'ai tellement hâte de voir mon jeune ! a dit Sylvain, qui observait derrière le télescope.

— Mais on est bien ici, quand même, répliquai-je, tout en fumant une pipe et en tenant une paire de jumelles. On va s'ennuyer de l'Afghanistan.

— Toi, peut-être ! Moi je décroche déjà. En arrivant, je vais passer à autre chose et m'occuper de ma ferme. Je vais écrire mes livres d'horreur !

— Tu vas pouvoir raconter quelques trucs sur la guerre !

— Je peux pas tout raconter ! De toute façon les gens peuvent pas tout comprendre. Ils n'ont pas à tout comprendre !

Trois motocyclistes sont entrés dans un village. Décidément, leur présence rendait inconfortable les habitants, qui au passage des véhicules, regardaient au sol. Un des hommes est débarqué de sa moto, marchant vers nous sur le chemin principal, ne cachant pas son arrogance. De temps en temps, il crachait au sol tout en regardant dans notre direction. Son regard était sombre, tout comme sa longue barbe typique des fanatiques islamiques. Tous les villageois s'enlevaient du chemin devant l'homme, n'osant pas le regarder dans les yeux.

— Regarde-moi le crotté ! a dit Sylvain tout en consultant les chartes de tir. Oli ! Place-toi derrière la Timberwolf. Élévation : 48. Vents : 3. Tiens-toi prêt !

— J'avais mis 48 et 2 sans même regarder nos chartes ! Avoue que je m'en viens bon. Je les connais par cœur, nos armes !

J'ai activé le mécanisme de l'arme à feu. Je visais l'homme, qui semblait presque nous regarder droit dans les yeux, par bravade. L'homme s'est dirigé vers un champ, à un endroit idéal pour poser un *IED*. Mais, il ne posait aucune bombe. C'est comme si l'homme voulait nous « agacer ».

— Comment tu te sens ? demanda Sylvain.

— Ah tant pis ! Moi je dis qu'on le descend ! Dis-moi quand tu es prêt.

— Tu es sûr ? continua Sylvain. Je réfléchis. Moi je suis pas sûr !

— C'est certain que c'est un taliban ! On les connaît ! dis-je de l'arrière de l'arme, qui était appuyée contre le rebord de béton du bunker. C'est une question de temps avant qu'il mette une bombe ou torture quelqu'un. Tu le sais ! Je le sais !

— Je le sais que c'est tentant, mon Oli. Mais on n'a pas le droit de le tuer. Si on voit une arme ou des jumelles, c'est une autre histoire.

— Va prendre une pause en dehors du bunker et tu auras l'excuse que tu ne savais pas ! répliquai-je.

La mort avait fini par devenir ordinaire. Nous étions devenus des bourreaux. Mais nous n'étions pas des meurtriers. J'ai déchargé l'arme.

Ainsi devaient être les gardiens des camps de concentration nazis : ils discutaient des « BBQ » qui les attendaient en Allemagne, pour ensuite commander un peloton d'exécution et tuer par centaine des prisonniers. Mais ceux que nous tirions n'étaient pas des innocents ? Pourquoi attendre ?

Ce genre de situation nous était souvent arrivé. Nous avions le pouvoir de tuer qui nous voulions. Qui aurait su ? Mais quelque chose en nous, une voix, ramenait à l'ordre notre instinct de tueur. Nous avions un code d'honneur à respecter. Nous ne pouvions pas décider de manière arbitraire qui devait vivre ou mourir, simplement avec notre intuition. Notre intuition ne se trompait surement pas. Mais là était la limite, la frontière à ne pas traverser.

« Combien avez-vous tué de talibans pendant telle ou telle patrouille ? » est une question qu'on me pose souvent.

— Cette fois-là, seulement un, que je réplique, selon la mission que je décris.

— Il y a un *sniper* en Irak qui en a tué beaucoup plus.

Ce genre de commentaire m'agace. Comme *snipers*, nous avions le droit de vie ou de mort sur des âmes humaines. Avoir été des psychopathes assoiffés de sangs, rien n'aurait été plus facile que de faire un carnage et de battre de nouveaux «records de *kills*» en une journée? Mais ce record aurait été déshonorable. C'est un peu comme demander à un juge : «À combien de gens as-tu donné la peine de mort?» La question devrait plutôt être : «Combien d'innocents as-tu emprisonnés?»

La nuit tombée, je regardais le paysage de la campagne : «Ah que j'aime ce pays!» dis-je à voix basse. Je ne ressentais aucun stress, aucune pression. Ce pays et cette guerre me rendaient serein. J'étais en paix avec moi-même.

Le lendemain, notre mission semblait terminée. De retour vers Masum Ghar, nous sommes passés par des champs de marijuana. Les plantes ressemblaient à des arbres, tellement elles avaient poussées. Étant en avance sur notre horaire, nous avons pris quelques photos «souvenir», garnissant nos casques et vestes de feuilles étoilées. C'est alors qu'au loin nous avons entendu une explosion. Presque aussitôt, nous avons appris par les radios que la compagnie Cobra avait été touchée par un *IED*. On annonçait près de vingt blessés! Nous connaissions ces soldats! Par chance, au fil des rapports radio, les pertes semblaient de moins en moins grandes, les soldats étant légèrement blessés.

Au moment de l'explosion, le caporal Massicotte a accouru afin d'ouvrir l'écoutille du conducteur du véhicule touché, ne sachant pas encore ce qu'il allait découvrir. L'écoutille était difficile à ouvrir, le métal ayant été en partie tordu par l'explosion. Dans le passé, lors d'autres incidents, certains conducteurs étaient morts brûlés vifs, pris au piège dans leur compartiment, ne réussissant plus à ouvrir l'écoutille! Nous avions tous entendu ces histoires d'horreur où les soldats avaient évacué le véhicule en flamme, pour ensuite entendre les cris de souffrance de leur camarade en train de brûler. Le caporal Massicotte a finalement réussi à ouvrir l'écoutille de l'extérieur :

— Non! Non! a crié à pleins poumons le soldat en voyant le corps amoché de son ami décédé.

Il n'avait pas souffert! Les dieux de la Guerre avaient soif. Ils avaient été compatissants. Ils n'avaient pas fait souffrir leur dernière victime.

Un mort nous a été annoncé par radios. Nous ne connaissions pas encore son nom, mais nous savions que nous le connaissions.

Les poseurs de bombe venaient fort probablement d'un petit village que nous avions surveillé il y a plusieurs mois, depuis les montagnes. Nous avions pris des photos de talibans en train de poser des bombes, photos que nous avions fait parvenir au Renseignement, qui s'était montré intéressé par notre trouvaille. Nous n'avons plus jamais entendu parler de cette affaire. Des années plus tard, un responsable du Renseignement, avec qui je m'étais par hasard entretenu, m'a confirmé que nos photos avaient été utiles : une opération avait eu lieu dans le village en question. C'est tout ce que j'ai su. Encore aujourd'hui, je me demande si l'opération a été conduite à temps? Ou avait-elle été faite en réaction à l'incident?

Notre mission terminée, nous étions sur la *FOB* de Masum Ghar. Nous étions fatigués et n'avions plus de linge de rechange. Nous avions tous hâte de prendre une douche (rendue brûlante par le soleil) et de retrouver le confort relatif de notre « maison » de Sperwan Ghar. Notre base nous paraissait si proche. Le prochain convoi n'allait passer que dans quelques jours. Plutôt que d'attendre un convoi, nous avons eu l'idée de payer des taxis et de retourner « sous couvert » à notre *FOB*.

Moi à côté de la Macmillan, à l'OP Three Tanks Hill.

Un hélicoptère Griffon survolant la campagne afghane.

— Les gars, franchement! est intervenu Sylvain. Ce serait bien le fun, mais je ne peux pas laisser faire ça! La route vers le camp est pleine de bombes. «Foster», ça vous dit quelque chose?

— J'ai l'air d'un Afghan, dis-je. Je vais m'asseoir en avant. Les talibans n'y verront que du feu!

— On va pouvoir relaxer et écouter nos séries télé sur nos ordis ce soir, a ajouté Pascal. Ce serait un méchant bon *challenge*! Imaginez la face des gars sur la *FOB* en nous voyant… ils vont nous demander comment on est revenus… en taxis!

Les artilleurs approuvaient! Même Sammy embarquait! Sylvain semblait sur le point de plier :

— Les gars… regardez ce qui vient d'arriver… si un de vous se fait tuer ou blesser parce qu'on était pressés d'écouter nos émissions sur nos ordinateurs… jamais je ne me pardonnerais ça.

Nous avons donc attendu deux jours que passe un convoi en route vers Sperwan Ghar. De retour au camp, alors que nous rangions notre équipement, un officier est entré dans la chambre :

— Tenez! La prochaine fois que vous allez à *KAF*, va falloir que vous rameniez ça!

C'était un colis couvert de petits cœurs. On pouvait lire une note : «À mon amoureux!»

— C'est la politique que de ramener aux familles les colis destinés aux soldats morts au combat, a terminé l'officier, qui est aussitôt retourné au Poste de commandement.

Le colis avait fait le tour du monde. Il devait le faire de nouveau, sans jamais être ouvert par son destinataire.

La Macmillan attendant de tirer. Le suppresseur a la grosseur d'un silencieux de moto. La monture de l'optique est plus élevée que pour une carabine ordinaire, ceci afin que le réticule ne croise pas le suppresseur pour le tir de très longue portée.

Vue typique d'un village amical : les jeunes se rassemblent le long des routes et regardent la patrouille passer.

La mère du soldat ne le savait pas encore, ni sa fiancée. Quelque part au Québec, un officier allait bientôt recevoir une mission spéciale. Il allait être celui qui allait annoncer la mort d'un fils à une mère. « Je préfère être au combat que d'avoir à faire ça ! »

Sur la porte de la chambre d'en face se trouvait la liste des occupants. On pouvait voir qu'un soldat avait biffé le mot « soldat » pour celui de « caporal », ayant obtenu sa promotion durant son déploiement. Un peu en dessous, on pouvait lire : « Repose en paix, mon chum ». Le soldat Couturier dormait en face de ma chambre. Ses bagages étaient déjà prêts ! Le soldat était de retour de sa dernière patrouille ! Si près de revoir les siens ! Mais l'ennemi avait frappé ! La guerre tue jusqu'au dernier jour !

Dans un champ de marijuana. À cet instant, nous avons entendu l'explosion qui allait tuer un soldat de la compagnie Cobra.

Les fantassins portent le cercueil de leur ami et entrent dans l'arrière de l'avion-cargo. Photo : Cpl Marc-André Lesage-Tremblay, DND.

Une longue approche vers la cible

«Comment devient-on *sniper* pour aller au combat?» Est une question qu'on me pose souvent.

J'étais jeune et rebelle, j'avais décroché de l'école, pour ensuite refaire les examens d'équivalence avec une note presque parfaite. J'avais déjà quatre ans de service comme cadet. Je voulais rejoindre l'Armée et servir mon pays comme officier d'infanterie! Après plusieurs mois de paperasses, je suis allé au Centre de recrutement de Montréal. L'officier a lu mon dossier pendant une longue minute, sans rien dire. Il m'a alors regardé d'un air condescendant:

— Ta lettre de motivation a des fautes! Et tes notes scolaires... bof! J'ai vu mieux. Faut que tu sois intelligent, pour commander! Je peux pas te laisser être officier!

J'ai souri. Il ne m'aimait pas! Je sentais l'appel du destin. La vie avait placé cet officier sur mon chemin. C'est lui qui était responsable de mon dossier. Peu importe ce que j'allais faire, il allait me bloquer. Je me suis rappelé Sun Tzu: «Comme l'eau, n'attaque pas la force, mais contourne le rocher et attaque la faiblesse.» J'ai regardé la bedaine du militaire devant moi. C'était «la roche» et elle représentait l'officier en position de pouvoir. J'ai déplacé mon regard vers les yeux du bureaucrate blasé. C'était la «faiblesse»:

— Dans ce cas, mettez mon nom comme homme du rang!

— Tu pourras pas être fantassin. Ce sera artilleur!

Quelques mois plus tard, j'étais dans mes cours de recrue. Malgré ma bonne volonté, malgré mes efforts, j'étais devenu le mouton noir de deux instructeurs. Cette malédiction allait peser tout au long de ma vie : soit on m'aime, soit on me déteste. J'ai alors compris qu'il est facile de « couler » n'importe qui, quand on s'acharne sur lui. Je me suis juré de ne jamais traiter de la sorte de jeunes recrues. Il faut être dur, mais juste[1].

Sur un champ de tir froid et pluvieux, un instructeur m'a poussé sur l'épaule :

— Esti que tu tires tout croche ! Tu es mieux de passer le test, toué !

Des jets de sable giclaient autour des cibles. Mais aucune balle ne touchait l'ennemi. Par frustration, je m'amusais à viser autour des cibles !

— Tu fais exprès, hein ? a dit l'instructeur.

J'ai alors touché la cible à répétition, passant le test de justesse. Après une inspection matinale, un instructeur s'est adressé au groupe, me regardant dans les yeux :

---

[1]   Les armées occidentales ont souvent un modèle d'instruction militaire brutal où l'humiliation est utilisée. Cette façon de faire, bonne au début, quand il s'agit de tester les individus, n'en est pas moins accompagnée de conséquences néfastes pour une force armée et ses individus. Les soldats comprennent la nécessité de la discipline, s'ils ne la sentent pas injuste, inéquitable et arbitraire.
Je m'intéresse en particulier au modèle d'entraînement du PKK, une milice kurde combattant à l'est de la Turquie. Cette milice, reconnue pour ses faits d'armes, est uniquement constituée de volontaires. Ces volontaires quittent souvent une vie plutôt confortable pour joindre une guerre dans laquelle les risques de mort sont élevés, le tout sans récompense monétaire. L'entraînement de cette milice est axé autour du respect mutuel. Les candidats ne sont pas poussés à l'action par la peur de la discipline, mais par la honte de ne pas accomplir son devoir face aux autres « camarades ». Des séances d'endoctrinement sont organisées afin d'entretenir la motivation des combattants. Les « élèves » parlent alors autant que « l'enseignant ». Il ne se dégage pas une ambiance de soumission et d'humiliation hiérarchique de ces unités combattantes, mais un sentiment de fraternité. En conclusion, la discipline « pure » est un outil à la disposition des chefs militaires, si elle est bien appliquée. Il ne faut cependant pas perdre de vue qu'une armée ne peut pas accomplir de grandes actions par la contrainte seule, mais par l'instauration d'un sentiment d'appartenance et de la croyance en un combat noble. Bref, la discipline « pure » (et non l'humiliation sadique) devrait être vue comme un outil de dernier recours et non comme une manière de faire standard.

— Vous savez ce qu'on faisait, dans notre temps, aux pommes pourrîtes? On les passait au savon la nuit! Faites ce que vous avez à faire!

«Passer au savon» consiste à mettre des savons dans des serviettes et à frapper collectivement un soldat qu'on enferme dans ses couvertures. Il n'était pas question que je subisse cette torture et cette humiliation psychologique. Il fallait être résilient. Quelques soldats de ma chambre avaient pitié de moi :

— Vous voyez la baïonnette que j'ai placée à côté de mon oreiller? dis-je, le regard féroce comme celui d'une bête traquée. Si quelqu'un veut me passer au savon, je le tue!

Les soldats n'ont même pas pris la peine de me regarder dans les yeux. Ils me croyaient! Ils avaient raison de me croire! Le lendemain, deux instructeurs m'ont pris à l'écart entre deux bâtiments :

— Tu le vois bien que l'Armée, c'est pas fait pour toi! m'a dit l'un d'eux. Tu vas casser au combat! Va-t-en! T'as pas d'affaire ici.

Je suis resté. L'Armée est parfois comme une gang de rue : il faut souffrir par et pour la meute pour faire partie du club.

Après un exercice de cinq jours à ne pas dormir et à patrouiller en forêt, nous sommes revenus sur la base. Nous marchions en rangs, complètement épuisés. Un soldat est tombé endormi des rangs. Il s'est relevé en riant, intégrant les soldats qui continuaient d'avancer. Tout en marchant au pas cadencé, je regardais le trottoir : j'y aurais dormi toute une journée! Le sergent s'est adressé aux soldats qui marchaient à ses côtés :

— Y'en a combien d'entre vous qui sont allés en prison?

Plusieurs mains se sont levées.

— Je suis fier de vous! s'est exclamé le sergent.

J'avais presque le goût de lever la main!

Quelques mois plus tard, j'ai terminé Premier de cours comme artilleur. Je voulais apprendre l'anglais. J'ai donc demandé à être muté à Gagetown, au Nouveau-Brunswick. «Fais quelques années là et tu retourneras à Valcartier pour faire des missions à l'étranger», qu'on m'avait dit.

De l'armée, j'en mangeais. Les fins de semaine, je m'entraînais dans la forêt, portant un lourd sac de patrouille sur les épaules. On me surnommait «Camstick» parce que lors des tâches administratives dans les secteurs d'entraînement, je mettais du camouflage sur mon visage.

Deux ans sont passés. Déjà, on entendait parler des missions à Kaboul, en Afghanistan. J'ai demandé à être déployé plusieurs fois : toutes mes demandes étaient refusées. Mon unité manquait de personnel. Tous ceux qui demandaient à être mutés ailleurs voyaient leur demande refusée après de longues années d'attente. Fini, les missions! J'étais un guerrier et je voulais combattre! J'étais condamné à l'inaction! C'est à cette époque que j'ai développé un respect pour ces soldats volontaires qu'on a empêché de servir. Ils brûlaient d'envie de combattre, sans jamais avoir l'honneur et le plaisir d'entendre le feu de l'ennemi! J'étais comme eux, à mes débuts : un soldat «vierge» ne connaissant rien du vrai combat.

Après une parade matinale, j'ai été voir mon supérieur, qui m'a ensuite amené dans le bureau du Commandant :

— Quoi! Mais tu sors de l'Armée? de demander l'officier. Tu vas faire quoi?

— Je vais attendre le délai d'un an et je vais réappliquer comme fantassin. Je partirai en mission avec Valcartier !

En sortant du bureau, le sergent-major de l'unité, qui portait une large moustache, m'a pris à l'écart. Nous sommes entrés dans une salle de classe sombre. Le sergent-major a fermé la porte. Il ne disait rien. Il a allumé un projecteur et s'est assis, croisant les jambes sur un bureau. À l'écran, on voyait des troupes aéroportées sauter en parachute. C'était son ancienne unité, le fameux « Commando » ! Le vidéo s'est arrêté. Le soldat s'est tourné vers moi en souriant, toujours sans rien dire. Ce « vieux de la veille » n'avait pas à demander le respect, il l'imposait naturellement !

Un an plus tard, j'étais de nouveau une recrue, à Valcartier. À la fin de la formation, le capitaine Maranda, qui allait plus tard presque mourir en Afghanistan, m'a fait demander dans son bureau :

— Tu es un des meilleurs soldats que j'ai vu passer ici ! S'il pouvait y avoir deux trophées comme Meilleur soldat du cours, tu l'aurais. Mais fais-toi en pas ! C'est toi qui auras le trophée du meilleur tireur !

C'est ce que j'aime du tir : c'est une évaluation vraiment neutre qui ne dépend pas des préférences humaines.

Quelques mois plus tard, des soldats de Valcartier partaient vers Kandahar, à la guerre ! On voyait des uniformes beiges partout sur la base. Mon uniforme était vert ! Certaines recrues partaient en mission, alors que d'autres, qui comptaient plusieurs années de services, restaient au pays. C'était humiliant ! Je me suis alors porté volontaire pour un poste temporaire de commis administratif au sein du Bataillon. Je ne voulais pas ce poste. Aucun guerrier ne voulait ce poste. Mais quelqu'un devait lever la main. C'était moi.

— C'est pour deux mois, trois au maximum ! m'avait-on rassuré.

Par une fenêtre donnant sur mon bureau de bureaucrate, je voyais des pratiques de cérémonie d'enterrement. Valcartier comptait déjà des morts ! Deux mois plus tard, j'apprenais qu'un cours de *snipers* allait bientôt commencer. Ceux qui allaient réussir avaient une chance d'être déployés dans une mission de combat de tireur d'élite à Kandahar. Être tireur d'élite est une spécialisation du métier de fantassin. Ça n'allait pas me donner de salaire supplémentaire. La récompense n'allait pas être dans le portemonnaie, mais sous la poitrine !

C'était enfin ma chance ! J'ai écrit une note de service administrative, demandant à faire partie du prochain cours de Reconnaissance, préalable à la formation de *sniper*. Le lendemain, un officier m'appelait dans son bureau. Je me suis mis au garde-à-vous dans l'embrasure de la porte :

— Soldat ! Je dois rejeter ta demande. Tu es bon et nous avons besoin de toi dans les bureaux. Ton poste va devenir permanent.

— Oui, monsieur ! dis-je avec amertume, tout en serrant les poings, m'en retournant faire mon travail de commis.

Le lendemain, deux soldats sont venus à mon bureau :

— Il paraît que tu as accès à plein d'informations avec ton ordinateur, m'a demandé un des jeunes fantassins. C'est vrai qu'il y a un cours de *sniper* qui commence bientôt ?

— Il commence la semaine prochaine ! répliquai-je.

— Dis-nous comment on peut aller sur la sélection !

— Remplissez une note de service. Je peux vous dire quoi écrire, pour que ça se rende aux bonnes personnes.

— On est nuls avec les papiers de merde! Tu pourrais nous aider avec ça?

— Donnez-moi une demi-heure et je vous écris vos trucs. Je vais seulement avoir besoin de vos signatures!

Deux jours plus tard, les deux jeunes fantassins étaient acceptés pour la sélection. J'étais en train de rédiger des rapports sur mon ordinateur, quand un sergent est entré dans le bureau, s'assoyant sur la chaise en face de moi.

— Je suis le sergent Hamel. Des gars t'ont vu à l'entraînement. Tu tires bien et il paraît que tu es professionnel. Aimerais-tu devenir *sniper*?

Je me suis aussitôt raidi de derrière mon ordinateur:

— Oui, sergent! Je suis prêt demain matin!

— Tu peux me tutoyer! répliqua calmement le sergent. Comme tu sais déjà, le processus de sélection commence bientôt. Je ne te garantis rien pour la suite, mais on est prêt à te laisser une chance!

Le sergent a croisé les jambes et a craché du tabac dans un verre de plastique:

— Fais un copier-coller de la note de service que tu as déjà fait pour tes amis. Ça suffira!

Deux jours plus tard, le même officier qui avait rejeté ma demande m'a de nouveau appelé dans son bureau:

— Vous autres, les *snipers*! Méchante mafia que vous êtes! Je sais pas à qui tu as parlé, mais tu t'en vas sur le cours de Reconnaissance lundi! Si tu passes, ce sera le cours de *sniper* avant Noël! Bonne chance!

Presque tous mes succès ont été possibles parce que quelqu'un m'en a donné l'opportunité. Ainsi est si souvent décidé l'avenir d'une personne : par les autres ! Combien de carrières sont commencées ou détruites, par la générosité ou le caprice d'une personne en position de pouvoir ?

Quelques jours plus tard, j'échangeais le confort ennuyant de mon bureau pour l'inconfort excitant du cours de « Recon », une formation dont le seul nom équivalait à des mois de souffrance.

— On vous traite en adultes ici, nous disait le sergent Hamel, instructeur sur le cours. Il n'y aura aucun criage. On veut voir des soldats professionnels.

Nous marchions dans des forêts épaisses, des marécages froids et humides, seuls ou en groupe, de jour comme de nuit. Nous devions complètement maîtriser l'usage de nos cartes et boussoles. Les instructeurs adoraient nous faire traverser l'eau froide des rivières, question de « tester » l'étanchéité de nos sacs et de nous mouiller pour les jours suivants. Nous étions tous misérables, fatigués et mouillés. Je me souviens encore de la neige fondante qui tombait sur nos épaules écrasées par l'équipement. Nous avions voulu être des guerriers. Nous en payions le prix !

Quelques mois plus tard, la formation de Reconnaissance était terminée, ainsi que la sélection du cours de tireur d'élite. Nous étions sur la base de fort Benning[2], aux États-Unis. Fort Benning est une base légendaire. C'est ici que s'entraînent les parachutistes de l'Armée américaine et un groupe des forces spéciales. Un peu partout se trouvaient des champs de tir modernes et des baraques. Au centre du camp se trouvaient les fameuses *Jump*

---

2   Les cours de tireur d'élite était exceptionnellement donné depuis la base américaine de Fort Benning. Le temps pressait pour former de nouveaux snipers, en vue du déploiement en Afghanistan qui approchait. La formation ne devait pas être donnée en hiver. Puisqu'au Québec c'était l'hiver, la formation se passait en Géorgie, aux États-Unis, qui en hiver a un climat doux semblable à l'automne du Québec.

towers, grosses structures hautes comme des petits gratte-ciels et servant à l'entraînement des futures parachutistes. C'est ici que les Paras américains s'étaient entraînés avant de prendre d'assaut l'Europe occupée par les nazis!

Près de nos quartiers, situés en bordure d'une belle forêt, se trouvait une piste à obstacles. L'entrée du parcours ressemblait à celle d'un camp de concentration. Une imposante structure en bois était surmontée du symbole noir et jaune des Rangers. Le lieu évoquait la souffrance typique de l'entraînement de fantassin. Le soir, non loin de nous, les apprentis Rangers se tenaient en rangs sous la pluie glaciale. Ils récitaient le *Ranger Creed* en tenant leur arme au-dessus de leurs bras. «La douleur est la faiblesse qui quitte le corps», aimait-on à dire dans l'in-fanterie.

Alors que nous nous entraînions parmi les pins de Géorgie, les *snipers* du 3e Bataillon étaient à Kandahar. Nous les envions! Pour l'instant, il ne nous fallait pas vaincre l'ennemi, mais déjouer les instructeurs du cours de tireur d'élite! Plusieurs candidats avaient échoué, déjà. Du groupe initial avec lequel j'avais commencé mon cours de Recon, nous étions moins que la moitié! C'était pourtant de bons soldats!

J'attendais dans un bâtiment avec d'autres fantassins. Nos uniformes étaient propres et nos bottes polies. Les restants de *camstick* sur nos visages rappelaient que nous n'étions pas des soldats de parade, mais des *snipers* en formation. Mon tour est venu. Je suis entré dans la salle au pas cadencé, me mettant ensuite au garde-à-vous de manière sèche et efficace. Une de-mi-douzaine d'instructeurs se trouvaient devant moi. Au centre, un officier parachutiste portant un béret marron m'a adressé la parole :

— Caporal! Vous êtes ici parce que vous avez échoué la dernière épreuve, le *stalking*. Nous sommes ici pour évaluer si vous avez les aptitudes pour être *sniper*, ou si nous devons vous enlever du cours. Qu'avez-vous à nous dire?

Un *stalking* consiste à approcher furtivement vers des observateurs ennemis sans être détecté. Le tout à une distance d'environ 200 mètres et en suivant une procédure de tir simulant un vrai engagement.

— C'est vrai que je n'ai pas réussi le dernier *stalking*, mais j'aimerais dire ceci : j'ai réussi presque tous les *stalking*s de pratique et jamais je n'ai encore été détecté pendant l'approche. Monsieur! Je veux être ici et je peux vous garantir que je ferai de mon mieux!

— Détends-toi un peu! a dit l'officier en souriant légèrement. On a parlé, les instructeurs et moi. On le sait que tu es un bon soldat et que tes évaluations sont bonnes. Tu n'es pas le seul à avoir eu des problèmes au dernier *stalking*. Écoute-moi! Demain, tu vas faire ce *stalking* et tu vas le réussir! Tu es capable de ça! On te veut dans l'équipe lors de la prochaine mission en Afghanistan. Caporal, rompez!

J'ai militairement tourné vers la droite, quittant la pièce, un sourire sur mon visage. Il fallait que je réussisse cette épreuve tant redoutée. Il ne me restait qu'un seul *stalking* pour passer le cours et devenir tireur d'élite!

Le lendemain matin, le groupe de *wannabe snipers* était encore une fois dans la forêt. Le sol était givré. Il faisait froid. Non loin de nous, des recrues Ranger faisaient des *push-ups*. Un instructeur les arrosait à l'aide d'un boyau, dont l'eau était près du point de congélation. «Être guerrier se mérite, pensai-je. Même un milliardaire ne peut s'acheter ça avec tout l'or du monde!»

Nous avons reçu les ordres de mission et les coordonnées *GPS* de la zone approximative à infiltrer. C'était à quatre kilomètres. Le sergent Hamel mastiquait du tabac, crachant abondamment tout en nous parlant :

— Vous avez quatre heures pour infiltrer la zone et ne pas vous faire détecter par les deux observateurs ennemis. N'oubliez pas ce qu'on vous a enseigné. Ceux qui ne réussiront pas ce *stalking* échoueront le cours. Je pars le chrono... maintenant !

Les soldats étaient nerveux. Certains appliquaient déjà du camouflage sur eux. C'était inutile et le temps pressait ! Il fallait d'abord s'approcher du secteur ennemi à couvert, en utilisant la végétation et le terrain. Mon intention était de seulement me camoufler lors de l'approche finale. D'autres soldats avaient la même stratégie que moi. Sans dire un mot, nous nous sommes mis en route.

J'approchais de la ligne de bois. Au-delà de la forêt se trouvait un grand champ de foin, au fond duquel se trouvaient les observateurs, que nous ne voyions pas. J'ai escaladé un arbre afin de repérer l'ennemi. Pendant dix minutes, j'ai recherché et balayé le paysage à l'aide de mes jumelles, sans succès ! J'ai redescendu l'arbre. J'ai appliqué une abondance de camouflage naturel sur moi. Je ressemblais à une boule de foin. Il n'y a rien de mieux que le camouflage naturel trouvé sur place, nous avait-on dit ! Au moment de sortir de la ligne de bois, j'ai entendu un instructeur au loin, portant un dossard réflecteur :

— *Freeze* !

Nous devions tous nous immobiliser. Les observateurs avaient détecté un soldat directement à la sortie de la forêt ! C'était pour lui terminé ! Le soldat s'est levé, frustré. Il a saisi son trépied d'observation et s'est mis à frapper un arbre à répétition, tel un fou en crise. Le trépied s'est cassé en plusieurs morceaux, qui volaient en tous sens.

— Désolé, les gars! Ça a fait du bien!

L'année d'après, il allait reprendre son cours de *sniper* et le réussir!

J'ai rampé pendant environ trois cents mètres, trainant, à l'aide d'une corde, mon *drag bag* derrière moi. Un *drag bag* est un sac allongé servant d'étui à l'arme de *sniper*. Déjà, quelques *snipers* étaient «morts», s'étant fait détecter par ces mystérieux observateurs que personne ne semblait avoir vu. Après quelques essais, j'ai finalement repéré les deux «ennemis»! Ils étaient à l'ombre d'un arbuste. Derrière eux, en arrière-plan, se trouvait un pin ayant une forme particulière. Ça allait être mon point de repère afin de retrouver l'ennemi tout au long de mon approche. Autrement, il est facile de ramper et de se déplacer et d'ainsi perdre de vue les observateurs.

C'est alors qu'est survenue une tempête. Des éclairs frappaient dans les champs non loin de notre emplacement. «J'imagine que ça ressemble à une attaque au mortier», pensai-je. L'eau coulait, creusant de miniatures ruisseaux autour de moi! J'étais complètement trempé! Dix minutes plus tard, l'orage était terminé. Le temps filait. Je devais me dépêcher et entrer dans la «boîte» (la zone de tir) aussitôt que possible. Nous ne pouvions commencer la procédure d'engagement que depuis cet endroit, qui était à une distance plutôt rapprochée des observateurs. Après un déplacement latéral, je me suis levé en plein champ, pour ensuite marcher à la vue de tous! À une quinzaine de mètres, un soldat était étendu et recherchait l'ennemi. De mon côté, un arbre se trouvant à une centaine de mètres me cachait des observateurs! J'ai ainsi pu gagner du précieux temps!

Une fois dans la «boîte», j'étais à la recherche d'une position de tir offrant assez de dégagement pour commencer ma procédure d'engagement.

— *Freeze*!

Ça ne pouvait pas être moi qui avais été détecté! À ma surprise, un instructeur portant un dossard réflecteur s'est approché de moi. C'était Sylvain. Je n'étais pour lui qu'une autre recrue aspirant à devenir *sniper* :

— Toi, là! me dit-il en pointant discrètement l'antenne de sa radio vers moi. Si tu bouges encore, tu es disqualifié! Teste-moi pas! Le moindre geste et tu es *out* des *snipers*!

J'entendais les instructions des observateurs sur la radio :

— Ici Hamel à Sylvain. Avance, avance, avance, avance...

Sylvain est passé non loin de moi :

— Arrête! que j'ai entendu sur la radio. Va à gauche... encore à gauche. Arrête! Descends ta main... place-la plus à droite. Il y a un tireur là!

Tout près de moi, un autre soldat venait d'être repéré par le regard d'aigle des observateurs. J'ai alors sorti mon arme de son étui. Comme on me l'avait enseigné, j'avais déjà placé la tige de nettoyage dans le canon, afin d'y enlever l'humidité causée par la pluie. Au moment de tirer les balles à blanc, l'humidité, si non enlevée, produit un nuage bleuté, ce qui pouvait me faire détecter.

J'ai ramené l'arme à côté de moi. Après quelques ajustements, j'ai trouvé une position de tir adéquate. Je voyais maintenant un observateur. L'autre était dissimulé par la végétation, ce qui jouait en ma faveur. L'observateur balayait le terrain à l'aide de jumelles.

— *Freeze* !

Un autre soldat s'est levé parmi la végétation.

Un petit buisson épineux se trouvait à environ quinze mètres de moi et cachait presque toute la cible. Je ne pouvais pas tirer dans ces conditions. J'ai serré mon arme dans l'étui. J'ai méticuleusement rampé jusqu'au buisson. J'avais le nez collé au sol. J'ai croisé une chenille. Elle se promenait à quelques pouces de mon visage, dans la terre détrempée. J'ai mis ma main droite dans ma poche, prenant soin de ne pas exposer mon coude, ce qui m'aurait fait détecter. J'en ai sorti un sécateur, un modèle professionnel utilisé par les paysagistes. Au moment de l'acheter en magasin, j'avais demandé un sécateur « robuste et de couleur naturelle, pas de couleur voyante ». L'employé du magasin devait se demander la raison de ces « goûts » particuliers.

J'ai lentement allongé le bras vers le petit arbuste épineux, que je savais dans le champ de vision des observateurs. J'ai coupé la base de l'arbuste en prenant soin de ne pas l'agiter, ce qui aurait attiré l'attention. J'ai ensuite rampé à reculons, la boue entrant dans mes vêtements. Dix minutes plus tard, j'étais de nouveaux derrière mon arme !

J'avais un autre problème. Deux branches d'un petit arbre cachaient partiellement l'observateur ! Les branches étaient trop loin et je n'allais pas pouvoir les couper sans m'exposer. Je n'avais de toute façon pas le temps pour ça !

J'ai saisi mon *drag bag*. Je l'ai plié et placé sous le bipied de l'arme, afin de m'offrir légèrement plus d'élévation. Une branche se trouvant à une trentaine de mètres cachait en partie le visage de ma cible, ce qui allait m'aider, car le champ de vision de l'observateur allait lui aussi être obscurci. Une autre branche allait m'empêcher d'atteindre le torse de l'observateur, qui était l'endroit visé! Je me suis alors rappelé les principes de balistique qu'on m'avait appris. Au début de sa trajectoire, la balle allait être sous la ligne de visée. Il fallait donc que je vise directement la branche pour ainsi toucher le torse qui se trouvait derrière!

— Tireur prêt! criai-je.

Un instructeur s'est approché :

— Ici Sylvain. Un tireur est prêt pour la procédure d'engagement. Je suis à dix mètres de lui.

L'observateur «ennemi» regardait en plein vers moi. Je voyais les deux ronds verts de ses jumelles militaires, ce qui le faisait ressembler à un cyborg. Les reflets des jumelles variaient légèrement. La cible ne me voyait donc pas! Deux minutes plus tard, l'observateur a placé un panneau à la hauteur du torse.

— J'identifie la lettre Sierra[3]!

— Ici Sylvain, le tireur identifie Sierra.

Ceci confirmait que le tireur avait une bonne ligne de tir vers les cibles.

— Ici Sylvain, le tireur va maintenant tirer sa balle à blanc dans cinq, quatre, trois, deux, un…

Bang! Un nuage de fumée légèrement bleu s'est échappé du canon, faisant vibrer la végétation en avant.

— Sylvain… tourne à ta droite et avance! entendis-je sur la radio.

---

3   Les lettres possibles forment le mot « Sniper ».

Les jambes de l'instructeur sont passées à quelques mètres en avant de moi, brouillant ma ligne de mire.

— Arrête ! a dit l'observateur.

Les jambes s'étaient arrêtées plus loin. L'observateur ne semblait pas m'avoir pas détecté !

— Tourne à ta gauche et avance... avance... encore... arrête !

Sylvain était à quelques mètres derrière moi.

— Bouge à gauche... encore... encore... reviens... descends ta main... il y a un tireur à cet endroit !

L'observateur confondait un arbuste pour un tireur ! J'avais gagné cette première manche. Sylvain s'est de nouveau déplacé :

— Je suis maintenant à cinq mètres du tireur.

— Dans cinq pour cinq, a ensuite dit l'observateur par la radio.

Cinq secondes plus tard, un autre panneau était montré.

— Le tireur identifie India ! dis-je.

Pendant que l'observateur abaissait son panneau et ne regardait pas vers mois, j'ai rechargé une autre cartouche en vitesse.

— Ici Sylvain. Le tireur va maintenant tirer. Dans cinq, quatre, trois, deux, un...

Bang ! De la fumée s'est échappée du canon, faisant virevolter quelques brins d'herbe. Je craignais le pire ! C'était presque toujours lors du second tir que je me faisais détecter.

— Ici Hamel ! Avance de deux mètres. Arrête. Bouge à ta gauche... encore... avance d'un pied. Recule légèrement.

Sylvain se promenait en arrière de moi. Pendant ce temps, je restais immobile comme une statue. «Je fais partie de mon environnement, je suis une simple roche», pensai-je afin de m'encourager à ne pas bouger.

— Bouge à ta droite... avance légèrement... arrête! Descends ta main... un peu plus à droite...

Est-ce que la main en question allait toucher ma cheville ou ma jambe?

— Descends encore! Il y a un tireur à cet endroit!

J'avais réussi cette étape! Sylvain s'est approché de moi :

— Je vais placer des repères autour de toi pour le tir à balle réelle de tantôt. Ne bouge pas ou je vais devoir te disqualifier. Donne-moi l'élévation sur ta tourelle. Tu vas devoir garder la même tantôt.

Une fois terminé, il fallait me déplacer vers une radio dont nous avions eu la coordonnée. Si je me faisais détecter à ce moment, tout allait être perdu! Après avoir rampé un moment, j'ai remarqué une antenne qui dépassait d'un tas d'arbustes. La radio se trouvait dans une petite fosse, dans laquelle je me suis introduit. J'ai saisi le téléphone de la radio :

— Ici le tireur 3. Je suis maintenant à la radio.

— Ici Hamel! Bravo!

Il restait une dernière étape avant de réussir l'épreuve : tirer de vraies balles vers les cibles de métal, qui remplaçaient maintenant les observateurs[4]. Nous avions le droit à deux cartouches!

---

4   Dans un but de clarté, j'ai ici fusionné un stalking «ordinaire» (avec balles à blanc) avec un stalking «live» (avec balles réelles). Durant le cours de tireur d'élite, ces deux types de stalkings n'étaient pas faits en même temps, pour des raisons de sécurité,

Mon tour est venu. Je me suis placée derrière mon arme. La ligne de visée était exactement la même! Mon coude était placé sur la même roche pointue et douloureuse! L'observateur était maintenant une cible de métal réactive.

J'ai chargé ma première cartouche. Derrière moi, en demi-cercle, se trouvaient les soldats et instructeurs. Un instructeur, l'adjudant Deschesnes[5], regardait la cible à travers un télescope placé sur un trépied. Comme prévu, j'ai visé la branche, qui cachait une partie du torse. J'ai appuyé sur la détente lentement, afin de ne pas faire bouger l'arme par un mouvement trop brusque du doigt. Le coup est parti «par surprise», comme cela doit être le cas pour le tir de précision. Aussitôt, j'ai vu un morceau de peinture de la cible se détacher, laissant un rond gris métallique en partie caché par la branche en avant.

— Touché! a dit l'adjudant. Essaye la tête, mon ami.

C'était risqué, l'autre branche cachait le haut de la cible, mais c'était possible!

Le coup est parti. Une fraction de seconde plus tard, un bruit d'impact métallique était entendu. La cible se balançait sous les chaînes du support. L'ennemi était « mort ». Quelle adrénaline! Un an plus tard, ces expériences de *stalking* étaient ce qui allait le plus se rapprocher de l'excitation de tuer une cible humaine!

Depuis des années, je m'étais approché de mon but : j'allais bientôt être déployé au combat comme tireur d'élite! Un long *stalking* prenait fin. Un autre commençait!

---

les balles réelles risquant d'être mélangées avec des balles à blanc. Les évaluations des nouveaux cours de tireurs d'élite ne comprennent que des stalkings à balles réelles.

5   J'ai appris le décès de ce soldat alors que j'écrivais ces lignes. Je me souviens.

Le détachement 66 Bravo à l'entraînement pour l'Afghanistan.

Moi portant mon « gillie suit », ma tenue de camouflage de tireur d'élite.

Zangabad – Les têtes brûlées

Alors que j'entrais dans la cafétéria du camp, un Afghan qui travaillait à placer la nourriture est venu me voir. Ses yeux étaient candides comme ceux d'un enfant. Il a ouvert ma main pour y déposer quelque chose : c'étaient des bagues artisanales faites d'un alliage d'or! Après m'avoir refermé la main, l'Afghan l'a tenue pendant un long moment tout en me regardant droit dans les yeux. Plusieurs soldats passaient près de nous en ricanant. En peu de temps, j'étais devenue la risée.

— Je crois qu'il veut te marier! a dit un soldat.

— On peut vous laisser seul à seul, si vous voulez! d'ajouter un autre en souriant.

J'ai pris une grappe de raisins, qui venaient d'un pays lointain. «Les raisins de Kandahar sont bien meilleurs.» Les tables, couvertes de nappes rouges et blanches à carreaux, rappelaient un pique-nique sur l'herbe. Quelque chose m'empêchait d'apprécier mon repas :

— Zangabad! Il nous faut y aller! ai-je subitement lancé pendant que Sammy déposait son pistolet sur la table. Zangabad est un repère de méchants! C'est eux qui ont tué Chuck! C'est notre devoir d'aller les attaquer! Il nous faut les attaquer, encore et encore!

— Je sais pas si c'est une bonne idée, a ajouté Sammy tout en saisissant un *sandwich*. On a été chanceux. Aucun de nous n'a été blessé ou tué. On va attendre les instructions.

— Le peloton du lieutenant Lussier veut aller frapper là ! répliquai-je avec énergie. Les gars veulent organiser un raid par le désert et contourner les villages ! L'ennemi ne s'attend tellement pas à ce que nous les frappions à cet endroit ! Nous allons capturer plein d'armes et bombarder et tuer des talibans ! On doit y aller !

Après quelques minutes de « plaidoyer », mes amis n'étaient pas plus convaincus de la nécessité d'une opération au cœur du territoire ennemi.

— On ira s'ils nous le demandent, a dit Pascal, agacé par ma motivation. Mais on ne tentera pas le diable à la fin.

— Zangabad ! Zangabad ! Zangabad ! dis-je à répétition tout en cognant la table avec le manche de mon couteau.

— Là, décroche ! de répliquer Pascal. Si tu veux tellement te faire tuer, c'est ton affaire ! Nous, on a une vie en dehors de ce trou de merde !

— On le sait que tu es courageux, Oli ! a continué Sammy, d'un ton calme et diplomate. Tu n'as plus rien à prouver à personne.

Depuis quelques jours, il planait sur le camp une ambiance de « complot » : plusieurs soldats voulaient aller foutre la merde et faire un raid sur Zangabad, où se cachaient de nombreux talibans purs et durs. Des discussions avaient lieu en coulisse pour constituer une équipe et convaincre le Commandant Jourdain que c'était un bon coup à faire. Parmi les plus crinquées étaient des soldats qui en temps normal auraient pu paraître bien ordinaires. Mais à la guerre, ceux qui se révèlent être les plus disposés à combattre ne sont pas toujours ceux qu'on suspecterait de prime d'abord. On les appelle les « têtes brulées ». D'autres têtes brûlées, ennemies cette fois-ci, nous attendaient à Zangabad !

Je suis allé voir l'adjudant Simoneau, qui «poussait le dossier Zangabad», lui suggérant de «demander le support des *snipers*» pour l'éventuel raid. Voyant ma motivation, Sylvain a décidé d'appuyer mes manigances et de proposer officiellement l'aide de 66 Bravo. «Jamais je laisserai un de mes gars partir seul en patrouille», disait souvent Sylvain. Après quelques jours «d'intrigues de palais», nous embarquions dans les véhicules blindés. Le raid allait avoir lieu!

— On va aller botter le cul de ces guenilles! disait avec enthousiasme le caporal Descelles, assis en face de moi dans le véhicule. Câlisse que j'aime ça!

En tout, une cinquantaine de soldats faisaient partie de cette sortie audacieuse. Notre mission : «disrupter» le repère ennemi, ce qui en langage clair voulait dire «foutre le bordel et donner un coup de pied dans la ruche». Sammy et Pascal avaient reçu la mission de couvrir le départ et l'arrivée du convoi depuis la colline de Sperwan Ghar. «Je ne veux pas que les insurgés mettent des bombes au retour et qu'un autre gars meure comme notre ami Couturier! disait le major Jourdain.»

Nous avons emprunté une route inhabituelle, faisant un large crochet par le désert, au sud, à quelques distances des villages de la région. Nous ressemblions à un convoi de navires de guerre passant devant une série de ports, chacun se demandant si le raid lui était destiné. Sur le chemin, quelques *RPG* ont été tirées vers nous, sans grand effet. L'ennemi semblait surpris, ses tirs n'étant pas bien placés et ses positions mal préparées. Le crochet tracé par notre route s'est finalement refermé vers le nord, vers notre objectif. Nous foncions maintenant droit vers le village de Zangabad, le cœur de l'insurrection de la «Corne de Panjwai».

Arrivés sur place, les rampes d'accès des véhicules blindés sont tombées comme les portes de péniches de débarquement accostant sur une plage. Nous sommes débarqués, prêts à déchaîner la violence sur ce village ennemi. Surpris, les combattants de Zangabad n'avaient rien fait pour stopper notre approche. À la guerre, le cœur du dispositif ennemi est souvent laissé sans trop de défense, l'effort étant mis dans la périphérie. La «gueule du lion» est souvent moins terrible qu'il n'y parait.

La tactique employée était d'envoyer les sections d'infanterie en «étoiles», dans plusieurs directions, et d'occuper certains points clés de l'agglomération. Ces détachements allaient sécuriser le périmètre. Au centre de cette «bulle» de sécurité, les équipes d'ingénieurs allaient effectuer les fouilles.

Nous progressions rapidement dans les ruelles. À mesure que nous avancions, des familles se cachaient de manière précipitée. L'étonnement de la population était palpable. L'ambiance n'était pas à la fête. Déjà, des bombes et des armes ennemies étaient trouvées «manu militari» dans des bâtiments par les équipes d'ingénieurs. Des personnes d'intérêt étaient agressivement mises en détention, des sacs de sable étant placés sur leur tête. Ils étaient ensuite enlignés le long des murs, les mains attachées, à genou, en attendant que nous les ramenions au camp. Nous avions voulu frapper la ruche. Nous avions les pieds en plein dedans! Les bourdons, confus, n'avaient même pas pu nous piquer!

Après avoir traversé quelques champs de marijuana, mon petit groupe de fantassins est arrivé dans un champ de vignes au centre duquel se trouvait un séchoir à raisins ressemblant à une petite forteresse. À la hauteur du bâtiment, Sylvain et moi nous sommes hâtivement séparés du reste du groupe, ceci afin de passer inaperçu à d'éventuels observateurs placés de l'autre côté du petit bâtiment. Sylvain a sorti une paire de pinces de son sac, brisant rapidement le cadenas de la porte d'entrée. À l'intérieur, des lignes de lumière traversaient la pièce, donnant à l'endroit l'apparence d'un petit temple. Des branches de vigne étaient accrochées aux murs. Les branches étaient enfoncées dans des trous spécialement conçus pour cela, se rejoignant au milieu de la pièce. La chaleur faisait sécher les raisins. Simplement en effleurant les branches avec nos épaules, les raisins tombaient au sol. Ingénieux! Tout ceci était un signe qu'il n'y avait pas de pièges à craindre dans ce bâtiment. En peu de temps, nous étions sur le toit, dont un des coins était protégé par un muret couvert d'ouvertures de forme carrée.

Les différents éléments du raid étaient éparpillés dans le village sous forme de petits détachements peu nombreux et vulnérables, mais capables de s'aider rapidement, au besoin. Les véhicules étaient restés à l'entrée du village, prêts à répondre à une attaque ennemie. Pendant ce temps, les fouilles des ingénieurs allaient bon train.

Boum! Boum! avons-nous entendu à répétition, faisant trembler les murs du bâtiment. C'étaient les caches d'explosifs ennemis qui volaient en éclat. Quelqu'un n'allait pas être content du bordel qu'on était en train de faire!

— Ici 66 Bravo. Nous observons beaucoup de mouvement de la population, d'ouest vers l'est. Surtout des familles : des femmes, des enfants et des vieillards.

— Reçu, a dit un opérateur du *PC*. Nous venons d'avoir des rapports d'écoute électronique. L'ennemi se prépare à quelque chose. Soyez sur vos gardes!

Curieusement, quand les choses vont mal, même les populations ne nous appréciant pas préfèrent rejoindre notre côté de la ligne de front.

C'est alors qu'une violente fusillade a éclaté au sud de notre cachette, à environ 200 mètres de distance. C'étaient les talibans qui attaquaient la formation de véhicules! Les tirs amis et ennemis étaient mélangés, au point de ne plus pouvoir distinguer qui tirait sur qui et quoi. Tak tak ttttak tt-tak! Les tirs se succédaient, suivis d'explosions. Selon mon analyse, l'ennemi semblait entre nous et le *leager*, ayant réussi, par chance peut-être, à s'infiltrer dans le périmètre de sécurité! La situation était des plus confuses, tant pour nous que pour les talibans. C'est comme si chaque champ, chaque bâtiment pouvait être occupé par des soldats d'un côté ou de l'autre.

Bang bang bang! C'étaient les canons de 25 mm des véhicules blindés légers du *leager*. Swooooosh! Deux *RPG* ennemis, suivis de rafales de mitrailleuses. «Oh, une rafale sonnant légèrement différente!» Ça, c'était nos mitrailleuses!

Les tirs continuaient de plus belle. L'ennemi allait nous en donner pour notre argent! Des obus sont passés en sifflant directement au-dessus de nous, pour ensuite éclater dans un amas d'arbres près du *leager*, soufflant des branches et de la terre dans les airs. La scène faisait penser à des jets de laves sortant d'un volcan.

— Mais c'est quoi ça? Merde! On se fait bombarder! s'est exclamé Sylvain en baissant la tête.

— Tu n'avais pas entendu les communications radio? C'est notre camp qui tire pour nous! Ceux avec qui je vais fumer des cigares, le soir!

— Ouais! C'est ça! Des cigares! de commenter Sylvain, qui observait de nouveau à travers une des ouvertures.

À défaut d'allumer des cigares, mes camarades artilleurs faisaient maintenant fumer leurs canons de 155 mm! L'air était secoué par ces puissants coups de foudre tombant depuis un ciel bleu et sans nuages. Les nuages qui naissaient entre les arbres révélaient des positions ennemies que nous n'avions jusque-là pas soupçonnées. Cet ennemi était plus rapproché que j'avais pensé, même s'il était caché par la végétation.

Boum boum boum, boum boum! Du ciel tombaient des obus, martelant l'ennemi par le fer et le feu. Après quelques minutes de ce déluge chirurgical, les tirs ennemis ont finalement cessé. Les rapports faisaient état de morts ennemis. Les bourdons ne s'amusaient pas! Les exterminateurs d'insectes, oui!

Tout est soudainement redevenu calme. Il n'y avait personne en vue. Ni habitants ni talibans. Rien. Dans le village, les Québécois comme les talibans reprenaient leur souffle. Chacun était caché derrière un mur, dans un trou ou derrière un buisson. Du toit sur lequel je me trouvais, les seules âmes que j'apercevais étaient une équipe de deux soldats postés derrière une mitrailleuse C6 de calibre 7.62 mm. Les soldats attendaient au milieu du champ de vigne, sans voir ce qui se passait au-delà des murs de terre qui encadraient le champ. Ces deux mitrailleurs risquaient d'attirer l'attention des groupes ennemis, étant relativement faciles à repérer. Le pire pouvait arriver à tout instant.

Soudainement, deux Afghans sont apparus de l'autre côté d'un mur. Ils ratissaient du regard les champs, manifestement à la recherche de soldats québécois.

— On les voit, les deux gars! nous a communiqué le caporal Descelles, de l'équipe de mitrailleurs, qui se trouvait à une trentaine de mètres de nous.

Les deux hommes se sont aussitôt cachés. Quelques minutes plus tard, les deux hommes sont réapparus tels deux fantômes. Ils étaient en haut d'un autre mur, celui-ci près du côté ennemi, non loin d'où les bombardements avaient eu lieu. Nos deux amis mitrailleurs commençaient à être nerveux, se sentant de plus en plus comme du gibier en attente d'être exécuté.

Afin de ne pas être détecté, j'observais à l'aide d'un périscope. Tout ce que l'ennemi pouvait remarquer était un petit objet mesurant un pouce carré qui sortait de la trappe du toit. Les deux hommes ont observé le champ pendant quelques secondes, pour ensuite disparaître de nouveau. L'un d'eux tenait une paire de jumelles, sans les utiliser ! Les mitrailleurs étaient prêts à tirer. L'un d'eux avait une optique de précision sur son fusil d'assaut.

— Je vous le dis, ils vont finir par nous tirer, a dit le caporal Descelles sur les ondes radio. Il faut les tuer en premier ! On est trop exposés ici, en plein milieu du champ. Je suis prêt à les descendre ! Donnez-moi le « go » et je les couche !

— Les *snipers* s'en chargeront, a répondu l'adjudant Simoneau sur les ondes radio, qui avec un groupe de soldats était dissimulé dans un champ de marijuana, à une centaine de mètres de nous.

118 mètres. C'était la distance du mur où les observateurs s'étaient manifestés quelques instants plus tôt. C'était ridiculement proche, surtout pour nos armes longue portée. Nous nous entraînions rarement à tirer des cibles aussi rapprochées avec nos armes de *sniper* !

— S'ils font l'erreur de se remontrer au même endroit, je les descends ! dis-je à Sylvain pendant que j'évaluais la manière de me positionner pour un éventuel tir.

— Tu me le dis si tu ne te sens pas bien avec ça, a dit Sylvain, qui prenait le pouls de mon état psychologique. Je peux tirer, si tu veux.

J'étais recroquevillé dans le haut des escaliers conduisant au toit. J'ai minutieusement armé ma carabine. J'ai réduit le zoom, vu la faible distance. J'ai déplié le bipied de l'arme et ajusté les tourelles de l'optique à 12, un chiffre bien peu élevé. En tournant la tourelle d'élévation, je n'entendais pas les clics individuels, mais comme un long «brrrrrrr», tellement il fallait que je dévisse la tourelle. J'ai lentement approché l'arme du coin du toit, à un endroit où je savais que j'allais pouvoir m'allonger et tirer. J'ai déposé l'arme lentement, au cas où d'autres ennemis, cachés, soient en train de scruter. Moins de trente secondes plus tard, «la table était mise». J'avais pris soin de déposer l'arme sur le côté, afin que ça n'ait pas l'apparence d'une carabine montée sur bipied. La carabine, depuis les positions ennemies, devait ressembler à une simple branche ou débris. C'était une carabine Timberwolf de calibre 338 ayant un canon de 26 pouces, chargée et prête à tirer.

C'est alors qu'une autre fusillade a retenti dans le secteur du *leager*. Décidément, l'ennemi reprenait ses forces et avait bien l'intention de nous accrocher toute la journée. Les bourdons voulaient piquer!

À l'aide de mon périscope, je ratissais les possibles cachettes ennemies. Je scrutais, encore et encore, sans rien trouver. Quelque part, en avant de moi, se cachait ma cible! Mes cibles! J'étais au cœur d'un duel mortel. Je cherchais, mais je ne repérais toujours pas les deux insurgés. Peut-être étaient-ils en train de rassembler et guider d'autres combattants? Peut-être y avait-il déjà une dizaine de talibans fanatiques de l'autre côté du mur, attendant le signal pour monter une attaque? Ou peut-être étaient-ils déjà partis, décidés à attaquer le *leager*?

«Ils ne seront pas assez stupides pour se montrer au même endroit que tantôt», pensai-je tout en observant une série de buissons suspects. «Et si, justement, ils faisaient cette erreur stupide !» J'ai orienté mon périscope vers l'endroit exact où étaient apparus les deux hommes, quelques minutes avant. C'est alors que j'ai vu deux formes humaines dans le champ de vision de mon optique ! «Quels imbéciles !» dis-je, spontanément. Les bourdons voulaient piquer la main de l'exterminateur !

Sans hésiter, je me suis placé derrière mon arme. La décision était prise, il ne restait plus qu'à l'exécuter. Une fois derrière l'optique de mon arme, il a fallu que je réduise encore le zoom, tellement les deux hommes paraissaient grands. Pendant une fraction de seconde, je me suis demandé lequel des deux talibans tirer en premier. «Je lis de gauche vers la droite... aussi bien commencer de cette façon !»

C'était impossible que je manque ! Je voyais clairement le visage de l'homme, ses expressions, la couleur de ses cheveux, sa posture, la forme de ses sourcils, son regard. La guerre devenait soudainement plus personnelle, moins abstraite. C'était inutile de viser la tête de l'homme. Le calibre 338 était un dérivé d'une munition faite pour chasser l'éléphant. Je me trouvais à une centaine de mètres de ma cible ! J'ai visé le centre de la masse, au milieu du torse. J'étais un robot exécutant un algorithme.

Sans plus de formalité, j'ai appuyé sur le petit bouton magique appelé «détente». Cette détente, faisant partie d'un algorithme mécanique, a déclenché la gâchette, qui a relâché un ressort tendu derrière le percuteur. Le percuteur, poussé par le ressort, a frappé l'amorce de la cartouche chambrée dans le canon. La composante chimique de l'amorce s'est enflammée, poussant des gaz chauds vers le reste de la cartouche, entrant en contact avec la poudre à canon. Cette poudre à canon, réchauffée à une certaine température, a entamé un processus de transformation chimique. «Rien ne se perd, rien ne se crée, tout n'est que transformation», est un principe de physique.

Les grains de poudre se sont transformés en molécules de gaz. Les gaz se sont accumulés dans la cartouche, n'ayant nulle part où sortir. À mesure que la poudre se transformait en gaz, la pression augmentait, cherchant un endroit où sortir. Cet endroit de moindre résistance était du côté de la balle, fixée à la douille. Cette balle s'est détachée de la cartouche de métal, propulsée par les gaz en expansion. L'enveloppe de la balle était en cuivre, un métal plus mou que l'acier du canon. Les rainures du canon, en forme de tourbillon, ont alors gravé des « rails » sur l'enveloppe de cuivre. La balle s'est mise à tourner dans le canon rainuré. En peu de temps, le projectile sortait du canon, tournant sur lui-même comme un ballon de *football*, ce qui empêchait le centre de gravité du projectile de faire tournoyer la balle de manière chaotique. Une fraction de seconde après que la détente ait été pressée, la balle supersonique se dirigeait vers cet homme dont le destin était déjà scellé.

Le recul, fort mais plus modéré que celui de la Macmillan, ne m'avait pas empêché de voir le reste de la scène. Au contact de la balle, la tête de l'homme s'est instantanément penchée à gauche, touchant l'épaule. « Dodo. » Le reste du corps s'est presque aussitôt effondré comme un chiffon sans énergie. On devinait que les genoux, cachés par le mur, avaient lâché. Presque en même temps, l'autre taliban s'est précipitamment abaissé. Pour un observateur à distance, il aurait été difficile de dire lequel des deux hommes j'avais tiré, tellement les deux semblaient être tombés en même temps ! Il n'y avait pas eu de grosse effusion de sang ni de corps projeté de manière hollywoodienne. Encore une fois, la mort frappait de manière presque ennuyante, mais terrible.

Aussitôt la cible abattue, j'ai rechargé mon arme, attrapant au passage la douille éjectée, que j'avais déjà en tête d'ajouter à ma collection de souvenirs de guerre. Si jamais l'ennemi faisait la gaffe de se remontrer le bout de la tête, j'allais le terminer sur-le-champ !

— J'ai vu la balle s'enfoncer dans son vêtement comme un coup de poing pointu, a dit Sylvain, qui avait assisté à la mort de l'insurgé depuis une ouverture dans le bâtiment. J'ai vu ses yeux revirer et la vie le quitter. J'en reviens pas comme il était jeune. C'était un ado ! Pas plus que 19 ans.

Sans surprise, l'ennemi ne s'est pas montré le bout d'un cheveu. La guerre semblait bel et bien terminée dans ce secteur du village. Nous venions d'imposer la paix par la peur. L'ambiance est redevenue calme. On entendait de nouveau les oiseaux. Je venais d'abattre un autre homme. Je ne ressentais aucune excitation particulière. « Tuer est comme une drogue… il faut toujours des doses plus fortes ! »

Nous avons reçu l'ordre de décrocher et de rejoindre le *leager*. Sur le chemin du retour, j'ai sorti mon corps par une écoutille. Les insurgés de certains villages essayaient de nous atteindre avec des armes légères. On s'en fichait. D'autres ont tiré des *RPG* vers nous. Pauvre eux ! C'était du gaspillage de munitions ! Nous avions gagné. Ils avaient perdu ! Les VBL du convoi ont répliqué aux ennemis avec enthousiasme.

Nous nous sommes approchés d'un village. L'ambiance était pesante. Tout le monde, incluant les hommes, s'est caché dans les maisons et bâtiments. Sauf un adolescent qui, perché sur un mur, regardait le convoi passer de manière arrogante. Contrairement aux autres habitants, il n'avait pas compris ! Il ressemblait à l'Afghan que je venais de tuer. J'ai pointé mon fusil d'assaut vers la tête de l'adolescent. Le regard arrogant du jeune Afghan a rapidement fait place à la l'obéissance la plus empressée. La paix par la peur. « Les humains choisissent ceux qu'ils aiment, mais ne choisissent pas qui ils craignent », disait Machiavel. À défaut

Des VBL stationnés à la FOB de Masum Ghar.

Exemple d'utilisation du périscope tactique, ici à Chalghor. En dessous du périscope, on remarque une « carte de visite » indiquant aux villageois comment réclamer des compensations monétaires pour les dommages occasionnés par les opérations militaires.

d'être aimé, il faut être craint. Et être craint est terriblement plus facile. 66 Bravo et l'infanterie avaient encore une fois frappé l'ennemi en son cœur, désorganisant et réduisant la capacité des talibans à attaquer les villages du secteur.

— Il paraît que de retour au *leager,* Descelles bitchait et racontait à la blague que les *snipers* avaient volé son *kill,* disait un des soldats à bord de notre véhicule.

— Au moins, on a sauvé son âme! répliquai-je.

À peine étions-nous revenus de Zangabad qu'on nous a annoncé que des «VIP» allaient nous visiter sur le camp. Nous avons aussitôt été envoyés à un bunker sur la colline, non loin de Pascal et Sammy, déjà en place, question d'aider à couvrir l'approche des hélicoptères. Par le passé, les talibans avaient réussi à trouer les enveloppes de métal de quelques appareils en approche.

Un gros et lourd Chinook vert foncé s'est posé au milieu de la *FOB,* projetant des débris en tous sens à la manière d'un ouragan. Des feuilles de tôles se sont envolées dangereusement. Ces tôles avaient été laissées par mégarde près de la zone d'atterrissage. J'imagine la mort stupide d'un soldat : revenir sans blessure d'un raid contre l'ennemi, mais mourir la tête coupée par une vulgaire feuille de tôle! Heureusement, personne n'a été blessé.

C'est alors que nous avons détecté un homme suspect près d'une des calvettes de la route Brown. L'homme avait un téléphone à l'oreille. Attendait-il le passage d'un convoi? Ce secteur était depuis longtemps interdit à la population locale. Sylvain s'est emparé de la Macmillan et a tiré une balle près de l'homme suspect. «Un autre que nous aurions si facilement pu tuer», pensai-je. Étions-nous trop «humains» et «compatissants»?

Nous ne comptions plus le nombre de cibles que nous avions ainsi laissé vivre, simplement parce que nous n'étions pas d'humeur à tuer. Nous appelions ça «laisser une chance». Pendant ce temps, le Commandant et quelques soldats accueillaient «les touristes», comme nous appelions les visiteurs. Parmi le cortège se trouvait une officière des Relations publiques.

— C'est quoi ce truc qu'on vient d'entendre? a-t-elle dit avant d'entrer dans l'école de béton.

— Ce sont nos *snipers* qui viennent de tirer quelque chose, de répondre le sergent-major.

— Mais... ils tirent des vraies balles?

— Et bien... ouais, bien sûr!

— Vers des vrais humains? demanda la dame, qui avait de bien gros yeux.

— Bien oui. Ils reviennent d'opération justement.

Certains militaires ne sont pas des soldats, mais des civils en uniforme. Dire que la militaire avait un salaire beaucoup plus élevé que les soldats du camp! «Ils ont le *cash* et le confort, nous avons la gloire et les histoires», que j'aimais à dire.

Une fois les appareils d'escorte partis, nous sommes allés voir cette étrange «visite». Il y avait d'abord des joueurs de *football,* Bruno Heppel et Éric Lapointe, et le joueur de hockey Patrice Brisebois[1]. Ils n'étaient pas restés à *KAF* comme le font la majorité des visiteurs, mais avaient eu les couilles d'aller voir les troupes des bases avancées. Entouré de soldats, un des joueurs jouait des

---

[1]   En entrevue à la radio, Bruno Heppel allait plus tard déclarer que comme joueur de football professionnel, il se sentait un vrai homme, mais que son courage n'arrivait pas à la cheville des soldats au combat.

airs de guitare. Les fantassins repensaient à leurs familles, à leur « autre vie ». « Merci ! » Un autre visiteur, Patrick Côté, était un combattant de l'UFC. Ancien militaire, il avait fait sa formation de fantassin avec Sylvain. Il y avait aussi Guy Lafleur, le célèbre joueur de hockey. Il avait insisté pour visiter les « *boys* sur le terrain », comme il disait fièrement. Avant de s'envoler vers les *FOB*, on lui avait dit que s'il s'aventurait en dehors de *KAF*, ses assurances n'allaient plus le couvrir. Les bureaucrates ont peur, même quand ils ne risquent pas leur vie !

— Je ne suis certainement pas venu de l'autre bout du monde pour ne pas aller visiter les soldats au front ! se serait-il exclamé.

En nous voyant revenir du bunker, les armes de *sniper* en main, Guy Lafleur a voulu prendre une photo avec nous.

— Ma *job* est comme la tienne, dis-je pendant que des soldats nous prenaient en photo. À l'exception que moi je n'essaye pas d'éviter le gardien, je veux le toucher ! Et être *sniper* est un peu comme jouer au golf, mais c'est nous qui devons faire le trou ! Tu connais le golf, non ?

Guy s'amusait, tout comme les autres visiteurs, qui étaient des guerriers à leur façon. Je sentais qu'ils auraient voulu rester et combattre avec nous. Dire qu'en une seule journée, nous avions pris part à des combats, tué un insurgé pour ensuite nous faire prendre en photo avec un célèbre joueur de hockey québécois ! Le tout au milieu d'un pays islamique. On peut comprendre pourquoi les vétérans s'ennuient du front, des années après en être revenus. Il n'y a qu'au front qu'on vit entièrement ! Comme j'aime à dire : « Celui qui n'est pas fou ne vit pas ! » Et ce que nous vivions était une agréable folie !

Alors que nous nettoyions nos armes dans notre chambre de béton, une estafette est entrée :

En position de tir sur le toit d'un bâtiment afghan. On remarque le suppresseur de la carabine Timberwolf, ainsi que le rail Picattiny destiné à monter des pointeurs, pour désigner des cibles pendant les engagements de nuit.

Un vieillard marchant dans un champ.

— Les *VIP* veulent essayer les armes de *sniper*. On aimerait les faire tirer du haut des murs. Ils veulent savoir quand vous allez être prêts.

Sylvain s'est retourné, répondant sèchement :

— Avec tout le respect que je dois aux *VIP*... quand tous les soldats du camp auront essayé nos armes de *sniper*, alors ces *VIP* le pourront aussi ! Avant cela, je ne leur ferai rien tirer. La priorité aux gars qui sont avec nous depuis le début !

Être guerrier se mérite, mais ne s'achète pas !

Nos visiteurs partis, les talibans sont eux aussi venus nous rendre visite, tirant vers le camp à quelques reprises. La mitrailleuse lourde d'un bunker s'en donnait à cœur joie. L'ennemi faisait ce qu'on appelle du «tir d'harcèlement». Le but des talibans était de manifester leur présence aux villages environnants, qui pour la plupart ne leur étaient pas sympathisants. C'était une façon pour l'ennemi de dire : «Nous sommes encore là !» À un certain moment, un combattant ennemi a même poussé l'audace jusqu'à rouler en motocyclette devant le camp tout en tirant longuement vers les bunkers. Le plus surprenant c'est que le soldat ennemi s'en est sorti indemne ! «Une tête brulée !» L'ennemi était loin d'être brisé !

Le soir, des motos se sont approchées, encore une fois pour tirer vers la *FOB*. Presque aussitôt, des centaines de balles traçantes sont passées tels des lasers au-dessus de nos têtes. C'était un véritable feu d'artifice ! Ça venait du bunker principal. Clac, clac, clac, clac, clac ! La mitrailleuse était maniée par le caporal Lapointe, qui avait la réputation d'être pour le moins généreux avec ses répliques à l'ennemi. «Il était tanné des tirs ennemis et s'est porté volontaire pour être de garde», racontait-on.

L'autre visite, celle de l'ennemi, s'en est retournée chez elle.

Quelques jours plus tard, les fantassins de Sperwan Ghar étaient réclamés pour une autre opération à Zangabad. Notre mission était d'être la force de réserve d'un raid des forces spéciales. Déjà, tout ceci sentait la douce odeur de la poudre à canon.

Suite à notre raid, les forces spéciales avaient décidé d'aller capturer un « buck », un chef taliban. C'était une pratique courante dans cette guerre contre-insurrectionnelle : parfois, pour trouver l'ennemi, il suffisait de frapper « la ruche ». Pendant ce temps, des drones et autres équipements de surveillance électronique étaient déployés dans le secteur. En peu de temps, les fréquences et les équipements de communication ennemis étaient détectés, identifiés et localisés.

Au moment du raid, d'autres soldats et moi étions dans le Poste de commandement du camp, impatients de recevoir l'ordre de « nous mettre à table ». Des rapports sont apparus sur les écrans du « chatroom tactique » : un homme avait tiré en direction des soldats. Aussitôt, un AC-130 a été appelé en « renfort ». Un AC-130 est un avion-cargo transformé en forteresse volante. Sur le côté de l'appareil se trouve une multitude de canons, de mitrailleuses et même un canon d'artillerie ! Le tout est équipé d'équipements de visée de tout acabit. Le pauvre insurgé n'a eu aucune chance : selon ce qu'on m'a par la suite raconté, lors d'une opération semblable, un insurgé avait lui aussi eu affaire à un AC-130. On raconte que sur les écrans du Centre des opérations, on voyait le taliban courir en panique dans les champs, pourchassé par les obus ! Semble-t-il que la scène ressemblait à un film où un héros est entouré d'explosions. Sauf qu'ici, les explosions ont fini par rattraper le combattant ennemi. Le film s'est terminé là !

Ces « têtes brûlées » ennemies avaient joué avec le feu et s'étaient brûlées. Elles allaient me manquer !

66 Bravo et Guy Lafleur sont pris en photo avec la Macmillan du détachement.

Le départ des « touristes » vers KAF.

La récompense du guerrier

Quand nous lisons l'histoire d'une guerre, nous la lisons comme un roman : avec une introduction, un développement et une fin. La guerre débute, la guerre s'achève. Mais les soldats ne vivent presque jamais une guerre du début à la fin. Certains arrivent au début, d'autres au milieu ou à la conclusion. L'histoire d'un soldat n'est qu'un petit chapitre dans un grand livre.

Je ne voulais pas que mon chapitre se termine ! L'ennemi était presque partout vaincu, mais il n'avait pas disparu. Le livre n'était pas achevé, et l'histoire était encore incomplète ! Il n'était pas question de m'en retourner à la maison ! Ici était ma maison. La guerre était mon pays. Il y a deux endroits où je me sens chez moi : dans l'air pur d'une forêt humide, et dans la fumée sulfurique d'un champ de bataille.

Je n'étais pas le seul à vouloir rester au front. J'ai parlé à d'autres soldats du camp. Pendant quelques jours, notre complot prenait forme. Nous comptions officiellement demander de rester en Afghanistan. Notre excuse : constituer un « groupe de transition » destiné à aider les soldats anglophones qui allaient nous remplacer.

— Nous pourrions faire des missions en « appui », dis-je à un soldat qui comme moi voulait rester en Afghanistan.

— C'est une drogue ! Je veux pas m'en aller ! répliqua le soldat.

— Tu reviens avec nous ! m'a dit Sylvain, au moment de lui décrire mes intentions. Tu en as assez fait ! Tu as le droit d'être heureux, toi aussi !

— Mais je suis heureux !

— Tu n'arrêtes pas depuis le début, Oli ! a continué Sammy. Tu dois penser à toi !

En chemin vers l'hélicoptère qui allait nous ramener à *KAF*, je suis passé près de l'entrée de l'école. Un objet particulier trainait dans le couloir :

— Je pourrais ramener la pelle du gars qu'on a tiré de nuit, en souvenir, dis-je à Sylvain.

— Tu vas faire des cauchemars ! répondit Sylvain. Aller ! Viens-t'en !

Je regrette encore de ne pas l'avoir ramenée !

J'ai entendu mes bottes s'appuyer sur le rebord de métal de l'hélicoptère. Mes pieds quittaient cette terre où j'avais fait ce pèlerinage de guerrier. Mon cœur y était encore ! Je ne me doutais pas qu'au cours des prochaines années j'allais participer à d'autres guerres. Ce n'était pas mon dernier pèlerinage !

Après le décollage, j'ai regardé le camp s'effacer au loin, perdu dans le désert et la campagne afghane. Je me suis alors rappelé les visages tristes et lourds des soldats que nous avions remplacés. Je n'avais pas l'impression d'avoir un tel visage.

Atterris sur le tarmac de *KAF*, le *Master sniper* Noiseux nous attendait :

— Est-ce que quelqu'un d'autre a buté un gars ces derniers jours ? a dit le *Master sniper* tout en crachant du tabac dans une bouteille de plastique. Il faut que je le sache pour les rapports.

« Une question de routine. »

546

En souvenir de ces merveilleux Afghans gardant le sourire malgré les souffrances de la guerre.

La plus grande blessure du soldat est de perdre son sourire. 66 Bravo avait gardé le sien!

De retour à *KAF*, j'ai croisé un ami officier. J'ai appris le nom de plusieurs camarades gravement blessés au fil des mois. Plusieurs soldats avaient changé. De mon côté, j'étais le même soldat qu'avant. Le lendemain de mon arrivée, les *snipers* avons reçu une tâche spéciale : nous devions balayer le Centre des opérations tactiques ! «Déjà, on ne veut plus de cette poussière afghane ici !» Nous passions le balai sur les planchers de bois brut, devant la multitude d'écrans tactiques. En fond, nous entendions le bruit des communications radio. C'était nous il n'y avait pas si longtemps. Nous poussions nos balais entre les chaises des officiers, qui semblaient confus ! Humiliant ! Nous n'étions plus importants, déjà ! Je m'ennuyais du front ! La paix allait être pénible[1] !

J'ai ensuite reçu l'ordre de me rendre à l'hôpital militaire, là où plusieurs de nos camarades blessés étaient passés. À l'intérieur, tout était moderne. Il n'y avait que les murs de bois qui rappelaient que j'étais en théâtre opérationnel. En arrivant sur place, le soldat que je remplaçais m'a décrit la tâche :

— Il n'y a qu'un jeune Afghan et son père que tu dois surveiller dans la pièce. Le garçon a été blessé dans une explosion aérienne. Je t'avertis tout de suite que c'est long et ennuyant !

Le jeune dormait. Son visage était couvert de déchirures de toutes sortes.

— Où est le papa ? dis-je

Un vieux monsieur s'est levé d'un coup d'entre deux lits ! Il avait dormi aux côtés de son fils, au sol. L'autre soldat parti, j'ai invité l'Afghan à fumer un cigare à l'extérieur. Un cigare de la

---

1   Comme petite «vengeance», pendant que je passais le balai, j'ai changé l'heure de l'horloge de la salle de conférence principale. Si jamais un officier se souvient être arrivé en retard à une conférence du COT, c'est peut-être par la faute de 66 Bravo. Sans rancune.

victoire ! Dehors, nous apercevions le ciel étoilé de ce pays mystérieux, sous lequel j'avais si souvent dormi. Nous entendions les moteurs à réaction des avions militaires qui décollaient. Ils allaient surement bombarder des positions ennemies et possiblement blesser des innocents.

— Avions... bombes... est-ce que c'est bon ? demandai-je à l'Afghan, qui était assis à côté de moi et avec qui je partageais mon unique cigare.

— Oui ! Oui ! Très bon ! Talibans ! Pfff ! Morts ! Bon ! de répliquer l'Afghan tout en faisant un signe de mépris de la main, aspirant ensuite un peu de fumée de mon cigare.

Nous sommes retournés près du lit de l'enfant blessé, qui dormait toujours. On entendait quelques machines médicales autour de nous. J'ai alors sorti mon ordinateur portable.

— Viens ici, dis-je au père.

Nous avons regardé un de mes films préférés, le *Royaume des Cieux*. Ce film racontait la guerre entre musulmans et chrétiens lors des Croisades. Ce que j'aimais de ce film était qu'il racontait comment, des deux côtés, des fanatiques religieux poussaient les populations dans la guerre. Au milieu, les modérés des deux religions faisaient leur possible pour préserver la paix, parfois par les armes, en arrêtant les radicaux.

— Tu vois ceux-là ? dis-je à l'Afghan qui regardait avec curiosité les armées s'entrechoquer sur-le-champ de bataille. Celui-là, comme taliban. Celui-là comme taliban, mais pour chrétiens. Et eux... chrétiens et musulmans amis. La paix ! Ils combattent pour la paix !

Vers la fin du film, on voit le conquérant musulman Saladin qui entre dans Jérusalem. Saladin remarque qu'une croix de métal est couchée au sol. Il la prend et la dépose délicatement sur la table. C'est alors que le jeune afghan s'est réveillé, probablement en raison des bruits de bataille du film. J'ai arrêté le film, mettant à la place un documentaire de National Geographic. J'ai placé l'ordinateur sur le ventre du jeune afghan. De magnifiques images en haute résolution défilaient devant le visage défiguré de l'enfant. On voyait des arbres, des forêts, des déserts, de la pluie, des montagnes. Le jeune Afghan s'est tourné vers moi et m'a souri. Il lui manquait quelques bouts de dents. Le père a enlevé son chapeau d'Afghan et l'a placé sur ma tête, me serrant dans ses bras. Nous avons continué de regarder les images de la Nature pendant la nuit.

Dans le petit magasin, il y avait un jeu d'échecs bien spécial : d'un côté se trouvaient des figurines représentant les troupes de la Coalition. Les *snipers* étaient les cavaliers, ce qui me plaisait ! De l'autre côté du jeu, on voyait des talibans et des groupes terroristes. « Plusieurs de ces pions sont morts ! » Il y avait une figurine de Ben Laden ! D'ici deux ans, celui-là allait être échec et mat ! J'ai sorti quelques douilles vides de ma poche, les montrant à un homme assis derrière une machine à graver :

— Sur cette douille-là, ce sera « Pashmul ». Sur elle : « Nakhonay ». Et ici ce sera « Adamdzai », dis-je en déposant quelques douilles de carabine et de lance-grenade M203 sur la table. Sur cette douille, ce sera « 11 septembre ». On a tiré un gars ce jour-là.

En bonus, les douilles allaient faire de beaux *shooters* de fort !

Le soir venu, un BBQ a été organisé avec des soldats de tout acabit, dont le peloton de Reconnaissance et les *snipers*. Au milieu du souper, un officier s'est levé de sa table de bois :

— Je tiens à remercier le capitaine François, qui a su bien organiser l'administration de notre groupe. Je tiens aussi à remercier la sergente Hébert, qui a montré un professionnalisme tout au long de la mission.

Et ainsi de suite. « Mission accomplie ! » S'en ai suivi une remise de décorations qui a duré une vingtaine de minutes. À ma table, composée de *snipers* et de soldats du Recce, un malaise s'est peu à peu installé : aucune troupe de combat n'avait reçu la moindre mention ! Mais il ne fallait pas en vouloir à ces militaires : ils avaient fini par nous oublier ! Le BBQ suffisait !

— J'ai demandé à ce qu'on te remette une décoration, m'a alors dit Sylvain pendant qu'on entendait un discours informel donné par un militaire. J'en ai parlé aux gars et nous pensons qu'avec tout ce que tu as fait, tu le mérites !

Pascal m'a regardé en souriant :

— Tout le monde t'a sous-estimé, Oli !

— Il a l'air de rien ! de continuer Sylvain. Il ferait un bon espion !

J'ai alors sorti une de mes répliques préférées :

— Quand vous voyez un groupe de gros guerriers barbus, méfiez-vous du plus petit d'entre eux ! Celui qui a l'air de rien ! Il est là pour une raison !

— En plus, tu ressembles à un Afghan ! de dire Sammy en me donnant une tape dans le dos.

— Vous feriez quoi si je devenais taliban ? répliquai-je tout en affichant un sourire espiègle.

551

— Avec toutes tes connaissances, moi je ne prendrais pas de chance ! de continuer Sylvain. Je lâcherais une bombe de 2000 livres juste pour toi !

Nous sommes partis à rire ! Pendant ce temps, on entendait les moteurs à réaction des avions militaires.

— On voulait que tu reçoives une décoration ou une mention, de dire Sylvain, plus sérieusement. Mais quelqu'un de haut placé n'a pas voulu ! On tenait quand même à te le dire !

J'ai sorti un petit objet de ma poche. J'avais fait graver « pour Courcy » sur une douille de Macmillan. C'était un souvenir du village de Salavat, où nous avions tiré un taliban du même groupe qui avait placé la bombe ayant tué notre camarade.

— Les médailles des *snipers*, dis-je en tenant la relique de guerre, ce sont les douilles que nous gardons après avoir tué l'ennemi.

Ce n'était pas la première fois que ce genre de situation m'arrivait. Dans un cours technique que j'avais fait au début de ma carrière, j'avais obtenu les meilleurs résultats. À la fin du cours, un officier était venu me parler :

— Il y a des sergents et des gars d'expérience dans le cours. Quelqu'un en haut ne voulait pas que le Premier de cours soit un simple soldat. Ça aurait mal paru. Mais au nom du *staff* du cours, je tenais à te serrer la main personnellement.

Le lendemain matin du BBQ, le commandant de la Force opérationnelle, le colonel Paul, ainsi que son bras droit, le sergent-major Moreau, tous deux des soldats respectés, se tenaient devant une cinquantaine de fantassins. Des soldats aux visages fiers ! Ils venaient tous du front. Le Commandant était d'origine amérindienne et le sergent-major était Québécois, ce qui ajoutait au symbolisme du moment.

— Ah! Vous! Les guerriers! a dit le sergent-major en se tenant devant les rangs. On tenait à venir vous voir. Nous avons le dernier bilan des pertes ennemies et des gains territoriaux que nous avons fait depuis notre arrivée en Afghanistan. Je peux vous dire que c'est impressionnant!

66 Bravo et les observateurs de l'artillerie pouvaient être fiers de leur contribution : au cours du déploiement, le détachement avait causé des dizaines de pertes à l'ennemi, dont près du quart directement par des armes longue portée. Aux côtés des autres fantassins, 66 Bravo avait protégé des dizaines de villages et dominé les secteurs talibans en attendant la formation de l'Armée afghane et l'établissement de bases permanentes. Partout où 66 Bravo était allé, 66 Bravo avait vaincu. Le détachement n'avait aucune perte.

La plus grande médaille d'un soldat n'est pas la décoration de métal épinglée sur son uniforme, mais le cœur de guerrier qu'il cache sous sa poitrine. Nous avions la même médaille que n'importe quel autre militaire, même ceux n'ayant pas entendu un seul coup de feu du conflit. Mais derrière chaque médaille de guerrier, cachée à la vue, il y a un nom de gravé. Une histoire est attachée à ce nom. Une histoire de courage. Une histoire de soldat. Une histoire non écrite qui le plus souvent finira engloutie et oubliée dans les tourbillons du temps.

Le Commandant et le sergent-major se sont avancés vers les rangs afin nous passer en revue, épinglant les médailles sur le torse de chaque soldat. Ils étaient rendus au deuxième rang, en face de moi. Ils ont épinglé ce petit bout de métal et de tissus sur mon uniforme beige. À tour de rôle, les deux soldats ont avancé leur main vers moi. Encore au garde-à-vous, je les ai regardés dans les yeux, serrant leur main en retour.

La plus grande médaille d'un soldat est le cœur qu'il cache sous sa poitrine. Mais voici la récompense du guerrier : quand un autre guerrier lui serre la main et que dans ses yeux on peut lire ce mot : respect !

JE ME SOUVIENS

FOI ET COMBAT

LA TORCHE ET L'ÉPÉE

Annexe — Liens

La page Facebook de *La Torche et l'Épée* :
www.facebook.com/TorcheEtEpee

Le site internet de *La Torche et l'Épée* :
www.torcheepee.com

Mon documentaire *Parmi les héros*, qui raconte mon périple
comme combattant volontaire contre l'État islamique :
www.parmilesheros.com

Excellent documentaire de l'ONF sur les combattants
volontaires :
www.onf.ca/film/ma-guerre

Ce livre contient 556 pages, comme le calibre 5,56 mm.